WEIN SÜDEN
BADEN-WÜRTTEMBERG

BADEN-WÜRTTEMBERG

...WO MAN NIE AUF DEM TROCKENEN SITZT

WIR SIND SÜDEN.
BADEN-WÜRTTEMBERG

Gault&Millau

Weinguide Deutschland

Baden & Württemberg 2021

229 Weingüter beschrieben und bewertet, 1690 Weinempfehlungen, davon 508 Weine unter € 10,- und 220 Winzer-Tipps zum Essen, Schlafen und Einkaufen in 13 Weinbaugebieten.

Liebe Leserin, lieber Leser,

das Faszinierendste am Wein ist die Vielfalt, und diese ist in den Anbaugebieten Württemberg und Baden in einer Fülle vorhanden, wie man sie ihresgleichen weltweit kaum mehr findet. Verglichen damit sind die berühmten Weinbaugebiete Burgund und Bordeaux oder das Piemont und die Toskana bei Weitem nicht so **facettenreich** aufgestellt.

Diesen Schatz einerseits zu heben und für die zukünftigen Generationen zu behüten liegt in der Hand der Weingärtner, die sich dieser kulturellen Aufgabe, in den letzten Jahren ganz besonders verstärkt durch die weitgereiste junge Winzergeneration, **mit großer Hingabe im Bezug auf die lokalen Spezialitäten** widmen.

So erleben wir im Markgräflerland aktuell die Renaissance des jahrzehntelang zum Zechwein degradierten Gutedels als **ausdrucksstarkem wie finessenreichem Wein,** allen voran inspiriert und angetrieben vom Querdenker Hanspeter Ziereisen, dessen überragender Spitzen-Gutedel manchen großen Burgunder-Produzenten respektvoll durch die Zähne pfeifen lässt. In Württemberg brennt es bereits lichterloh, denn der von Aldingers Trollinger-Neuinterpretation ausgelöste Flächenbrand hat inzwischen dazu geführt, das man in dieser feinwürzigen Rebsorte auch die **elegante Seite entdeckt** und dies auch **in jungen Szenelokalen** feiert.

Weingenuss ist ein emotionales Empfinden und wie in anderen Geschmacksfragen, beispielsweise der Musik oder Malerei, höchst individuell geprägt. Kurz: Für Geschmack gibt es keine Mathematik!

Zum Auftakt der neuen Generation der Gault & Millau Weinguides liegt Ihnen mit dieser Ausgabe auch eine neue Bewertungsweise vor, die sich auf **die Vielfalt der Empfindungen** aus den großen, generationsübergreifenden Verkostungs-Panels und nicht auf Einzelurteile stützt.

Wir wünschen Ihnen mit diesem Buch als Guide hin zu gutem Wein ebenso viel Vergnügen, wie wir es bei den Besuchen in Württemberg und Baden hatten,

Otto Geisel

Ursula Haslauer

Inhaltsverzeichnis

Zeichenerklärung

WEINE

Weißwein

Rotwein

Rosé

Süßwein

Sekt

♥ Lieblingswein des Winzers

WEINGÜTER

5 rote Trauben / 5 schwarze Trauben	Weltklasse
4 rote Trauben / 4 schwarze Trauben	deutsche Spitze
3 rote Trauben / 3 schwarze Trauben	ausgezeichnet
2 rote Trauben / 2 schwarze Trauben	sehr empfehlenswert
1 rote Traube / 1 schwarze Traube	empfehlenswert

WEINE

5 rote Trauben	98–100 Punkte
5 schwarze Trauben	95–97 Punkte
4 rote Trauben	93–94 Punkte
4 schwarze Trauben	91–92 Punkte
3 rote Trauben	90 Punkte
3 schwarze Trauben	89 Punkte
2 rote Trauben	88 Punkte
2 schwarze Trauben	87 Punkte
1 rote Traube	86 Punkte
1 schwarze Traube	85 Punkte

DIE GAULT & MILLAU METHODE UND DIE EXPERTEN

Gault & Millau verkostet ab 2020 ausschließlich blind in Panels mit **mindestens sechs Verkostern.** Für die Verkostungen zu den regionalen Gault&Millau Weinguides werden die Teams zum einen aus der Stammmannschaft der Verkoster beschickt, zum anderen werden Gäste – Winzer und Experten aus der Region – dazu gebeten, um der **regionalen Typizität der Weine eine starke Stimme** zu verleihen.

Für die vorliegende Ausgabe konnten wir auf **Kenntnis, Erfahrung und Leidenschaft** dieser Experten bauen:

Die Gault & Millau Verkoster für diesen Baden & Württemberg Weinguide: Eva Adler (München), Jochen Benz (München), Axel Biesler (Isernhagen), Gerhild Burkard (Köln), Thorsten Firlus (Düsseldorf), Stephan Geisel (München), Frank Glüer (München), Thomas Hausmann (München), Peter Jakob (Dortmund), Daniel Kiowski (Bernkastel-Wehlen), Jochen Kreppel (München), Jossi Loibl (München), Astrid Löwenberg (München), Natalie Lumpp (Baden-Baden), Andreas Lutz (Stuttgart),Nina Mann (Saarburg), Thomas Sommer (Köln), Herbert Stiglmaier (München), Raphael Tanner (Freiburg), Melanie Wagner (Vogtsburg-Oberbergen), Klaus Wählen (Düsseldorf), Ronny Weber (Düsseldorf), Andreas Winkelmann (Düsseldorf).

Die Gäste der Verkostungen im Remstal, am Kaiserstuhl und in München: Gert Aldinger (Fellbach), Katja Apelt (Eltville), Arne Bercher (Vogtsburg-Burkheim), Dr. Dieter Blankenhorn (Weinsberg), Andreas Braun (Stuttgart), Michael Braun (Lauda-Königshofen), Claus Burmeister (Östringen-Tiefenbach), Ernst Dautel (Bönnigheim), Hartmann Dippon

(Beilstein), Markus Drautz (Heilbronn), Jürgen Ellwanger (Winterbach), Hansjörg Jung (Sindelfingen), Thomas Knab (Vogtsburg-Oberbergen), Kilian Krauth (Heilbronn), Joachim Heger (Ihringen), Dr. Christian Hodeige (Freiburg), Andreas Laible (Durbach), Meike Näkel (Bruchsal), Timo Renner (Ihringen), Robert Schätzle (Baden-Baden), Konrad Schlör (Wertheim-Reicholzheim), Klaus Schneider (Weil am Rhein), Albrecht Schwegler (Korb), Thomas Seeger (Leimen), Werner Seibold (Fellbach), Barbara Wanner (Karlsruhe).

Verkostet wurde in
ZALTO DENKART UNIVERSAL-GLÄSERN.

Die Verkostungen wurden strukturiert, geleitet und moderiert von Otto Geisel. Ursula Haslauer war verantwortlich für alles Organisatorische und dafür, dass aus den Verkostungsnotizen und Autorenbeiträgen ein Buch wurde.

Die mehrtägigen Tasting-Sessions fanden in der Schwabenlandhalle in Fellbach, im Drivers & Businessclub in München und im Weingut Franz Keller in Oberbergen statt. **Wir bedanken uns für die hervorragende Unterstützung an all diesen Orten.**

Burg Hohenzollern, Schwäbische Alb, Baden-Württemberg
„Wir haben in Deutschland eines der besten Gesundheitssysteme. Dies sollte so vermittelt werden, dass die Menschen wieder Vertrauen gewinnen und sich auf die Straße wagen."
Matthias Mey, Managing Partner bei Mey GmbH & Co. KG, in FOCUS.
Deutschland ist es gelungen, die gesundheitlichen Aspekte der Corona-Pandemie zu meistern wie kaum einem anderen Land der Welt. Nachhaltig. Besonnen. Diszipliniert. Und immer hoffnungsvoll. Jetzt stehen wir ökonomisch vor einer Jahrhundertaufgabe: jene, das engmaschige Gefüge aus Politik, Wirtschaft und Gesellschaft kraftvoll in die Zukunft zu bewegen. Neues Denken ist gefragt. Dafür haben wir die Initiative #AufbruchZukunft ins Leben gerufen, die auf eine konstruktive Aufbruchsstimmung in Deutschland setzt.
#Aufbruch Zukunft
Eine Initiative von Hubert Burda Media

MISSION STATEMENT

Die Gault&Millau Weinguides laden ihre Leser auf **eine Entdeckungsreise zu den Weinen Deutschlands und ihren Erzeugern** ein. Wir tun dies aus der tiefen Überzeugung heraus, dass sich die großartigen Weine dieses Landes mit allen Weinen der Welt messen können und dass Weintrinken ein Erlebnis für alle ist und nicht nur Experten vorbehalten bleiben darf.

Wein ist eines der ältesten Kulturgüter unserer Zivilisation, insofern sollten wir uns alle auch daran erfreuen.

Was macht Gault & Millau **anders als bisher:**

1. Gault & Millau verkostet ausschließlich blind.
2. Gault & Millau verkostet in Panels mit mindestens sechs Verkostern.
3. Gault & Millau verkostet in vergleichbaren Klassen – Qualitätsstufen, Rebsorten, Ausbauarten und Jahrgängen.
4. Gault & Millau geht mit den Verkoster-Teams wann immer möglich in die Regionen.
5. Die Gault & Millau Verkoster-Teams bestehen aus ausgewiesenen Experten der deutschen Weinszene.
6. Gault & Millau sucht sich für die Verkostung der regionalen Weinguides Unterstützung aus der regionalen Weinszene, um der Typizität der Region eine starke Stimme zu geben.
7. Gault & Millau beschreibt die Weine sachlich und durchaus auch in einer emotionalen Sprache, die Neugierde weckt und verständlich ist.
8. Gault & Millau will das Erlebnis Wein durch das Herausstellen regionaler Spezialitäten stärken und zu Besuchen in den Weinbaugebieten und bei den Winzern einladen.
9. Gault & Millau sieht Wein und Kulinarik als ein Gesamterlebnis, deshalb findet man ab jetzt in allen regionalen Gault & Millau Weinguides Empfehlungen für Essen, Schlafen und Einkaufen.

Baden & Württemberg 2021

1 TAUBER
2 BADISCHE BERGSTRASSE
3 KRAICHGAU
4 ORTENAU
5 BREISGAU
6 KAISERSTUHL
7 TUNIBERG
8 MARKGRÄFLERLAND
9 BODENSEE

10 REMSTAL-STUTTGART
11 MITTLERER NECKAR
12 HEILBRONNER LAND
13 HOHENLOHE

1 TAUBER

Der nördlichste Weinanbaubereich Badens zeigt sich entlang der Romantischen Straße mit einer abwechslungsreichen Landschaft.

2 BADISCHE BERGSTRASSE

40 Kilometer lang zieht sich die Bergstraße, die mit 400 Hektar der kleinste Anbaubereich von Baden ist.

3 KRAICHGAU

Das Land der tausend Hügel präsentiert sich nicht nur mit seinem Wein, sondern bietet auch viele kulinarische Überraschungen.

4 ORTENAU

Der Schwarzwald, die Rheinauen, die Weinberge und zahlreiche Spitzenrestaurants laden ein, diese Region zu entdecken.

5 BREISGAU

Zwischen Lahr und Freiburg gedeihen Jahr für Jahr große Weine. Diese Region zählt touristisch gesehen zu einem der beliebtesten Urlaubsziele Deutschlands. Das liegt nicht nur an den guten Weinen, sondern auch an hübschen Städten und vielen kulinarischen Angeboten.

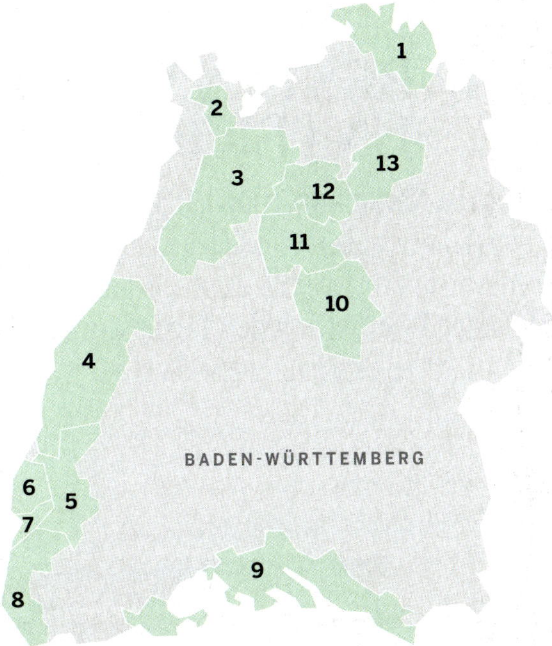

6 KAISERSTUHL

Eine atemberaubende Terrassen-Landschaft präsentiert sich im Herzen von Baden. Hier herrscht das wärmste Klima aller deutschen Weinanbaugebiete mit nachweislich den meisten Sonnenstunden. Auf der Sonnenterrasse Badens fühlen sich seltene Pflanzen wie Orchideen und Kakteen genauso wohl wie Smaragdeidechsen oder Gottesanbeterinnen.

7 TUNIBERG

Zwischen Schwarzwald und Vogesen präsentiert sich der „blühende Garten Freiburgs" mit malerischen Dörfern, Gärten und Rebhängen.

8 MARKGRÄFLERLAND

Drei Länder umrahmen die Heimat des Gutedels, die im Südwesten Badens an Frankreich und die Schweiz grenzt.

9 BODENSEE

63 Kilometer lang ist der See, der weinbaurechtlich dreigeteilt ist. Hier liegen auf 560 Metern die höchsten Weinberge Deutschlands.

10 REMSTAL-STUTTGART

Nur ein paar Kilometer von Stuttgart entfernt landet man in malerischen Weinbergen in idyllischer Landschaft.

11 MITTLERER NECKAR

Der Neckar fließt über 250 Kilometer durch das Weinanbaugebiet mit seinen unterschiedlichen Böden und Steillagen.

12 HEILBRONNER LAND

Neun Großlagen wie Heuchelberg, Kirchenweinberg oder Stromberg prägen diesen Anbaubereich mit seinen rund 9000 Hektar.

13 HOHENLOHE

Rund um die Flüsse Kocher, Jagst und Tauber gedeihen im Norden von Württemberg neben Schwarzriesling und Spätburgunder vor allem Weißweintrauben.

DIE BESTEN WEINE UNTER 10€

Wein ist Kommunikation und geteilte Freude, Weingenuss für sich alleine im stillen Kämmerlein ist für uns nicht vorstellbar, weshalb diesen hier aufgelisteten sehr preiswerten Weinen **für jeden Tag** unsere ganz besondere Wertschätzung gewidmet ist.

Weißweine

2018 Weißburgunder trocken

8,50€ · 12,8% · Weingut Pix · Kaiserstuhl

2019 Endinger Engelsberg Weißburgunder Kabinett trocken

8,50€ · 13% · Weingut Knab · Kaiserstuhl

2019 Endinger Engelsberg Grauburgunder Kabinett trocken

8,50€ · 13% · Weingut Knab · Kaiserstuhl

2019 Riesling „Klingelberger" trocken

8,50€ · 13% · Weingut Markgraf von Baden Schloss Staufenberg · Ortenau

2019 Weißburgunder trocken

8,90€ · 12,5% · Weingut Holger Koch · Kaiserstuhl

2019 Weißburgunder „Steinwiege" trocken

9,50€ · 11,5% · Weingut Rainer Schnaitmann · Remstal-Stuttgart

2019 Grauburgunder „vom Löss" trocken

9,50€ · 12,5% · Weingut Franz Keller · Kaiserstuhl

2019 Sulzfelder Riesling trocken

9,80€ · 12% · Weingut Burg Ravensburg · Kraichgau

2019 Achkarrer Castellberg Weißburgunder Kabinett trocken

6,90€ · 13% · Winzergenossenschaft Achkarren · Kaiserstuhl

2019 Gerlachsheimer Herrenberg Chardonnay „Kilian" Kabinett trocken

6,90€ · 12,5% · Becksteiner Winzer · Tauber

2019 Reicholzheimer Müller-Thurgau trocken

7€ · 11,5% · Weingut Schlör · Tauber

2019 Ihringer Winklerberg Grauburgunder Kabinett trocken 🍇🍇
7,20€ · 12,5% · Wein- und Sektgut Gerhard Karle · Kaiserstuhl

2019 Glottertäler Eichberg Auxerrois trocken 🍇🍇
7,50€ · 12,5% · Weingut Otto und Martin Frey · Breisgau

2019 Durbacher Kochberg Chardonnay trocken 🍇🍇
7,60€ · 13% · Weingut Vollmer · Ortenau

2019 Königschaffhauser Hasenberg Grauburgunder „Grauer Burgunder" trocken 🍇🍇
7,75€ · 13,5% · Winzergenossenschaft Königschaffhausen-Kiechlinsbergen · Kaiserstuhl

2019 Eichstetter Herrenbuck Weißburgunder trocken 🍇🍇
7,90€ · 12,5% · Weingut Friedrich Kiefer · Kaiserstuhl

2019 Obergrombacher Michaelsberg Auxerrois „Esprit" trocken 🍇🍇
7,90€ · 12,5% · Weingut Rudolf Bosch · Kraichgau

2019 Grauburgunder „Grauburgunder für jeden Tag" trocken 🍇🍇
8€ · 12,5% · Weingut Zimmerlin · Kaiserstuhl

2019 Auxerrois „Edition" trocken 🍇🍇
8€ · 12,5% · Weingut Zimmerlin · Kaiserstuhl

2019 Ballrechten-Dottinginger Castellberg Grauburgunder „Kunstwerk" trocken 🍇🍇
8€ · 13% · Markgräfler Winzer · Markgräflerland

2019 Weiler Schlipf Grauburgunder trocken 🍇🍇
8€ · 12,5% · Weingut Röschard · Markgräflerland

2019 Weißburgunder trocken 🍇🍇
8€ · 12,5% · Weingut Seeger · Bergstraße

2019 Eichstetter Herrenbuck Auxerrois trocken 🍇🍇
8,10€ · 12,5% · Weingut Friedrich Kiefer · Kaiserstuhl

2018 Riesling „Steinwiege" trocken 🍇🍇
8,20€ · 12,5% · Weingut Rainer Schnaitmann · Remstal-Stuttgart

2019 Linsenhöfer Sand Riesling „Brauner Jura" trocken 🍇🍇
8,40€ · 12,5% · Hedwig und Helmut Dolde · Remstal-Stuttgart

2019 Chardonnay trocken 🍇🍇
8,40€ · 12,5% · Weingut Wolfgang Haidle · Remstal-Stuttgart

2019 Riesling trocken 🍇🍇
8,50€ · 12% · Weingut Beurer · Stuttgart & Remstal

2019 Winterbacher Riesling trocken 🍇🍇
8,50€ · 12,5% · Weingut J. Ellwanger · Remstal-Stuttgart

2019 Reicholzheimer Weißburgunder trocken 🍇🍇
8,50€ · 13% · Weingut Schlör · Tauber

2019 Riesling trocken 🍇🍇
8,50€ · 12% · Weingut Holger Dütsch · Ortenau

2019 Binzener Sonnhole Grauburgunder Spätlese trocken 🍇🍇
8,50€ · 13,5% · Öko Wein- & Sektgut Gerhard Aenis · Markgräflerland

2019 Eichstetter Herrenbuck Weißburgunder trocken
8,70€ · 13% · Ökologisches Weingut Schmidt · Kaiserstuhl

2019 Weißburgunder trocken
8,80€ · 13% · Weingut Konstanzer · Kaiserstuhl

2019 Durbach Riesling „Klingelberger HS" trocken
8,80€ · 13% · Weingut Schwörer · Ortenau

2019 Burkheimer Weißburgunder trocken
8,90€ · 13,5% · Weingut Bercher · Kaiserstuhl

2019 Burkheimer Grauburgunder trocken
8,90€ · 13% · Weingut Bercher · Kaiserstuhl

2019 Durbacher Kochberg Grauburgunder „Alte Reben" trocken
8,90€ · 13% · Weingut Vollmer · Ortenau

2018 Grauburgunder trocken
9€ · 13% · Weingut Pix · Kaiserstuhl

2019 Grauburgunder „Frucht" trocken
9€ · 13% · Weingut Abril · Kaiserstuhl

2019 Auxerrois „Frucht" trocken
9€ · 12% · Weingut Abril · Kaiserstuhl

2019 Mauchener Weißwein-Cuvée trocken
9€ · 13% · Weingut Lämmlin-Schindler · Markgräflerland

2018 Niederrimsinger Grauburgunder trocken
9€ · 14% · Stiftungsweingut Freiburg · Markgräflerland

2019 Grauburgunder „Markgräfler" trocken
9,26€ · 13% · Weingut Blankenhorn · Markgräflerland

2019 Lahrer Grauburgunder trocken
9,50€ · 12,5% · Weingut Wöhrle · Breisgau

2019 Riesling trocken
9,50€ · 12% · Weingut Schloss Neuweier · Ortenau

2019 Grauburgunder „Handwerk" feinherb
9,50€ · 12,5% · Weingut Axel Bauer · Ortenau

2019 Binzener Sonnhole Sauvignon Blanc Spätlese trocken
9,50€ · 13% · Öko Wein- & Sektgut Gerhard Aenis · Markgräflerland

Weißwein-Cuvée „Grünfink Cuvée 55" trocken
9,70€ · 12,5% · Winzerhof Linder · Kaiserstuhl

2019 Kleinbottwarer Süssmund Riesling „S" trocken
9,80€ · 12% · Weingut Graf Adelmann · Mittlerer Neckar

2019 Weißburgunder trocken
9,80€ · 12,5% · Weingut Heitlinger · Kraichgau

2019 Muskateller „Blankenhornsberger" trocken
9,80€ · 13,5% · Staatsweingut Freiburg · Markgräflerland

2019 Durbacher Chardonnay „HS" Spätlese trocken
9,90€ · 13% · Weingut Schwörer · Ortenau

2019 Oberrotweiler Sauvignon Blanc trocken
10€ · 12% · Weingut Landerer · Kaiserstuhl

Rotweine

2018 Spätburgunder
9,30€ · 13% · Weingut Fritz Waßmer · Markgräflerland

2018 Spätburgunder
9,50€ · 13,5% · Weingut Martin Waßmer · Markgräflerland

2018 Diefenbacher König Rotwein-Cuvée „44er"
10€ · 13,1% · Weingut Anita Landesvatter · Heilbronn

2018 Spätburgunder
10€ · 13% · shelter winery · Breisgau

2018 Sasbacher Rote Halde Spätburgunder „Jäger-Wein"
7,90€ · 14% · Sasbacher Winzerkeller · Kaiserstuhl

2018 Spätburgunder
8,20€ · 14% · Weingut Simon Huber · Ortenau

2018 Spätburgunder „Tradition"
9€ · 13,97% · Weinhaus Mößner · Kaiserstuhl

2017 Spätburgunder
9,26€ · 13,6% · Weingut Blankenhorn · Markgräflerland

2018 Merlot „Ballade"
9,50€ · 13,5% · Weingut Doreas · Remstal-Stuttgart

2017 Zell-Weierbacher Spätburgunder
9,50€ · 13,5% · Weingut Freiherr von und zu Franckenstein · Ortenau

2019 Blaufränkisch „Bunter Mergel"
9,90€ · 12% · Weingut Karl Haidle · Remstal-Stuttgart

2018 Spätburgunder „Holzfass"
10€ · 13,5% · Weingut Arndt Köbelin · Kaiserstuhl

Spätburgunder
10€ · 13,5% · Weingut Königsrain · Ortenau

2017 Spätburgunder
10€ · 13,5% · Josef J. Simon Wein · Tuniberg

2017 Feuerbacher Steingässle Spätburgunder „Kunstwerk"
10€ · 13% · Markgräfler Winzer · Markgräflerland

Fotocredit: Chris Keller/Schwarzwald Tourismus

Baden

Fotocredit: Jens Großkreuz/Schwarzwald Tourimus

HAUPTROLLE: DER GENUSS

Von Anke Kronemeyer

Kein deutsches Anbaugebiet ist so sehr mit dem **Thema Genuss** verbunden wie Baden. Dabei spiegelt sich dieser Genuss auf mehreren Ebenen wider: Zum einen **beim Essen und Trinken** – das kann man ganz wunderbar im Badischen. Aber es ist auch das **sonnenverwöhnte Klima,** das man schlichtweg nur genießen kann. Beim Spaziergang durch die Weinberge mit Blick auf den Schwarzwald, beim Bummel durch eine der badischen Städte oder einem Badeausflug an den Bodensee.

Wer an prominente Winzerbetriebe wie den Schwarzen Adler, Salwey, Bercher, Klumpp, Heger, die Waßmer-Brüder, Markgraf von Baden oder Ziereisen denkt, dem fällt sofort ihr gemeinsamer Nenner ein: Es ist das Anbaugebiet Baden, in dem sie alle ihre Weine anbauen und seit Jahrzehnten deutsche Weingeschichte schreiben.

Denn diese Weine, die grenznah zu Frankreich wachsen, gedeihen prächtig in dem sonnigen Klima zwischen Tauber, Ortenau, Markgräflerland und Bodensee, heimsen immer wieder Preise und Auszeichnungen ein und sind beim weinaffinen Endverbraucher und Genießer seit langem bekannt und beliebt.

Das Weinbaugebiet Baden ist das drittgrößte in Deutschland, misst über eine Länge von etwa 400 Kilometern knapp 16.000 Hektar Rebfläche. Mehr als die Hälfte der Rebfläche ist mit Sorten der Burgunderfamilie bepflanzt. Das Gebiet liegt in der gleichen europäischen Weinzone wie das Elsass, die Champagne oder die Loire.

Die gleiche Weinzone wie Elsass und Champagne

Aber: Baden ist nicht gleich Baden. Schließlich gibt es neun Anbaubereiche, die unterschiedlicher nicht sein können und darum auch so verschiedene Weine hervorbringen. Die einen Rebstöcke wachsen auf Moränenschotter am Nordrand des Bodensees, andere auf tertiären Kalk-, Ton- und Mergelböden, wieder andere auf Lössablagerungen, vulkanischen Böden oder Muschelkalk.

Im Norden des Anbaugebiets, in Tauberfranken, an der Badischen Bergstraße und im Kraichgau finden sich neben den Burgundersorten auch Müller-Thurgau, Riesling und Schwarzriesling

im Vordergrund. In der Ortenau wachsen vor allem Spätburgunder und Riesling, im Breisgau, am Kaiserstuhl und im Tuniberg werden meist rote und weiße Burgunder gekeltert. Der Gutedel kommt aus dem Markgräflerland an der Grenze zur Schweiz, die filigransten Müller-Thurgau wachsen am Bodensee.
Baden gilt – auch wegen seiner Nähe zu Frankreich – als ausgesprochenes Burgunderland. Kräftige Grauburgunder, feingliedrige Weißburgunder oder Auxerrois kommen von hier und überzeugen durch ihre gute Struktur und Cremigkeit. Besonders junge Winzerinnen und Winzer führen den Nachweis, dass solch ein Wein auch schlank und frisch ausfallen kann.
Baden ist aber auch das wichtigste deutsche Anbaugebiet für Spätburgunder. Diese edle Rebsorte, einst auf zugänglich und simpel getrimmt, erfüllt heute wieder hohe und höchste Ansprüche, zeigt sich oft vielschichtig und komplex, seidig und elegant. Warum die Weine im Badischen so gut gedeihen, ist leicht erklärt: Es liegt am Klima in dieser Region. Inmitten der Oberrheinischen Tiefebene herrscht, geschützt durch die Berge des Odenwalds, des Schwarzwalds und der Vogesen, das wärmste Klima Deutschlands. Und weil durch die umgebenden Gebirge nachts die Fallwinde die Reben kühlen und auch im Sommer immer wieder Regen fällt, bewahren sich die Trauben ihre besonders ausgeprägte Balance von Säure und Süße, die Grundlage für große Weine.
Nicht nur das milde Klima, die hübschen Weinorte und die landschaftliche Vielfalt locken viele Gäste nach Baden, beispielsweise an die Hänge des Odenwalds und des Schwarzwalds oder an die Ufer des Bodensees. Touristisch sehr beliebt sind auch Städte wie Heidelberg, Konstanz, Baden-Baden, Karlsruhe oder Freiburg. Wer Aktivurlaub machen will, hat ebenfalls die große Auswahl, kann entlang der Tauber radeln, auf einem der zahlreichen Weinlehrpfade spazieren gehen oder auf den Weinwanderwegen wandern. Ein Highlight stellt der frisch zertifizierte, 460 Kilometer lange Badische Weinradweg dar, den man auch etappenweise befahren kann.
Informationen zu Weinen, Weingütern, Straußenwirtschaften und Verkostungen werden in allen Wein-Orten angeboten. So laden die mehr als 50 badischen Winzergenossenschaften regelmäßig zu Tagen des offenen Winzerkellers ein. Den besten Überblick über das aktuelle Weinangebot aus badischen Kellern liefert jeweils im Mai die Badische Weinmesse in Offenburg, und der älteste badische Weinmarkt findet – wie schon im 19. Jahrhundert – alljährlich im April in Müllheim im Markgräflerland statt. Und natürlich stehen auf allen mehr als 300 badischen Weingütern den Besuchern fast immer alle Türen offen – denn die Winzer freuen sich über den direkten Kontakt mit

ihren Kunden und öffnen gerne die eine oder andere Flasche. Viele haben sich in den vergangenen Jahren zudem mit modernen Verkostungsräumen einen neuen architektonischen Anstrich gegeben. Der Winzerkeller von Franz Keller in Vogtsburg, die neuen Räume bei Markus und Andreas Klumpp in Bruchsal, bei Andreas Männle in Durbach, das Weingut Weber in Ettenheim oder das Vinotorium bei den Oberkircher Winzern sind nur einige von vielen Beispielen. Sie alle wurden mit dem Siegel „Wein und Architektur" von Tourismus Marketing GmbH Baden-Württemberg und Architektenkammer ausgezeichnet.

Symbiose von Wein und Architektur

Neben dem Genuss von Wein geht es im Badischen immer wieder um das gute Essen. Und das wird reichlich geboten – vom eleganten Restaurant mit weißen Stoffservietten bis hin zum Landgasthof mit blank gescheuerten Tischen. Auf den Speisekarten all dieser Lokale steht meistens die badische Küche, die immer wieder von Frankreich, aber auch von der Schweiz inspiriert wird. So findet man Flädlesuppe oder Badische Schneckensuppe, Käsespätzle, Ochsenbrust, Brägele und Ofenschlupfer auf den Karten. Der Schwarze Adler in Ober-

Zahlen & Fakten

GEOGRAPHISCHE LAGE
Vom Bodensee entlang der Oberrheinischen Tiefebene über die Badische Bergstraße und den Kraichgau bis Tauberfranken

KLIMA
sonnig und warm, am Kaiserstuhl wärmste Region Deutschlands

BÖDEN
Moränenschotter am Bodensee, tertiäre Kalk-, Ton- und Mergelböden, riesige Lössablagerungen, vulkanische Böden am Kaiserstuhl und im Markgräflerland, Muschelkalk und Keuper im Kraichgau und Taubergrund

bergen, die Traube in Blansingen, Zehners Stube in Pfaffenweiler, Douce Steiner und ihr Restaurant Hirschen in Sulzburg, die Wolfshöhle in Freiburg, aber auch die Alte Post in Müllheim mit ihrer speziellen Karte aus Bio-Gerichten sollen nur als einige wenige Beispiele großer Kulinarik in der ganzen Weinregion genannt werden.
So wie es zahlreiche Restaurants im gesamten Anbaugebiet gibt, findet man als Gast ebenso viele Übernachtungsmöglichkeiten – schicke Hotels wie das Colombi in Freiburg, das Heinzler am Bodensee oder im Glottertal den Schwarzwaldgasthof Hotel Schlossmühle. Oder auch die Möglichkeit, sein Wohnmobil auf einem Weingut abstellen zu können. Allen gemeinsam: die typisch badische Gastfreundschaft, die dem Urlauber entgegengebracht wird. Und, nicht zu vergessen: immer ein gutgefüllter Weinkeller mit Tropfen aus der Region.

INTERNETADRESSEN

www.badischerwein.de
www.badische-weinstrasse.de
www.badischer-weinbauverband.de
www.tourismus-bw.de
www.schwarzwald-tourismus.de

REBFLÄCHE

2019 ca. 15.800 Hektar, neun Bereiche, 16 Großlagen, 306 Einzellagen

REBSORTEN

2019 weiß 60%, rot 40%, Spätburgunder (33,7%), Müller-Thurgau (14,9%), Grauburgunder (13,8%), Weißer Burgunder (10%), Riesling, Gutedel, Silvaner, Traminer

Fotocredit: Thomas Hartmann/Deutsches Weininstitut

Der Gutedel – EIN FLÜSSIGES KULTURGUT

Von Christoph Wirtz

Das Markgräflerland, dieses sanfte Hügelland zwischen den Türmen des Freiburger und des Basler Münsters, ist ein jahrtausendealtes Weinland. Schon zu römischer Zeit blühten hier die Reben, am Horizont die schneebedeckten Alpen. Durch die Burgundische Pforte zwischen Jura und Vogesen strömt schon früh im Jahr die warme Mittelmeerluft in die oberrheinische Ebene, trocken-heiße Hochsommertage werden durch nächtliche Fallwinde von den Hängen des Schwarzwaldes gelockert. Perfekte Bedingungen für Burgunder und Chardonnay, perfekt auch für die hier wichtigste – und zugleich weithin verkannte – Rebsorte: Gutedel. Er ist, wenn es so etwas geben kann, im Alltag mein Lieblingswein. Warum? Weil ich Weintrinker bin, nicht Nipper.

Alles, was hier unten im tiefen Südwesten gut ist, ist europäisch. Die Kultur kam aus dem Süden, die feine Küche über den Rhein, der Gutedel vom Genfer See. Von dort hatte Markgraf Karl-Friedrich die Rebe um 1780 importiert, ihre historischen Wurzeln reichen viel tiefer: Der Gutedel ist eine der ältesten Rebsorten der Menschheit, seinen Ursprung hat er im antiken Ägypten, Gutedelreben sind noch heute südwestlich von Kairo in der Oase Fayyum zu finden. Über Konstantinopel gelangte er schließlich ins Burgund und von da, dem hohen Herrn sei Dank, ins Markgräflerland. Hier ist er heute die Hauptrebsorte – und eine absolute Spezialität. In Deutschland wächst dieser wunderbar leichte, duftige Wein so gut wie nur hier. In der Schweiz, in Frankreich ist das anders. Dort heißt er Chasselas oder Fendant und ist weit verbreitet.

Kein Wunder: Gut gemacht brilliert der Gutedel durch Frische und Leichtigkeit, trocken ausgebaut, also wirklich durchgegoren, ohne Restzucker (alles andere ist indiskutabel!), ist er ein überaus anregender, hochbekömmlicher Weißwein. Oft wird er nicht gut gemacht, dann wird er zu dünner Plörre, im Keller aufgemascherlt für ahnungslose oder gleichgültige Trinker. Ein Schicksal, das ihn mit dem Trollinger verbindet. Der Gutedel braucht Sorgfalt. Die stecken viele lieber in ihren Pinot oder Chardonnay. Andere haben den Gutedel als das erkannt, was er ist: ein flüssiges Kulturgut. Alle wichtigen Winzer des Markgräflerlandes – Blankenhorn, Schlumberger, Lämmlin-Schindler ... – sind stolz auf ihren vermeintlich bescheidenen Gutedel. Einen der eigensinnigsten baut Hanspeter Ziereisen aus, seinen „Jaspis" Gutedel: spontanvergoren, Maischestandzeit, 18 bis 22 Monate auf der Hefe, 600-Liter-Holzfass, unfiltriert, 125 Euro die Flasche. Ein Statement!

Der ungekrönte König des klassischen Gutedels ist Hermann Dörflinger. Er baut ihn gleich in drei Lagen aus, jede schenkt dem Wein eine ganz eigene Charakteristik – alle sind sie klar, schlank, straff, frei von „dienender Restsüße" und alkoholischer Opulenz: hochbekömmliche, animierende Weine mit feiner Säure und großem Trinkfluss. Und weil es heute in Zeiten selbstverständlicher Transparenz-Hinweis erwähnt werden muss: Gemeinsam mit Hermann Dörflinger verleihe ich jährlich ein Fass seines besten Gutedels an Menschen von „öffentlich wirksamem, kreativem Eigensinn", Menschen wie Wolf Biermann, Jean-Claude Juncker, Alice Schwarzer, Tomi Ungerer. Oft fragen die Preisträger – zumal die aus dem Norden – vorher bang an, was sie denn mit 300 Litern Gutedel anfangen sollten. „Sparsam einteilen", rate ich dann. Oder, wie Dörflinger sagt: „Guter Wein, in Maßen genossen, schadet auch in großen Mengen nicht."

CHRISTOPH WIRTZ ist Chefredakteur des Gault & Millau Restaurantguide und Mitglied im Vorstand der Markgräfler Gutedelgesellschaft.

HISTORIE

Als Tafeltraube wird der Gutedel, eine der ältesten Kulturreben, weltweit angebaut. Für die Weinerzeugung spielt er in der französisch sprechenden Schweiz eine dominante Rolle, in Südosteuropa gilt die „Mädchentraube" als Gutedel-Spielart, und auch im Elsass stehen einige wenige Weinberge. In Deutschland konzentriert sich der Gutedel-Anbau auf das Markgräflerland. Dort werden 1088 Hektar Rebfläche damit bestockt. Neben der Anbaufläche in Südbaden stehen an Saale-Unstrut noch knapp 22 Hektar Gutedel-Weinberge.

TOP 5

Gutedel einmal anders.
Ausgesuchte Weine der neuen Gutedel-Generation.
Echte Charakterköpfe!

01

2017 Jaspis
10hoch4

Weingut Ziereisen,
Efringen-Kirchen

„Frucht ist Kitsch“, sagt der Winzer. Sehr mineralisch, komplex und extrem eigenständig. Ein absoluter Ausnahmewein.

125€ · 12%

02

2017 Chasselas
Courage

Weingut Blankenhorn, Schliengen

Wein mit großer Persönlichkeit, burgundische Art, kernig, zitrisch, viel Spannung, mineralisch, Grip, super Säure, Mineralität.

24€ · 12,5%

03

2018 Chasselas
Le Clocher

Weingut Blankenhorn, Schliengen

Dieser Le Clocher ist sicherlich einer der eigenständigsten Markgräfler Gutedel. Viel Würze mit ebenso viel Entwicklungspotenzial zeichnen diesen schönen Wein aus.

18,50€ · 11,5%

04

2019
el fayoum

Weingut Claus Schneider, Weil am Rhein

Kamille prägt diesen Wein im ersten Antrunk. Hat ordentlich Gerbstoff und braucht Luft und einen starken kulinarischen Begleiter.

22€ · 9,5%

05

2018
Haltinger Stiege

Weingut Claus Schneider, Weil am Rhein

Melone-Noten und Mirabelle setzen einen Akzent bei diesem Ausnahme-Gutedel.

30€ · 11%

1 TAUBER

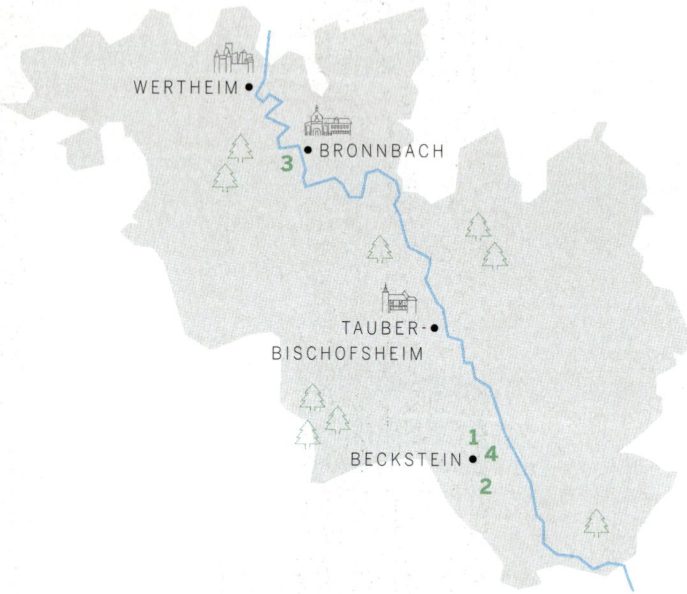

Das liebliche Taubertal heißt diese Landschaft auch – und genau so präsentiert sie sich. Die Romantische Straße, älteste Ferienstraße Deutschlands, nimmt dort ihren Anfang und führt durch malerische Städte und die Weinberge. Der Fünf-Sterne-Radweg „Der Klassiker" führt von Rothenburg ob der Tauber nach Wertheim. Wanderer können den Panoramawanderweg Taubertal entdecken. Schlösser, Burgen und Museen laden zu Reisen in die Vergangenheit ein.

Geographische Lage Dieser Anbaubereich liegt zwischen Wertheim am Main und Bad Mergentheim und ist der nördlichste Weinanbaubereich Badens.
Klima Die Rebflächen werden von einem kontinentalen Klima mit heißem, trockenem Sommer und kaltem Winter bestimmt. Die Sonnenscheindauer von April bis Oktober beträgt um die 1365 Stunden. Die jährliche Niederschlagsmenge beläuft sich auf 650 bis 700 mm/m².
Böden Muschelkalk, Buntsandstein.
Rebfläche 620 ha Rebfläche, 377 ha Weißwein, 242 ha Rotwein
Rebsorten Müller-Thurgau, Schwarzriesling, Regent, Kerner, Spätburgunder, Tauberschwarz
Geschichte Vor 200 Jahren wurde noch auf 6000 Hektar Wein angebaut. Eingeschleppte Krankheiten und klimatische Auswirkungen führten dazu, dass die Anbaufläche reduziert wurde und ausschließlich die besseren Lagen genutzt werden.
Besonderheiten Weinrechtlich teilt sich das Taubertal nach einer Entscheidung von Napoleon in drei Anbaugebiete: Baden, Franken und Württemberg. Der Wein wird hier zum Teil im Bocksbeutel abgefüllt.

WEINGÜTER

1
BECKSTEINER WINZER
Weinstraße 30
97922 Lauda-Königshofen

2
WEINGUT BENZ
Im Walterstal 1
97922 Lauda-Königshofen

3
WEINGUT SCHLÖR
Martin-Schlör-Straße 22
97877 Wertheim-Reicholzheim

4
WINZERHOF STREBEL
Geisbergstraße 8
97922 Lauda-Beckstein

Becksteiner Winzer

Weinstraße 30,
97922 Lauda-Königshofen
T +49 (0) 9343 5000
www.becksteiner-winzer.de

Geschäftsführer
Michael Braun
Kellermeister Manfred Braun
Rebfläche 249 ha
Produktion
2.800.000 Flaschen
Gründung 1894
Verkaufszeiten
Mo–Sa 9–18 Uhr
So, Feiertag 10–16 Uhr
Ruhetage der Vinothek
25.–26. Dez., 1. Jan., 6. Jan.

Hier stimmt die Balance zwischen Tradition und Moderne: 1894 wurde der Winzerverein Beckstein gegründet und präsentiert sich heute frischer denn je. Das ist mit ein Verdienst des jungen Geschäftsführers Michael Braun, der mit seinem Team in Keller und Weinberg dieser ungewöhnlichen Winzergenossenschaft immer wieder neue Kreationen wie die Projektweine „Spektakulär" oder „Freihand" vorstellt und dafür oft ausgezeichnet wird. Insgesamt kümmern sich heute 354 Genossenschaftsmitglieder aus 21 Orten um die Trauben von 276 Hektar. Legendär ist die Linie Kilian, die in besten Einzellagen wächst und ihren Namen von Bischof Kilian erhielt, der als Missionar vor 1300 Jahren durch die Region zog.

2018 Gerlachsheimer Herrenberg Chardonnay „Reserve" Spätlese trocken
25€ · 14%
Wenn man hinter den Holz-Vorhang schaut, taucht ein richtig feiner Wein auf.

2019 Becksteiner Kirchberg Grauburgunder „Kilian" Kabinett trocken
6,90€ · 12,5%

2019 Becksteiner Winzer Riesling „Freihand" trocken
6,90€ · 12%

2019 Gerlachsheimer Herrenberg Chardonnay „Kilian" Kabinett trocken
6,90€ · 12,5%

♥ **2019** Gerlachsheimer Herrenberg Chardonnay „Kilian" Spätlese trocken
13€ · 13,5%
Nussig, buttrig, sehr opulent, dennoch frisch, großes Trinkvergnügen zum guten Preis.

2019 Gerlachsheimer Herrenberg Grauburgunder „Kilian" Spätlese trocken
11€ · 13%

2019 Gerlachsheimer Herrenberg Silvaner „Alte Reben" Spätlese trocken
16€ · 13%

2019 Gerlachsheimer Herrenberg Silvaner „Kilian" Kabinett trocken
6,90€ · 12%

2019 Gerlachsheimer Herrenberg Weißburgunder „Kilian" Kabinett trocken
6,90€ · 12,5%

2019 Gerlachsheimer Herrenberg Weißburgunder „Kilian" Spätlese trocken
11€ · 13%

2017 Gerlachsheimer Herrenberg Schwarzriesling „Reserve" Spätlese trocken
25€ · 13,5%
Top-Interpretation dieser feinwürzigen Rebsorte, die sich hier auf Muschelkalk ganz besonders wohl zu fühlen scheint.

2017 Gerlachsheimer Herrenberg Spätburgunder „Alte Reben" Spätlese trocken
16€ · 13,5%
Klassischer und sehr typischer Spätburgunder, rund und mollig mit weichen Tanninen.

2018 Becksteiner Kirchberg Schwarzriesling „Kilian"
12€ · 13,5%

2018 Gerlachsheimer Herrenberg Schwarzriesling „Reserve" Spätlese trocken
25€ · 13,5%
Animierender Wein, duftet nach roten Beeren und hat alles, was Spaß macht.

2018 Gerlachsheimer Herrenberg Spätburgunder „Alte Reben" Spätlese trocken
16€ · 14%
Duftig, eleganter Spätburgunder mit großer Harmonie und feiner Würze.

Weingut Benz

Im Walterstal 1,
97922 Lauda-Königshofen
T +49 (0) 9343 4523
www.weingut-benz.de

Inhaber Familie Benz
Betriebsleiter Michael Benz
Kellermeister Hubert Benz
Rebfläche 72 ha
Produktion 250.000 Flaschen
Gründung 1994
Verkaufszeiten
Di–Fr 8–12 Uhr und 14–18 Uhr
Sa 9–16 Uhr
So 10–12 Uhr

Generationenwechsel im Weingut Benz an der Tauber. Michael hat die Betriebsleitung übernommen und verantwortet zunehmend auch die Arbeit im Keller. Die Steillagenweine werden gezielt im Holzfass aus heimischer Eiche vergoren und ausgebaut, um den Weinen noch mehr Ausdruckskraft zu verleihen. Zusätzlich zum Weinbau betreibt die Familie ein Weinhotel und bietet die Weinerlebnisführung „Vintasticum" an.

2019 Becksteiner Kirchberg Auxerrois trocken
9€ · 12,5%
Cremig und gleichzeitig griffig verwoben mit filigraner Duftigkeit.

2019 Königshöfer Turmberg Weißburgunder trocken
8€ · 12,5%

♥ **2019** Oberschüpfer Herrenberg Silvaner „aus Alten Reben" trocken
12€ · 13,5%
Knackig, vollmundig und saftig am Gaumen, strukturiert, kräftig.

2017 Pinot Noir „Grand Edition"
25€ · 14%
Viel Tannin ist da im Spiel. Das schminkt den Wein eindrucksvoll.

2018 Merlot „vom Kalkfels"
12€ · 14%
Aromatisch, würzig, samtig und kräftig zugleich am Gaumen.

2018 Rotwein-Cuvée „Noir de Benz"
10€ · 13,5%

Weingut Schlör

Martin-Schlör-Straße 22,
97877 Wertheim-Reicholzheim
T +49 (0) 9342 4976
www.weingut-schloer.de

Inhaber Konrad Schlör
Betriebsleiter Konrad Schlör
Kellermeister Konrad Schlör
Verbände VDP
Rebfläche 6 ha
Produktion 25.000 Flaschen
Gründung 1983
Verkaufszeiten
nach Vereinbarung

Nicht wenige staunen, wenn sie Konrad Schlörs Schwarzriesling probieren. Wie kaum ein anderer vermag er der Rebsorte Tiefe und Struktur zu entlocken. In der Martin-Schlör-Straße von Wertheim-Reicholzheim beheimatet, fühlt sich Schlör in Badens „Cool Climate" wohl, wie er die Region Tauberfrankens gern bezeichnet. Sechs Hektar bewirtschaftet Schlör, darunter den Oberen First, dessen Spitze auf 329 Meter über dem Meeresspiegel liegt. Deswegen ist die Rebblüte im Verlauf des Jahres auch im Vergleich zu anderen Regionen spät. Ein Wechselspiel aus sonnenverwöhnten Lagen, die dank des Regenschattens von Odenwald und Spessart auch strenge Winter und Spätfröste erdulden müssen, macht Schlörs Arbeit herausfordernd, die tief wurzelnden Reben danken es jedoch mit langlebigen und mineralisch-kräftigen Weinen.

2019 Reicholzheimer First Weißburgunder 1. Lage
14€ · 13,5%
Wunderbar harmonischer Weißburgunder, ein Paradebeispiel an Finesse für diese oft unterschätze Rebsorte.

2019 Reicholzheimer Müller-Thurgau trocken
7€ · 11,5%
Dezent im Duft, fein und zugleich knackig am Gaumen mit einem schönen Spannungsbogen.

2019 Reicholzheimer Oberer First Weißburgunder GG
22€ · 13,5%
Trotz großer Fülle und Dichte ist dies ein immens eleganter Wein, der feinste Weißburgunder in der Geschichte des Weingutes!

2019 Reicholzheimer Weißburgunder trocken
8,50€ · 13%
Fein und duftig, schlank gebaut, vermittelt dieser Einstiegswein bereits größte Trinkfreude.

♥ **2017** Reicholzheimer First Schwarzriesling „Fyerst 1476"

65€ · 13,5%

Gut ausgewogen, prägnante Säure, schöne Länge, elegant, wunderbarer Vertreter seines Typs.

2018 Reicholzheimer First Schwarzriesling 1. Lage

25€ · 14%

Bitterschokolade, Kokos, Gerbstoff – alles da, was diesen Schwarzriesling auf Augenhöhe mit charaktervollen Spätburgundern bringt.

2018 Reicholzheimer First Spätburgunder 1. Lage

25€ · 13,5%

Ein großer Wein, Dauerläufer in dichtem, dunklen Trikot – wenn auch kein typischer Vertreter der Rebsorte. Trotzdem!

2018 Reicholzheimer Oberer First Spätburgunder GG

35€ · 13,5%

Likörig, rauchig, kräuterig: Zum vielschichtigen Bouquet kommt markantes Tannin, das sich noch integrieren wird.

Winzerhof Strebel

Geisbergstraße 8,
97922 Lauda-Beckstein
T +49 (0) 172 9164 096
www.winzerhof-strebel.de

Betriebsleiter Stefan Strebel
Kellermeister Stefan Strebel
Rebfläche 1,3 ha
Produktion 8.000 Flaschen
Gründung 2012
Verkaufszeiten
nach Vereinbarung

Die 1,3 Hektar Rebfläche lässt Stefan Strebel bei der Lese nicht einfach ernten, sondern in mehreren Lesedurchgängen von Hand selektieren. Denn die höchste Priorität liegt auf der Lese von vollständig gesunden und hochreifen Trauben. Nur so sei es laut Strebel möglich, die gewünschte Mineralität in den Weinen zu erzeugen und nicht auf vordergründige Frucht und Süße zu bauen. Dafür sei der Boden des Taubertals „genial". Der Winzerhof Strebel teilt seine Weine in drei Kategorien, wie den Gutswein, „Herzblut", „Sonnenkind" oder „Leidenschaft" genannt, über die trockenen Lagenweine bis hin zur EDITION S, deren hochreifes Lesegut lange auf der Hefe liegt und für extraktvolle und kräftige Weine im Holzfass ausgebaut wird.

2019 Becksteiner Kirchberg Sauvignon Blanc trocken

8€ · 13%

2019 Marbacher Frankenberg Grauburgunder trocken

7,50€ · 13%

2019 Becksteiner Kirchberg Tauberschwarz

9€ · 12,5%

Gute Qualität als regionale Spezialität, top gelungen, hat Verve und Persönlichkeit.

DIE TIPPS DER WINZER

Wo gibt es die besten Maultaschen, Schäufele oder Schupfnudeln? Wo den besten Blick in die Weinberge, wo das schönste Hotel? Wo kann ich Weine verkosten, regionale Produkte einkaufen? Wer, wenn nicht **der Winzer vor Ort,** kennt sich bestens in seiner Region aus? Darum haben wir Winzer und ihre Familien nach **ihren persönlichen Tipps** gefragt. Auf den folgenden Seiten finden Sie diese Empfehlungen für Ihren Aufenthalt in der Weinregion.

Essen

DISTELHÄUSER BRAUHAUS
Grünsfelder Straße 3,
9741 Tauberbischofsheim-Distelhausen
T +49 (0) 9341 8058 20
www.distelhaeuser-brauhaus.de
Modernes Brauhaus mit regionalverbundener Küche, hauseigenen Bierspezialitäten und ausgesuchten Weinen. Der Gastgarten hat bei Schönwetter von 11.30 bis 22 Uhr durchgehend warme Küche. Empfehlenswerter Zwischenstopp für Taubertal-Radler.
Empfohlen von
der Redaktion

REBGUT
Rebgutstraße 80,
97922 Lauda-Königshofen
T +49 (0) 9343 6147 00
www.rebgut.de
In dieser Küche werden regionale Zutaten mit exotischen Gewürzen kombiniert und in neuen Kreationen auf den Teller gebracht. Ein besonderes kulinarisches Erlebnis bietet das Menü am Chef's Table, das in der „Schatzkammer" des Hauses serviert wird. Zum Haus gehören auch Apartments und Zimmer – und heißen passgenau für die Umgebung „Silvaner" „Chardonnay" oder „Tauberschwarz".
Empfohlen von
Winzerhof Strebel

Schlafen

WEINHOTEL BENZ
Im Walterstal 1,
97922 Lauda-Königshofen,
Ortsteil Beckstein
T +49 (0) 9343 4523
www.weinhotel-benz.de
Mehr inmitten von Reben übernachten geht nicht: Dieses Hotel, das zum gleichnamigen Weingut gehört, bietet den Blick direkt auf die Trauben. Die Zimmer sind modern und mit klarem Design eingerichtet. Von dort aus lassen sich zahlreiche Ausflüge unternehmen – egal, ob nach Würzburg, Tauberbischofsheim oder auf die Burg Wertheim.
Empfohlen von
Winzerhof Strebel

BUNDSCHU
Milchlingstraße 24,
97980 Bad Mergentheim
T +49 (0) 7931 9330
www.hotel-bundschuh.de
www.campingplatz-alpenblick.de
Jeder ist willkommen: Familien, Freizeitsportler oder Oldtimer-Fans: Sie können von hier aus Ausflüge oder Touren ins Fränkische Weinland, in das liebliche Taubertal oder ins Hohenloher Land unternehmen. Die Küche im hoteleigenen Restaurant ist durch die Nähe zu Franken, Schwaben und Baden geprägt. Zum Haus gehört auch ein Wellnessbereich, im Ort befindet sich aber auch eine Therme.
Empfohlen von
Winzerhof Strebel

BECKSTEINER REBENHOF
Am Hummelacker 34–52,
97922 Lauda-Königshofen,
Ortsteil Beckstein
T +49 (0) 9343 9809 000
www.becksteinerrebenhof.de
Genuss, Wein, Natur, Ruhe: Das sind die Eckdaten in diesem „Hideaway" in den Weinbergen mit seinen schicken Winzerlodges, traditionell-pfiffigen Gerichten im Restaurant, Wellness im Felsenschwimmbad und der Möglichkeit, zu entspannen und die Region zu erkunden.
Empfohlen von
Winzerhof Strebel

Einkaufen

FRANKENKRONEN
Breitenflur 3, 97953 Königheim
T + 49 (0) 9341 8959 522
www.frankenkrone-morschheuser.de
Schinken, Rohwurst, Brühwurst, Geflügelaufschnitt, aber auch Convenience-Produkte, Wurstkonserven und Käse bietet die Metzgerei und Genusswelt Frankenkrone Morschheuser an – ein Familienbetrieb seit 1878. Private und gewerbliche Kunden in ganz Süddeutschland gehören zur Stammkundschaft.
Empfohlen von
der Redaktion

BAUERS BROTZEIT
Bundesstraße 49, 97941 Tauberbischofsheim-Distelhausen
T + 49 (0) 9341 8059 36
www.bauers-brotzeit.de
Der Name ist Programm. Im Sortiment sind klarerweise Würste und Schinken vom Reh, vom Wildschwein und vom Limpurger Rind. Frischfleisch von den vorgenannten Tieren gibt es natürlich auch – und Landgockel, Brot Käse. Alles aus der Region und nach dem Lauf der Jahreszeiten verfügbar.
Empfohlen von
der Redaktion

Vinothek

VINOTHEK TAUBERTAL
Bronnbach 9, 97877 Wertheim
T +49 (0) 9342 9352 02020
www.kloster-bronnbach.de
Wein verkosten an historischer Stätte: Denn das Zisterzienser-Kloster Bronnbach wurde bereits im 12. Jahrhundert gegründet. Zum Klosterleben gehörte es dazu, dass Wein angebaut wurde. Heute präsentieren 20 Winzer aus Baden, Württemberg und Franken ihre Weine in der Vinothek Taubertal unter einem Dach – im ehemaligen Cellarium. Und wer schon mal hier ist, sollte sich unbedingt auch das restliche Kloster Bronnbach ansehen. Dort beeindruckt nicht nur die Orangerie mit ihrem Außenfresko, das als eines der größten in ganz Deutschland gilt, sondern man lernt zum Beispiel bei einer Führung auch viel aus dem früheren Leben der Mönche kennen.
Empfohlen von
Weingut Schlör

2 BADISCHE BERGSTRASSE

Mildes Klima, eine mediterrane Pflanzenwelt, Rebflächen, die auf sanften Hängen liegen, Weine, die sich kraftvoll mit intensiver Frucht im Glas präsentieren: Das ist die 40 Kilometer lange Badische Bergstraße, mit ihren knapp 400 Hektar der kleinste Anbaubereich von ganz Baden. Malerische Dörfer prägen hier das Landschaftsbild mit seinen Burgen und historischen Bauten. Mehr als zwei Drittel der Rebflächen werden von Winzergenossenschaften bewirtschaftet.

Geographische Lage Der Weinbaubereich Badische Bergstraße beginnt im Süden bei Wiesloch und erstreckt sich über Heidelberg bis Laudenbach, an der Landesgrenze zu Hessen, im Norden. Die Rebflächen ziehen sich an den Gebirgsrandzonen des westlichen Odenwaldes entlang und reichen bis in steilere Lagen hinauf.

Klima Die Sonnenscheindauer von April bis Oktober beträgt bis zu 1600 Stunden.

Böden Löss, Granit, Muschelkalk, Buntsandstein

Rebfläche 395 ha gesamt, 246 ha Weißwein, 149 ha Rotwein

Rebsorten Spätburgunder, Riesling, Müller-Thurgau, Weißburgunder

Geschichte Dieser Weinbaubereich ging 1971, durch eine Änderung des Weingesetzes, aus dem ehemaligen Weinbaugebiet Bergstraße hervor. Das verlor dadurch den badischen Teil seines Anbaugebietes und heißt seitdem „Hessische Bergstraße". Knapp die Hälfte der ursprünglichen Anbaufläche ging an Baden.

Zitat „Hier fängt Deutschland an, Italien zu werden", soll Kaiser Joseph II. bei seinem Besuch der Badischen Bergstraße gesagt haben.

Besonderheit Im mediterranen Klima wachsen auch Mandel-, Pfirsich- und Aprikosenbäume, zudem geben Magnolien und Forsythien dem „Frühlingsgarten Deutschlands" sein Gesicht.

WEINGÜTER

5
WEINBAU REINER BAUMANN
Kopernikusstraße 6
68519 Viernheim

6
WEINGUT CLAUER
Dormenackerhof 1
69126 Heidelberg

7
WEINGUT ADAM MÜLLER
Adam-Müller-Straße 1
69181 Leimen

8
WEINGUT ROSENHOF
Schriesheimer Straße 101
68526 Ladenburg

9
WEINGUT SEEGER
Rohrbacher Straße 101
69181 Leimen

Weinbau Reiner Baumann

Kopernikusstraße 6,
68519 Viernheim
T +49 (0) 6204 7086 313
www.baumann-weinbau.de

Inhaber Reiner Baumann
Kellermeister Kurt Ratgeber
Rebfläche 1,5 ha
Produktion 7.000 Flaschen
Gründung 2010
Verkaufszeiten
nach Vereinbarung

Wein, das ist für Reiner Baumann vor allem eine ganz persönliche Passion. In der Nähe von Schriesheim betreibt er einen der größten und renommiertesten Lammschlachtbetriebe. 2010 startete Baumann sein Weinabenteuer mit einer kleinen Rebanlage auf dem Madonnenberg von Schriesheim und fügte 2017 noch Lagen in der Deidesheimer Mäushöhle und dem Ruppertsberger Spieß hinzu. Bei der Lese hilft die Familie, bei der Vinifizierung helfen Fachleute vom Weingut von Winning in Deidesheim.

2019 Madonnenberg Riesling trocken
14,90€ · 13%
Zitrusschale dominiert den Duft, dazu kommen Kräuternoten und eine passende animierende Säure.

♥ **2019** Madonnenberg Sauvignon Blanc trocken
14,90€ · 12,5%

2019 Riesling „Jäger" trocken
6,80€ · 12,5%

2019 Riesling trocken
12,80€ · 12,5%
Geradlinig, mineralisch und dabei sehr ausgewogen.

2018 Madonnenberg Pinot Noir
16,90€ · 14,5%
Feiner Pinot Noir, noch etwas vom Barrique geprägt mit guter Perspektive.

2018 Pinot Noir „Rosé" extra brut
18,90€ · 14,5%

2019 Deidesheimer Mäushöhle Riesling Spätlese
14,80€ · 7,5%
Intensive Frucht (Passionsfrucht, Litschi), deutliche Süße, die von der Säure gut ausgeglichen wird.

Weingut Clauer

Neueinsteiger

Dormenackerhof 1,
69126 Heidelberg
T +49 (0) 6221 3824 39
www.weingutclauer.de

Mitten in der eigenen Lage Heidelberger Dormenacker ruht das Weingut Clauer, das mit der Gaudeamusstube und Vinothek auf Gastwirtschaft spezialisiert ist. Kellermeisterin Simona Maier ist für die Vinifizierung sämtlicher Trauben von den rund 14 Hektar verantwortlich. Die Weine liegen nach der Gärung viele Monate auf Hefe, um die Weine bekömmlich zu machen. Dass Wein nicht allein zum Trinken geeignet ist, zeigte das Weingut Clauer mit einer – inzwischen ausverkauften – Tinte aus Spätburgunder, die gemeinsam mit dem Heidelberger Schreibwarenhändler Knoblauch entwickelt und in der Tintenmanufaktur Jansen angefertigt wurde.

Kellermeister Simona Maier
Rebfläche 14,5 ha
Produktion 80.000 Flaschen
Gründung 1739
Verkaufszeiten
So–Fr 9–12.30 Uhr und
13.30–18 Uhr
Sa 9–16 Uhr

2017 Heidelberger Dormenacker Riesling „Sternstunde" Spätlese trocken
16,50€ · 13,3%

2017 Heidelberger Dormenacker Sauvignon Blanc „Sternstunde" trocken
16,50€ · 13,5%
Frucht, leise Cremigkeit und Frische lassen an Riesling denken.

2018 Heidelberger Dormenacker Grauburgunder „Sternstunde" Spätlese trocken
16,50€ · 14,4%

2018 Heidelberger Dormenacker Riesling Kabinett trocken
7,60€ · 12,5%

2019 Heidelberger Dormenacker Chardonnay trocken
7,60€ · 13,4%

2019 Heidelberger Dormenacker Sauvignon Blanc trocken
8,40€ · 12,4%

2019 Heidelberger Dormenacker Weißburgunder Kabinett trocken
7,60€ · 12,3%

2015 Heidelberger Dormenacker Spätburgunder
17,50€ · 13,8%
Sehr guter Spätburgunder aus dem Holzfass als harmonischer Essensbegleiter zu feinem Roastbeef.

♥ **2018** Heidelberger Dormenacker Frühburgunder „Liebling"
10,70€ · 13,3%

2018 Heidelberger Dormenacker Rotwein-Cuvée „Per Me" trocken
9,70€ · 13,5%

Weingut Adam Müller

Adam-Müller-Straße 1,
69181 Leimen
T +49 (0) 6224 97100
www.weingut-adam-mueller.de

Inhaber Matthias & Marcus Müller
Betriebsleiter Matthias & Marcus Müller

Wenn die zehnte Generation sich in die Ausbildung begibt, das Winzerhandwerk zu lernen, ist es mehr als gerechtfertigt, von einer Familientradition zu sprechen. Noch aber ist die neunte Generation in Person von Matthias und Marcus Müller dabei, die 36 Hektar Rebfläche zu bewirtschaften. Der Stolz der Familie ist die Heidelberger Sonnenseite ob der Bruck. Das Weingut baut Rebsorten von Auxerrois bis Spätburgunder an. Daneben offeriert das Weingut ein breites Angebot an Rebsorten von Auxerrois bis Spätburgunder.

2019 Leimener Herrenberg Sauvignon Blanc Kabinett trocken
7,95€ · 12%

2019 Leimener Herrenberg Weißburgunder „Alte Reben" trocken
9,95€ · 13%

Kellermeister Marcus Müller
Verbände VDAW
Rebfläche 36 ha
Produktion 150.000 Flaschen
Gründung 1735
Verkaufszeiten
Mo–Fr 8–18 Uhr
Sa 9–13 Uhr

2019 Leimener Kreuzweg Grauburgunder „Alte Reben" trocken
9,95€ · 13%

2019 Leimener Kreuzweg Weißburgunder Kabinett trocken
7,95€ · 12,5%

2019 Silvaner trocken
4,95€ · 12,5%

2017 Leimener Kreuzweg Blaufränkisch Spätlese trocken
14,95€ · 14%
Modern und dicht, viel Frucht, samtenes Tannin und gute Länge.

2019 Leimener Herrenberg Spätburgunder Spätlese trocken
13,50€ · 13,5%
Vom Barrique geprägter Spätburgunder mit feiner Fruchtwürze und guter Länge.

Weingut Rosenhof

Schriesheimer Straße 101,
68526 Ladenburg
T +49 (0) 151 4052 4106
www.weingut-rosenhof.eu

Die 2015 gegründete „Weisse Burgunder Charta" aus den benachbarten Gebieten Kraichgau und Badische Bergstraße möchte die bis ins 8. Jahrhundert zurückreichende Historie des Weißburgunders vor Ort mit Leben füllen. Der Rosenhof an der Bergstraße tut das unter anderem mit einer Charta-Cuvée mit Trauben von den Hängen von Schriesheim. Winzer Matthias Schmidt füllt von den 3,5 Hektar aber auch Grauburgunder und Spätburgunder ab. Die Flächen übernahm er von seinem Vater und gründete 2010 sein eigenes Weingut, den Rosenhof.

Verbände Weisse Burgunder Charta
Rebfläche 3,5 ha
Produktion 20.000 Flaschen
Gründung 2010
Verkaufszeiten
Fr 15–18 Uhr

2019 Grauburgunder trocken
8€ · 13%

2019 Weißburgunder trocken
8€ · 12,5%

2017 Merlot
13,50€ · 13,5%

Weingut Seeger

Rohrbacher Straße 101,
69181 Leimen
T +49 (0) 6224 72178
www.seegerweingut.de

Inhaber Familie Seeger
Betriebsleiter Mathias Dörr (Außenbetrieb)
Kellermeister Thomas Seeger
Verbände VDP, Deutsches Barrique Forum, Weisse Burgunder Charta
Rebfläche 12 ha
Produktion 70.000 Flaschen
Gründung 1707
Verkaufszeiten
Mi–Fr 15–18 Uhr
Sa 10–14 Uhr
und nach Vereinbarung

Wie viele sagen es, wie viele meinen es, wie viele verschanzen sich dahinter: „Wein muss schmecken. Ganz einfach." Das ist das – oftmals ausgelutschte – Motto, das Thomas Seeger leitet, das er jedoch mitnichten mit einer unkomplizierten Annäherung an den Mainstream mit Leben erfüllt. Der leidenschaftliche Fan motorisierter Kraftfahrzeuge – egal, ob zwei oder vier Räder – hatte Erlebnisse, die ihn dazu brachten, seinen Instinkten zu folgen und auf sein Handwerk zu vertrauen. Zwölf Hektar bewirtschaftet Seeger in Leimen bei Heidelberg. Verzicht auf Herbizide und Insektizide ja, Öko-Zertifizierung nein. Einen Wein aus nicht voll ausgereiften Trauben wird man bei Seeger ebenso wenig finden wie an den Zeitgeist angepasste Weine. Mit dem Burgund im Herzen schafft Seeger seine Version des Spätburgunders.

2019 Chardonnay „S Lange Wingert" trocken

22€ · 12,5%
Kraftvoll eleganter Chardonnay mit klarem Blick an die Côte de Beaune, dazu ein Fisch in Beurre blanc, ein Hochgenuss.

2019 Heidelberg Herrenberg Weißburgunder „AS" 1. Lage

14€ · 12,5%
Dieser Weißburgunder ist der perfekte Begleiter für mediterran inspirierte Vorspeisen.

2019 Heidelberger Herrenberg Grauburgunder „AS" 1. Lage
14€ · 13%
Ungemein würziger, dennoch richtig charmanter Grauburgunder mit Seeger'scher Handschrift.

2019 Leimener Herrenberg Grauburgunder „Oberklamm" GG
22,50€ · 12,5%
Überraschung! Was sich in der Nase üppig konzentriert gibt, wird am Gaumen mit phenolischem Grip und zielsicherer Säure gekontert. Großes Potenzial.

2019 Leimener Herrenberg Sauvignon Blanc „S" 1. Lage
14€ · 12,5%
Stylisch, modern und auffallend.

2019 Sauvignon Blanc „R" trocken
29,50€ · 13%
Klassischer Sauvignon at its best.

2019 Weißburgunder trocken
8€ · 12,5%
Ungemein guter Einstiegswein mit viel Spannung und Trinkfreude.

2018 Leimener Herrenberg Blaufränkisch „R Spermen" GG
27,50€ · 13,5%
Angenehme Rauchnote, guter Holzeinsatz, saftige Frucht, feines Tannin, hervorragender Essensbegleiter.

2018 Leimener Herrenberg Spätburgunder „Oberklamm" GG
64€ · 13%
Unverkennbar Thomas Seeger, sein Händchen für spannende Kombinationen von dunkler Pinot-Noir-Aromatik mit feinen Holznoten ist legendär!

Essen

HEIDS GRILL RESTAURANT

Speyerer Str. 15,
69124 Heidelberg
T +49 (0) 6221 1800 11
www.heids-heidelberg.de

US Rib Eye, Australian Strip Loin oder ein Australian Filet Lady-cut, dazu Hummerschwanz oder gegrillter Pulpoarm: Die Karte in diesem charmant-rustikalen Grillrestaurant klingt eindeutig. Hier gibt es vor allem Fleisch, und das saftig auf dem Holzkohlegrill zubereitet. Die Pizza kommt aus dem Holzofen, das Chili wird mit Schokolade und Bier abgeschmeckt.

Empfohlen von
Weingut Clauer

LANDGUT LINGENTAL

Lingentaler Hof 2–10,
69181 Leimen
T +49 (0) 6224 7664 466
www.landgut-lingental.de

25 Kilometer von Mannheim, 15 Autominuten von der Heidelberger Altstadt entfernt liegt in 300 Meter Höhe, angrenzend zum Odenwald und dem Kraichgau, das Landgut Lingental. Im À-la-carte-Restaurant gibt es Obazda, Wurstsalat, Käsespätzle oder eine vegane Landgut Bowl. Die Gastgeber organisieren Barbecue-Aktionen, und am Wochenende öffnet auch der Hofladen. Die Location bietet sich zudem für große Feiern an.

Empfohlen von
Weingut Clauer

Schlafen

PALATIN

Ringstraße 17–19, 69168 Wiesloch
T +49 (0) 6222 58201

Das Kongresshotel richtet sich an Business-Gäste und an Urlauber, die die Region entdecken wollen. Das Hotel mit 134 Zimmern, ausgezeichnet als „Weinsüden-Hotel“, hat ein Restaurant und einen Wellnessbereich.

Empfohlen von
der Redaktion

KRONE

Landstraße 9–11,
69493 Hirschberg
T +49 (0) 6201 5050
www.krone-grosssachsen.de

Himmelbetten und Bauernmöbel gehören zur Ausstattung der gemütlichen Zimmer in diesem „Weinsüden-Hotel“ an der Badischen Bergstraße. Im Restaurant gibt es Steaks oder Pfifferlinge mit Knödel und Speck sowie viele kleine Gerichte im „family style“.

Empfohlen von
der Redaktion

EUROPÄISCHER HOF

Friedrich-Ebert-Anlage 1,
69117 Heidelberg
T +49 (0) 6221 515-0
www.europaeischerhof.com

Wer komfortabel inmitten von Heidelberg in einem Fünf-Sterne-Superior-Hotel wohnen möchte, ist in diesem familiengeführten Haus richtig. Die 118 Zimmer sind elegant eingerichtet.

Empfohlen von
der Redaktion

Vinothek

VINOTHEK FEHSER

Friedrich-Ebert-Anlage 26,
69117 Heidelberg
T +49 (0) 6221 22911
www.weinversand-fehser.de

Das Weinhaus Fehser ist seit 1883 bereits in der fünften Generation ein Familienunternehmen im Herzen der Altstadt Heidelbergs, das sich mit Leidenschaft dem Thema Wein widmet. Weine aus aller Welt, aber natürlich auch aus Deutschland und vor allem der heimischen Region sind dort im Angebot.

Empfohlen von
Weingut Klumpp

3 KRAICHGAU

Das Land der tausend Hügel präsentiert sich mit einem Wechsel von Feldern, Mischwald, Wiesen, Obst- und Weingärten und breiten Tälern. Kulinarische Genüsse stehen nicht nur in den Burgenschänken oder Besenwirtschaften im Mittelpunkt, sondern in zahlreichen Restaurants und Gasthöfen.

Geographische Lage Zwischen Wiesloch und Bruchsal bis vor die Tore von Karlsruhe zieht sich dieser Anbaubereich. Flankiert wird er von Schwarzwald und Odenwald.

Klima Die jährliche Niederschlagsmenge beträgt 750 bis 850 mm/m². Die Sonnenscheindauer während der Hauptvegetationszeit von April bis Oktober beläuft sich auf 1.280 bis 1.350 Stunden.

Böden Löss, Keuper

Rebfläche 1183 ha Rebfläche, 695 ha Weißwein, 488 ha Rotwein

Rebsorten Spätburgunder, Riesling, Müller-Thurgau, Grauburgunder, Weißburgunder, Schwarzriesling, Lemberger, Regent

Geschichte Wein wurde im Kraichgau angeblich bereits vor mehr als 6000 Jahren (Michelsberger Kultur) gekeltert. Und „Durchreisende" kamen auch immer schon vorbei; so die Megalithiker, Kelten, Römer, Sueben, Alemannen oder Franken. (Über 60 Millionen Jahre alt sind die versteinerten Rebpflanzenteile, die man hier gefunden hat.)

Besonderheiten Streuobstwiesen im Frühjahr, Rapsblüte im Frühsommer, im Herbst Apfel- oder Pflaumenbäume: Es ist die Natur, die im Kraichgau fasziniert. Und in der sich auch seltene Tierarten wie Eisvogel und Steinkauz wohlfühlen.

WEINGÜTER

10
WEINGUT BECKER
Oberer Jagdweg 13
69254 Malsch

11
WEINGUT BÖS
Wiesenäcker 2
69254 Malsch

12
WEINGUT RUDOLF BOSCH
An der Oberen Lußhardt 1/1
76709 Kronau

13
WEINGUT HEITLINGER
Am Mühlberg 3
76684 Östringen-Tiefenbach

14
WEINGUT L. HONOLD
Am Hummelberg 1
76684 Östringen

15
WEIN- & SEKTGUT HUMMEL
Oberer Mühlweg 5
69254 Malsch

16
WEINGUT KLUMPP
Heidelberger Straße 100
76646 Bruchsal

17
WEINGUT LUTZ
Amthof 1
75038 Oberderdingen

18
WEINGUT PLAG
Leibergerweg 1
75057 Kürnbach

19
WEINGUT BURG RAVENSBURG
Am Mühlberg 3
75056 Sulzfeld

20
STAATSWEINGUT KARLSRUHE-DURLACH
Posseltstraße 19
76227 Karlsruhe

Weingut Becker

Oberer Jagdweg 13,
69254 Malsch
T +49 (0) 7253 25189
www.weingutbecker.de

Inhaber Alexander Becker
Verbände Ecovin
Rebfläche 8 ha
Produktion 40.000 Flaschen
Gründung 1981
Verkaufszeiten
Di–Fr 17.30–19 Uhr
Sa 10–13 Uhr

Der Kraichgau ist Burgunderland, und so setzt Alexander Becker auf Burgunder-Sorten in allen Facetten. Dazu kommen ein wenig Sauvignon Blanc und einige pilzwiderstandsfähige Neuzüchtungen („Piwis"). Die Reben stehen in den beiden Malscher Lagen Ölbaum und Rotsteig auf kalkigem Keuper. Seit dem Jahrgang 2017 ist das Gut biozertifiziert.

2018 Grauburgunder trocken
14,50€ · 14%
Feinwürziger, vom langen Lager auf der Feinhefe geprägter geradliniger Grauburgunder.

2019 Auxerrois trocken
7,50€ · 13%

2019 Grauburgunder trocken
7,50€ · 13,5%

2019 Weißburgunder trocken
7,50€ · 13%

2016 Spätburgunder
25,90€ · 14%
Oh! Rumtopf, dichte, leicht süßliche Frucht, molliges Tannin, feine Säure.

2016 Spätburgunder
14,50€ · 14%
Lebendige Säure, dichte Beerenfrucht zusammengefasst in barocker Reife!

Weingut Bös

Wiesenäcker 2, 69254 Malsch
T +49 (0) 7253 2788 18
www.weingut-boes.de

Inhaber Rüdiger Bös
Betriebsleiter Rüdiger Bös
Kellermeister Rüdiger Bös
Verbände Weisse Burgunder Charta
Rebfläche 19,5 ha
Produktion 120.000 Flaschen
Gründung 1999

Rund zwei Drittel der Weinberge von Rüdiger Bös sind mit Burgunder-Sorten bepflanzt. „Unser Ziel bleibt es, naturnahe Weine zu erzeugen, deren Aromatik die einzelnen Sorten zum Ausdruck bringt, auch wenn wir Rot- und Weißweine verstärkt im Barriques und größeren Holzfässern ausbauen", so Bös. „Dabei steht nicht die Holzaromatik im Vordergrund, die Lagerung in den Fässern macht die Weine weicher und ausdrucksstärker." In Zukunft sollen zudem Cuvées stärker in den Fokus rücken, wie etwa der St. Ambrosius (Cabernet, Merlot).

2017 Malscher Ölbaum Chardonnay trocken
9€ · 13%
Elegant, würzig, nach Weihrauch duftend, süßfruchtig, gute Frische mit ansprechender Länge.

2018 Gewürztraminer trocken
13€ · 13%
Ein Kerl von einem Gewürztraminer, kein Vertreter der Aperitiv-Fraktion, dieser Wein sucht einen echten Gegenpart, wie gereiften Bergkäse.

Verkaufszeiten
Di, Do 17–19 Uhr
Fr 15–19 Uhr
Sa 10–13 Uhr
31. Juli–1.Nov.
Di–Fr 15–19 Uhr
Sa 10–13 Uhr und 15–19 Uhr
So 15–19 Uhr

♥ **2019** Malscher Ölbaum Auxerrois trocken
7,50€ · 13%

2019 Ölbaum Grauburgunder Kabinett trocken
6,50€ · 13,5%

2017 Malscher Ölbaum Merlot „Patriarch"
14€ · 14%
Lakritze trifft auf den Gaumen, ein markanter Vertreter dieser internationalen Rebsorte.

2017 Malscher Ölbaum Rotwein-Cuvée „St. Ambrosius"
9€ · 13,5%
Dieser stattliche Rotwein bietet viel Trinkvergnügen zum kleinen Preis.

Weingut Rudolf Bosch

An der Oberen Lußhardt 1/1,
76709 Kronau
T +49 (0) 7253 9324 024
www.weingut-bosch-kronau.de

Inhaber Rudolf Bosch & Andreas Braunecker
Betriebsleiter Rudolf Bosch & Andreas Braunecker
Kellermeister Rudolf Bosch & Andreas Braunecker
Verbände Weisse Burgunder Charta
Rebfläche 8 ha
Produktion 45.000 Flaschen
Gründung 2007
Verkaufszeiten
Weingut
Mi 17.30–19 Uhr, Sa 14–17 Uhr
Vinothek
Sa 10–13 Uhr

Andreas Braunecker bewirtschaftet das ehemalige „Hobby-Weingut" seines Onkels Rudolf Bosch seit 2007 zusammen mit seiner Frau Nadine. Er studierte nach seiner Ausbildung in der Pfalz (bei Christmann und am Lucashof) in Geisenheim Önologie, sie lernte bei Bürklin-Wolf und studierte Internationale Weinwirtschaft. Braunecker: „So traditionell wir uns bei der Wahl der Rebsorten, der Arbeit im Keller und im Weinberg geben, so unkonventionell sind wir darum bemüht, die Idee vom ‚entkomplizierten Wein' in die Tat umzusetzen." Das Ehepaar setzt auf Biodiversität und naturnahe Bewirtschaftung der Rebflächen und präsentiert fünf Qualitätsstufen, angefangen bei der „stilart" bis hin zu den Top-Gewächsen namens „charisma".

2018 Müller-Thurgau „Eigenart" trocken
12,80€ · 14%
Fein, duftig und doch mit markantem Auftritt tanzt dieser sehr gute Müller-Thurgau auf der Zunge.

2019 Obergrombacher Michaelsberg Auxerrois „Esprit" trocken
7,90€ · 12,50%
Auxerrois mit knackiger Säure sind selten. Hier hätten wir einen: kräuterwürzig, säurepikant und quickfidel.

♥ **2019** Riesling „Lias Epsilon vom Posidonienschiefer" trocken
16,50€ · 12,50%
Außergewöhnlich feinwürziger Riesling vom Posidonienschiefer, ein ganz eigener „badischer" Riesling.

Weißwein-Cuvée „Grau&Weiß" trocken
9,80€ · 13,50%
Feine Pfirsichnoten paaren sich mit Holzakzenten, Weißburgunder trifft auf Grauburgunder.

2017 Obergrombacher Michaelsberg Spätburgunder „Elysium"
auf Anfrage · 13%
Viel Säure, straff, ganz klare Fruchtaromatik, mittlere Länge, präsentes Tannin.

2019 Rotwein-Cuvée „Spielart" trocken
7,90€ · 12,50%

Weingut Heitlinger

Am Mühlberg 3,
76684 Östringen-Tiefenbach
T +49 (0) 7259 91120
www.weingut-heitlinger.de

Inhaber Heinz Heiler
Betriebsleiter Claus Burmeister
Kellermeister Daniel Rupp
Verbände VDP, Weisse Burgunder Charta
Rebfläche 80 ha
Produktion 580.000 Flaschen
Verkaufszeiten
Vinothek
Di–So 11–18 Uhr
Weinbistro
Nov.–Feb.
Mo– Fr 17– 21 Uhr

Auf den Weinbergen des Weinguts Heitlinger stehen denn – außer Riesling – ausschließlich Burgunder-Sorten, darunter auch so seltene wie Auxerrois und Schwarzriesling (Pinot Meunier). Burmeister sucht in seinen Burgundern Balance, zunächst ausgehend vom Biotop Weinberg. Für Ihn ist die Arbeit im Weinberg die – fast alles – entscheidende Stufe. „Wenn da alles stimmt, ist es im Keller nicht so schwer", erklärt er. Wobei Burmeister und Kellermeister Daniel Rupp bei ihrer Suche nach Finesse und Balance auf dem Rat von Pierre Millemann vertrauen, der auch Spitzengüter im Burgund betreut. Ein erklärter Liebling Burmeisters ist der Weißburgunder: „Ich liebe Weißburgunder, seine Eleganz und seine subtile Art", erklärt er. Burmeister ist eine treibende Kraft hinter der „Weisse Burgunder Charta", einem Zusammenschluss von 15 Weingütern aus dem Kraichgau und der Badischen Bergstraße. Zudem ist Weißburgunder auch die überwiegend gepflanzte Sorte auf 24 Hektar alter, aufgegebener Weinberge, die das Gut in den vergangenen zehn Jahren rekultiviert hat.

2018 Auxerrois „Hassapfel" trocken
28€ · 13%
Fordernder Wein, gute Reife, Holzwürze, mächtiger Stil, extraktreich, schöne Balance, komplex. Guter Essensbegleiter.

2018 Chardonnay „Reserve" 1. Lage
17€ · 13%
Stoffig, barocker Stil, ausgewogen aromatisch, duftig, langer Nachhall, gute Säure, hat Lagerpotenzial.

2018 Hilsbacher Eichelberg Weißburgunder GG
28€ · 13%
Feiner eleganter Duft, gute Länge, leichte Rauchnote, feingliedrige Säure, elegante Aromatik.

2018 Tiefenbacher Heinberg Chardonnay GG
35€ · 13%
Typische Chardonnay-Aromatik, präsentes Holz zähmt diese Aromatik, guter Spannungsbogen.

2018 Tiefenbacher Schellenbrunn Riesling GG
28€ · 12,5%
Ungemein präsente, animierende Stilistik, passt zu einer warmen Meeresfrüchte-Vorspeise.

2018 Tiefenbacher Spiegelberg Grauburgunder GG
28€ · 13%
Viel harmonische, aber dennoch prägnante Würze prägt diesen feinen Grauburgunder.

2019 Weißburgunder trocken
9,80€ · 12,5%
Exotische Frucht, sehr gut eingebundene Säure, zarte Struktur, modern, unprätentiös.

2019 Weißwein-Cuvée „Gemeinsam, Seite an Seite im Weinberg" trocken
44,44€ · 13,5%
Vier Topsommeliers legten Hand an und schufen diese außergewöhnliche Cuvée aus vier weißen Burgunder-Sorten, allesamt aus den Heitlinger-Spitzenlagen.

2017 Odenheimer Königsbecher Pinot Noir GG
28€ · 13%
Offene Frucht, gutes Holz, feines Tannin, noch jung, hintergründige Würze, klare Kante.

2017 Tiefenbacher Wormsberg Pinot Noir GG
110€ · 13%
Charaktervoller Wein, hält sich ob der Jugendlichkeit noch mit seinem Potenzial zurück.

2018 Pinot Noir „Reserve" 1. Lage
18€ · 13%
Klare, typische Frucht, feines Tannin, perfekt, um sich dem Thema Pinot Noir anzunähern.

2018 Pinot Noir
10,70€ · 13%
Wunderbarer Einstiegspinot, easy drinking trotz griffigem Tannin, dezente Frucht.

Weingut L. Honold

Am Hummelberg 1,
76684 Östringen
T +49 (0) 7253 2786 27
www.weingut-honold.de

Inhaber Ludwig Honold
Betriebsleiter Ludwig Honold
Kellermeister Ludwig Honold
Rebfläche 8 ha
Produktion 50.000 Flaschen
Gründung 1938
Verkaufszeiten
Mi–Fr 10–12 Uhr und 15–18 Uhr
Sa 9–13 Uhr

Auch das gibt es: Das Weingut Honold wurde kleiner. Dazu der Inhaber Ludwig Honold: „In der Zukunft geht unser Fokus darauf, noch mehr Zeit zu haben für den An-und Ausbau unserer Weine, auf mehr Nachhaltigkeit und Ökologie. Wir wollen unsere ‚Piwis' noch mehr bewerben und die Sektbereitung intensivieren." Honold weiter: „Wir wollen Zeit haben für unsere Veranstaltungen in unserer Vinothek und dem Weinbistro, Zeit für unsere Weinfreunde, die den Weg zu unserem Weingut finden." 17 Sorten baut das Gut an, überwiegend klassische (Burgunder-)Sorten. Seit 2003 gehören fünf „Piwi"-Neuzüchtungen zum Bestand.

2019 Auxerrois trocken
7,50€ · 13,5%

♥ **2019** Weißwein-Cuvée „Ludwig's Leidenschaft" trocken
7,50€ · 13,1%

2018 Spätburgunder
7,90€ · 13,8%
Ein richtig kräftiger Rotwein, leicht herb und straff gebaut. Da darf es schon ein kräftiges Gericht zur Begleitung sein.

Wein- & Sektgut Hummel

In den 1980er-Jahren, als der Kraichgau fast noch ein weißer Fleck auf der Wein(land)karte war, erkannte Bernd Hummel das Potenzial des Letzenbergs, des Terroirs um Malsch. Der heutige Betreiber Daniel Rhein arbeitete während seiner umfangreichen Ausbildung ein Jahr auf dem Weingut, bevor er nach einer Unterbrechung 2015 als Kellermeister wiederkam und ein Jahr später das Gut übernahm, wobei ihm Bernd Hummel nach wie vor mit Rat und Tat zur Seite steht. Für seine Größe hat das Gut ein großes Sortiment:

Oberer Mühlweg 5,
69254 Malsch
T +49 (0) 7253 27148
www.weingut-hummel.de

Inhaber Daniel Rhein
Betriebsleiter Daniel Rhein
Kellermeister Daniel Rhein
Verbände Weisse Burgunder Charta
Rebfläche 7,5 ha
Produktion 55.000 Flaschen
Verkaufszeiten
Mo–Fr 17–19 Uhr
Sa 10–14 Uhr
und nach Vereinbarung

Stattliche 16 Rebsorten sind im Programm, vom regionstypischen Weißburgunder bis zum Syrah.

2017 Malscher Ölbaum Sauvignon Blanc „Leopold" Spätlese trocken
19€ · 13,5%
Die reife, markante Aromatik kennzeichnet diesen klassischen Sauvignon.

2019 Malscher Ölbaum Sauvignon Blanc „S" Spätlese trocken
15,50€ · 14%

2017 Malscher Rotsteig Spätburgunder „RR" Auslese trocken
75€ · 14%
Geradliniges Vergnügen, cremig, kräftig und konzentriert. Feine Nase.

2017 Malscher Rotsteig Syrah „Reserve" Spätlese trocken
29€ · 14%
Kräftig und intensiv mit typischer Syrah-Würze, sollte zu einem Schmorgericht gereicht werden.

Weingut Klumpp

Heidelberger Straße 100,
76646 Bruchsal
T +49 (0) 7251 16719
www.weingut-klumpp.com

Inhaber Markus & Andreas Klumpp
Betriebsleiter Andreas Klumpp (Außenbetrieb)
Kellermeister Markus Klumpp
Verbände Ecovin
Rebfläche 32,4 ha
Produktion 180.000 Flaschen
Gründung 1983
Verkaufszeiten
Mo–Fr 9–12 Uhr und 14–18 Uhr
Sa 9–13 Uhr
und nach Vereinbarung

Zwei Brüder, eine Botschaft: Andreas und Markus Klumpp führen gemeinsam das Weingut, das seit 1996 biozertifiziert ist. Ihre Weine sind mineralisch und schmelzig zugleich. Neu mit dem Jahrgang 2019 ist die Ortsweinlinie mit Chardonnay und Grauburgunder, dazu soll noch ein Spätburgunder kommen. „Seit 15 Jahren setzen wir im Weinberg Klone mit extrem niedrigen Erträgen, die dafür viel Substanz und Frische mitbringen", so Andreas Klumpp. „Frühe Lese soll zudem die Alkoholgehalte reduzieren, damit die Weine leichter machen, aber auch die Säurestruktur erhalten." Die weißen Lagenweine gären und reifen im Tonneau, die Roten lagern bis zu 24 Monate im kleinen Holz. Für den schicken Anbau mit Terrasse und Verkostungsraum gab es das Siegel „Wein und Architektur".

2018 Bruchsaler Rothenberg Grauburgunder trocken
17€ · 13%
Feine Schwarztee-Noten geben diesem Grauburgunder seinen besonderen Charakter.

2018 Unteröwisheimer Kirchberg Chardonnay trocken
21€ · 13%
Feinwürzig, dicht und kräftig mit prägnantem Holz-Einsatz.

2018 Unteröwisheimer Kirchberg Weißburgunder trocken 🍇🍇🍇
17€ · 13%
Feiner Weißburgunder mit reifer Aromatik, ein perfekter Solist am Samstagnachmittag.

2019 Ubstadter Grauburgunder „Tonmergel" trocken 🍇🍇🍇
15€ · 13%
Dieser gut strukturierte Grauburgunder läuft gut am Gaumen, Trinkvergnügen pur!

2017 Bruchsaler Rothenberg Spätburgunder 🍇🍇🍇🍇
25€ · 13,5%
Moderner Stil, noch deutlich vom Barrique geprägt, Frucht zurückhaltend, gute Handschrift, langes Finale.

2017 Bruchsaler Weiherberg Pinot Noir 🍇🍇🍇
19€ · 13%
Klassischer bis moderner Spätburgunder, stoffig und doch mit Spannung, animierend und langlebig.

Weingut Lutz

🍇🍇

Amthof 1, 75038 Oberderdingen
T +49 (0) 7045 2019 00
www.weingut-lutz.com

Inhaber Manuel Lutz
Betriebsleiter Manuel Lutz
Kellermeister Manuel Lutz
Rebfläche 17 ha
Produktion 140.000 Flaschen
Gründung 1934
Verkaufszeiten
Mo–Sa 10–18 Uhr

Im Land der 1000 Hügel hat man oft einen weitreichenden Blick, so wie vom Weinplateau Oberderdinger Horn. Dort serviert das Weingut Lutz bei Sonnenuntergang Weine bei geführten Wanderungen. Die können schnell vom Württembergischen ins Badische führen, denn das Weingut besitzt Lagen in beiden Anbaugebieten. Das Weingut in der Amtsschreiberei des ehemaligen Rentamts Derdingen im Pfleghof des Klosters Herrenalb ist das Zentrum des Familienbetriebs. Winzer Manuel Lutz ist nach Erfahrungen im internationalen Weinbau in Neuseeland und Südafrika bestrebt, aus den eigenen Lagen nun das volle Potenzial zu holen, das er in den Füllungen mit dem Namen „ML" abbildet.

2019 Kürnbach Lerchenberg Sauvignon Blanc „Edition" trocken 🍇🍇
8,90€ · 12,9%

2019 Oberderdingen Kupferhalde Gewürztraminer „ML"
14,90€ · 11,27%

2019 Riesling „ML Riesling" trocken
12,90€ · 12,2%

2019 Sauvignon Blanc „ML" trocken
13,90€ · 13,1%

2019 Sulzfelder Lerchenberg Weißburgunder „Edition" trocken
7,90€ · 13,2%

2017 Kürnbacher Lerchenberg Rotwein-Cuvée „ML Cuvée"
18,90€ · 14,2%

♥ **2017** Lemberger „ML"
18,90€ · 12,9%
Eine feine Holznote und weiches Tannin unterstützen die für Lemberger typischen dunklen Früchte, schöne Länge.

2017 Oberderdinger Kupferhalde Lemberger „Edition"
8,90€ · 12,7%

2017 Spätburgunder „ML"
18,90€ · 13,1%
Reife Frucht von roten Beeren und Kirschen, kräftig und präsent.

Weingut Plag

Leibergerweg 1,
75057 Kürnbach
T +49 (0) 7258 234
www.weingut-plag.de

Inhaber Philipp Plag
Betriebsleiter Philipp Plag
Kellermeister Philipp Plag
Verbände Weisse Burgunder Charta
Rebfläche 14 ha
Produktion 100.000 Flaschen
Gründung 1982
Verkaufszeiten
Mi, Fr 14–18 Uhr
Sa 9–12 Uhr und 13–16 Uhr

Mitten im malerischen Kraichgau liegt das Weingut Plag. In vierter Generation leiten Philipp Plag und seine Frau Maja das Weingut mit etwa 14 Hektar Rebfläche – unterstützt werden sie dabei von Philipps Eltern. Die Rotweine dominieren mit etwa 70 Prozent das Sortiment der Plags. Natürlich gibt es Schwarzriesling, für den der Weinort Kürnbach bekannt ist – dennoch bleibt die Lieblingsrebsorte von Philipp Plag der Lemberger, der auch als spontan vergorener Cuvéepartner mit Cabernet Franc angeboten wird.

2018 Grauburgunder „Premium S" trocken
9,50€ · 14%

2018 Weißwein-Cuvée „Premium S" trocken
9,50€ · 14%

2019 Auxerrois „Premium" trocken
7€ · 13%

2019 Riesling „Premium" trocken
7€ · 12,5%

♥ **2017** Lemberger „Excellance"
19,50€ · 14%
Moderne Stilistik, dichte Frucht, molliges Tannin, gute Länge, trotzdem frisch und trinkig.

2017 Merlot „Premium S"
15,50€ · 13,8%
Außergewöhnlich elegant und saftig, fast leichtfüßig kommt dieser feinstrukturierte Merlot daher.

2018 Pinot Noir „Excellance"
18,50€ · 14%
Noch vom Barrique geprägt bietet dieser Spitzen-Pinot-Noir ein großes Entwicklungspotenzial.

2018 Rotwein-Cuvée „Red Premium S"
14,50€ · 14,5%

2018 Schwarzriesling „Albert Premium S"
12,50€ · 14%
Trinkig, frischer Stil, gute Balance, straffe Säure, animierend, klassisch.

2018 Syrah „Excellance"
21,50€ · 15%
Ein Gewürzbasar in der Nase, gepaart mit viel Dichte und Tiefgang am Gaumen.

Weingut Burg Ravensburg

Am Mühlberg 3, 75056 Sulzfeld
T +49 (0) 7259 91120
www.weingut-burg-ravensburg.de

Inhaber Heinz Heiler
Betriebsleiter Claus Burmeister
Kellermeister Daniel Rupp
Verbände VDP
Rebfläche 38 ha
Produktion 300.000 Flaschen
Verkaufszeiten
Vinothek
Di–So 11–18 Uhr

Das Weingut Burg Ravensburg geht auf das Jahr 1251 zurück und ist damit eines der ältesten der Welt. Seit 1995 leitet Claus Burmeister die Geschicke des Weinguts. Er blieb, als Heinz Heiler, Eigentümer des benachbarten Weinguts Heitlinger, Burg Ravensburg übernahm. „Große Weine wachsen auf kalkigen Böden", sagt Claus Burmeister, die Lagen von Burg Ravensburg sind vom Kalk geprägt. Das Ziel von Burmeister und seinem Team ist es, die jeweilige Lage bestmöglich zur Geltung kommen zu lassen. Der Weg dorthin führt für Burmeister über die Biodynamie. Das bedeutet, dass mit eigenem Biokompost gedüngt wird und dass Rebschnitt, Bodenpflege und Lese mit den Mondphasen abgestimmt werden und homöopathische Präparate zur Vitalisierung des Bodenlebens und Stärkung der Reben gegen Schädlinge ausgebracht werden. „So kann sich die Identität des Terroirs entfalten", erklärt Burmeister. Die Weine von Burg Ravensburg haben nochmals an Finesse und Tiefgang zugelegt, nicht zuletzt dank Pierre Millemann; der Önologe berät Spitzenweingüter im Burgund und wird auch von Claus Burmeister konsultiert.

2018 Eichelberger Kapellenberg Riesling GG
28€ · 13%
Feinziselierter Säurenerv in einem duftigen Gewand.

♥ **2018** Sulzfelder Husarenkappe Riesling GG
35€ · 13%
Reife gelbe Frucht, Honig, Blüten, Aprikosenkonfit, straffe salzige Noten.

2018	Sulzfelder Löchle Grauburgunder GG **28€** · 13% Ungemein cremig, mit viel Druck am Gaumen, feine Würze und schöne Länge.	4 Trauben
2018	Sulzfelder Löchle Weißburgunder GG **28€** · 13% Ungemein harmonisch balancierter Weißburgunder, ein Vertreter der diskreten Art.	4 Trauben
2019	Sulzfelder Lerchenberg Riesling 1. Lage **15€** · 12,5% Saftig, konzentriert, mineralisch, würzig, kargfruchtig, gute Länge.	3 Trauben
2019	Sulzfelder Riesling trocken **9,80€** · 12% Noten nach tropischen Früchten, reife Säure gut integriert, trinkig, animierend, gute Länge.	3 Trauben
2015	Sulzfelder Dicker Franz Blaufränkisch GG **28€** · 13,5% Schwarzkirsche, feine Struktur, straffes Tannin, ein Charakterwein.	4 Trauben

2016 Sulzfelder Dicker Franz Blaufränkisch GG
28€ · 13%
Feine Struktur, Charakterwein, saftige Frucht, straffes Tannin.

2017 Sulzfelder Löchle Pinot Noir GG
28€ · 12,5%
Noch verhalten, markante Säure und kräftiges Tannin, zeigt aber trotzdem bereits viel Eleganz, großes Lagerungspotenzial.

2017 Sulzfelder Pinot Noir
10,70€ · 12,5%
Sanfte Würze mit feiner Frucht hinterlegt.

Staatsweingut Karlsruhe-Durlach

Posseltstraße 19,
76227 Karlsruhe
T +49 (0) 721 9405 70
www.turmbergwein.de

Inhaber L-Bank
Betriebsleiter Thomas Ulmer
Verbände Badischer Wein
Rebfläche 8 ha
Produktion 50.000 Flaschen
Verkaufszeiten
Mo, Mi, Fr 8.30–12.30 Uhr
Di, Do 15–19 Uhr
Feb.–Juli und Sept.–Dez.
jeweils 1. Sa im Monat
10–14 Uhr

Seit Jahrhunderten werden die Südwesthänge des Turmbergs für den Weinbau genutzt. Vermutlich waren sogar die Römer die ersten Weingärtner hoch über dem heutigen Durlach, einem Stadtteil von Karlsruhe. Die 256 Meter hohe Erhebung ist ein Ausläufer des Schwarzwalds. Seit 1993 führt die L-Bank (Staatsbank für Baden-Württemberg) den Betrieb unter dem Namen „Staatsweingut Karlsruhe-Durlach". Das Sortiment besteht aus klassischen Burgunder-Sorten, darunter findet sich auch der Auxerrois, dazu kommen Riesling sowie Lemberger, der sich für das Turmberg-Terroir als sehr geeignet erwiesen hat.

2019 Durlacher Turmberg Chardonnay „**" trocken
9,55€ · 14%

2019 Durlacher Turmberg Muskat-Ottonel „***" halbtrocken
11,70€ · 12%

2019 Durlacher Turmberg Riesling „**" trocken
9,55€ · 12,5%

2019 Durlacher Turmberg Scheurebe „***" trocken
10,70€ · 13%

2019 Durlacher Turmberg Weißburgunder „SL ***" trocken
11,70€ · 13%
Weicher Körper, typische Weißburgunder-Frucht, mittellang.

2018 Durlacher Turmberg Merlot „12 Terrassen *** Reserve"
24,40€ · 14%

2019 Spätburgunder „**" trocken
8,30€ · 12,5%

2017 Auxerrois brut
13,65€ · 12,5%

Essen

LAMM & WERKSTATT
Pforzheimer Straße 15+17, 75015 Bretten
T +49 (0) 7252 85392
www.lammbretten.de
Pizza, Pasta, Flammkuchen und Salate auf der einen Seite – die heißt „Lamm" und ist ein klassisches Restaurant. Die andere Seite, direkt im Nachbargebäude, heißt „Werkstatt". In dieser Enoteca geht es um Feinkost und Wein, es kann aber auch ein kleines Mittagessen eingenommen werden.
Empfohlen von
Weingut Lutz

SCHWITZER'S IM PARK
Etzenroter Straße 4, 76337 Waldbronn
T +49 (0) 7243 3548 50
www.schwitzers.com
Französische Gourmetküche steht in diesem mehrfach ausgezeichneten Restaurant auf der Karte. Etwas ganz Besonderes ist der Weinkeller in diesem Haus, der sich einmal im Monat für die Gäste öffnet. Direkt am Kurpark befindet sich die Brasserie, in der es legerer zugeht. In dem Haus, das zwischen Karlsruhe, Baden-Baden und Pforzheim liegt, kann man aber auch in einem der 20 eleganten und großzügigen Zimmer übernachten.
Empfohlen von
Weingut Klumpp

GOLFRESTAURANT ST. LEON-ROT
Opelstraße 30, 68789 St. Leon-Rot
T +49 (0) 6227 8608 110
www.aceofclubs.de
Mediterrane Atmosphäre mit einem tollen Blick auf das Panorama – das bietet das Restaurant Ace of Clubs auf der Anlage, der als einer der schönsten Golfplätze Europas gilt. Feine europäische, aber auch saisonal-regionale Gerichte stehen auf der Speisekarte.
Empfohlen von
Weingut Becker

HECKERSTUBEN IM WASSERSCHLOSS
Schlossstraße 1, 74918 Angelbachtal, Ortsteil Eichtersheim
T +49 (0) 7265 4999 07
www.heckerstuben.de
Badische Gerichte, viele aus biologischen Grundzutaten und in der Region angebaut oder produziert, stehen im Mittelpunkt der Küche. Zum Restaurant gehören die Hecker- und die Ratzelstube, die sich in dem altehrwürdigen Wasserschloss aus dem 16. Jahrhundert ihren Gästen mit gemütlicher Einrichtung präsentieren.
Empfohlen von
Weingut Becker

CRISTALL
Friedrich-Schott-Str. 5, 68753 Waghäusel-Kirrlach
T + 49 (0) 7254 20320
www.cristall-hotel.de
Hier kann man seine Mittagspause beim Business-Lunch, aber auch den Abend in geselliger Runde verbringen. Das Rumpsteak steht genauso auf der Karte wie ein veganer Gemüse-Burger, es gibt aber auch Maultaschen und Wurstsalat. Auf der Sommerterrasse wird zudem gegrillt. Zum Haus gehört ein Hotel mit 22 Zimmern.
Empfohlen von
Weingut Rudolf Bosch

RESTAURANT KONOBA
Ludwigstraße 4, 68789 St. Leon-Rot
T +49 (0) 6227 3997 790
www.hotel-arts.de
Zu einer kulinarischen Reise an die Adria lädt das Team in diesem Restaurant seine Gäste ein. Im früheren Dalmatien (heute Kroatien) heißen die kleinen Restaurants „Konoba" – und daran wollen das Restaurant- und Küchenteam erinnern, mit gegrillten Peperoni, kroatischem Brotsalat, Ćevapčići oder Paprikawurst mit Ajvar. Zum Haus gehört auch das Hotel Arts.
Empfohlen von
Weingut Rudolf Bosch

Schlafen

1463 – RESTAURANT UND APPARTEMENTHAUS
Friedrichstr. 10/12/14,
76229 Karlsruhe-Grötzingen
T +49 (0) 721 6605 0650
www.1463.de
Inmitten der Malerkolonie Grötzingen wurde das älteste Gebäude Karlsruhes aus dem Jahr 1463 in ein Ensemble mit sechs Appartements, einem Restaurant und einem Tagungsraum umgewandelt. Im Restaurant gibt es Themenmenüs und Winzerabende, auf der Speisekarte stehen saisonal-regionale Gerichte mit marktfrischen Zutaten, die zum großen Teil in der Nähe eingekauft werden. Die Weine stammen aus der Region rund um Karlsruhe, aus Baden oder von anderen Winzern im Ländle. Samstags und sonntags werden im Hofladle französische Backwaren verkauft.
Empfohlen von
Weingut Rudolf Bosch

HEITLINGER HOF
Am Mühlberg 1,
76684 Östringen
T +49 (0) 7259 4640 112
www.heitlinger-genusswelten.de
Hotel, Golfplatz, Weingut und Restaurant befinden sich hier an einem Ort: inmitten der Reblandschaft des Kraichgaus. Das Hotel ist modern und schnörkellos eingerichtet. Zu den Heitlinger Genusswelten gehören die Restaurants auf dem Golfplatz in Östringen-Tiefenbach und im Barriquekeller des Weinguts Heitlinger. Auch das Weingut Burg Ravensburg ist Teil des Unternehmens.
Empfohlen von
der Redaktion

VILLA MEDICI
Waldparkstraße 20,
76669 Bad Schönborn
T +49 (0) 7253 9871 170
www.hotel-villa-medici.de
Italienisches Lebensgefühl will dieses Haus mit seinen 90 Zimmern im ruhigen Bad Schönborn vermitteln. Viele Urlauber, aber auch Geschäftsreisende sind mittlerweile Stammkunden. Zum Haus gehören das Restaurant „Dolce Vita" und die Lounge „Da Vinci". Es gibt einen Wellnessbereich, aber der Sole-Aktiv-Park und das Thermarium sind auch ganz in der Nähe.
Empfohlen von
der Redaktion

ERCK – DEIN HOTEL
Heidelberger Straße 22,
76669 Bad Schönborn
T +49 (0) 7253 9779 10
www.dein-erck.de
Badische Lebensart sollen die Gäste in diesem Flair-Hotel erleben, wenn sie am Übergang der „badischen Toskana", dem Kraichgau zur Rheinebene, ihren Urlaub verbringen oder Geschäftstermine haben. Betreiberfamilie Erck hat auch dem Restaurant seinen Namen gegeben – dort geht es um Genuss und Gemütlichkeit, Regionalität und Kreativität.
Empfohlen von
der Redaktion

Einkaufen

KÄSE-SCHNEIDEWIND-GUETH
Heidelberger Straße 15,
76669 Bad Schönborn
T +49 (0) 7253 32083
www.kaese-schneidewind-gueth.de
Nicht nur Käse in einer großen Auswahl wird in diesem Geschäft verkauft, sondern auch weitere vielfältige Feinkost sowie Spezialitäten aus Frankreich und dem Elsass. Die Produkte werden im Hauptgeschäft in Mingolsheim, aber auch auf Märkten in der Region verkauft.
Empfohlen von
Weingut Rudolf Bosch

METZGEREI BRATH
Klauprechtstraße 25,
76137 Karlsruhe
T +49 (0) 721 3580 60
www.metzgerei.brath.de
Hier wird noch selbst geschlachtet und der größte Teil des Sortiments in der eigenen Produktion von Metzgermeister Eckert und seinem Team hergestellt – zum Beispiel Aufschnitt, Frischwurst, Schinken und Salami, aber auch die klassische Grundsauce, Kraftbrühe und Maultaschen. In dieser Handwerksmetzgerei werden alte Verfahren und Rezepte gepflegt, es wird aber mit moderner Technik gearbeitet.
Empfohlen von
Weingut Rudolf Bosch

HOFLADEN LUISENHOF
Luisenhof 29,
75038 Oberderdingen-Flehingen
T +49 (0) 7258 262
www.hofladen-luisenhof.de
Hier werden Früchte und Gemüse aus dem Kraichgau verkauft, es kann aber auch eine Tasse Kaffee bei einem Stück selbst gebackenen Kuchen genossen werden oder Kinder (und Erwachsene) können sich ins 5000 Quadratmeter große Labyrinth wagen. Der Luisenhof bietet ansonsten Kindergartenkindern und Schülern Gelegenheit, spielerisch die Natur zu entdecken.
Empfohlen von
der Redaktion

Vinothek

EHRLICHS WEIN-CONTOR
Hebelstrasse 19,
76133 Karlsruhe
T +49 (0) 721 20000
www.ehrlichsweincontor.de
500 verschiedene Weine aus Spanien, Portugal, Frankreich, Italien und Deutschland spielen eine Rolle in diesem Fachgeschäft. Die andere aber – und dafür ist Annette Sych genauso bei ihren Stammkunden bekannt – spielen die vielen verschiedenen Käsesorten, vornehmlich aus Rohmilch, sowie die Feinkostprodukte, die sie anbietet.
Empfohlen von
Weingut Klumpp

4 ORTENAU

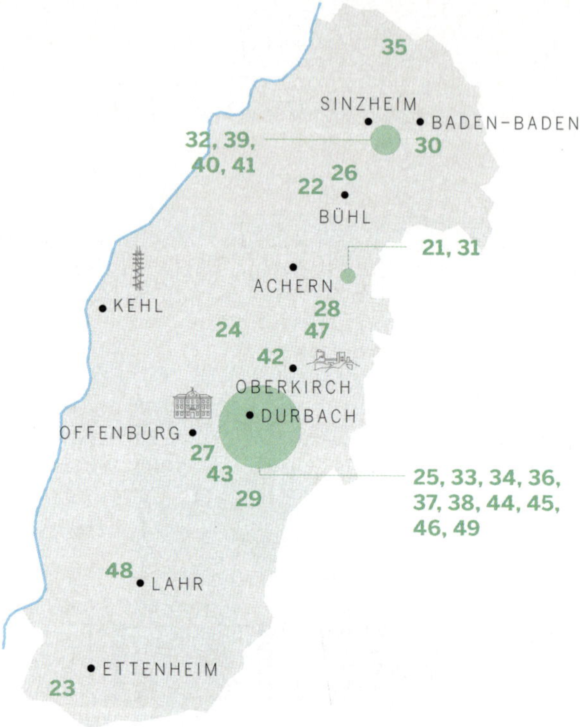

Weinberge, fruchtbare Rheinauen und die romantischen Schwarzwaldberge: Das ist der landschaftliche Dreiklang dieses Anbaubereichs. Im milden Klima wachsen Mais, Tabak und Obst, aber eben auch Wein. Malerische Winzerdörfer und Städte mit ihren historischen Fachwerkhäusern, Burgen, Schlösser oder Klöster, aber auch die zahlreichen Spitzenrestaurants, machen die Ortenau, zu der im Norden auch das Baden-Badener Rebland gehört, zu einem beliebten Urlaubsziel.

Geographische Lage Die Ortenau erstreckt sich auf 60 Kilometern zwischen Rastatt und Offenburg. Metropole der Ortenau sowie deren wirtschaftliches und kulturelles Zentrum ist Offenburg.
Klima Hier gibt es mit 900 bis 1100 mm/m² die höchsten Jahresniederschläge aller deutschen Weinbaugebiete. Die Sonnenscheindauer von April bis Oktober beträgt 1250 bis 1400 Stunden.
Böden Granitverwitterungsboden, Gneis
Rebfläche 2765 ha, 1451 ha Weißwein, 1314 ha Rotwein
Rebsorten Spätburgunder, Riesling, Müller-Thurgau, Grauer Burgunder, Weißer Burgunder.
Geschichte Um 800 hieß die Gegend noch Reichsgrafschaft Mortenau, verlor dann aber zum Ende des 16. Jahrhunderts im Volksmund den ersten Buchstaben.
Besonderheiten In Durbach, bei Schloss Staufenberg in der Lage Klingelberg, wächst seit 1782 ein besonderer Riesling. Der Wein wird nur in der Ortenau angebaut, die Bezeichnung Klingelberger wurde im Laufe der Jahre zum Synonym für Rieslinge aus dieser Region. In der Ortenau wird der Riesling traditionell im Bocksbeutel abgefüllt.

WEINGÜTER

21
ALDE GOTT WINZER SCHWARZWALD
Talstraße 2
77887 Sasbachwalden

22
WEINGUT AXEL BAUER
Erlenstraße 38
77815 Bühl/Baden

23
WEINGUT A. BIESELIN
Im Pfaffenbach 61
77955 Ettenheim

24
WEINGUT & PRIVATKELLEREI BIMMERLE
Kirchstraße 4
77871 Renchen-Erlach

25
DURBACHER WINZER-GENOSSENSCHAFT
Nachtweide 2
77770 Durbach

26
WEINGUT HOLGER DÜTSCH
Sankt-Michael-Straße 39
76534 Baden-Baden-Neuweier

27
WEINGUT FREIHERR VON UND ZU FRANCKENSTEIN
Weingartenstraße 66
77654 Offenburg

28
WINZERKELLER HEX VOM DASENSTEIN
Burgunderplatz 1
77876 Kappelrodeck

29
WEINGUT SIMON HUBER
Mattenhofweg 3
77723 Gengenbach

30
WEINGUT KNAPP
Gunzenbachstraße 17b
76530 Baden-Baden

31
WEINGUT KÖNIGSRAIN
Königsrainstraße 19
77887 Sasbachwalden

32
WEINGUT KOPP
Ebenunger Straße 21
76547 Sinzheim

33
WEINGUT ANDREAS LAIBLE
Am Bühl 6
77770 Durbach

34
WEINGUT ALEXANDER LAIBLE
Unterweiler 48
77770 Durbach

35
MAIER BIO WEINGUT
Karlsruher Straße 8
76532 Baden-Baden

36
WEINGUT HEINRICH MÄNNLE
Sendelbach 16
77770 Durbach

37
SCHWARZWALDWEINGUT ANDREAS MÄNNLE
Heimbach 12
77770 Durbach

WEINGÜTER

38
WEINGUT MARKGRAF VON BADEN SCHLOSS STAUFENBERG
Schloss Staufenberg
77770 Durbach

39
WEINGUT NÄGELSFÖRST
Nägelsförst 1
76534 Baden-Baden (Varnhalt)

40
WEINGUT SCHLOSS NEUWEIER
Mauerbergstraße 21
76534 Baden-Baden

41
WEINGUT SVEN NIEGER
Gartenstraße 21
76534 Baden-Baden

42
OBERKIRCHER WINZER
Renchener Straße 42
77704 Oberkirch

43
WEINGUT SCHLOSS ORTENBERG
Am Sankt Andreas 1
77799 Ortenberg

44
WEINGUT PIEPER BASLER
Weierbächle 1&3
77654 Offenburg-Zell-Weierbach

45
WEINGUT SCHWÖRER
Grol 8
77770 Durbach

46
WEINGUT VOLLMER
Lautenbach 1
77770 Durbach

47
WINZERGENOSSENSCHAFT WALDULM
Weinstraße 37
77876 Kappelrodeck-Waldulm

48
WEINGUT WÖHRLE
Weinbergstraße 3
77933 Lahr

49
WEINGUT WÖRNER
Sendelbach 21
77770 Durbach

Alde Gott Winzer Schwarzwald

Talstraße 2,
77887 Sasbachwalden
T +49 (0) 7841 20290
www.aldegott.de

Kellermeister Michael Huber
Rebfläche 264 ha
Produktion
2.000.000 Flaschen
Gründung 1948
Verkaufszeiten
Mo–Fr 9–18 Uhr (April–Okt.)
Mo–Fr 9–12 Uhr
und 13.30–18 Uhr
Sa 9–17 Uhr
So, Feiertag 11–17 Uhr

Penibel und geradlinig wie Linien auf Karopapier stehen die Rebanlagen Spalier an den Südhängen des Schwarzwaldes, Greifvögel schweben über den Hügel, Hände greifen nach den Trauben, Familien feiern Jause im Weinberg – im Imagefilm der Alde Gott Winzer Schwarzwald ist alles so, wie man es sich von einer traditionsreichen Kulturlandschaft erträumt. Und es gibt kaum Zweifel, dass es auch genauso zur Ernte ist, wenn die rund 350 Mitglieder die immerhin 264 Hektar lesen. Die Trauben werden in der Kellerei, in deren Nähe 33 Wohnmobile auf dem weingutseigenen Stellplatz stehen können, zu einfachen Qualitäten bis zu in Granitfass spontan vergorenen Rieslingen vinifiziert. Creatiwi nennt sich die Gruppierung der jüngeren Genossen, die seit 2010 versuchen, den Zusammenhalt mit Kreativität zu manifestieren.

2018 Grauburgunder „Weitblick" trocken
16€ · 14,5%

2018 Riesling „Granit" trocken
20€ · 13%
Eine Besonderheit: im Granit-Fass ausgebaut mit klarer, dezenter Frucht.

2018 Weißburgunder „Weitblick" trocken
16€ · 15%

♥ **2019** Gewürztraminer trocken
12,50€ · 15%

2019 Sauvignon Blanc trocken
11€ · 12,5%

2017 Spätburgunder „Weitblick"
37€ · 13,5%
Der Kellermeister spielt mit dem Holz virtuos wie ein Geiger auf der Stradivari, sollte noch einige Jahre reifen.

2017 Spätburgunder „von Alten Reben" Spätlese trocken
13,50€ · 14%

Weingut Axel Bauer

Neueinsteiger

Erlenstraße 38,
77815 Bühl/Baden
T +49 (0) 179 2994 838
www.weingut-axel-bauer.de

Es begann 2012 mit dem Einstieg in den Weinbau, der eigene Keller folgte 2015. Der Quereinsteiger aus der Medienbranche holte 2019 den Önologen Torsten Klein. Zusammen entwickeln die beiden die Strategie und den Ausbau des Weinguts. Zu den Eckpfeilern gehören eine hohe Dichte der Reben, damit deren Wurzeln sich tiefer ins Erdreich graben müssen, geringe Erträge, Spontanvergärung und die Umstellung auf biologischen Anbau, dem bald die Zertifizierung folgen soll. Bauer probiert auch mal was aus und ist über die ersten Ergebnisse mit Syrah, Tempranillo oder Malbec erfreut. Mit den letzten beiden Sorten wollen Bauer und Klein dem Klimawandel Rechnung tragen, der der Ortenau teils mediterrane Bedingungen beschert.

Inhaber Axel Bauer
Betriebsleiter Torsten Klein
Kellermeister Torsten Klein
Rebfläche 12 ha
Produktion 40.000 Flaschen
Gründung 2016
Verkaufszeiten
Mi, Do, Fr 13–17 Uhr
und nach Vereinbarung

2019 Chardonnay trocken
59€ · 12,5%
Ein Chardonnay mit internationaler Orientierung, wir träumen von fernen Ufern und Sonnenuntergängen.

♥ **2019** Gewürztraminer trocken
25€ · 14%
Eine schöne Balance auch ohne Säure, dafür mit Assoziationen an Lemon Curd und Andeutungen von Toast.

2019 Grauburgunder „Alte Reben“ trocken
18€ · 14%
Elegant. Filigran. Zerbrechlich. Harmonisch. Ein Wetteifern um Adjektive im Panel belegt, es ist ein Wein, den man zu zweit trinken sollte – zum Ausdiskutieren.

2019 Grauburgunder „Handwerk“ feinherb
9,50€ · 12,5%
Diesen Wein kann man für seine Typizität mit feiner Süße am Strand, in der Abendsonne, nach getaner Arbeit so richtig feiern.

2019 Riesling trocken
16€ · 12,5%

2019 Sauvignon Blanc „Meisterstück“ trocken
19,50€ · 13%
Im Kontext eines Sauvignons kommt er still daher. Am Gaumen entwickelt er exotisch anmutende Frucht. Ein Burgunder unter den Sauvignons. Geht das? Ja!

2019 Sauvignon Blanc trocken
12,50€ · 12%
Rauchig, trocken, sehr straff, reduktiv ausgebaut.

2019 Sauvignon Blanc trocken
45€ · 12,5%
Edle Toastwürze steht aromatisch im Vordergrund. Der Wein benötigt Zeit. Anlagen für ein langes Leben hat er. Zug und Biss auch. Und reichlich Frucht.

2019 Weißburgunder „Handwerk“ trocken
9,50€ · 13%

2019 Weißburgunder trocken
39€ · 13%
Im gebrauchten Barrique wurde dieser Wein ausgebaut. Großes Kino.

2019 Weißwein-Cuvée „Maison Blanc“ trocken
19,50€ · 14%
Diese sehr eigenständige Komposition aus Tonneau, Barrique und Betonei bringt einen besonderen Charakter mit.

Weingut A. Bieselin

Im Pfaffenbach 61,
77955 Ettenheim
T +49 (0) 7822 4463 19
www.weingut-bieselin.de

Inhaber Andreas Bieselin
Betriebsleiter Andreas Bieselin
Rebfläche 7 ha
Produktion 25.000 Flaschen
Gründung 2002
Verkaufszeiten
Mo–Mi 9–12 Uhr
und 14–15.30 Uhr
Do–Fr 9–12 Uhr und 14–18 Uhr
Sa 9–12 Uhr

Mit gerade mal 22 Jahren gründete Andreas Bieselin sein Weingut, das über die Jahre auf sechs Hektar anwuchs. Mit der Lese 2017 bezog das Weingut sein neues Gebäude mitten in den Reben. Zu den Sorten des Guts zählen Burgunder inklusive Auxerrois, daneben Riesling, Müller-Thurgau sowie Muskateller. Zur Ergänzung kommen noch Cabernet Franc und Merlot dazu. Sie stehen in Hanglagen von Ettenheim und Tutschfelden auf tiefen, fruchtbaren Löss-Lehmböden mit Muschelkalk und auf Buntsandstein.

2018 Grauburgunder „Stamm" trocken
19€ · 13,5%
Kräftiger, harmonisch balancierter Grauburgunder mit gutem Holzeinsatz ... „Und die Sonne geht unter dabei!"

2018 Weißburgunder „Stamm" trocken
10€ · 13%

♥ **2019** Auxerrois „Stamm" trocken
9€ · 12%
Klingt in der Nase zart, floral und kräuterfrisch an, bevor er am Gaumen mit saftig-süßer Frucht zu punkten weiß.

2019 Müller-Thurgau „Blatt" trocken
6,50€ · 11%

2014 Rotwein-Cuvée „Erdenreich"
21€ · 13%
Diese außergewöhnliche Cuvée hatte eine unglaublich lange Maischestandzeit von einem Jahr und reifte anschließend noch 18 Monate im Barrique, ein Wein für besondere Anlässe.

2019 Rotwein-Cuvée „Wein.Laune Stamm"
10€ · 11,5%

Weingut & Privatkellerei Bimmerle

Kirchstraße 4,
77871 Renchen-Erlach
T +49 (0) 7843 654
www.wein-bimmerle.de

Jeans, weißes T-Shirt, schwarze Lederjacke, gewinnendes Lächeln – mit Benedikt Bimmerle wagt bereits die vierte Generation den selbstbewussten Auftritt im Marketing. Er fragt seine Kunden: „Bock auf Wein?" oder „Schmeckt der?" Unkompliziert, frei heraus, so präsentiert Bimmerle sich und seine Weine, allen voran die Linie mit fruchtigen Weinen, die er mit den Begriffen Lebensfreude (Weißwein), Sehnsucht (Rotwein) und Temperament (Rosé) verknüpft. Unterstützung für seinen Weg hat Bimmerle inzwischen in dem neuen Kellermeister Philipp Milke gefunden, der mit Bimmerle neben den Weinen für ein junges Publikum auch die klassischen Weine des Weinguts von einer Rebfläche von immerhin 140 Hektar vinifiziert.

Inhaber Siegbert Bimmerle
Betriebsleiter
Siegbert Bimmerle
Kellermeister Philipp Milke
Rebfläche 140 ha
Produktion
1.000.000 Flaschen
Gründung 1936
Verkaufszeiten
Mo–Fr 9–12 und 13–18 Uhr
Sa 9–14 Uhr
und nach Vereinbarung

2018 Chardonnay „Réserve" trocken
16€ · 13,5%
Bestens strukturierter, feinnerviger und langlebiger Chardonnay, ein idealer Begleiter zu feinen Fischgerichten.

2018 Weißburgunder „Réserve" trocken
19€ · 14,5%
Vom Holz geprägt, aber nicht überladen, sondern lebendig. Speckig, rauchig, kann noch reifen.

2019 Grauburgunder Kabinett trocken
9,90€ · 13%

♥ **2019** Sauvignon Blanc Spätlese trocken
13,50€ · 13,5%
Füllig, saftig, schöne Würze, leicht vom Holz markiert.

2019 Sauvignon Blanc trocken
10,90€ · 12,5%

2019 Sauvignon Blanc trocken
10,90€ · 12,5%

2019 Weißburgunder Kabinett trocken
9,90€ · 13%

2017 Rotwein-Cuvée „Gerold"
19,50€ · 14%
Viel Frische und trotzdem angenehm mollig, ein Rotwein-Vergnügen am besten zu einem saftigen Entrecôte.

2017 Spätburgunder „Réserve"
29€ · 13,5%
Regelrecht knuspriger Wein, feine Bitternoten machen ihn noch interessanter.

2018 Spätburgunder
9,90€ · 13,5%

2018 Gewürztraminer
13,50€ · 12%
Salz und Kräuteraromen treffen gezuckerte Aprikose. Richtig kräftig!

Durbacher Winzergenossenschaft

Nachtweide 2, 77770 Durbach
T +49 (0) 781 93660
www.durbacher.de

Betriebsleiter Stephan Danner (Geschäftsführer)
Kellermeister Rüdiger Nilles
Verbände Baden-Württembergischer Genossenschaftsverband
Rebfläche 335 ha
Produktion 3.000.000 Flaschen
Verkaufszeiten Mo–Fr 9–18 Uhr
Sa–So 9–13 Uhr

Rain ist das alemannische Wort für Abhang, und damit steht der Durbacher Plauelrain richtig in der Reihe der Lagen Ölberg, Kochberg und Steinberg. Hauptsache Berg. Steillagen sind der Stolz der rund 230 Winzer, die auf 335 Hektar Klingelberger (wie hier der Riesling heißt), Clevner (bekannt als Traminer) und Spätburgunder angebaut haben. Mehr als 40 Prozent der Rebfläche sind mit Spätburgunder, knapp 30 Prozent mit Riesling bepflanzt. Der Muskateller-Weinberg in der Lage Steinberg wurde neu bestockt, sodass dieser Bukettwein erst 2022 wieder probiert werden kann.

2019 Chardonnay trocken
8,70€ · 13,5%

2019 Durbacher Kochberg Grauburgunder Kabinett trocken
7,20€ · 13%

2019 Durbacher Plauelrain Riesling „Klingelberger" Spätlese trocken
8,30€ · 12,5%

2019 Durbacher Steinberg Riesling trocken
11,90€ · 12,5%
Feinnerviger, bestens strukturierter und animierender Riesling mit gutem Trinkfluss.

2019 Durbacher Steinberg Sauvignon Blanc trocken
11,90€ · 13,5%
Großartiger Sauvignon Blanc, feinduftig mit viel Grip, am Gaumen kombiniert mit präsenter Säure.

2019 Durbacher Steinberg Weißburgunder trocken
11,90€ · 13,5%
Kräuterig-würzig, gute Frucht, dicht, gute Länge, idealer Essensbegleiter.

2017 Durbacher Steinberg Rotwein-Cuvée
18,50€ · 14,5%

2018 Cabernet Sauvignon
8,90€ · 14,5%

2018 Durbacher Kochberg Spätburgunder Spätlese trocken
14,90€ · 14%
Klassischer Spätburgunder, ausgewogen harmonisch gebaut mit guter Länge.

2018 Durbacher Kochberg Spätburgunder Beerenauslese
60€ · 14%
Kirschen in allen Variationen, hervorstechend sind Sauer- und Amarena-Kirschen, dazu feine Bitternoten.

2019 Durbacher Plauelrain Scheurebe Auslese
10,90€ · 10,5%
Duftig süße Scheurebe, wie ein Gang durch den Obstgarten.

2019 Durbacher Ölberg Gewürztraminer Auslese
10,90€ · 10,5%
Etwas für die „Süßspeisen-Fraktion", weckt Erinnerungen an eine Tarte au citron, bleibt dabei aber filigran und tänzelnd!

Weingut Holger Dütsch

Sankt-Michael-Straße 39,
76534 Baden-Baden-Neuweier
T +49 (0) 7223 9597 39
www.weingut-duetsch.de

Im Ortsteil Neuweier von Baden-Baden bearbeitet Holger Dütsch seit 2004 die Reben. Konzentration liegt bei der biologischen Bodenbewirtschaftung auf Handarbeit. Stehen bleiben will man hier nicht. Neu im Portfolio ist ein Sauvignon Blanc, der das Sortiment von Kerner, Rivaner, Silvaner, Riesling, Chardonnay, Blaufränkisch und Spätburgunder erweitert. Entfallen ist dafür der Rivaner. Langes Vollhefe-Lager ist üblich für die Weine, die sich mit Ecken und Kanten in der Jugend über die Jahre zu guten Speisebegleitern entwickeln sollen.

Inhaber Holger Dütsch
Betriebsleiter Holger Dütsch
Kellermeister Holger Dütsch
Rebfläche 4 ha
Produktion 20.000 Flaschen
Gründung 2004
Verkaufszeiten
Di, Do, Fr 15–18 Uhr
Sa 10–13 Uhr
und nach Vereinbarung

2018 Neuweierer Mauerberg Chardonnay trocken
13,50€ · 13%
Bestens konturierter Chardonnay, mit sanftem Druck am Gaumen und schönem Finale.

2018 Neuweierer Mauerberg Riesling „Tradition" trocken
13,50€ · 13,5%
Was ihm Trinkfluss bewahrt, ist seine phenolische Herbe, denn an Volumen mangelt es ihm wahrlich nicht. Er ist klar strukturiert und kraftstrotzend.

♥ **2018** Neuweierer Silvaner „Tradition" trocken
10,50€ · 14%

2019 Neuweierer Riesling „Urgestein" trocken
10,50€ · 13%
Kernig, mineralisch, klar und würzig. Mehr müsste über diesen Wein eigentlich nicht gesagt werden. Fügen wir hinzu: Man muss ihn einfach mögen.

2019 Riesling trocken
8,50€ · 12%
Schlank gebauter, sehr feiner Gutsriesling mit harmonischem Säure-Süße-Spiel, ideal als Begleiter eines beschwingten Gesprächs.

2017 Steinbacher Stich den Buben Blaufränkisch
13,50€ · 13%
Offene Frucht, ätherisch, klassischer Blaufränkisch mit Herkunft und Charakter.

Weingut Freiherr von und zu Franckenstein

Weingartenstraße 66,
77654 Offenburg
T +49 (0) 781 34973
www.weingut-franckenstein.de

Inhaber Stefan Huschle
Betriebsleiter Stefan Huschle
Kellermeister Stefan Huschle
Verbände VDP

Stefan Huschle führt seit 2008 mit seiner Familie das VDP-Weingut Freiherr von und zu Franckenstein, und das bei aller der dem Namen innewohnenden Verpflichtung zur Tradition mit einem offenen Blick für die zeitgemäßen Ansprüche an ein modernes Weingut. Das beginnt im Marketing, wenn Weine „WEISS.WEIN.GUT" genannt werden und damit den Buschheuerschen Dreiklang „Ruf! Mich! An!" adaptieren. Das endet im Low-Tech-Ausbau im Keller, dem eine schonende Arbeit im Weinberg vorausgeht. Geblieben ist der Entschluss, mehrheitlich die Weine durchzugären, was im Weingut schon seit den 1970er-Jahren gepflegt wurde, als das noch nicht viele taten.

2018 Beghauptener Schützenberg Chardonnay 1. Lage
12,50€ · 14%

Rebfläche 17,5 ha
Produktion 100.000 Flaschen
Gründung 1310
Verkaufszeiten
Mo–Fr 9–12 Uhr und 14–18 Uhr
Sa 9–13 Uhr
und nach Vereinbarung

2018 Beghauptener Schützenberg Weißburgunder „Zum Himmelreich" GG
19,90€ · 14%
Dezenter Stil, doch mit Persönlichkeit, verschlossen, braucht Zeit, ist noch etwas sperrig, wird sich aber mit Tiefgang und Länge öffnen.

2018 Zell-Weierbacher Abtsberg Grauburgunder „Tannweg" GG
19,90€ · 14%
Von der Johannisbeere ist beim Grauburgunder an und für sich selten die Rede. Hier wurde sie von der Jury entdeckt. Voluminös, cremig, gutmütig.

2018 Zell-Weierbacher Abtsberg Grauburgunder 1. Lage
12,50€ · 14%
Feinwürziger Grauburgunder mit Schmelz und Harmonie am Gaumen, ausgezeichnet zu Antipasti.

2018 Zell-Weierbacher Neugesetz Riesling GG
19,90€ · 12,5%
Salbei im Vordergrund und ein ganzer Kräuterkorb an Aromen. Klare, saftige Gelbfrucht nebst angenehmer Säurefrische.

2016 Laufer Gut Alsenhof Spätburgunder 1. Lage
19,50€ · 12,5%
Die Tannine noch ungezähmt mit leichter Pfeffrigkeit – bitte noch etwas abwarten, denn er hat gute Voraussetzungen.

2017 Zell-Weierbacher Spätburgunder
9,50€ · 13,5%
Schön gereifter Wein mit Anflügen von Schokolade und Brombeere. Ein preiswertes Trinkvergnügen.

2015 Chardonnay brut
16€ · 12,5%

Winzerkeller Hex vom Dasenstein

Neueinsteiger

Burgunderplatz 1,
77876 Kappelrodeck
T +49 (0) 7842 99380
www.dasenstein.de

Es sind 70 Winzerfamilien, 190 Hektar und eine Lage: Hex vom Dasenstein. Die gleichnamige Genossenschaft hat mit dem Jahrgang 2019 mit dem Ausbau der wichtigsten Rebsorten in kleinen Gewannen gewonnen. So sollen einzelne Weine aus der gesamten Lage für die individuellen Eigenheiten der kleineren Einheiten stehen – sie werden mit dem Zusatz „Großes Gewächs" vermarktet. Eins gemein ist allen Weinen des Winzerkellers: Sie werden für eine aufmerksame Sortierung ausschließlich von Hand gelesen.

2019 Chardonnay trocken
9,90€ · 13,5%

Betriebsleiter Markus Ell
Kellermeister Thomas Hirt
Rebfläche 180 ha
Produktion
1.200.000 Flaschen
Gründung 1936
Verkaufszeiten
Mo–Fr 9–17.30 Uhr
Sa 9–13 Uhr
So 10–13 Uhr (Mai–Okt.)

2019 Hex vom Dasenstein Grauburgunder „Katzenbuckel“ trocken
16,90€ · 13,5%

2019 Hex vom Dasenstein Riesling „Kappelberg“ trocken
16,90€ · 13%
Braucht noch etwas Reife, die sortentypischen Riesling-Aromen haben sich für ihren großen Auftritt allerdings schon in Stellung gebracht.

2019 Hex vom Dasenstein Sauvignon Blanc trocken
9,50€ · 12,5%

♥ **2019** Hex vom Dasenstein Weißburgunder „Heidenhöfe“ trocken
16,90€ · 13,5%

2017 Cabernet Sauvignon
18€ · 14%
Dieser kraftvolle Cabernet Sauvignon ist etwas für Liebhaber von Ausbau im Holz und Ätherik, die von Minze geprägt ist.

2017 Hex vom Dasenstein Spätburgunder
19,90€ · 14,5%
Tolles Ding, dieser Spätburgunder, er besticht mit Anklängen von Räucheraromen und dunklen Beeren.

2017 Hex vom Dasenstein Tempranillo
15,40€ · 14%

2017 Spätburgunder
15€ · 13,5%
Dicht, dunkel-beerig, ausgeprägte Pinot-Noir-Aromatik von der Villa Heynburg.

2018 Hex vom Dasenstein Merlot
12,40€ · 14,5%
Ein Merlot mit stürmischer Aromatik, ein absoluter Hoffnungsträger, noch aber verschlossener als ein Kloster nach Sonnenuntergang.

Weingut Simon Huber

Mattenhofweg 3,
77723 Gengenbach
T +49 (0) 7803 9348 50
www.simonhuber-wein.de

Inhaber Simon Huber
Rebfläche 5 ha
Produktion 25.000 Flaschen
Gründung 2012
Verkaufszeiten
Mo–Di, Do–Fr 15–19 Uhr
Sa 10–18 Uhr
So 10–12 Uhr

Simon Hubers Begeisterung für Wein geht darauf zurück, dass er seinem Onkel bereits in der Kindheit bei der Bewirtschaftung der Reben geholfen hat. 2012 gründete Simon Huber dann am Rande der Stadt Gengenbach sein eigenes Weingut, das er 2019 mit einer neuen Vinothek erweiterte. Das Weingut ist im Weinhotel Pfeffer & Salz beheimatet, das seinerseits von Reben umgeben ist. Das Gros der Lagen liegt an steilen Hängen. Fünf Hektar bewirtschaftet Huber, bestockt neben Spätburgunder auch mit St. Laurent und Gelbem Muskateller, neben den klassischen badischen Sorten.

2018 Chardonnay „Réserve" trocken
12,50€ · 14,5%

2019 Muskateller halbtrocken
8€ · 11,5%

♥ **2019** Riesling trocken
7,80€ · 12%

2019 Weißburgunder trocken
7,80€ · 12,5%

2018 Spätburgunder „Réserve"
14,50€ · 13,5%
Feine Röstaromatik, am Gaumen elegant, feines Tannin, gute Säure.

2018 Spätburgunder
8,20€ · 14%
Feste Struktur, leicht mollige Art, dunkle Frucht, dicht und lang.

2018 St. Laurent „Réserve"
15,50€ · 12,5%

Weingut Knapp

Gunzenbachstraße 17b,
76530 Baden-Baden
T +49 (0) 7221 28080
www.weingut-knapp.de

Inhaber Heinz Knapp
Betriebsleiter Heinz Knapp
Kellermeister Urban Jung

Diesen Superlativ kann Heinz Knapp so schnell keiner nehmen: einziges Weingut mit Rebflächen im historischen Stadtgebiet von Baden-Baden. Architekt Knapp, der sich 1986 in der Provence den Traum einer eigenen Ernte auf dem Château L'Arnaude bei Lorgues erfüllte, bewirtschaftet seit 2012 die städtischen Rebflächen am Silberbruck, Eckberg und Schafberg. Er hat dabei den Blick in die Zukunft gerichtet und setzt bei Neuanpflanzungen mit einer Sondergenehmigung auf die Sorten Sauvignon Blanc und Veltliner. Die immer wärmer werdenden Sommer erfordern neue Konzepte, so das Kalkül. Selbstverständlich sind auch weiterhin Riesling und Burgunder im Portfolio.

Rebfläche 8,2 ha
Produktion 60.000 Flaschen
Gründung 2006
Verkaufszeiten
Mo, Mi–Fr 9–12.30 Uhr
Sa nach Vereinbarung

2019 Baden-Badener Eckberg Riesling „Silberbuckel" trocken
10,50€ · 12%
Etwas Kohlensäure unterstreicht den sehr frischen Auftritt. Spritzigkeit und Frische geben dem Wein gute Trinkigkeit.

2019 Baden-Badener Eckberg Weißburgunder trocken
10,50€ · 13,5%

2019 Sauvignon Blanc trocken
10,50€ · 13%
Ein Salzkörnchen gibt der Frische den Kick.

2018 Baden-Badener Eckberg Merlot
14,50€ · 13,5%
Eine schöne Zukunft ist am Horizont sichtbar für den, der die Geduld hat, ihn reifen zu lassen. Wer nicht warten mag, kühlt ihn und genießt jetzt.

2018 Baden-Badener Eckberg Pinot Noir
11,50€ · 14%
Ein Bild von einem Spätburgunder. Hat Zug und Druck und Länge. Und Vitalität. Und ach, einfach gut.

♥ **2019** Baden-Badener Eckberg Spätburgunder trocken
10,50€ · 12,5%

Weingut Königsrain

Neueinsteiger

Königsrainstraße 19,
77887 Sasbachwalden
T +49 (0) 151 2354 9011
www.koenigsrain.de

Liebe versetzt Weinberge – seit 2011 arbeiten Katja und Tobias Pfeifer an ihrem eigenen Weingut. Die Kinder aus Weinbau-Familien pflanzten Reben neu und ernteten 2013 ihren ersten Jahrgang. Zwei Hektar bewirtschaftet das Paar in Sasbachwalden. Was mit zwei Tanks und einer Produktion von 2000 Flaschen begann, ist heute ein ambitioniertes Weingut mit immerhin neun verschiedenen Weinen im Programm. Von Riesling über Müller-Thurgau bis Spätburgunder reicht das Sortiment. Wer das Weingut besucht und ein paar Stunden Zeit hat, kann zudem den weingutseigenen Ford Mustang mit acht Zylindern für eine Spritztour durch die Region mieten.

Inhaber Katja & Tobias Pfeifer
Rebfläche 2 ha
Gründung 2011
Verkaufszeiten
Fr 17–19 Uhr
Sa 16–18 Uhr

2019 Grauburgunder trocken
7,50€ · 13%
Rustikaler Wein im besten Sinne.

2018 Spätburgunder
15€ · 13%
Feinwürzig, moderne Stilistik, klare Beerenaromatik, Gaumenschmeichler, saftig.

Spätburgunder
10€ · 13,5%
Fruchtiger Auftakt, gute Fruchtsüße, trinkanimerende Säure, belebter Wein mit viel Saft.

Weingut Kopp

Ebenunger Straße 21,
76547 Sinzheim
T +49 (0) 7221 8036 01
www.weingut-kopp.com

Es tut sich was auf dem Balzenberg. Johannes Kopp hat die einst aufgegebene Lage mit französischen Klonen neu bestockt und hat vor, 2022 der Öffentlichkeit den Wein von dieser Parzelle zu präsentieren. Nicht, dass es Kopp langweilig wäre, die Umstellung auf biologische Landwirtschaft – auch angetrieben durch Gespräche mit Großmutter und Urgroßvater – geht für die 28 Hektar voran. Geplant ist ein Neubau des Weingutsgebäudes mit Barriquekeller, moderner Vinothek, Weinseminarräumen und kleiner Gastronomie.

Inhaber Johannes Kopp
Betriebsleiter Johannes Kopp
Kellermeister Johannes Kopp
Rebfläche 28 ha
Produktion 150.000 Flaschen
Gründung 1996
Verkaufszeiten
Mo–Fr 14–18 Uhr
Sa 10–13 Uhr

2017 Sinzheimer Altenberg Chardonnay trocken
18€ · 13%
Straffe Struktur und Gelbfruchtigkeit sind hier prägend.

♥ **2018** Sinzheimer Klostergut Fremersberger Feigenwäldchen Riesling „Buntsandstein“
13€ · 11%
Feiner Geschmack von eingemachten Früchten und sanfte Säure.

2018 Weißburgunder „Lösslehm“ trocken
14€ · 13,5%
Gute Würze in der Nase und feine Säure am Gaumen.

2019 Chardonnay trocken

9,50€ · 13%

Feingliedriger Chardonnay, auch im Einstiegssegment war immer schon eine Domaine im Weingut Kopp, bravo!

2016 Varnhalter Sommerhalde Spätburgunder

30€ · 13%

Großartiger Spätburgunder, ungemein ausdrucksstark und harmonisch, das gehört zu Badens Spitze!

2016 Varnhalter Sonnenberg Spätburgunder

30€ · 13%

Ein markanter Auftritt: Speck und Leder mit ordentlich Tannin, ein weiterer großer Wurf aus diesem Weingut.

Weingut Andreas Laible

Am Bühl 6, 77770 Durbach
T +49 (0) 781 41238
www.weingut-laible.de

Inhaber
Andreas Christian Laible
Betriebsleiter
Andreas Christian Laible
Kellermeister
Andreas Christian Laible
Verbände VDP
Rebfläche 7,6 ha
Produktion 45.000 Flaschen
Gründung 1672
Verkaufszeiten
Mo–Fr 9–11.30 Uhr
und 14–18 Uhr
Sa 9–11.30 Uhr und 14–16 Uhr
und nach Vereinbarung

Die postalische Adresse ist auch gleich die einer der alten Lagen, deren Namen Andreas Christian Laible reaktiviert hat: Am Bühl. Sie liegt direkt am Weingut und war 1971 nach der Flurbereinigung in den Durbacher Plauelrain aufgegangen. Es sind vermeintliche Kleinigkeiten, die das Bewusstsein für (die eigene) Historie und Genauigkeit im Detail verraten. Die Hälfte der fast acht Hektar umfassenden Lagen sind dem Riesling gewidmet, nicht weniger als ein Dutzend Klone werden angebaut. Große Gewächse – vier an der Zahl – hat Laible jedoch auch aus Grauburgunder und Chardonnay vinifiziert. Andreas Christian Laible setzt dabei die Stilistik fort, die seinen Vater bereits zu großem Erfolg geführt hat.

2019 Chardonnay „Am Bühl" GG

24€ · 14%

Weiche, feine Aromen zeichnen diesen auf pure Harmonie ausgerichteten Wein aus.

2019 Durbacher Plauelrain „Am Bühl" Riesling GG

24€ · 13%

Dieser Wein ist eine Klasse für sich, Baden at its best!

2019 Durbacher Plauelrain Gewürztraminer Auslese 1. Lage

16,50€ · 11%

Ein würziger und kräftiger Gewürztraminer, der sich ein kräftiges Stück Bergkäse als Begleitung wünscht.

2019 Durbacher Plauelrain Grauburgunder „Am Bühl" GG

24€ · 13,5%

Viel Schmelz und größte Harmonie zeichnen diesen großen Grauburgunder aus.

2019 Durbacher Plauelrain Riesling „Achat“ 1. Lage
18,50€ · 12,5%
Der Achat ist „der“ Klassiker unter Durbachs Rieslingen, eine echte Bank!

2019 Durbacher Plauelrain Riesling „SL“ 1. Lage
14€ · 12,5%
Dieser weitere Klassiker der Familie Andreas Laible hätte aufgrund seiner (absolut berechtigten) Beliebtheit den Publikumspreis verdient.

2019 Durbacher Plauelrain Scheurebe Auslese 1. Lage
16,50€ · 11%
Diese Auslese von der Scheurebe vereint Süße und Säure geradezu perfekt. Limette und Brennnessel dürfen auch mitspielen.

2019 Durbacher Plauelrain Weißburgunder 1. Lage
14€ · 13%
Auch bei der 1. Lage steht hier beim Weißburgunder die Eleganz im Vordergrund.

2019 Muskateller trocken
13€ · 12,5%
In der Nase verführerisch, am Gaumen pikant, schlank und geradlinig. Was will man mehr von einem Muskateller?

2019 Riesling „Klingelberger 1782“ trocken
16,50€ · 12,5%
Ein echter Vorzeigewein einer beispielhaften Durbacher Aktion. Zukunft braucht Herkunft!

Weingut Alexander Laible

🍇🍇🍇

Unterweiler 48, 77770 Durbach
T +49 (0) 781 2842 380
www.weingut-alexanderlaible.de

Inhaber Alexander Laible
Betriebsleiter Alexander Laible
Kellermeister Alexander Laible
Rebfläche 14 ha
Produktion 100.000 Flaschen
Gründung 2007
Verkaufszeiten
Mo–Fr 14–18 Uhr
Sa 9–16 Uhr
und nach Vereinbarung

Zeit. Das Wesen der Weine von Alexander Laible. Sie diktiert den Rhythmus im Keller, dort sollen die Weine jene Spanne bekommen, die sie benötigen, um sich voll entwickeln zu können. Das Prinzip der Entschleunigung beginnt jedoch bereits im Weinberg. Unter Berücksichtigung der Mondzyklen wird das überlieferte Wissen angewendet, das in diesem Weingut bereits seit 1672 weitergereicht wird, Alexander ist Winzer in 13. Generation. Laible produziert 32 Weine von Lagen in ausschließlicher Süd-West-Ausrichtung. Löss, Kalkmergelböden und Kalkwitterungsgestein bilden für Laible die Basis, um der Natur mit aufmerksamen Augen ihren Lauf zu lassen.

2019 Chardonnay „Muschelkalk" trocken 🍇🍇
15€ · 13%
Muschelkalk und Chardonnay, welch ideale Kombination, Chablis lässt grüßen!

2019 Grauburgunder „Muschelkalk" trocken 🍇🍇🍇
15€ · 13%
Auch der Grauburgunder profitiert mit viel Finesse vom Muschelkalk.

2019 Grauburgunder „SL" trocken 🍇🍇
12,50€ · 13%

2019 Riesling „Alte Reben" trocken 🍇🍇
11,50€ · 13%
Die alten Reben zeichnen hier mit viel Substanz, die die Harmonie in diesem Wein unterlegt, verantwortlich.

2019 Riesling „Kalkmergel" trocken
13,50€ · 13%
Wer Riesling meidet, weil er sich vor hoher Säure fürchtet, liegt bei diesem richtig. Er ist saftig, nicht säureschnittig und hat Länge.

♥ **2019** Riesling „Tausend Sterne" trocken
22€ · 13%
Traumhaft harmonischer Riesling wird dem Anspruch mit Blick in den wolkenlosen Nachthimmel mehr als gerecht.

2019 Sauvignon Blanc „Chara" trocken
14,50€ · 13%
Saftig, füllig, klar und sauber, geht immer.

2019 Sauvignon Blanc „Marie Sophie" trocken
22€ · 13%
Extraktreich, würzig, viel Kraft und viel Wein.

2019 Weißburgunder „Chara" trocken
14,50€ · 13%
Pure Frucht, mineralisch, gute Dichte, lang.

2019 Weißburgunder „SL" trocken
12,50€ · 13%
Dicht, elegant, Persönlichkeit, leichtfüßig und doch mit geschmacklichem Tiefgang.

Maier Bio Weingut

Neueinsteiger

Karlsruher Straße 8,
76532 Baden-Baden
T +49 (0) 7221 64197
www.weingut-maier.de

Inhaber Volker Maier
Betriebsleiter Volker Maier
Kellermeister Volker Maier
Rebfläche 8 ha
Produktion 60.000 Flaschen
Gründung 1995
Verkaufszeiten
Di–Fr 9–12 Uhr und 15–18 Uhr
Mittwoch Nachmittag geschlossen
Sa 9–13 Uhr

Bereits 20 Jahre sind die rund acht Hektar Böden nicht mit chemischen Pflanzenschutzmitteln oder Herbiziden bearbeitet, seit 2015 ist das Weingut ein Ökobetrieb und seit 2018 auch zertifiziert – Volker Maier ist gemeinsam mit seiner Frau Iris seinem Ziel näher gekommen. Neben dem Wunsch nach begreifbaren und nahbaren Weinen haben sich die beiden dem Schutz von Flora und Fauna verschrieben. Das setzt Enthusiasmus, Selbstdisziplin und Perfektionismus voraus, wie sie Maier in seiner aktiven Zeit als Kugelstoßer bereits an den Tag legte. Das Weingut setzt dabei auf klassische Sorten von Gewürztraminer über Riesling und Spätburgunder, hat aber für ressourcenschonenderen Anbau auch mit Johanniter und Souvignier Gris sogenannte pilzwiderstandsfähige Rebsorten („Piwi") gepflanzt.

2018 Grauburgunder „HF" trocken
15,80€ · 13%
Der Wein erinnert uns mit unaufdringlichem Schubsen an das schöne Leben. Ein Begleiter für schöne Tage.

♥ **2018** Neuweier Mauerberg Riesling „SI" trocken
18,20€ · 13%
Ein selten anzutreffendes Aroma bereichert diesen Wein: Eisenkraut. Gelungen.

2019 Scheurebe feinherb
9,10€ · 11,5%

2019 Weißburgunder trocken
9,10€ · 12%
Strahlend klar, feine Frucht, mit reifer Säure sehr lebendig.

2018 Rotwein-Cuvée „Re(d)volution"
19,80€ · 14%
Cassis und Kaffeenoten lassen an ferne Länder denken.

2019 Grauburgunder, Spätburgunder „Badisch Rotgold" trocken
8,90€ · 12,5%

Weingut Heinrich Männle

Sendelbach 16, 77770 Durbach
T +49 (0) 781 41101
www.weingutmaennle.de

Inhaber Heinrich & Sylvia Männle
Betriebsleiter Heinrich & Sylvia Männle
Kellermeister Heinrich Männle
Verbände Slow Food
Rebfläche 6,5 ha
Produktion 30.000 Flaschen
Gründung 1456
Verkaufszeiten
Mo–Fr 9–12 und 13–18 Uhr
Sa 9–12 Uhr und 13–16 Uhr
So nach Vereinbarung von 10–12 Uhr

Fast so viel Kirschen und Birnen wie Wein baut die Familie Männle auf ihren elf Hektar landwirtschaftlicher Nutzfläche an. Seinen Namen hat sich das aufs Jahr 1456 zurückgehende Weingut mit den Trauben von 6,5 Hektar Fläche gemacht, wo Touristen auch in modernisierten Ferienwohnungen übernachten können. Hier können sie inmitten der Durbacher Landschaft sehen, wie die Weine wachsen, denen – je nach Sorte – auch schon mal jahrelange Reifezeiten in Fass und Flasche gegönnt werden, bevor sie in den Verkauf kommen. Die Zeit ist mit den Männles, die sich diese Ruhe gönnen können, jedem einzelnen Wein die Dauer der Reife zu geben, die sie für nötig erachten.

2017 Durbacher Kochberg Weißburgunder „Faß 18" Spätlese feinherb
14,20€ · 12,5%
Feinherber Stil, süßliche Frucht, blumige Aromatik, langanhaltend.

2018 Durbacher Kochberg Grauburgunder „Faß 16" Spätlese trocken
14,60€ · 14,5%

2018 Durbacher Kochberg Riesling „Klingelberger 1782 Faß 30" Spätlese trocken
15,50€ · 12,5%
Auch diese Durbacher Spezialität kommt hier nicht zu kurz: klassisch, saftig, gut!

2018 Durbacher Kochberg Weißburgunder „Faß 26" Spätlese trocken
14,20€ · 14,5%
Guter Fruchtdruck, Alkohol gut eingebunden, frische Eleganz, lang, druckvoll, Tiefgang.

2018 Durbacher Plauelrain Chardonnay „Faß 20" Spätlese trocken
14,20€ · 14,5%
Schmelz und Harmonie sind die beiden Eckpfeiler dieses aromatischen Chardonnay.

2009 Durbacher Kochberg Rotwein-Cuvée
27,50€ · 14%
Klassische Bordeaux-Cuvée aus Cabernet Sauvignon und Merlot, selbstredend ganz trocken ausgebaut und ein Jahrzehnt gereift, das ist einsame Klasse in ganz Deutschland!

2011 Durbacher Kochberg Cabernet Sauvignon
27,50€ · 14%
Auch der Cabernet Sauvignon, hier perfekt im schönen Holzfasskeller gereift, ist eine nicht ganz geheime Liebe von Heiner Männle.

♥ **2015** Durbacher Kochberg Pinot Noir „Faß 4 Selection Christophe Mayer" Auslese feinherb
50€ · 15,5%
Die reifen, süßen Noten durch lange Fasslagerung sind das Markenzeichen vom Männle-Rotwein, auf dem Punkt diese Spätburgunder Auslese aus dem Barrique.

2015 Durbacher Kochberg Pinot Noir „Faß 7" Spätlese trocken
28€ · 14%
Olive und Thymian streicheln diesen Wein.

Schwarzwaldweingut Andreas Männle

Heimbach 12, 77770 Durbach
T +49 (0) 781 41486
www.schwarzwaldweingut.de

Inhaber Thomas Männle
Betriebsleiter Thomas Männle
Kellermeister
Christian Idelhauser
Rebfläche 19 ha
Produktion 152.000 Flaschen
Gründung 1919
Verkaufszeiten
Mo–Fr 9–12 Uhr
und 13.30–18 Uhr
Sa 10–16 Uhr
So 10–12 Uhr (März–Dez.)

Das 100-jährige Jubiläum der Gründung feierte das Schwarzwaldweingut Andreas Männle 2019. Die Weine aus dem Jahr des runden Geburtstages sind folgerichtig erst 2020 gefüllt. Der extrem warme und sonnenreiche Sommer 2019 verschaffte den Winzern Maria und Thomas Männle Traubenmaterial, das beiden verheißt, in der Spitze noch bessere Qualitäten zu produzieren als im bereits guten Jahrgang 2018. Die Männles und ihre Mitarbeiter beschreiben sich als Botschafter des guten Geschmacks mit qualitätsfanatischen Kellermeistern. Gefüllt werden die in der Ortenau gepflegten Sorten von Klingelberger (Riesling) über Clevner (Traminer) bis Spätburgunder. Und für Geburtstage hat die Großfamilie Männle auch Schaumweine im Keller.

2019 Durbacher Bienengarten Chardonnay Spätlese trocken
12,50€ · 13,5%

2019 Durbacher Bienengarten Grauburgunder Spätlese trocken
12,50€ · 13,5%
Schlank und griffig mit kühler Aromatik im Finale.

2019 Durbacher Bienengarten Riesling „Klingelberger 1782" trocken
17€ · 13%
Lob für diese feine Durbacher Riesling-Typizität, die mit Frische und Frucht gefällt.

2019 Durbacher Bienengarten Riesling „Klingelberger" Spätlese trocken
12,50€ · 13%
Glasklares Konzept: keine Primäraromen, dafür feines Säurespiel und gut strukturierter Körper.

♥ **2019** Durbacher Bienengarten Traminer „Fränz" trocken
60€ · 13,5%
Hier picknicken wir in einer Streuobstwiese und erfreuen uns an diesem Wein mit feiner Würze und einem gesunden Maß an Säure.

2017 Durbacher Bienengarten Spätburgunder „Edition"
30€ · 13,5%
Sehr reife Frucht und eigenwillige Würze, sehr guter Mittelbau und schönes Finale, am Punkt!

2017 Durbacher Bienengarten Spätburgunder Auslese trocken
35€ · 14,5%

2017 Durbacher Bienengarten Spätburgunder Spätlese trocken

25€ · 14%

Würziger, harmonisch gebauter, im Barrique gereifter Spätburgunder, durchaus als Solist beim Gespräch zu zweit geeignet.

2018 Durbacher Bienengarten Spätburgunder Spätlese trocken

14,50€ · 14%

Klassischer Spätburgunder, auf dem man genüsslich auch länger „rumkauen" kann.

Weingut Markgraf von Baden Schloss Staufenberg

Schloss Staufenberg,
77770 Durbach
T +49 (0) 781 9322 7955
www.markgraf-von-baden.de

Inhaber S.K.H. Bernhard Prinz von Baden
Betriebsleiter Volker Faust
Kellermeister Frederic Kirch
Rebfläche 25 ha
Produktion 140.000 Flaschen
Verkaufszeiten
Mo–Fr 11–16 Uhr
Sa, So und Feiertag 11–17 Uhr
(Nov.–März möglicherweise abweichende Öffnungszeiten)

Zwei Schlösser, ein Weingut – entscheidend sind weniger die historischen Mauern von Schloss Salem und Staufenberg, sondern dass das Weingut an zwei Orten vertreten ist. Es hat Lagen am Bodensee, die zu den höchstgelegenen Weinbergen Deutschlands zählen, und in der Ortenau an den Hängen des Staufenbergs, direkt neben dem Schloss, das seit 1693 in Familienbesitz ist und mit seiner Lage und Aussicht zu den beliebtesten Ausflugszielen zählt und ein Ort für Feiern ist.

2018 Durbacher Schloss Staufenberg Chardonnay 1. Lage

17,50€ · 14%

„Ist der nicht deins?" „DOCH!" „Der ist auch meins." „Er ist unser aller!" Die Diskussion wollte raus! In fünf Jahren ist das ein toller Wein.

2018 Durbacher Schloss Staufenberg Grauburgunder 1. Lage

17,50€ · 14%

Jetzt wird's ernst. Ein Grauburgunder mit Statur. Fleischig und dennoch filigran.

2018 Durbacher Schloss Staufenberg Riesling „Klingelberger K" GG

35€ · 13%

Der Ur-Klingelberger mit prächtiger Statur und blitzsauberer Aromatik ist schon jetzt sehr gut zugänglich.

2019 Durbacher Schloss Staufenberg Sauvignon Blanc 1. Lage

17,50€ · 13%

Straff konturierter Sauvignon mit warmer, gelbfruchtiger Aromatik und feinem Säurenerv, der ideale Begleiter eines Picknicks in einer Obstwiese.

2019 Riesling „Klingelberger" trocken

8,50€ · 13%

In der Nase Noten von Bergamotte, am Gaumen opulent und anschmiegsam.

2017 Durbacher Schloss Staufenberg Spätburgunder „Sophienberg" GG

45€ · 13%

Wenn der Adelstitel nicht schon verliehen wäre, müsste man ihn diesem Wein geben.

2018 Durbacher Schloss Staufenberg Spätburgunder 1. Lage

18,50€ · 13,5%

Die Süßkirsche prägt diesen Wein, der feine, reife Noten zeigt.

Riesling extra brut

16€ · 12%

Feiner Riesling-Sekt mit schöner Cremigkeit und harmonischem Säure-Süße-Spiel.

Weingut Nägelsförst

Nägelsförst 1, 76534
Baden-Baden (Varnhalt)
T +49 (0) 7221 35550
www.naegelsfoerst.de

Betriebsleiter Steffen Röll
Kellermeister Annette Bähr
Rebfläche 33 ha
Produktion 190.000 Flaschen
Gründung 1268
Verkaufszeiten
Mo–Fr 9–18 Uhr
Sa 10–16 Uhr
und nach Vereinbarung

Gut 300 Meter über dem Meeresspiegel und mit den umliegenden Gebirgen schien die Lage des Weinguts Nägelsförst bereits 1268 den Zisterzienserinnen der Abtei Lichtenthal für Weinreben geeignet. Sie pflanzten Pinot Noir, den sie aus dem Burgund mitbrachten. Seit 2016 ist das Weingut in Besitz einer Familie aus Mittelfranken, die mit Betriebsleiter Steffen Röll und Kellermeisterin Annette Bähr ein Gespann hat, das das Potenzial der 33 Hektar Fläche ausschöpfen soll. Auch wenn die Bandbreite von Guts- bis Lagenwein reicht, konzentriert sich das Weingut auf eine Auswahl an überwiegend trockenen Weinen. Den Weinen geben die Macher fantasievolle Namen wie „Flugkünstler" oder „Luft & Liebe".

2018 Baden-Badener Chardonnay „Umweg zum Glück" trocken
12,90€ · 13,5%

♥ **2018** Baden-Badener Stich den Buben Weißburgunder „Luft & Liebe" trocken
18,90€ · 13,5%
Kräftiger Weißburgunder als idealer Essensbegleiter zu gebratenem Seefisch.

2019 Baden-Badener Klosterbergfelsen Riesling „Steilflug" trocken
15,90€ · 12,5%
Stattlicher Riesling mit markantem Auftritt, selbstbewusster Säure und insgesamt schöner Harmonie.

2019 Baden-Badener Riesling „Steinwurf" trocken
12,90€ · 12,5%

2019 Sauvignon Blanc „Flugkünstler" trocken
9,90€ · 12,5%

2017 Baden-Badener Klosterbergfelsen Pinot Noir „Herzenslust"
29,90€ · 13,5%
Bleistift meets Blaubeere, herber, saftiger Vertreter seiner Art.

2017 Rotwein-Cuvée „Quantum"
9,90€ · 13,5%

Weingut Schloss Neuweier

Mauerbergstraße 21,
76534 Baden-Baden
T +49 (0) 7223 96670
www.weingut-schloss-neuweier.de

Inhaber Robert Schätzle
Betriebsleiter Robert Schätzle
Kellermeister Robert Schätzle
Verbände VDP
Rebfläche 16 ha
Produktion 100.000 Flaschen
Gründung 1549
Verkaufszeiten
Mo–Fr 9–12 Uhr und 13–18 Uhr
Sa 10–15 Uhr

Neues Restaurant (Goldenes Loch), neuer Direktor von Hotel und Restaurant (Joachim Altvater) – im Weingut Schloss Neuweier stand der Sommer 2020 aller allgemeinen Unbill zum Trotz im Zeichen des Neuanfangs. Im Weingut setzt Robert Schätzle weiterhin auf die Kraft und Vorzüge der beiden steilen Monopollagen Schlossberg und Goldenes Loch, die sich hinter dem historischen Gebäude erheben. Von hier gewinnt Schätzle vor allem Riesling – 80 Prozent der Flächen sind damit bestockt. Es folgen mit zwölf Prozent Spätburgunder/Pinot Noir und weitere Sorten. Schätzles Schätze füllt der Önologe teils in Bocksbeutel. Der fand seinen Weg aus Franken Mitte des 18. Jahrhunderts mit dem Schlossherr von Neuweier, Freiherr Franz-Philipp Knebel von Katzenellenbogen – er hieß wirklich so –, der auch in Neuweier auf diese Flaschenform setzte.

2014 Neuweierer Mauerberg Riesling „Mauerwein" GG
37,50€ · 12%
Reife Tropenfrüchte mit klassischen Riesling-Aromen vereint. Groß.

2017 Neuweierer Mauerberg Riesling „Mauerwein" GG
32,50€ · 12,5%
Ruhiger Wein, der schon Größe mit feinen Reifenoten andeutet.

2019 Neuweierer Riesling „Alte Reben" trocken
12,90€ · 12%
Schlank, straff, knochentrocken, und das mit guter Länge.

2019 Neuweierer Weißburgunder „RS" trocken
12,90€ · 13%
Feiner, recht straff strukturierter Weißburgunder, ganz ideal als Solist am Samstagnachmittag.

2019 Riesling trocken
9,50€ · 12%
Jeder Riesling-Fan freut sich über einen solchen Wein im Glas.

2015 Neuweierer Heiligenstein Pinot Noir „Late Release" 1. Lage
auf Anfrage · 13%
Das hat Länge, Eleganz. Kompliment!

2016 Neuweierer Heiligenstein Pinot Noir „Late Release" 1. Lage
auf Anfrage · 13%
Dass dieses Weingut das Thema Riesling beherrscht, ist bekannt. Aber was für ein Spätburgunder!

2018 Neuweierer Pinot Noir „R"
13,90€ · 13%
Gerbstoff-geprägter Wein, duftig in Richtung Heidelbeere unterwegs.

2018 Pinot Noir
10,30€ · 13%
Ebenso preiswerter wie köstlicher Einstiegs-Pinot-Noir mit feiner Balance.

2019 Pinot Noir trocken
9,50€ · 12,5%

2018 Neuweierer Mauerberg Rieslaner Trockenbeerenauslese
auf Anfrage · 7%
Ungemein würzig eleganter Rieslaner-Süßwein mit viel Dichte, traumhafter Meditations-Wein.

2018 Neuweierer Mauerberg Riesling Trockenbeerenauslese
auf Anfrage · 11%
Beeindruckende Trockenbeeren-Auslese mit filigranem Säurespiel, viel Ausdruck und enormem Potenzial, ein Festtagswein für die kommenden Jahrzehnte.

Weingut Sven Nieger

Gartenstraße 21,
76534 Baden-Baden
T +49 (0) 7223 2837 795
www.sven-nieger.com

Inhaber Sven Nieger
Betriebsleiter Sven Nieger
Kellermeister Sven Nieger
Rebfläche 12 ha
Gründung 2013
Verkaufszeiten
Mo–Do 15–18 Uhr
Fr 14–18 Uhr
Sa 11–17 Uhr

In der Welt der Personalcomputer ist die Garage als Startort für ein eigenes Unternehmen nicht die schlechteste Wahl, ungeachtet der leichten Übertreibung, die mit der Legende von Apples Garagengründung einhergeht. Und auch Sven Nieger ist stolz, sich als Garagenwinzer zu bezeichnen, dem Ort, wo alles begann. Längst ist er umgezogen, geblieben ist die eigene Haltung. Sie führte dazu, dass sich Nieger von allen Lagenbezeichnungen verabschiedete, die Weine „Ungezähmt", „Unbestechlich" oder „Underdog" nennt und teils sogar gleich ganz aufs Etikett verzichtet – das alles im Tausch für die Freiheit, seine Weine aus zwölf Hektar so zu vinifizieren, wie es ihm vorschwebt. Knochentrocken, unangepasst, eigenständig.

2017 Riesling „Unbestechlich" trocken
20€ · 12,5%
Ein Teil dieses Weines ist im Edelstahl, ein anderer im Barrique ausgebaut. Spannende Kombination.

2017 Riesling „Underdog" trocken
15€ · 12,5%
Ein feiner, schlanker Wein, der viel Frische mitbringt.

2017 Riesling „Ungezähmt" trocken
25€ · 12,5%
Maracuja- und Ananas-Aromen prägen diesen Riesling.

2017 Weißburgunder „Underdog" trocken
15€ · 12,5%

Oberkircher Winzer

Renchener Straße 42,
77704 Oberkirch
T +49 (0) 7802 92580
www.oberkircher-winzer.de

Inhaber Mitglieder
Betriebsleiter Markus Ell
Kellermeister Martin Bäuerle
Rebfläche 485 ha
Produktion
4.000.000 Flaschen
Verkaufszeiten
Mo–Fr 9–17.30 Uhr
Sa 9–13 Uhr

Seit ihrer Gründung im Jahr 1951 haben sich die Oberkircher Winzer mit fast 700 Hektar Ertragsrebflächen zu einer der größten Weingenossenschaften entwickelt. Den jüngsten Größenschub verdankt die WG dem Zusammenschluss mit dem Winzerkeller Hex vom Dasenstein. Ziele der Verschmelzung sind die Existenzsicherung der Betriebe und der Erhalt der Rebflächen im Acher- und Renchtal.

2015 Riesling „Klingelberger Collection Royal Resérve" Spätlese trocken
14,90€ · 12,5%

2018 Chardonnay „Vinum Nobile" trocken
10,50€ · 14%

2018 Gewürztraminer „Collection Oberkirch" Auslese
12,90€ · 11%

2018 Gewürztraminer „Collection Oberkirch" Spätlese trocken
12,90€ · 15%

2019 Riesling „Collection Oberkirch Alte Rebe" Spätlese trocken
10,60€ · 13,5%

2019 Scheurebe „Collection Oberkirch" Auslese
13,90€ · 12%

2019 Scheurebe „Collection Oberkirch" Spätlese
8,20€ · 13%

2019 Viognier „Vinum Nobile" trocken
7,90€ · 14%

2019 Weißburgunder „Vinum Nobile" trocken
6,70€ · 13%

2017 Cabernet Sauvignon „Vinum Nobile"
13,20€ · 14,5%

2018 Lagrein „Vinum Nobile"
13,20€ · 13,5%

2018 Merlot „Vinum Nobile"
9,90€ · 14,5%

2018 Syrah „Vinum Nobile"
10,50€ · 13,5%

Weingut Schloss Ortenberg

Am Sankt Andreas 1,
77799 Ortenberg
T +49 (0) 781 93430
www.wso-wein.de

Inhaber Stadt Offenburg und Ortenaukreis
Betriebsleiter Matthias Wolf
Kellermeister Hanspeter Rieflin
Verbände Klingelberger 1782, Verein der europäischen Stiftungsweingüter
Rebfläche 45 ha
Produktion 300.000 Flaschen
Gründung 1500
Verkaufszeiten
Mo–Fr 8–12 Uhr und 13–17 Uhr
Sa 9.30–13 Uhr

Auf fünf Lagen verteilt – die Zunsweierer Halde mit 18 Hektar, den Ortenberger Andreasberg mit 14 Hektar, den Ortenberger Schlossberg mit fünf Hektar, das Gengenbacher Nollenköpfle mit drei Hektar und mit einem Hektar den Zeller Abtsberg – baut das Weingut Schloss Ortenberg sieben Rebsorten an, von denen Riesling und Spätburgunder mit je 25 Prozent den Löwenanteil ausmachen. Die Besonderheit von Schloss Ortenberg ist die Rechtsform. Nach der Fusion des Weingutes St. Andreas der Stadt Offenburg und des Weinbauversuchsgutes des Ortenaukreises ist es zum größten kommunalen Weingut Deutschlands geworden. Als solches arbeitet es im Auftrag der Stadt Offenburg und des Landkreises Ortenau – und damit für die Bürger der Region.

2017 Ortenberger Schlossberg Spätburgunder „Meisterstück" GG
19,50€ · 13%
Sehr harmonischer Spätburgunder mit feiner Würze, gekonnt im Barrique ausgebaut.

2018 Chardonnay „Meisterstück Alte Reben" trocken
11€ · 13,5%
Dieser feine Chardonnay bietet unbeschwerten Trinkgenuss.

2018 Riesling „Klingelberger 1782" trocken
15€ · 12,5%
Saftiger Klingelberger mit belebendem Säurespiel und zartem Finale.

2019 Weißburgunder „Urgestein Granit" Kabinett trocken
8,80€ · 13%

♥ **2019** Sauvignon Blanc & Sauvignon Gris „Meisterstück" trocken
13,50€ · 14%
Inzwischen ist diese Sauvignon-Cuvée der Klassiker im Programm von Schloss Ortenberg: ein Wein im Sommerkleid.

2018 Cabernet Sauvignon „Réserve"
24€ · 14%

Weingut Pieper Basler

Weierbächle 1&3,
77654 Offenburg-Zell-Weierbach
T +49 (0) 160 9686 3544
www.pieperbasler.de

Inhaber Kirsten Pieper
Betriebsleiter Jochen Basler
Rebfläche 5 ha
Produktion 32.000 Flaschen
Gründung 2016
Verkaufszeiten
nach Vereinbarung

Es geht auch ohne eigenen Keller. Das Weingut Pieper Basler hat seine Ursprünge in der Produktion von Trauben für die Genossenschaft, bevor sich Kirsten Pieper und Jochen Basler 2016 entschlossen, Nägel mit Köpfen und ein eigenes Weingut zu machen. Baslers Ahnen waren schon urkundlich als Rebmann erwähnt. Auf fünf Hektar an den Steilhängen des Zeller Abtsbergs sind Spätburgunder, Grauburgunder, Weißburgunder, Riesling, Müller-Thurgau, Chardonnay, Sauvignon Blanc und Viognier gestockt. Drei Linien prägen das Weingut: Plaisir, Sauveur, Idée.

2019 Chardonnay „Plaisir" trocken
9,50€ · 13%
Wein mit Konzept. Gut zusammengebaut.

2019 Riesling „Nature" trocken
15€ · 12,5%
So schön und verständlich kann Naturwein sein. Gelungene Kombination aus getrockneter Orangenschale, Quitte und Wachs.

2019 Weißburgunder „Saveur" trocken
13€ · 14,5%
Ein sehr kräftiger Weißburgunder, vom Holz geprägt.

Weingut Schwörer

Grol 8, 77770 Durbach
T +49 (0) 781 42362
www.weingutschwoerer.de

Inhaber Josef Rohrer
Verbände BWV, VDAW
Rebfläche 25 ha
Produktion 195.000 Flaschen
Gründung 1812
Verkaufszeiten
Mo–Fr 8.30–12 Uhr
und 13.30–18 Uhr
Sa 8.30–13 Uhr
So 10–12 Uhr
(außer Januar und Februar)

25 Hektar Steillagen – das ist mit Aufwand und Arbeit verbunden, die Josef Rohrer als Inhaber seit 2001 nicht scheut. Durbacher Ölberg, Plauelrain und Kochberg – Rohrer ist in den besten Lagen des Ortes vertreten. Während sich Rohrer bei den Rotweinen auf Blauen Spätburgunder und Cabernet Sauvignon beschränkt, bietet er bei Weißweinen eine Bandbreite von Riesling über Chardonnay bis Clevner-Traminer und Sauvignon blanc.

2019 Durbach Riesling „Klingelberger HS" trocken
8,80€ · 13%
Klassischer Aufbau, der sich einem wohligen Gefühl nicht verweigert. Ja, Säure, ja, Riesling, ja, typische Aromen – aber als Leisetreter, nicht als Lautsprecher.

2019 Durbacher Chardonnay „HS" Spätlese trocken
9,90€ · 13%
Dezente Frucht, dezente Säure, ein Allrounder bei der Essensbegleitung.

2019 Durbacher Kochberg Weißburgunder Kabinett trocken
8€ · 12,5%

2018 Durbacher Cabernet Sauvignon
12,50€ · 13,5%
Stylischer Wein, Eukalyptus, Cabernet-Nase nach grüner Paprika.

2018 Durbacher Plauelrain Spätburgunder „MAZ"
11,80€ · 14%

2018 Durbacher Plauelrain Spätburgunder Auslese trocken
12,50€ · 14,5%

2018 Durbacher Plauelrain Spätburgunder
12,50€ · 14%

2019 Durbacher Spätburgunder trocken
6,90€ · 12,5%

Weingut Vollmer

Lautenbach 1, 77770 Durbach
T +49 (0) 781 41841
www.vollmer-durbach.de

Inhaber Andreas Vollmer
Betriebsleiter Andreas Vollmer
Kellermeister Andreas & Hubert Vollmer
Verbände Klingelberger 1782
Rebfläche 10 ha
Produktion 45.000 Flaschen
Verkaufszeiten
Mo–Fr 9.30–12 Uhr
und 13.30–18 Uhr
Sa 9–16 Uhr
und nach Vereinbarung

Wenn man das bereits beschauliche Durbach verlässt und ins noch beschaulichere Tal Lautenbach abbiegt, passiert der Spaziergänger das Weingut Vollmer, das hier in Steillage zehn Hektar Rebflächen bewirtschaftet. Zwei davon sind dem Klingelberger gewidmet, also dem Riesling. Trocken ausgebaut sind sie alle, ob Klingelberger, Clevner-Traminer oder die Burgunder-Sorten.

2018 Durbacher Kochberg Riesling „Klingelberger 1782" trocken
18,90€ · 13%
Dieser Spitzenwein zeigt Länge und Frische! Und was für eine Säure! Das braucht Reife.

2019 Durbacher Kasselberg Riesling „Klingelberger" Spätlese trocken
11,80€ · 13%
Wilder, eigenwilliger Duft, mineralisch kühl.

2019 Durbacher Kochberg Chardonnay trocken
7,60€ · 13%
Feiner Tropfen mit kühler Aromatik und ganz eigenem Charakter.

2019 Durbacher Kochberg Grauburgunder „Alte Reben" trocken
8,90€ · 13%
Feinwürziger Grauburgunder von alten Reben mit feinem Säurenerv.

2019	Durbacher Kochberg Muskateller Spätlese trocken **7,60€** · 13%	
2019	Durbacher Kochberg Riesling „Klingelberger alte Reben" trocken **8,90€** · 13%	
2019	Durbacher Kochberg Riesling „Klingelberger" Spätlese trocken **7,60€** · 12,5%	
2018	Durbacher Kochberg Spätburgunder **9,60€** · 13,5%	

Winzergenossenschaft Waldulm

Neueinsteiger

Weinstraße 37,
77876 Kappelrodeck-Waldulm
T +49 (0) 7842 94890
www.waldulmer.de

Verkaufszeiten
Mo–Fr 9–18 Uhr
Sa 9–13 Uhr
So, Feiertag 10.30–15 Uhr

Unbescheidenheit ist an so einem schönen Flecken fehl am Platz, und so gibt die Winzergenossenschaft Waldulm ein „himmlisches Genussversprechen". Und sie tut das Ihrige, um von ihren 130 Hektar ein ausgesprochen breites Angebot zu machen – die Vielfalt scheint wenig Grenzen zu kennen. Sie ist überraschend, wenn man weiß, dass 80 Prozent der Reben der Genossenschaft aus Kappelrodeck-Waldulm Spätburgunder sind.

2018	Rotwein-Cuvée „Imperial" **8,95€** · 14,5%
2018	Waldulmer Pfarrberg Spätburgunder **22,95€** · 15% Kräftig und fest strukturiert ist dieser Spätburgunder aus dem Barrique.
2018	Waldulmer Pfarrberg Spätburgunder Auslese trocken **14,95€** · 14% Trinkig mit Noten nach dunklen Beeren, ordentlich Länge.
2018	Waldulmer Pfarrberg Spätburgunder Spätlese trocken **12,95€** · 14% Gute Struktur, konzentrierter Wein und trotzdem nicht zu dicht.
2018	Waldulmer Pfarrberg Spätburgunder Spätlese trocken **10,95€** · 14% Viel Potenzial ist bei diesem Waldulmer Gewächs am Start, ein Gaumenschmeichler.
2018	Waldulmer Pfarrberg Spätburgunder **13,95€** · 15% Preiselbeer-Aromen heiraten Räuchernoten.

Weingut Wöhrle

Weinbergstraße 3, 77933 Lahr
T +49 (0) 7821 25332
www.woehrle-wein.de

Inhaber Tanja & Markus Wöhrle
Betriebsleiter Markus Wöhrle
Kellermeister Markus Wöhrle
Verbände VDP, 13 Breisgauer
Rebfläche 16 ha
Produktion 100.000 Flaschen
Gründung 1979
Verkaufszeiten
Mo–Fr 17–19 Uhr
Sa 10–14 Uhr
und nach Vereinbarung

„Respekt gegenüber Umwelt und Natur ist unser Leitbild", so Markus Wöhrle, der sein Weingut in Lahr zusammen mit seiner Frau Tanja seit 2013 führt. Gegründet wurde es von Markus' Eltern 1979 – und sie waren es auch, die bereits in den 1980er-Jahren den Impuls zur biologischen Bewirtschaftung der Rebanlagen setzten. Seit 1991 ist das Weingut biozertifiziert. Bei den Rebsorten konzentriert man sich auf klassische Burgunder-Sorten, wobei etwa ein Drittel der gesamten Produktion auf den Rotwein entfällt. Am Schutterlindenberg, einem Ausläufer des Schwarzwalds, wachsen die Weine auf sehr fruchtbaren, kalk- und lösshaltigen Böden und sollen ihre Herkunft auch im Glas zeigen. Markus Wöhrle versucht, Weine zu erzeugen, die sich in einem „Spannungsfeld von Kraft und Frische, Komplexität und Trinkfluss" bewegen.

2019 Lahrer Auxerrois trocken
9,80€ · 12%

2019 Lahrer Grauburgunder trocken
9,50€ · 12,5%
Schlank, präzise, gute Säure, pur und frisch, drahtig elegant.

2019 Lahrer Kronenbühl Chardonnay trocken
18€ · 13%
Feines Säurespiel, schöner Auftakt, schlank, pure Frucht, gute Länge.

2019 Lahrer Kronenbühl Grauburgunder trocken
14,50€ · 13%
Rauchig, mineralisch, lebendig, typisch, burgundisch, energisch und saftig.

2019 Lahrer Kronenbühl Weißburgunder 1. Lage
14,50€ · 13%
Feinwürziger Weißburgunder, schön auch als Solist zu einem guten Gespräch.

2019 Lahrer Weißburgunder trocken
9,50€ · 12,5%

2018 Lahrer Kirchgasse Spätburgunder GG
34€ · 13%
Komplex, floral, zart, fein, kernige Würze, kühle Art, Geduld belohnt der Wein durch sein gutes Reifepotenzial.

2018 Lahrer Kronenbühl Spätburgunder 1. Lage
21€ · 13,5%
Ein Vertreter des burgundischen Stils, kühle Strenge gepaart mit elegantem Holz und kräftigem Tannin. Braucht Luft, hat viel Potenzial.

Weingut Wörner

Sendelbach 21, 77770 Durbach
T +49 (0) 781 42257
www.weingut-woerner.com

Inhaber Matthias Wörner
Rebfläche 1,5 ha
Produktion 8.000 Flaschen
Gründung 2017
Verkaufszeiten nach Vereinbarung

Seit 2017 bewirtschaftet Matthias Wörner im Seitental Sendelbach in Durbach fünf Hektar Steillagen. Davon sind derzeit 1,5 Hektar im Ausbau. Bei den Weingütern Salwey und Müller-Catoir hat Wörner seine Ausbildung absolviert, der er ein Studium zum Önologen in Geisenheim folgen ließ. Nun stellt er sich im elterlichen Hof der Aufgabe, das von ihm gegründete Weingut aufzubauen. Eckpfeiler seines Tuns sind Vergärung auf eigenen Hefen, Verzicht auf Schönungsmittel und starke Filtration sowie eine lange Reifezeit.

2018 Durbacher Kochberg Grauburgunder trocken
15€ · 12,5%
Da ist sie wieder, die für den Grauburgunder so typische reife Birne, ansonsten ein sehr ausgefallener Wein mit viel Grip am Gaumen.

♥ **2018** Riesling „Klingelberger Riesling“ trocken
13€ · 12,5%
Grüne Frucht und Räuchernoten verbinden sich mit fester Struktur zu einem sehr eigenständigen Wein.

2018 Weißwein-Cuvée „Steillage Weiß“ trocken
8€ · 12%

2018 Durbacher Kochberg Spätburgunder
18€ · 12,5%
Schattenmorelle und Tabak. Frisch und harmonisch mit gutem Zug am Gaumen.

2018 Spätburgunder „Steillage Rosé“ trocken
9€ · 12,5%

Essen

LE PAVILLON

Dollenberg 3,
77740 Bad Peterstal-Griesbach
T +49 (0) 7806 780
www.dollenberg.de

Eine der besten Küchen Deutschlands – mehrfach von Gastrokritikern mit Best-Noten ausgestattet – befindet sich im Schwarzwaldresort Fünf-Sterne-Superior-Hotel Dollenberg: das „Le Pavillon". Hier wird klassisch-französisch, aber mit modernen Inspirationen gekocht. Die Weine werden dazu von kompetenten Sommeliers ausgesucht.

Empfohlen von
Weingut Alexander Laible

SCHLOSS STAUFENBERG

Schloss Staufenberg,
77770 Durbach
T + 49 (0) 781 9246 5838
www.schloss-staufenberg.de

Errichtet wurde die Burg im 11. Jahrhundert vom berühmten Herzogsgeschlecht der Zähringer, den Vorfahren der heutigen Markgrafen von Baden. Der Weinbau in der Ortenau ist eng mit dem Schloss verbunden – und nach wie vor werden die Weine des Weinguts Markgraf von Baden hier gekeltert. In der Weinstube lassen sich nicht nur die Weine verkosten, sondern auch Flammkuchen oder Maultaschen genießen.

Empfohlen von
Weingut Heinrich Männle

TALMÜHLE

Talstraße 36,
77887 Sasbachwalden
T +49 (0) 7841 6282 90
www.talmuehle.de

Die kulinarische Vielfalt Badens kommt im gemütlichen Restaurant Fallert unter anderem mit Flädlesuppe, Kalbsnierle oder Fleischküchle auf den Teller, Gäste können aber auch in der Badischen Stube essen. Zur Talmühle gehört außerdem ein Drei-Sterne-Superior-Hotel. Die Gastgeber bieten Spaziergänge durch die Weinberge an.

Empfohlen von
Weingut Kopp

ENGEL

Talstraße 14,
77887 Sasbachwalden
T +49 (0) 7841 3000
www.engel-sasbachwalden.de

Der Himmel spielt eine große Rolle in diesem Haus: So sollen die Gäste ihr Essen und das Ambiente himmlisch genießen, sich himmlisch eingebettet fühlen und soll ihnen das himmlische Klima wohl tun: Das zumindest wünscht sich das komplette Engel-Team in diesem familiengeführten Restaurant und Hotel. Gegessen wird in der Schwarzwälder Engel-Wirts-Stube und bei gutem Wetter auf der Terrasse, geschlafen in gemütlichen, mit viel Holz eingerichteten Zimmern.

Empfohlen von
Weingut Königsrain

LINDE

Lindenplatz 1, 77770 Durbach
T +49 (0) 781 93630
www.linde-durbach.de

Mitten im Weindorf Durbach und dennoch in ruhiger Lage im Grünen liegt dieses Haus und bietet einen tollen Blick auf die Weinberge. Die Linde, nach der das Haus benannt wurde, steht nach wie vor auf dem Platz vor dem Gebäude, das zu Füßen des Schloss Staufenberg liegt. Die Gäste erwartet Schwarzwälder Gemütlichkeit sowohl im Restaurant mit seinen badisch-elsässischen Spezialitäten als auch in den hellen und geräumigen Zimmern oder Apartments.

Empfohlen von
Weingut Vollmer

BRASSERIE ZAUBERFLÖTE

Lindenplatz 12, 77652 Offenburg
T +49 (0) 781 9666 696
www.haus-zauberfloete.de

Dieses Haus ist ein Gesamtpaket: In der badischen Brasserie werden badische und elsässische Küchenklassiker serviert; im Café selbst gebackene Brote und Kuchen, aber auch Waffeln oder Eiscreme angeboten; die Bar ist eine kleine, dunkel gehaltene Nachtbar; das Hotel versteht sich als kleines Stadthotel mit acht Zimmern, die nach Künstlern benannt wurden.

Empfohlen von
Weingut Schloss Ortenberg

Schlafen

LE JARDIN
Lichtentaler Straße 13,
76530 Baden-Baden
T +49 (0) 7221 3007 860
www.lejardindefrance.de
Sophie und Stéphan Bernhard sind die Gastgeber in diesem mehrfach von der Gastrokritik ausgezeichneten Restaurant, in dem die „cuisine française" neu interpretiert wird. So besteht ein Mittagsmenü aus Tomatengazpacho, Hummerraviolis mit Spinat und Hummervelouté und einer Mirabellen-Tarte, abends gibt es Seewolf mit Langustinen, gebratene Taube, Käse und Kirschen zum Abschluss. So sehr die Küche in diesem Gebäude am Goldenen Kreuz brilliert – so legendär ist auch die allumfassende Weinkarte.
Empfohlen von
Weingut Borth

RIZZI
Augustaplatz 1,
76530 Baden-Baden
T + 49 (0) 7221 25838
www.rizzi-baden-baden.de
Mitten in Baden-Baden, im Palais Gagarin im Park der Lichtentaler Allee, lässt es sich hier auf der Sonnenterrasse in der Nähe des Frieder-Burda-Museums, der Kunsthalle und mit Blick in den Park bei einem Glas Wein den Tag genießen. Oder im Restaurant mediterran-asiatisch stylish speisen.
Empfohlen von
Weingut Kopp

AUERHAHN
Geroldsauer Straße 160,
76534 Baden-Baden
T + 49 (0) 7221 7435
www.gasthaus-auerhahn.de
Badischer Sauerbraten, Maultaschen oder Schwarzwaldforelle: Hier wird klassisch regional gekocht. Im Sommer lockt der Biergarten mit Vesperkarte und Grillabenden. Übernachten lässt es sich in einem der gemütlichen Zimmer oder in einer Ferienwohnung.
Empfohlen von
Weingut Borth

REBSTOCK
Halbgütle 30, 77770 Durbach
T +49 (0) 781 4820
www.rebstock-durbach.de
Das Familienhotel liegt inmitten der Reben in der Schwarzwälder Vorbergzone mit ihrer weitläufigen Hügellandschaft. Zum Haus gehört ein großer Landschaftspark mit Möglichkeit zum Spazierengehen, auf der Sonnenterrasse lässt sich der Ausblick ins Rheintal genießen. Übernachten lässt es sich in Apartments, Familienzimmern und Suiten.
Empfohlen von
Weingut Heinrich Männle

BURG WINDECK
77815 Bühl
T +49 (0) 7223 94920
www.burg-windeck.de
Wer hier übernachtet, erlebt Burgromantik pur inmitten von 800 Jahre alten Mauern. Von der Burg Windeck aus hat man einen sensationellen Blick ins Rheintal. Man kann auf Drei-Sterne-Niveau im Himmelbett übernachten oder einfach nur zum Essen in eines der Restaurants kommen. Badische Küche steht im Mittelpunkt, es gibt aber auch ein Rittersmahl oder eine Vesper im umgebauten Pferdestall.
Empfohlen von
Weingut Kopp

HEILIGENSTEIN

Heiligensteinstraße 19a,
76534 Baden-Baden
T +49 (0) 7223 96140
www.hotel-heiligenstein.de

Mitten im Baden-Badener Rebland lädt Familie Beck schon seit drei Jahrzehnten in ihre „Oase der Ruhe und Erholung" mit den unterschiedlichen Themenzimmern. Das Vier-Sterne-Haus liegt im Grünen, aber nicht weit von Baden-Baden entfernt. Das Restaurant bietet eine Mischung aus regionalen und internationalen Gerichten. Die Weinkarte ist mit 400 Positionen beachtenswert – hier lädt besonders die Weinstube zum Verkosten ein.

Empfohlen von
Weingut Holger Dütsch

REBENHOF

Weinstraße 58,
76534 Baden-Baden
T +49 (0) 7223 96310
www.hotel-rebenhof.de

Wein, Kultur und Kulinarik: Die Merkmale der badischen Lebensart spiegeln sich auch in diesem Hotel wider. Familie Ziegler lädt in ihr Haus im Baden-Badener Rebland mit großzügigen Zimmern oder Suiten ein und bietet in den Restaurants – das „s'Lokal" und die „Burgunderstube" – Spezialitäten und vor allem Wein aus der Region. Zum Wellnessbereich gehören Sauna und Dampfbad.

Empfohlen von
Weingut Holger Dütsch

DER KLEINE PRINZ

Lichtentaler Str. 36,
76530 Baden-Baden
T +49 (0) 7221 3466 00
www.derkleineprinz.de

Die Romantik spielt in diesem familiengeführten Hotel in zentraler Lage von Baden-Baden eine große Rolle. Überall entdeckt man Motive von der Figur des kleinen Prinzen aus dem gleichnamigen Buch von Antoine de Saint-Exupéry. Im Haus stehen 40 individuell eingerichtete Zimmer und Suiten zur Verfügung. Im Restaurant wird französisch-regionale Küche serviert. In der Kaminlounge kann man dann sogar noch eine Runde Billard spielen.

Empfohlen von
Weingut Kopp

HOTEL LIBERTY

Grabenallee 8, 77652 Offenburg
T +49 (0) 781 2895 3000
www.hotel-liberty.de

Ein ungewöhnliches Haus mit ungewöhnlicher Geschichte: 1840 wurde es erbaut – als Gefängnis. Nach einem Umbau stehen 38 Zimmer und Suiten zur Verfügung. Das Restaurant heißt passenderweise „Wasser und Brot" und hat einen offenen Grill, in der Bar gibt es Obstbrände, Rum, Whisky oder Gin, und im Weinkeller verkostet man in historischen Mauern regionale Tropfen.

Empfohlen von
Weingut Alexander Laible

HOTEL RITTER

Tal 1, 77770 Durbach
T +49 (0) 781 93230
www.ritter-durbach.de

Genuss und Gastfreundschaft werden in diesem schicken und eleganten, aber trotzdem gemütlichen Vier-Sterne-Superior-Haus groß geschrieben – und das bereits seit Jahrhunderten. Man kann Wellnesspakete buchen, sich einen Porsche-Oldtimer oder ein E-Bike ausleihen, in der wunderbaren Schwarzwald-Natur wandern gehen – oder einfach nur bei einem Glas Wein und badischer Küche in einem der Restaurants den Tag ausklingen lassen.

Empfohlen von
Weingut Alexander Laible

WEINHOTEL PFEFFER+SALZ

Mattenhofweg 3,
77723 Gengenbach
T +49 (0) 7803 93480
www.pfefferundsalz-gengenbach.de

24 moderne Zimmer, in warmen Farbtönen und im Landhausstil eingerichtet, stehen in diesem Drei-Sterne-Hotel des Weinguts Simon Huber zur Verfügung. Zum Haus gehört außerdem ein Restaurant, in dem saisonale, hochwertige Produkte zu typisch-badischen Gerichten verarbeitet werden. Im Gewölbekeller lässt es sich entspannt die Weine des Hauses verkosten.

Empfohlen von
der Redaktion

Einkaufen

HOTEL ADLER

Reichenbacher Hauptstraße 18,
77933 Lahr
T +49 (0) 7821 9063 90
www.adler-lahr.de

Keine Klima-Anlage, dafür frische Schwarzwälder Luft: Das wird den Gästen dieses Hauses versprochen, die in einem der 22 modern gestalteten Komfortzimmer übernachten können. Zum Hotel gehört auch ein mehrfach ausgezeichnetes Gourmetrestaurant, in dem klassisch-französisch gekocht wird. Gegessen werden kann aber auch im legeren Gasthaus, in dem ein großer Eichentisch der zentrale Treffpunkt ist.

Empfohlen von
Weingut Alexander Laible

SCHOKOLADENMANUFAKTUR UND SCHWARZWALDLADEN

Bergstraße 23,
77887 Sasbachwalden
T +49 (0) 7841 3383
www.powerschokolade.com

Die Leidenschaft der Familie Petermann für Schokolade war Auslöser dafür, sie selbst herzustellen. Mit dem Ergebnis, dass es jetzt, direkt im Gebäude des Gasthofes Bischenberg, eine gläserne Schokoladenmanufaktur gibt. Jede Tafel ist ein Unikat, alle Rohstoffe sind natürlich. Der Kakao stammt von Partnerschaftskooperativen in Südamerika, Afrika und Madagaskar. Alle Produkte sind gluten-, viele sogar lactosefrei. Kunden des Geschäfts dürfen sogar ihre eigenen Tafeln gießen und mit nach Hause nehmen. In dem Schwarzwaldladen gibt es aber auch regionale Spezialitäten wie Honig und Marmelade, Schinken und Essig, Schwarzwälder Kirschwasser und Weingelee, Gin und Bier von kleinen Betrieben, aber auch Schwarzwälder Kuckucksuhren und Kunsthandwerk.

Empfohlen von
der Redaktion

NATURPARK MARKTSCHEUNE

Auf dem Grün 1,
77791 Berghaupten
Fax: +49 (0) 7803 9278 414
www.markt-scheune.com

Hier werden regionale landwirtschaftliche Produkte direkt vom Erzeuger verkauft: Obst, Gemüse, Fleisch und Fisch, Eier, Milchprodukte und Backwaren, Wein und Saft, Essig und Öl. In der Marktscheune kann man außerdem im Bauerncafé bei Kaffee und Kuchen die Landschaft genießen.

Empfohlen von
der Redaktion

GEROLDSAUER MÜHLE

Geroldsauer Str. 54,
76534 Baden-Baden
T +49 (0) 7221 9964 680
www.geroldsauermuehle.de

Einen Abstecher wert ist diese Mühle allemal: Zum einen zählt das Gebäude zu den größten Weißtannengebäuden Europas. Zum anderen wird im Geschäft eine Vielfalt an frischen, traditionell-erzeugten Produkten von regionalen Anbietern verkauft. Außerdem finden dort Naturevents und Ausstellungen statt und kann man im urigen Wirtshaus ein Bier trinken und eine badische Spezialität essen.

Empfohlen von
Weingut Borth

Vinothek

ARMBRUSTER'S HOFLÄDELE
Alte Landstraße 6,
77723 Gengenbach
T +49 (0) 7803 3235
www.hoflaedele.de
Erdbeeren, Kirschen, Himbeeren, Stachelbeeren, Äpfel und Birnen, aber auch Apfelmost, Marmelade, Kartoffeln, Nudeln und Eier: Das ist nur ein Teil des Sortiments in diesem Hofladen. Ein Schwerpunkt sind auch Brände, Destillate und Liköre, die Familie Armbruster in der hauseigenen Brennerei selbst herstellt. Auf dem landwirtschaftlichen Hof werden auch zwei Ferienwohnungen vermietet.
Empfohlen von
der Redaktion

Besonders empfehlenswerte Metzgereien

Handwerks-Metzgerei Lars
Spinner, Durbach, Tal 2

Metzgerei Thomas Werner
Durbach, Sendelbach 1

Besonders empfehlenswerte Bäckereien

Bäckerei und Konditorei Müller
Durbach, Tal 31

VINOTHEK
Heimbach 12, 77770 Durbach
T +49 (0) 781 41486
www.schwarzwaldweingut.de
Viele Weingüter auch in der Ortenau laden in ihre Verkostungsräume ein und schenken den Gästen gerne ein Glas Chardonnay oder Spätburgunder ein. Im Weingut von Andreas Männle gibt es darüber hinaus eine ausgesprochen schicke, elegante und moderne Vinothek, die schon mehrfach ausgezeichnet wurde und als eine der schönsten in der Ortenau gilt.
Empfohlen von
der Redaktion

BADEN-BADENER WEINHAUS
Mauerbergstr. 32
76534 Baden-Baden-Neuweier
T +49 (0) 7223 96870
www.baden-badener-weinhaus.de
Stilvoll verkosten: Das ist im Ambiente der Vinothek des Baden-Badener Weinhauses möglich. Der Raum wurde neu gestaltet und ist 500 Quadratmeter groß. Viel Glas und Granit im Raum, an den Wänden wechselnde Bilder von Weinbergen, Kellern, Trauben und Weinflaschen runden das stimmige Bild ab, damit der Wein auch richtig schmeckt. Es finden regelmäßig Kellerführungen statt.
Empfohlen von
der Redaktion

5 BREISGAU

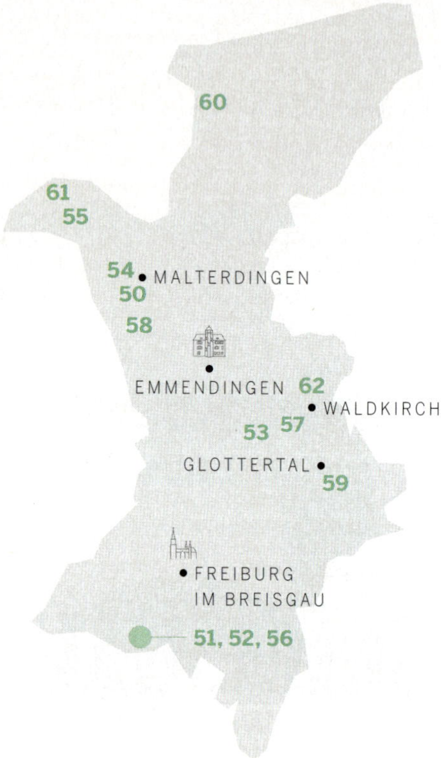

Eines der bekanntesten Seitentäler dieses Anbaubereichs, das als Burgunderland gilt, ist das Glottertal, auch bekannt durch die TV-Serie „Schwarzwaldklinik". Touristisch zählt der Breisgau mit zu den beliebtesten Urlaubszielen in Deutschland. Die wundervolle Landschaft, schöne Städte mit Fachwerkhäusern und nicht zuletzt das kulinarische Angebot laden zum Entdecken der Region ein.

Geographische Lage Der Weinbaubereich Breisgau erstreckt sich von Freiburg im Süden bis Oberschopfheim im Norden südlich von Offenburg.
Klima Im Jahr regnet es durchschnittlich zwischen 750 und 950 Millimeter pro Quadratmeter, aber im Glottertal, wo sich die Rebhänge bis 500 Meter hoch in die Schwarzwaldberge hineinziehen, werden Niederschläge von bis zu 1100 mm/m² gemessen. Die Sonnenscheindauer von April bis Oktober beträgt 1350 bis 1400 Stunden.
Böden Gneis, Löss, Lösslehm, Muschelkalk
Rebfläche 1618 ha, 916 ha Weißwein, 702 ha Rotwein
Rebsorten Spätburgunder, Müller-Thurgau, Grauer Burgunder, Weißer Burgunder
Geschichte Der Breisgau war einst bei Herrschenden begehrt. Mal war er Zankapfel, dann wieder Schenkungsobjekt diverser Adelsgeschlechter.
Besonderheit Die Weinlage „Roter Bur" ist die bekannteste Lage im Glottertal. Bis zu 70 Prozent steil sind die Rebhänge und zählen somit zu den steilsten in Deutschland.

WEINGÜTER

50
WEINMANUFAKTUR MARIO J. BURKHART
Talmweg 1
79364 Malterdingen

51
SCHLOSSGUT EBRINGEN
Schlossplatz 1
79285 Ebringen

52
WINZERHOF EBRINGEN
Sommerbergweg 1
79285 Ebringen

53
WEINGUT OTTO UND MARTIN FREY
Im Brühl 1
79211 Denzlingen

54
WEINGUT BERNHARD HUBER
Heimbacher Weg 19
79364 Malterdingen

55
WEINGUT JÄGLE
Balgerstraße 8
79341 Kenzingen

56
WEINGUT MISSBACH
Schönbergstraße 32
79285 Ebringen

57
WEINGUT MOOSMANN
Schwarzwaldstraße 78
79183 Waldkirch-Buchholz

58
WEINGUT MÖSSNER-BURTSCHE
Heimbacher Straße 3
79331 Teningen-Köndringen

59
ROTER BUR GLOTTERTÄLER WINZER
Winzerstraße 2
79286 Glottertal

60
WEINGUT LOTHAR SCHWÖRER
Waldstraße 6
77971 Kippenheim-Schmieheim

61
SHELTER WINERY
Salzmatten 1
79341 Kenzingen

62
WEINGUT FRANZ XAVER
Schwarzwaldstraße 3
79183 Waldkirch

Weinmanufaktur Mario J. Burkhart

Neueinsteiger

Talmweg 1, 79364 Malterdingen
T +49 (0) 7644 9268 53
www.weinmanufaktur-burkhart.com

Inhaber Mario J. Burkhart
Rebfläche 1,5 ha
Produktion 8.000 Flaschen
Gründung 2001
Verkaufszeiten
Mo–Fr 14–18 Uhr
Sa 10–14 Uhr

Seit 2001 besteht die Weinmanufaktur Mario J. Burkhart im traditionsreichen Malterdingen im Kaiserstuhl. Der gelernte Winzer und biologisch-technische Assistent war 1998 beim badischen Top-Weingut Bernhard Huber als Winzer und Kellermeister tätig, bevor er sich 2001 selbstständig machte. Seine Weinberge bewirtschaftet Burkhart ausschließlich von Hand. Ertragsreduzierung, organische Düngung und naturnahes Arbeiten sind für ihn die Säulen, auf denen guter Wein stehen.

2015 Sauvignon Blanc „Rarus Erstes Gewächs.mjb" trocken
25€ · 13%

2016 Grauburgunder „Rarus" trocken
35€ · 13,5%

2016 Pinot Gris „Fassil" trocken
35€ · 13,5%

2019 Grauburgunder „Farntal" trocken
8,80€ · 9,5%

2019 Weißburgunder trocken
8,50€ · 11%

2012 Pinot Noir „Rarus Erstes Gewächs .mjb"
40€ · 12,5%

2016 Pinot Noir trocken
12,50€ · 12%

Schlossgut Ebringen

Schlossplatz 1, 79285 Ebringen
T +49 (0) 7664 6805
www.schlossgut-ebringen.de

Betriebsleiter
Andreas Engelmann
Kellermeister
Andreas Engelmann
Verbände Badischer Weinbauverband
Rebfläche 8 ha
Produktion 50.000 Flaschen
Gründung 2004

Bescheidenheit im Angesicht der Kraft der Natur zeichnet Andreas Engelmann aus. „Es ist nicht allein das großartige Terroir, das einen besonderen Wein ausmacht. Es ist das Bewusstsein – und auch ein wenig Demut, an solch einem Ort Reben für einen großen Wein zu kultivieren", sagt der Betriebsleiter und Kellermeister des seit 2004 bestehenden Weinguts. Engelmann setzt zudem auf eine frühe Lese und Spontangärung, die bei fast allen Weinen angewendet wird. Anschließend folgt eine lange Reife im kühlen Schlosskeller auf der Vollhefe. Ruhe und Geduld sind es, die Engelmann an den Tag legt, wenn es darum geht, den Weinen das Potenzial der kalkhaltigen Böden zu entlocken, auf denen die Reben gewachsen sind.

2018 „Chasselas S" trocken
11,90€ · 12%

2018 Chardonnay „Schädler" trocken
17,90€ · 13%
Komplexer Chardonnay aus dem Tonneau mit viel Spiel und ebenso viel Entwicklungspotenzial.

Verkaufszeiten
Weinverkauf im Winzerhof
(Im Sommerbergweg 1)
Di–Fr 9–12 Uhr
und 13.30–18 Uhr
Sa 9–12.30 Uhr
und nach Vereinbarung

2018 Sauvignon Blanc „Klämle" trocken

17,90€ · 13,5%
Ein Parade-Sauvignon mit Saft und Kraft, ein idealer Begleiter feinwürziger Fisch- und Krustentiervorspeisen.

2019 Grauburgunder „S" trocken

11,90€ · 13%
Des Pudels Kern mag bei diesem Wein seine saftige Frucht sein, der zweite Schluck offenbart auch Würze und sanften Grip.

2019 Sauvignon Blanc „S" trocken

11,90€ · 13%
Ein richtiger Spaßwein mit guter Struktur, damit liegt Frau/Mann immer richtig.

2019 Weißburgunder „S" trocken

11,90€ · 13%
Ein überzeugender Weißburgunder, der mit Fruchtwürze, straffem Säuregerüst und gutem Zug punktet.

2017 Pinot Noir „Leinele"

39,50€ · 13%
Tolle Pinotnase, aromatisch, burgundischer Stil, Wein mit Herkunft, wird noch zulegen.

2017 Pinot Noir „S"

14,90€ · 13%
Animierend klare Kirschnoten in der Nase, Frische und Struktur, sauber eingebundene Tannine, gute Länge.

♥ **2017** Blanc de Blancs Crémant brut nature

17,90€ · 12%
Feingliedriger, cremiger „Blanc de Blancs", der seinem Namen Crémant alle Ehre macht.

Winzerhof Ebringen

Neueinsteiger

Sommerbergweg 1,
79285 Ebringen
T +49 (0) 7664 6350
www.winzerhof-ebringen.de

Kellermeister Klaus Ruh
Verbände Badischer Weinbauverband
Rebfläche 60 ha
Gründung 1951
Verkaufszeiten
Mi–Fr 9–12 Uhr
und 13.30–18 Uhr
Sa 9–12.30 Uhr

716 gegründet, ist der Weinbau in Ebringen rund 1300 Jahre alt. Das finstere Mittelalter, Barock, Aufklärung, Kriege, Industrialisierung, Digitalisierung, was ist in der Geschichte nicht alles in dieser Zeitspanne passiert. Und in Ebringen macht der Winzerhof immer weiter Wein. Die nach dem Gründungsjahr benannten Weine wollen allerdings kein Griff in die Mottenkiste sein, sondern eine zeitgemäße Interpretation eines auf das Wesentliche reduzierten Tropfens. Bei den Weißweinen setzt Kellermeister Klaus Ruh auf eine 14-tägige Kaltgärung, um die Fruchtaromen herauszuarbeiten. Kraft und Struktur sollen sie im anschließenden Lager auf der Feinhefe bekommen. Im Winzerhof Ebringen werden auch die Weine der Albert-Ludwigs-Universität Freiburg gekeltert.

2018 Gewürztraminer Spätlese
9,30€ · 10%
Voluminöser, typisch duftiger Gewürztraminer, ganz ideal zu einer Tarte Tatin mit Gewürzluiken.

2018 Gutedel „Weißer Markgräfler" trocken
6,80€ · 12,5%

2019 Chardonnay „716" Kabinett trocken
7,90€ · 12,5%

2019 Grauburgunder „716" Kabinett trocken
7,90€ · 12,5%

2019 Gutedel trocken
6,80€ · 12%

2019 Muskateller Spätlese
9,90€ · 9%

2019 Spätburgunder „716" Kabinett trocken
7,90€ · 12,5%

2019 Weißburgunder „716" Kabinett trocken
7,90€ · 12,5%
Klarer Auftritt, der sich rasch auf eine frische Seite schlägt. Melisse oder Limette sind aromatische Ideen. Die setzt er am Gaumen konsequent um.

Grauburgunder „Ruländer" Spätlese
9,30€ · 10,5%

2018 Spätburgunder Spätlese
9,30€ · 11%

2018 Spätburgunder Beerenauslese
22,50€ · 11%
Steinpilze und beerige Süße, das Dessert dazu darf kreativ ausfallen.

2018 Spätburgunder Trockenbeerenauslese
22,50€ · 8,5%

Weingut Otto und Martin Frey

Im Brühl 1, 79211 Denzlingen
T +49 (0) 7666 5253
www.frey-weine.de

Inhaber Martin Frey
Betriebsleiter Martin Frey
Kellermeister Martin Frey
Verbände Badischer Weinbauverband
Rebfläche 17 ha
Produktion 90.000 Flaschen
Gründung 1996
Verkaufszeiten
Do–Fr 9–12 Uhr und 14–19 Uhr
Sa 9–16 Uhr
und nach Vereinbarung

Es ist kein Wunder, dass das Hauswappen der Familie Frey die eigenen Weine ziert. Denn wer hat schon ein Einhorn als Wappentier? Als „mutige und edle Fabelwesen" bezeichnen die Freys auch ihre Weine – das Tier bekommt sogar einen eigenen kleinen Eintrag als Mitarbeiter auf der Website. Martin Frey bewirtschaftet zusammen mit seiner Frau und seinen Eltern 17 Hektar Rebfläche im Breisgau mit breiter Sortenpalette von Auxerrois über Grauburgunder und Chardonnay bis zum Spätburgunder, der etwa ein Drittel der Fläche einnimmt. Martin Frey, der das elterliche Weingut seit 2008 leitet, legt großen Wert auf Handarbeit – „schuld" daran sind bestimmt auch die vielen Steillagen, die 60 Prozent der Rebfläche ausmachen.

2019 Weißwein-Cuvée „Aigi ***" trocken
15,50€ · 12,5%
Sehr schöne harmonische Komposition aus Weißburgunder und Chardonnay.

2019 Glottertäler Eichberg Auxerrois trocken
7,50€ · 12,5%
Harmonie zwischen Süße und Säure, blumige Noten, anspruchsvoller Wein mit puristischer, kalkiger Mineralität, modern und geradlinig.

2019 Glottertäler Eichberg Chardonnay trocken
21€ · 13%
Gelbe Früchte, feine Zitrusnoten, kräftig mit gutem Trinkfluss.

2019 Glottertäler Eichberg Grauburgunder trocken
21€ · 12,5%
Stattlicher Grauburgunder mit markantem Holzeinsatz, der förmlich nach einem kräftigen Fischgericht ruft.

2019 Glottertäler Eichberg Weißburgunder „Gneis **" trocken
10,10€ · 13%
Feiner, sortentypischer Weißburgunder mit ganz dezentem Holzeinsatz, ein perfekter Solist am Samstagnachmittag.

♥ **2019** Grauburgunder „Rinzberg Gneis **" trocken
10,10€ · 12,5%
Feinwürziger Grauburgunder, schön auch als Solist zu einem guten Gespräch.

2019 Sauvignon Blanc „Hummelgarten" trocken
8,50€ · 12,5%

2018 Glottertäler Eichberg Spätburgunder
30€ · 13,5%
Dichte, komplexe und reife Aromen, sicherlich schön mit Steinpilzen – Herbstlaub im Glas.

2018 Spätburgunder „Aigi ***"
24€ · 13,5%
Ein außergewöhnlicher Mix von roten Beeren, zartem Rauch und Zedernholz zeichnet die beeindruckende Aromatik aus.

2019 Gundelfinger Sonnenberg Spätburgunder trocken
7,90€ · 11,5%

2017 „Pinot Cuvée" brut
13€ · 12%

Weingut Bernhard Huber

Heimbacher Weg 19,
79364 Malterdingen
T +49 (0) 7644 9297 220
www.weingut-huber.com

Inhaber Barbara & Julian Huber
Betriebsleiter Julian Huber
Verbände VDP
Rebfläche 28 ha
Produktion 155.000 Flaschen
Verkaufszeiten
Mo–Fr 14–18 Uhr
Sa 10–12 Uhr

Das Weingut Huber aus Malterdingen, ein Synonym für Burgunder aus Deutschland, braucht sich vor keinem internationalen Vergleich zu scheuen. Julian Huber führt das Weingut zusammen mit seiner Mutter im Sinne und nach dem Vorbild des Vaters weiter, und doch gibt es keinen Stillstand, kein krampfhaftes Festhalten an alten Traditionen. Seit mehr als 700 Jahren wird in Malterdingen der Spätburgunder kultiviert – als „Malterdinger". Diese besondere Tradition, diese Geschichte verband und verbindet Sohn und Vater wohl noch immer, vielleicht erklärt sie auch ein wenig den Grund für die Leidenschaft zum Spätburgunder. Natürlich verfügt Julian Huber mit den Lagen Bienenberg, Sommerhalde und Schlossberg über extrem gute Lagen und damit eine gute Ausgangssituation für die Produktion großer Weine, doch nur über „Lage, Lage, Lage" lässt sich die Qualität der Weine aus dem Hause Huber wohl kaum erklären. Julian Huber gibt seinen Weinen Zeit, arbeitet naturnah und mit Respekt vor dem Produkt. Und Mut zum eigenen Stil und das Selbstbewusstsein, diesen durchzusetzen, braucht man für die Erzeugung wirklich großer Weine auch.

2018 Bienenberg Chardonnay GG
48€ · 12,5%
Mächtiger Chardonnay mit reifen Noten, dennoch konsequent auf Zukunft gebaut, das Genuss-Fenster öffnet sich in vier bis fünf Jahren.

2018 Malterdinger Chardonnay „Alte Reben" trocken
30€ · 12,5%
Julian Hubers Chardonnay-Interpretationen definieren sich über ein sehr selbstbewusstes Säure-Management, aber auch über eine kräftig zupackende Aromatik. Zu Lardo und Grissini!

2018 Malterdinger Weißwein-Cuvée trocken
18€ · 12,5%
Auch der weiße Malterdinger steht für das Hubersche Bekenntnis zur großen Tradition aus dem Burgund, hier mit einem besonders feinen Säure-Auftakt.

2018 Köndringer Alte Burg Spätburgunder

48€ · 13%

20 Jahre alte Pinot-Noir-Anlage und ebenfalls seit 20 Jahren unter Hubers Ägide, ungemein feingliedrige, eher kühle Aromatik, einem veritablen GG entsprechend, was diese „Alte Burg" auch in naher Zukunft sein wird.

2018 Malterdinger Bienenberg Spätburgunder GG

48€ · 13%

Der Bienenberg betört im sehr guten 2018er-Jahrgang mit zartem Pinot-Noir-Duft in der Nase und mit schierer Kraft am Gaumen, ideal mit Rehrücken und Steinpilzen.

2018 Malterdinger Spätburgunder „Alte Reben"

30€ · 13%

Die Huberschen „Alten Reben" sind ja längst ein Klassiker in der deutschen Weinlandschaft, eine absolut sichere Bank!

2018 Malterdinger Spätburgunder

18€ · 13%

Der rote Malterdinger ist das Synonym für das Hubersche Selbstverständnis vom magischen Geist dieses besonderen Ortes.

2018 Schlossberg Spätburgunder GG

72€ · 13%

Ungemein tiefgründiger Spätburgunder, mit der typischen Huberschen Tiefe und Mystik, gepaart mit enormer Schlüssigkeit und Harmonie sowie freudvollem Ausblick auf die weitere Entwicklung.

Weingut Jägle

Balgerstraße 8,
79341 Kenzingen
T +49 (0) 7644 4105
www.weingut-jaegle.de

Bei Bernhard und Sohn Maximilian Jägle steht die Burgunder-Palette klar im Vordergrund. Aus ihr werden leichte Gutsweine für jeden Tag gekeltert, kraftvolle Weiße, strukturierte Rote mit Reifepotenzial und, nicht zu vergessen, ein Crémant in traditioneller Flaschengärung. Doch auch andere Sorten verdienen Beachtung, wie der Riesling und die zugereisten Merlot und Cabernet Sauvignon. Die beiden letzteren werden zum einen sortenrein ausgebaut und stecken zum anderen auch in der Cuvée „Nerolo".

Inhaber Bernhard Jägle
Betriebsleiter Bernhard Jägle
Kellermeister Bernhard Jägle
Verbände 13 Breisgauer Weingüter, Badischer Weinbauverband, Generation Pinot
Rebfläche 13 ha
Produktion 80.000 Flaschen
Gründung 1987
Verkaufszeiten
Mi–Do 16.30–18.30 Uhr
Fr 15–18.30 Uhr
Sa 9–13 Uhr
und nach Vereinbarung

2018 Chardonnay „MJ" trocken
14,30€ · 13%
Gut strukturierter Chardonnay mit zartem Schmelz, ein idealer Begleiter für feine Vorspeisen, genauer gesagt zu Forellen-Tatar.

2017 Pinot Noir „Pinot 777"
9,90€ · 13%
Feiner, leiser Auftritt im Heidelbeer-Kleid, elegant und nobel.

2018 Rotwein-Cuvée „Nerolo"
6,90€ · 14%

2019 Spätburgunder trocken
7,60€ · 12,5%

2017 Chardonnay „Crémant" brut
12,30€ · 12,5%

Weingut Mißbach

Neueinsteiger

Schönbergstraße 32,
79285 Ebringen
T +49 (0) 7664 6513
wein-missbach.de

1993 begann Ralf Mißbach damit, die Rebflächen des Familienweinguts nach und nach auf ökologischen Landbau umzustellen. 2020 folgte mit der Zertifizierung durch Demeter auch der vollständige Schritt zur Biodynamie. Mißbach ist dabei offen für neue Sorten und hat etwa eine Cuvée aus Leon Milot, Maréchal Foch und Cabernet Carol im Programm – allesamt pilzwiderstandsfähige Sorten. Auf den acht Hektar Flächen unter anderem vom Sonnenberg in Ebringen südlich von Freiburg setzt Mißbach auf Sortenvielfalt. Bei den Weißweinen stehen Gutedel, Müller-Thurgau, Weißburgunder, Grauburgunder, Solaris, Chardonnay und Riesling im Programm.

Inhaber Ralf Mißbach
Verbände Ecovin, seit 2020 Demeter
Rebfläche 8 ha
Produktion 70.000 Flaschen
Gründung 1923
Verkaufszeiten
Di–Fr 15.30–18 Uhr
Sa 9–12 Uhr

2018 Chardonnay Kabinett trocken
8,50€ · 12,8%

2018 Riesling „Naturtalent" Kabinett trocken
19,80€ · 12,5%
Ein Naturtalent ist dieser Wein. Kommt ohne plakative Aromatik aus, mit guter Balance.

2017 Spätburgunder „Naturtalent Maria Magdalena"
24€ · 13%
Dunkle Frucht zieht sich wie ein roter Faden durch den Wein.

2017 Spätburgunder Spätlese trocken
14,50€ · 13%
Markante Gerbstoffe, gute Struktur und Reifepotenzial.

Weingut Moosmann

Schwarzwaldstraße 78,
79183 Waldkirch-Buchholz
T +49 (0) 7681 7574
www.weingut-moosmann.com

Inhaber Georg Moosmann
Betriebsleiter Georg Moosmann
Kellermeister Georg Moosmann & Marco Hammer
Verbände 13 Breisgauer
Rebfläche 25 ha
Produktion 180.000 Flaschen
Gründung 1986
Verkaufszeiten
Mo–Fr 8–18.30 Uhr
Sa 8–16 Uhr

In den beiden vergangenen Jahren hat das Weingut Moosmann ordentlich in den Keller investiert. Ein zweite Presse wurde angeschafft, dazu neue Gär- und Maischetanks. „Durch diese Anschaffungen sind wir in der Lage, unsere von Hand gelesenen Trauben noch genauer zu verarbeiten", erklärt Georg Moosmann. Damit öffnet sich auch Raum für neue Wege, wie Maischestandzeiten bei Weißweinen oder Vergärung der Rotweinmaische mit Rappen.

2018 Buchholzer Sonnhalde Chardonnay „Reichenbächle" Spätlese trocken
16,90€ · 14%
Ein perfekter Begleiter zu gebratenem Fisch mit Zitrus und Kapern.

2018 Buchholzer Sonnhalde Grauburgunder „Riddele" Spätlese trocken
15,50€ · 14,5%
Kräftiger Wein, dicht, füllig, karamellig mit viel Substanz.

2018 Buchholzer Sonnhalde Riesling „Reichenbächle“ Spätlese trocken
15,50€ · 13%
Salzigkeit, Mineralität, guter Spannungsbogen, Vulkanstein, feine Frucht.

2018 Buchholzer Sonnhalde Weißburgunder „Riddele“ Spätlese trocken
15,50€ · 14%
Reduktiver Stil, mit diskreter Frucht, gute Länge, Lagerungspotenzial!

2019 Buchholzer Sonnhalde Weißburgunder Spätlese trocken
9,20€ · 14%

2019 Grauburgunder Kabinett trocken
7€ · 12,5%

2017 Buchholzer Sonnhalde Spätburgunder „Rebhäusle“
17,90€ · 14%
Legt ohne Zurückhaltung los, schon der erste Schluck überzeugt, beerig, vielschichtig und lang im Mund.

2018 Buchholzer Sonnhalde Spätburgunder „Alte Reben“
9€ · 14%

2018 Buchholzer Sonnhalde Spätburgunder Spätlese trocken
11€ · 14%

♥ **2017** Pinot brut
12,90€ · 12,5%

Weingut Mößner-Burtsche

Heimbacher Straße 3,
79331 Teningen-Köndringen
T +49 (0) 7641 2808
www.weingutmoessner.de

Inhaber Eva & Tobias Burtsche
Verbände 13 Breisgauer Weingüter
Rebfläche 3 ha
Produktion 25.000 Flaschen
Gründung 2009
Verkaufszeiten
Do, Fr 15–18.30 Uhr
Sa 9.30–13 Uhr
und nach Vereinbarung

Vor elf Jahren, mit der Hofübergabe durch Evas Burtsches Eltern (Familienname Mößner), starteten Eva Burtsche, Technikerin für Weinbau und Kellerwirtschaft, und ihr Mann Tobias, Diplom-Ingenieur für Weinbau und Önologie, ihren gemeinsamen Betrieb. Wichtiges Startkapital waren die Weinberge im Breisgau auf den Vorhügeln des Schwarzwalds. Das kleine Gut erzeugt eine erstaunliche Vielzahl von Weinen. Wichtigste Sorte ist der Spätburgunder, bei den Weißen finden sich neben Burgunder-Klassikern noch Müller-Thurgau, Muskateller sowie Gewürztraminer. Aus der hauseigenen Brennerei kommen auch Tresterbrände, die zum Teil im Eichenfass reifen.

2017 Grauburgunder „Muschelkalk" trocken
10€ · 13,5%

2018 Köndringer Alte Burg Weißburgunder Kabinett trocken
6,80€ · 13%
Apfel, Birne, Melone. Was will man mehr, wenn ein Wein am Ende saftig und zugänglich schmecken soll. Dieser tut es. Feine Herbe im Finish.

♥ **2017** Spätburgunder „Alte Reben"
9,50€ · 14%

Roter Bur Glottertäler Winzer

Winzerstraße 2, 79286 Glottertal
T +49 (0) 7684 91091
www.roter-bur.de

Betriebsleiter Udo Opel
Kellermeister Norbert Faller
Rebfläche 62 ha
Produktion 500.000 Flaschen
Gründung 1951
Verkaufszeiten
Mo–Fr 8–12.30
und 13.30–18 Uhr
Sa 9–13 Uhr
So 10–12 Uhr

Die Roter Bur Glottertäler Winzer bilden eine der kleinsten Winzergenossenschaften in ganz Baden. 100 Winzer bewirtschaften eine Fläche von gut 60 Hektar. Die Steillagen von einer Neigung bis zu 70 Prozent werden traditionell von Hand bearbeitet. „Wir betreiben unser Handwerk mit großer Hingabe und viel altem Wissen", erklärt Betriebsleiter Udo Opel. „Bei uns kennt ein Winzer jeden Rebstock persönlich."

2017 Glottertäler Eichberg Grauburgunder trocken
14,52€ · 14%
Kräftiges Holz, cremiger Körper, opulenter Stil, hat viel Speck.

2018 Glottertäler Eichberg Weißburgunder trocken
14,52€ · 15%

2015 Glottertäler Eichberg Spätburgunder „Réserve"
28,16€ · 13,5%
Klassischer Spätburgunder, mollig, mit guter Struktur und feiner Restsüße.

2016 Glottertäler Eichberg Rotwein-Cuvée
8,68€ · 13%

2018 Glottertäler Roter Bur Spätburgunder Spätlese trocken
8,68€ · 13,5%

♥ **2019** Glottertäler Eichberg Spätburgunder Rosé trocken
5,31€ · 12,5%

Weingut Lothar Schwörer

Waldstraße 6,
77971 Kippenheim-Schmieheim
T +49 (0) 7825 7411
www.weingut-lothar-schwoerer.de

Inhaber Lothar & Cornelia Schwörer
Betriebsleiter Lothar Schwörer
Rebfläche 10,5 ha
Produktion 65.000 Flaschen
Gründung 1875
Verkaufszeiten
Mo–Fr 16–19 Uhr
Sa 9–15 Uhr
und nach Vereinbarung

Seit 1992 leitet Lothar Schwörer das Weingut seines Vaters zusammen mit seiner Frau Cornelia – und die nächste Generation steht bereit. Sohn Florian macht aktuell seine Ausbildung zum Winzer und will das Familienunternehmen in einigen Jahren übernehmen.
Am Fuß des Schwarzwalds wollen die Schwörers Weine mit Charakter und eigener Seele erzeugen. So liest man: „Für uns ist Wein mehr als nur ein Getränk. Jeder Wein ist ein Individuum. Er ist Freund, Wegbegleiter, Geschichtenerzähler, Maler und Fabulierer." Auf etwas mehr als zehn Hektar werden Burgunder-Sorten kultiviert, Riesling und Muskateller finden ebenfalls ihren Platz. Außerdem bietet die Familie Schaumweine und Destillate aus Früchten von Streuobstwiesen an.

2019 Schmieheimer Kirchberg Auxerrois „Hugenottenwein" trocken
8,30€ · 12,5%
Wer eine blumige, extrovertierte Nase bevorzugt, sollte hier unbedingt zugreifen: duftig, saftig, knackig – einfach gut.

2019 Schmieheimer Kirchberg Grauburgunder trocken
8,30€ · 13%
Bestens vinifizierter Grauburgunder mit reichhaltiger Aprikosen- und Melonenfrucht. Diese zeigt er nebst erfreulicher Frische auch am Gaumen.

2019 Schmieheimer Kirchberg Weißburgunder trocken
8,30€ · 12,5%
Duftig und kraftvoll. Verführerischer Duft nach Melone, am Gaumen dann mit Kraft und Zug.

♥ **2017** Rotwein-Cuvée „Salomé"
15€ · 13%
Salomé heißt diese zwei Jahre im Barrique gereifte Cuvée, ein lohnendes Rotweinvergnügen, ganz besonders zum Barbecue.

2017 Schmieheimer Kalkofen Spätburgunder „Alte Reben"
17€ · 13,5%
Erinnert sofort an Schwarzwälder Kirschtorte. Dunkler, aromatischer Wein, elegant und mit sehr guter Länge.

2017 Schmieheimer Kirchberg Spätburgunder „Fass Nr. 1"
9,90€ · 13,5%
Zuerst Süßkirsche und Mandel, dann geschliffen, elegant und ernsthaft.

shelter winery

Salzmatten 1, 79341 Kenzingen
T +49 (0) 7644 9276 63
www.shelterwinery.de

Inhaber Hans-Bert Espe
Betriebsleiter Hans-Bert Espe & Silke Wolf
Verbände 13 Breisgauer Weingüter
Rebfläche 5 ha
Produktion 25.000 Flaschen
Gründung 2003
Verkaufszeiten nach Vereinbarung

Wenn eine Paderbornerin und ein Osteroder in Lahr in einem ausrangierten Flughangar, dem Shelter, sich ihren Traum von einem Weingut erfüllen, muss viel Passion hinterstecken. Seit dem Einzug in den ersten Shelter im Jahr 2003 mussten sich Silke Wolf und Hans-Bert Espe neu orientieren, denn der Shelter bot nicht länger Schutz. Nach Nomadenjahren vinifizieren die beiden heute fünf Weine von fünf Hektar in Kenzingen und Malterdingen in ihrem Neubau, der die Idee des Hangars fortführt. Dort werden die handgelesenen Trauben von Reben mit niedrigem Ertrag ohne Pumpen schonend verarbeitet und deswegen nicht gefiltert. Die lange Maischegärung erfolgt in klassischen Holzbottichen, bevor den Weinen die Ruhe gegeben wird, zu reifen.

2018 Chardonnay trocken
19€ · 13%
Die Côte de Beaune steht Pate bei dieser äußerst eleganten Chardonnay-Interpretation.

2018 Pinot Noir „N114"
56€ · 13%
Die N114 steht hier vor allem für eine strenge Pinot-Noir-Selektion aus rund 50-jährigem Rebbestand mit großem Entwicklungspotenzial, ein Festtagswein!

2018 Pinot Noir
28€ · 13%
Ein sehr feiner, leiser Wein, der sich ins Herz schmeichelt, hochklassig!

2018 Spätburgunder
10€ · 13%
Der Anspruch ist immer derselbe. Auch der Einstiegs-Spätburgunder punktet mit Eleganz. Leicht gekühlt mit sanft geräucherten Auberginen dazu könnte er eine schöne Kombination sein.

2013 „Sparkling" brut
19€ · 12,5%
Feinperliger, cremiger Sekt aus Spätburgunder-Trauben, ein perfekter Auftakt zu einem schönen Essen oder auch ein idealer Begleiter zu Sashimi.

Weingut Franz Xaver

Neueinsteiger

Schwarzwaldstraße 3,
79183 Waldkirch
T +49 (0) 173 7175 679
www.franz-xaver-hof.de

Rebfläche 10 ha
Produktion 60.000 Flaschen
Gründung 2007
Verkaufszeiten
Mo–Fr 8–19 Uhr
Sa 8–18 Uhr

Das Weingut Franz Xaver ist nach seinem Gründer benannt. Franz Xaver Reith, Urgroßvater von Anita Schwehr-Schüssele, der heutigen Mitinhaberin, legte 1880 den Grundstein für den Hof, einen damals typischen, gemischten Landwirtschaftsbetrieb mit Acker-, Obst- und Weinbau sowie Viehwirtschaft. Äcker und Tiere gibt es keine mehr auf dem Hof, das Obst ist geblieben und wird zu edlen Destillaten verarbeitet. Die Weinberge umfassen 15 Hektar, auf ihnen stehen Weiß-, Grau- und Spätburgunder sowie Müller-Thurgau, Kerner und Muskateller, zum einen Teil in flacheren Lagen mit Löss und Lehm, zum anderen Teil in Steillagen, die komplett von Hand bewirtschaftet werden. Seit der Lese 2019 baut Junior Simon Schüssele die Weine „in einem neuen Stil aus", wie es vom Gut heißt. Der studierte Geisenheimer hat bei zahlreichen Praktika im In- und Ausland Erfahrungen gesammelt.

2019 Grauburgunder „Extra" Spätlese trocken
6,80€ · 13%

♥ **2019** Weißburgunder „Extra" Spätlese trocken
6,80€ · 13%

2018 Buchholzer Sonnhalde Pinot Noir Auslese trocken
12,90€ · 14,5%
Floral in der Nase, feine Säure am Gaumen, einfach gut und trinkig!

2018 Buchholzer Sonnhalde Spätburgunder Spätlese trocken
8,50€ · 14%

2019 Spätburgunder Kabinett feinherb
5,90€ · 12%

2019 Spätburgunder Kabinett trocken
5,90€ · 12,5%

2018 Chardonnay brut
10,90€ · 12%

2018 Spätburgunder „Pinot" brut
9,60€ · 12%

Essen

FEINHAID

Munzinger Str. 10,
79111 Freiburg im Breisgau
T +49 (0) 761 5169 0206
www.feinhaid.de

Der Name ist Programm: Hier wird fein gegessen. Vor allem mittags wird ein besonderer Business-Lunch aus leichten und regionalen Zutaten, kreativ gemixt, angeboten. Das Restaurant mit seinem besonderen Ambiente im Solar-Campus auf der Freiburger Haid ist freitags und samstags auch abends geöffnet und bietet sich zudem für Seminare und Tagungen an.

Empfohlen von
Weingut Moosmann

GASTHAUS ADLER

Talstraße 11, 79286 Glottertal
T +49 (0) 7684 90870
www.adler-glottertal.de

Bereits seit dem 1883 ist der „Adler" ein Gasthaus. Hier kann man im gemütlichen Schwarzwald-Restaurant deutsch-französische Küche mit internationalen Einflüssen genießen. Übernachten lässt es sich im Doppelzimmer oder Apartment, alle gemütlich eingerichtet.

Empfohlen von
Roter Bur Glottertäler Winzer

MARKTHALLE FREIBURG

Grünwälderstraße 4,
79098 Freiburg
T +49 (0) 761 2117 180
www.markthalle-freiburg.de

Nicht nur ein einzelnes Restaurant, sondern gleich mehr als 20 gibt es in der Markthalle in Freiburg zu erleben. Dort kann man chinesisch, italienisch, orientalisch, aber natürlich auch badisch essen. Die Gastronomen bieten ihre Speisen aus der ganzen Welt bis in den Abend hinein an. An einigen Ständen kann man aber auch Fisch, Obst oder Gemüse für zu Hause einkaufen.

Empfohlen von
der Redaktion

ZUM GOLDENEN ENGEL

Friedhofweg 2, 79286 Glottertal
T +49 (0) 78684 250
www.goldener-engel-glottertal.de

Kulinarische Inspirationen aus dem Schwarzwald, dem Elsass und der Schweiz verbinden sich in der Küche dieses Schwarzwald-Gasthauses. Den Gästen stehen unterschiedliche Stuben wie das Engelstüble oder die Scheffelstube zur Verfügung, die ebenso im Schwarzwaldstil eingerichtet sind wie die 14 Gästezimmer. Vom Hotel aus ist man in zwei Minuten in den Weinbergen.

Empfohlen von
Roter Bur Glottertäler Winzer

DELCANTO

Stuttgarter Str. 30,
79211 Denzlingen
T +49 (0) 7666 8810 20
www.kultur-und-buergerhaus.de

Hinter diesem Restaurant verbirgt sich ein besonderes Konzept: Zum einen gibt es etwas zu essen, zum anderen aber auch etwas zu hören. Denn im Kultur- und Bürgerhaus wird gemeinsam mit Vereinen und Bürgern über das ganze Jahr zu kulturellen Veranstaltungen eingeladen. Auf der Karte des Restaurants, zu dem auch ein Sonnendeck gehört, stehen mediterrane Speisen.

Empfohlen von
Weingut Otto und Martin Frey

WOLFSHÖHLE

Konviktstraße 8, 79098 Freiburg
T +49 (0) 761 30303
www.wolfshoehle-freiburg.de

Ein modernes Restaurant in zentraler Lage Freiburgs: Das ist die Wolfshöhle, eines der besten Restaurants der Region, das von allen Gastrokritikern immer wieder Bestnoten bekommt. „Kreative Frischküche" ist das Motto der Küchencrew, die marinierten Kingfisch, Steinköhler oder Taubenravioli anbietet und die Gerichte dabei Gemälden gleich auf dem Teller anrichtet.

Empfohlen von
Weingut Bettina Schumann

GREIFFENEGG SCHLÖSSLE

Schlossbergring 3,
79098 Freiburg
T +49 (0) 761 32728
www.greiffenegg.de

Elegant speisen mit wunderbarer Aussicht über den Dächern der Stadt mit Blick auf Schwarzwald, Kaiserstuhl und Vogesen: Das bietet sich auf dem Schlossberg wunderbar an. Die Küche ist modern-regional, es gibt ein fünfgängiges Schlossberg-Menü und sonntags einen Brunch. Die Räume bieten sich außerdem für Feiern an.

Empfohlen von
Weingut Stigler

SCHEIDELS RESTAURANT ZUM KRANZ

Offenburger Str. 18,
79341 Kenzingen
T +49 (0) 7644 6855
www.scheidels-kranz.de

Dieses historische Gasthaus ist seit 1800 im Familienbesitz, aber trotz aller Traditionen durchaus in der Moderne angekommen. Die Küche ist natürlich, leicht und schnörkellos, genießen lässt sie sich im gemütlichen Restaurant genauso wie bei gutem Wetter auf der Terrasse. Übernachtungsgästen stehen gemütliche Zimmer, aber auch Apartments für die ganze Familie zur Verfügung.

Empfohlen von
Weingut Trautwein

HOLY TACO SHACK

Barbarastraße 18,
79106 Freiburg
T +49 (0) 761 5122 0352
www.theholytacoshak.com

Früher verkauften die Inhaber ihre mexikanischen Gerichte aus einem Streetfood-Wagen, jetzt sind sie sesshaft geworden. Hier wird in buntem Ambiente typisch mexikanische, aber auch amerikanische Küche angeboten.

Empfohlen von
Weingut Linder

Schlafen

COLOMBI HOTEL

Rotteckring 16, 79098 Freiburg
T +49 (0) 761 21060
www.colombi.de
112 Zimmer und Suiten stehen den Gästen an dieser noblen Adresse zur Verfügung – zentral in der Altstadt gelegen und trotzdem nah an der Natur. Die Zimmer sind stilvoll mit allem Komfort eingerichtet. Die anspruchsvolle Gastronomie bietet sich in der mehrfach ausgezeichneten Zirbelstube, der Falken- und der Hans-Thoma-Stube an. Ein besonderes kulinarisches Angebot richtet sich gezielt an Gourmets, die unter 30 Jahre alt sind. Weinkeller, Bar und ein Bistro-Café runden das gastronomische Konzept ab. Der Wellnessbereich bietet Beauty und eine Badelandschaft.
Empfohlen von
Martin Waßmer

ZUM KREUZ

Landstraße 14, 79286 Glottertal
T +49 (0) 7684 80080
www.zum-kreuz.de
Idyllisch ist es hier im Glottertal – und ländlich-idyllisch präsentiert sich auch Familie Kunz mit ihrem Hotel, das für seine Servicequalität ausgezeichnet wurde. Die Zimmer sind im hellen Landhaus-Stil eingerichtet; im Traditionsgasthaus wird badische Küche – mit einem besonderen Akzent auf gluten- und laktosefreie Gerichte – serviert.
Empfohlen von
Roter Bur Gottertäler Winzer

ZUM STORCHEN

Lange Str. 24, 79183 Waldkirch
T +49 (0) 7681 4749 590
www.zum-storchen-waldkirch.de
Natürlich wohlfühlen: Das ist das Credo von Familie Trienen, die Hotel und Restaurant seit einigen Jahren betreibt. Die Natur spielte eine große Rolle bei der Einrichtung der Zimmer mit Möbeln aus Naturkork oder Bambus, im Restaurant wird nach dem Slow-Food-Gedanken gekocht: saisonal, regional, nachhaltig.
Empfohlen von
Weingut Linder

SCHWARZWALDGASTHOF HOTEL SCHLOSSMÜHLE

Talstraße 22, 79286 Glottertal
T +49 (0) 7684 229
www.schlossmuehle.glottertal.de
Das alte Fachwerk strahlt genau die Gemütlichkeit aus, die man in einem Ferienhotel im Schwarzwald erwartet. Und genau dieses Wohlfühl-Ambiente will Gastgeber-Familie Mack-Gutmann, ausgezeichnet für ihre Servicequalität, in ihrem Drei-Sterne-Superior Haus auch vermitteln. Übernachtet werden kann in einer Wellnesssuite oder in modernen Doppelzimmern, gegessen in der Bauernstube oder auf der Terrasse.
Empfohlen von
Roter Bür Glottertäler Winzer

Einkaufen

KÄSE UND WEIN

Münzgasse 1, 79098 Freiburg
T +49 (0) 761 3824 60
Ein ganz besonderes Käse-Feinkostgeschäft im Herzen von Freiburg. Mehr als 200 Sorten – darunter die gängigen wie Appenzeller und Gouda, aber auch seltene, gereifte und gewürzte Sorten – sind im Angebot. Der Käse stammen aus kleineren Betrieben und Manufakturen. Neben dem Käse gibt es auch Oliven, Antipasti, Käsequiche, regionale Weine sowie Fleisch und Wurstspezialitäten.
Empfohlen von
Weingut Mößner

TEIGWAREN SCHÄTZLE, WALDKIRCH

Schwarzwaldstraße 67,
79183 Waldkirch
T +49 (0) 175 5369 362
www.buchholzernudeln.de
Eine Nudelfabrik gab es schon seit 1925, wurde aber 2013 geschlossen – bis die Brüder Matthias und Markus Schätzle die Fabrik ihrer Vorfahren 2017 reaktivierten. Jetzt sind sie die Nudelmacher der vierten Generation und stellen die altbewährten Buchholzer Heimat-Nudeln nach traditionellem Rezept, aber mit vielen neuen Ideen her. Und so gibt es gewalzte Bandnudeln, Suppennudeln, handgeschnittene Spaghetti oder Spiralen aus Bronzeformen.
Empfohlen von
Rote Bur Glottertäler Winzer

Besonders empfehlenswerte Metzgereien

Metzgerei Hermann Linder
Glottertal (Talstraße 86)

Metzgerei Feißt
Teningen (Waidplatzstraße 7)

Metzgerei Reichenbach
Glottertal (In den Engenmatten 9)

Besonders empfehlenswerte Bäckereien

Bäckerei Thomas Weiß
Glottertal, (Talstraße 94)

Bäckerei Möhringer,
Ettenheim,
(Jakob-Dürrse-Straße 12)

Bäckerei Benedikt Käufer
Ettenheim, (Friedrichstraße 45)

Bäcker Bühler
Freiburg, (Zasiusstraße 9)

Bäcker Lay,
Freiburg (Bayernstraße 2)

Vinothek

ALTE WACHE

Münsterplatz 38,
79098 Freiburg
T +49 (0) 761 2028 70
www.alte-wache.com
Wer badische Weinkultur kennenlernen will, ist in dieser außergewöhnlichen Vinothek in einem denkmalgeschützten Gebäude aus dem 18. Jahrhundert richtig. Denn hier sind die meisten badischen Weine vertreten, man kann Gutedel, Grauburgunder oder Winzersekte direkt vor Ort verkosten.
Empfohlen von
der Redaktion

WEINHANDLUNG DREXLER

Merianstraße 4, 79104 Freiburg
T +49 (0) 761 33923
www.weinhandlung-drexler.de
1000 verschiedene Weine aus Deutschland, Frankreich, Italien, Spanien, Portugal, Österreich, Schweiz sowie aus Übersee sind in dieser Weinhandlung, die bereits vor 100 Jahren aufgebaut wurde, im Angebot. Das dazugehörige Restaurant Drexler befindet sich in der Rosastraße.
Empfohlen von
Weingut Philipp Lang

6 KAISERSTUHL

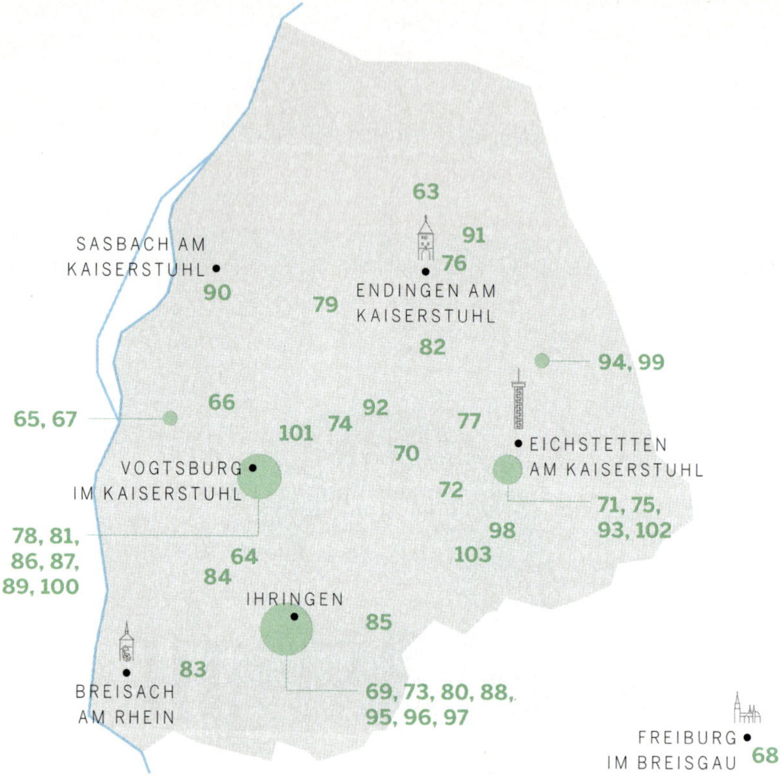

Die Sonnenterrasse Badens wird diese Region auch genannt. Diese Terrassen waren angelegt worden, um den kostbaren Boden vor Erosion zu schützen. Am Kaiserstuhl herrscht das wärmste Klima aller deutschen Weinanbaugebiete mit den meisten Sonnenstunden. Auf den Vulkanböden wurden sogar schon 70 Grad gemessen. Weil die Böden die Wärme so gut speichern können, reifen die Trauben auch bei kühleren Temperaturen.

Geographische Lage Zwischen Freiburg und dem Rheintal erhebt sich dieses kleine Vulkangebirge.
Klima Eine Sonnenscheindauer von durchschnittlich bis zu 1858 Stunden pro Jahr werden am Blankenhornsberg bei Ihringen erreicht. Die mittlere Jahressumme des Niederschlags beträgt 687 mm/m².
Böden Löss, Vulkanverwitterungsboden; im westlichen Teil Braunerde-Rigosol
Rebfläche 4242 ha, 2671 ha Weißwein, 1571 ha Rotwein
Rebsorten Spätburgunder, Müller-Thurgau, Grauer Burgunder, Weißer Burgunder,
Geschichte Die Geschichte des Kaiserstuhls reicht bis ca. 60 Millionen Jahre zurück. Den Weinanbau haben bereits die Römer kultiviert.
Besonderheiten In dem Klima fühlen sich Pflanzen und Tiere wohl: Hier begegnen einem Smaragdeidechsen und Gottesanbeterinnen. Die Region ist ein Paradies für Orchideen – 30 Arten sind bekannt. Zwischen den Rebstöcken wuchern Traubenhyazinthen, an Böschungen blühen Schwertlilien.

WEINGÜTER

63
WEINGUT ABRIL
Am Enselberg 1
79235 Vogtsburg-Bischoffingen

64
WINZERGENOSSENSCHAFT ACHKARREN
Schlossbergstraße 2
79235 Vogtsburg-Achkarren

65
WEINGUT BERCHER
Mittelstadt 13
79235 Vogtsburg-Burkheim

66
WINZERGENOSSENSCHAFT BISCHOFFINGEN-ENDINGEN AM KAISERSTUHL
Bacchusstraße 20
79235 Vogtsburg-Bischoffingen

67
BURKHEIMER WINZER AM KAISERSTUHL
Winzerstraße 8
79235 Vogtsburg-Burkheim

68
STAATSWEINGUT FREIBURG
Merzhauser Straße 119
79100 Freiburg im Breisgau

69
WEINGUT DR. HEGER
Bachenstraße 19
79241 Ihringen

70
WEINGUT HERMANN
Alt-Vogtsburg 19
79235 Vogtsburg

71
WEINGUT HISS
Hauptstraße 31
79356 Eichstetten

72
WEINGUT HÖFFLIN
Schambachhof
79268 Bötzingen

73
WEIN- UND SEKTGUT GERHARD KARLE
Scherkhofenstraße 69
79241 Ihringen

74
WEINGUT FRANZ KELLER
Badbergstraße 44
79235 Vogtsburg-Oberbergen

75
WEINGUT FRIEDRICH KIEFER
Bötzinger Straße 13
79356 Eichstetten

76
WEINGUT KNAB
Hennengärtle 1a
79346 Endingen

77
WEINGUT ARNDT KÖBELIN
Altweg 131
79356 Eichstetten

78
WEINGUT HOLGER KOCH
Mannwerk 4
79235 Vogtsburg-Bickensohl

79
WINZERGENOSSENSCHAFT KÖNIGSCHAFFHAUSEN-KIECHLINSBERGEN
Kiechlinsberger Straße 2–6
79346 Endingen-Königschaff-hausen

80
WEINGUT KONSTANZER
Quellenstraße 22
79241 Ihringen

WEINGÜTER

81
WEINGUT LANDERER
Niederrotweil 3
79235 Vogtsburg-Oberrotweil

82
WINZERHOF LINDER
Röstehof 2
79346 Endingen am Kaiserstuhl

83
WEINGUT TOMISLAV MARKOVIC
Kupfertorplatz 1
79206 Breisach am Rhein

84
WEINGUT MICHEL
Winzerweg 24
79235 Achkarren

85
WEINHAUS MÖSSNER
Neunkircherstraße 13
79241 Wasenweiler

86
WINZERGENOSSENSCHAFT OBERBERGEN
Badbergstraße 2
79235 Vogtsburg-Oberbergen

87
KAISERSTÜHLER WINZERVEREIN OBERROTWEIL
Bahnhofstraße 31
79235 Oberrotweil

88
WEINGUT PIX
Eisenbahnstraße 19
79241 Ihringen

89
WEINGUT SALWEY
Hauptstraße 2
79235 Oberrotweil

90
SASBACHER WINZERKELLER
Jechtinger Straße 26
79361 Sasbach

91
WEINGUT LEOPOLD SCHÄTZLE
Wilhelmshöfe 1
79346 Endingen

92
WEINGUT GREGOR UND THOMAS SCHÄTZLE
Heinrich-Kling-Straße 38
79235 Vogtsburg-Schelingen

93
ÖKOLOGISCHES WEINGUT SCHMIDT
Altweg 67
79356 Eichstetten

94
WEINHAUS BETTINA SCHUMANN
Lilienstraße 9
79353 Bahlingen am Kaiserstuhl

95
WEINGUT SCHWEIZER
Keltenweg 1
79241 Ihringen

96
WEINGUT SONNENHOF
Sonnenhof 1
79241 Ihringen

97
WEINGUT STIGLER
Bachenstraße 29
79241 Ihringen

98
WEINGUT RALF TRAUTWEIN
Hauptstraße 106
79268 Bötzingen

WEINGÜTER

99
WEINGUT TRAUTWEIN
Riegeler Straße 2
79353 Bahlingen

100
WEINGUT SIEGFRIED UND PETRA VOGEL
Ruländerweg 7
79235 Vogtsburg-Oberbergen

101
WEINGUT PETER WAGNER
Hauptstraße 32
79235 Vogtsburg Oberrotweil

102
WEINGUT WEISHAAR
Hauptstraße 164
79356 Eichstetten

103
WEINGUT ZIMMERLIN
Kirchweg 2
79268 Bötzingen

Weingut Abril

Am Enselberg 1,
79235 Vogtsburg-Bischoffingen
T +49 (0) 7662 9493 230
www.weingut-abril.de

Betriebsleiter
Eva-Maria Köpfer
Kellermeister Daniel Hank
Verbände Ecovin
Rebfläche 22 ha
Produktion 110.000 Flaschen
Verkaufszeiten
Mo–Fr 8–12 Uhr und 13–18 Uhr
Sa 9–12.30 Uhr
So 11–16 Uhr (Apr.–Mai
und Sept.–Okt.)

„Unser Startkapital sind eine streng ökologisch bewirtschaftete Rebfläche sowie ein neues Gutsgebäude mit mehrfach prämierter Architektur und modernster Kellertechnik", sagen Eva Maria Köpfer und Daniel Hank. „Ein naturnaher Ausbau mit reduziertestem Einsatz von Behandlungsmitteln lässt unsere Weine so natürlich wie möglich entstehen", erklären die beiden weiter. „Wir setzen beim Ausbau der Weine, neben der spontanen Vergärung, zudem auf die alte Weinhefe 1895, auch ‚Dornröschenhefe' genannt. Sie bringt authentische Weine mit einer klaren Linie und den typischen Aromen hervor." Zukünftig wollen sie den Fokus noch mehr auf die Burgunder-Sorten legen und den Lagenausbau deutlich forcieren. Bei der Klassifizierung der Weine gehen sie einen eigenen Weg: „Wir unterscheiden die Weine nach den Ausbaustilen in Frucht, Stein und Zeit."

2018 Bischoffinger Rosenkranz Grauburgunder „Zeit Reserve" trocken
23€ · 14%
In seiner Klasse sicher kein Leichtgewicht. Das will er auch gar nicht sein, sondern einer, der Kraft, feine Säure und eine pikante Würze im Finish zeigt.

2018 Bischoffinger Rosenkranz Weißburgunder „Stein" trocken
15,50€ · 13,5%
Eine Investition in die Zukunft ist das. Noch sehr verhalten.

2019 Auxerrois „Frucht" trocken
9€ · 12%
Der „typische" Auxerrois ist kein Wein, der mit Aromen protzt. Dieser mag als Beispiel dienen: mundwässernd, kräuterfrisch, zart-cremig.

2019 Grauburgunder „Frucht" trocken
9€ · 13%
Gehaltvoller Grauburgunder, der dabei mitnichten zu fett daherkommt. Er ist geradlinig, klar strukturiert und hat ein zart-salziges Finish.

2019 Weißwein-Cuvée „Stein" trocken
12€ · 13,5%
Komposition aus Weißburgunder und Chardonnay, easy drinking, trotzdem stoffig.

♥ **2003** Spätburgunder „P.art"
42€ · 17%
Komposition aus Spätburgunder Rotwein sowie aus selbigem Weinbrand.

2018 Bischoffinger Steinbuck Pinot Noir „Zeit Reserve"
28€ · 13,5%
Kirschen und Kräuter säumen den Rand des delikaten Buketts. Rauch und Reife wehen herüber. Saftiges Fruchtspiel, das der Kirsche genügend Säure beimischt.

2018 Spätburgunder „Stein Magmatit"
16,50€ · 13,5%
„Jung und ungestüm", notierte ein Verkoster, während andere Gefallen an „Säurefrische", „Konzentration" und einer „mundfüllenden Art" fanden.

Winzergenossenschaft Achkarren

Schlossbergstraße 2,
79235 Vogtsburg-Achkarren
T +49 (0) 7662 93040
www.achkarrer-wein.com

Inhaber Winzergenossenschaft Achkarren
Kellermeister Christoph Rombach
Rebfläche 192 ha
Produktion 1.900.000 Flaschen
Gründung 1929
Verkaufszeiten April-Dez.
Mo–Fr 8–17.30 Uhr
Sa 9–13 Uhr

Das ist ein bemerkenswertes Kapital: Der überwiegende Teil der Reben der Achkarrer Winzergenossen steht im Achkarrer Schlossberg: Dieser ist in der VDP-internen Klassifikation als Große Lage eingestuft. Hier wachsen vor allem Burgunder-Sorten, dazu weitere gebietstypische Sorten wie Müller-Thurgau, Riesling, Silvaner und Gewürztraminer. Ein Weinlehrpfad führt hinauf in den Steilhang. Auch die zweite Lage der Achkarrer kann sich sehen lassen: Auf dem Castelberg („Kaschdlberg", wie ihn die Badener aussprechen) stehen die Reben auf Lehm-Lössboden.

2018 Achkarrer Schloßberg Grauburgunder „Edition A" trocken
24€ · 14%

2018 Achkarrer Schloßberg Grauburgunder „Jubiläumswein" trocken
19,90€ · 13,5%

2019 Acchkarrer Castellberg Grauburgunder Kabinett trocken
6,90€ · 13%

2019 Achkarrer Castellberg Weißburgunder Kabinett trocken
6,90€ · 13%

2019 Achkarrer Sauvignon Blanc trocken
8,20€ · 13%

2019 Achkarrer Schloßberg Gewürztraminer „Bestes Fass" Spätlese trocken
11,90€ · 13,5%

2019 Achkarrer Schloßberg Muskateller „Bestes Fass" trocken
11,90€ · 12%

2019 Achkarrer Schloßberg Müller-Thurgau „Bestes Fass" trocken
10,90€ · 13,5%

2017 Achkarrer Schloßberg Spätburgunder „Bestes Fass" Spätlese trocken
12,90€ · 14%

2018 Achkarrer Schloßberg Pinot Noir „Edition A"
29€ · 14%
Das gute Jahr mag er nicht leugnen, dass er nicht zu mächtig ausgefallen ist, liegt an seiner klaren Frucht, der es an frischer Säure nicht mangelt.

2019 Achkarrer Spätburgunder trocken
6,60€ · 13%

2017 Achkarrer Riesling brut
12,90€ · 12%

Weingut Bercher

Mittelstadt 13,
79235 Vogtsburg-Burkheim
T +49 (0) 7662 212
www.weingutbercher.de

Inhaber Arne & Martin Bercher
Verbände VDP, Deutsches Barrique Forum
Rebfläche 27 ha
Produktion 200.000 Flaschen
Verkaufszeiten
Mo–Sa 9–11.30 Uhr und 13.30–17 Uhr

In der zehnten Generation betreiben die Cousins Arne und Martin Bercher das gleichnamige Weingut der Familie in Burkheim am Kaiserstuhl – die Geschichte der Familie reicht deutlich weiter und lässt sich bis in das Jahr 1457 zurückverfolgen. Im 1756 erbauten Gutshaus ist auch heute noch das Weingut untergebracht, es gehörte durchgehend der Familie. Geprägt von vulkanischen Böden entstehen seit Jahren Burgunder-Sorten von Format. Vor allem Grau- und Spätburgunder haben es den beiden Berchers angetan, die beiden Sorten belegen fast zwei Drittel der Rebfläche von 27 Hektar. Die Arbeitsteilung unter den Cousins ist klar: Martin ist für die Kultivierung der Reben verantwortlich, während sich Arne um die Vinifikation und Reifung der Weine kümmert. Die selektive Handlese und der Ausbau im großen Holzfass gehören für die Berchers zu den erhaltenswerten Traditionen – man will nicht jedem neuen Trend hinterherlaufen und dennoch offen für Innovationen bleiben.

2018 Chardonnay „SE" trocken
21€ · 13,5%
Die dezente Toastwürze kommt ihm gut zupass, so haben Südfrüchte und milde Gewürze eine schöne Bühne. Mineralisch-frischer Geschmack mit kerniger Säure.

2019 Burkheimer Feuerberg Grauburgunder „Haslen" GG
27€ · 13%
Trinkfluss und Komplexität in einem Wein zu vereinen, ist eine hohe Kunst. Bei diesem Wein ist das vortrefflich gelungen. Pikant und vielschichtig.

2019 Burkheimer Feuerberg Grauburgunder 1. Lage
15,50€ · 13,5%
Geradlinig strukturierter Grauburgunder mit herb anklingender Frucht und hintergründiger Würze, der nicht nur so duftet, sondern auch schmeckt.

2019 Burkheimer Feuerberg Weißburgunder „Haslen" GG
23€ · 13%
Pure Frucht, Intensität und Animation, feine Würzen, noch jung, wird zulegen.

♥ **2019** Burkheimer Feuerberg Muskateller 1. Lage
18€ · 13,5%
Extraktvoll mit Zug und Biss – Muskateller mit Anspruch.

2019 Burkheimer Grauburgunder trocken
8,90€ · 13%
Was ihn so anspruchsvoll und gediegen macht? Er schafft es, seine kompakte Kraft mit eleganten Gerbstoffen zu bändigen. Hervorragende Länge.

2019 Burkheimer Weißburgunder trocken
8,90€ · 13,5%
Kontroverser Stil, elegante Frucht, mineralisch, etwas kurz, gute Dichte.

2019 Sasbacher Limburg Weißburgunder 1. Lage
15,50€ · 13,5%
Mineralisch, Tiefgang, dichte Frucht, Persönlichkeit, elegante Würzigkeit.

2017 Burkheimer Spätburgunder
10,50€ · 13%
Leise Präsenz auf hohem Niveau.

2017 Jechtinger Eichert Spätburgunder 1. Lage
19€ · 13,5%
Pikanter Wein.

2018 Burkheimer Feuerberg Spätburgunder „Kesselberg" GG
40€ · 13%
Tolle Kirschnote, mit Nachhall, noch verschlossen, gute Länge mit Druck, extraktreiche Frucht, Sauerkirsche. Frischer und kompletter Wein mit Trinkfreude, reifem Tannin, Animation, tollem Holz.

2019 Burkheimer Feuerberg Spätburgunder 1. Lage
15,50€ · 13,5%
Highlife-Rosé zum „das Leben Genießen". Wann fängt der Urlaub an?

Winzergenossenschaft Bischoffingen-Endingen am Kaiserstuhl

Bacchusstraße 20,
79235 Vogtsburg-Bischoffingen
T +49 (0) 7662 93010
www.wg-bischoffingen.de

Inhaber Winzergenossenschaft Bischoffingen-Endingen
Betriebsleiter Thomas Weiler
Kellermeister Norbert Kuhn
Rebfläche 250 ha
Produktion 2.100.000 Flaschen
Gründung 1924
Verkaufszeiten:
März–Dez.
Mo–Fr 8.30–12 Uhr
und 13.30–17 Uhr
Sa 9–13 Uhr

Sie lüften ihr „Geheimnis" des Erfolgs freimütig, und es braucht nur ein Wort: Kaiserstuhl. Das vulkanische Gestein in Kombination mit den klimatischen Bedingungen sind die Pfeiler der Arbeit der mehr als 300 angeschlossenen Winzer. Seit ihrer Gründung im Jahr 1924 sind Kenntnisse und Fähigkeiten bei der Weinbereitung sowie im Anbau hinzugekommen und auch im Marketing. „20.000 BC" heißt ein Rotwein und verweist auf den Ursprung der Weinregion Kaiserstuhl.

2019 Baden Weißwein-Cuvée „Bischoffinger Pino Magma" trocken
8,95€ · 12,5%

2019 Bischoffinger Enselberg Grauburgunder Kabinett trocken
6,95€ · 13,5%

2019 Bischoffinger Enselberg Weißburgunder Kabinett trocken
6,95€ · 13%

2019 Bischoffinger Enselberg Weißwein-Cuvée trocken
6,95€ · 13%

2019 Bischoffinger Vulkanfelsen Muskateller feinherb
7,95€ · 12,5%

2019 Bischoffinger Vulkanfelsen Weißburgunder „BB Alte Rebe" trocken
7,95€ · 13,5%

2019 Bischoffinger Vulkanfelsen Weißwein-Cuvée „Wir sind Heimat" trocken
5,95€ · 12,5%

2019 Bischoffinger Vulkanfelsen Weißwein-Cuvée feinherb
6,95€ · 12,5%

2019	Grauburgunder „BB Alte Rebe" trocken	
	7,95€ · 13,5%	
2017	Bischoffinger Rosenkranz Merlot	
	15,50€ · 13%	
2018	Bischoffinger Vulkanfelsen Spätburgunder „BB Alte Rebe"	
	8,95€ · 13,5%	
2019	Bischoffinger Vulkanfelsen Rotwein-Cuvée „20000 BC – Weine von uraltem Terroir"	
	8,95€ · 14%	

Burkheimer Winzer am Kaiserstuhl

Winzerstraße 8,
79235 Vogtsburg-Burkheim
T +49 (0) 7662 93930
www.burkheimerwinzer.de

Betriebsleiter Gert Schmidt
Kellermeister Dominik Schweizer
Rebfläche 120 ha
Produktion 750.000 Flaschen

Eine stolze Anzahl von 45 Mitgliedern zählt die Genossenschaft der Burkheimer Winzer am Kaiserstuhl. Bei einem Ausstoß von 750.000 Flaschen im Jahr hat das Team um Geschäftsführer Gert Schmidt und Kellermeister Dominik Schweizer alle Hände voll zu tun. Heraus kommen dabei Weine für jedermann (und -frau natürlich). Vom einfachen Liter Müller-Thurgau bis zu prämierten Weinen ist für jeden Geschmack und Geldbeutel etwas Passendes dabei. Und zusätzlich bietet die Genossenschaft Events wie Nachtwächter-Rundgänge durch Burkheim, Kellereiführungen und sogar Planwagenfahrten durch die Weingärten an.

2018	Burkheimer Schlossgarten Gewürztraminer „Vini Grande" trocken
	15,11€ · 15%
	Rose und Speck. Dieser Gewürztraminer bringt richtig Druck und Grip mit.
2019	Burkheimer Feuerberg Sauvignon Blanc Kabinett trocken
	7,60€ · 11,5%

Verkaufszeiten
April–Okt.
Mo–Fr 9–12 Uhr
und 13.30–18 Uhr
Sa 9–16 Uhr
Nov.–März
Mo–Fr 9–12 Uhr
und 13.30–17 Uhr
Sa 9–16 Uhr
So, Feiertag, Anfang März–Ende Dez., außer 25./26. Dez.
10–16 Uhr

2018 Burkheimer Schlossgarten Cabernet Sauvignon „Vini Grande"
15,11€ · 13,5%
Rauchige, speckige und röstige Aromen künden von seinem Ausbau in neuen Eichenholzfässern. Überraschend schlanker Geschmack.

Staatsweingut Freiburg

Merzhauser Straße 119,
79100 Freiburg im Breisgau
T +49 (0) 761 4016 54320
www.staatsweingut-freiburg.de

Inhaber Land Baden-Württemberg
Betriebsleiter Bernhard Huber
Kellermeister Marvin Friedrich & Werner Scheffelt
Verbände VDP, Ecovin
Rebfläche 37 ha
Produktion 220.000 Flaschen

Im Staatsweingut Freiburg treffen Forschung und Genuss wie selten in Lehranstalten aufeinander. Praktizierte Wissenschaft trifft auf historische Lagen, beste Bedingungen, jahrzehntelange Erfahrung – und Schafe im Weinberg auf Reben. Man lässt Schafe auf 37 Hektar Weinfläche – als Teil der Forschung – die jungen Triebe am unteren Stamm fressen und erspart somit den Winzern, die unerwünschten Triebe zu entfernen. Der Blankenhornsberger Doktorgarten als eine der Großen Lagen liegt in der Gemarkung Ihringen auf der Südwestspitze des Kaiserstuhls, dessen Vulkanverwitterungsböden die Wärme speichern wie kein anderer Boden. Besucher Freiburgs können nahe dem Münster die Große Lage Freiburger Schlossberg betrachten.

2017 Blankenhornsberger Doktorgarten Weißburgunder GG
19€ · 14%
Schöne Holznote, dichte Frucht, füllig und lang, gutes Entwicklungspotenzial.

2018 Blankenhornsberger Doktorgarten Chardonnay GG
25€ · 13,5%
Animierend, gute Frische, klare Mineralik, Komplexität, gut eingebundenes Holz, hat Grip, gute Säurestruktur, extraktreich.

Verkaufszeiten
Vinothek Freiburg:
Mo–Fr 10–19 Uhr
Sa 10–16 Uhr
Vinothek Blankenhornsberg, Ihringen:
Mo–Fr 12–17 Uhr
Mai–Okt.
Mo–Mi 12–17 Uhr
Do–Fr 13–18 Uhr
Sa 10–16 Uhr

2018 Blankenhornsberger Doktorgarten Grauburgunder GG
20€ · 14%
Ausladender, im Barrique ausgebauter Grauburgunder mit viel Schmelz und harmonischem Finale.

2018 Freiburger Schlossberg Chardonnay GG
45€ · 13%
Ein edler Auftritt, nobel und elegant bietet dieser Chardonnay viel Trinkfreude, hat Opulenz, harmonisch ausgewogen, pikante Säure.

2019 Freiburg Gutedel „Freiburger" trocken
8,80€ · 12%

2019 Muskateller „Blankenhornsberger" trocken
9,80€ · 13,5%
Herb und mineralisch, fast leise. Sehr erwachsen mit schöner Würzigkeit.

2013 Blankenhornsberger Doktorgarten Spätburgunder GG
57€ · 13,5%
In Würde gereiftes Großes Gewächs mit schön aufgefalteter, vielschichtiger Aromatik.

2017 Blankenhornsberger Doktorgarten Spätburgunder GG
25€ · 13,5%
Feine Würze gepaart mit typischer Spätburgunder-Aromatik, von sanften Tanninen begleitet.

2018 Blankenhornsberger Doktorgarten Spätburgunder GG
25€ · 13,5%
Eleganz und viel Schliff zeichnen diesen Top-Spätburgunder aus der Blankenhornsberger Spitzenlage aus.

2018 Freiburger Jesuitenschloß Spätburgunder 1. Lage
17€ · 13,5%
Saftige Frucht, gut eingebundenes Holz, gute Länge, Dichte, feine Säure, markantes Tannin.

2015 „Pinot Chardonnay dosage zéro" brut nature
29€ · 12,5%

2018 Solaris Beerenauslese
25€ · 9,5%
Eine kraftvolle, intensive und dabei auch leicht cremige Solaris-Beerenauslese.

Weingut Dr. Heger

Bachenstraße 19,
79241 Ihringen
T +49 (0) 7668 9951 10
www.heger-weine.de

Inhaber Joachim Heger
Betriebsleiter Joachim Heger
Kellermeister Team Dr. Heger
Verbände VDP
Rebfläche 28 ha
Produktion 180.000 Flaschen
Gründung 1935
Verkaufszeiten
Mo–Fr 9–12 Uhr
und 13.30–17.30 Uhr
(März-Okt. bis 18.30 Uhr)
Sa 10–14 Uhr
(Sept.–Okt. bis 16 Uhr)
und nach Vereinbarung

Joachim Heger hat einmal gesagt, dass es bei ihm auch nach Jahrzenten im Weinbau vier Wochen vor der Weinlese anfängt, „zu kribbeln". Diese Herangehensweise an jeden neuen Jahrgang als ein neues Abenteuer und auch das Wissen darum, dass große Weine nicht einfach „wiederholbar" jedes Jahr aufs Neue erzeugt werden können, sind bestimmt mit dafür verantwortlich, dass dieser Betrieb seit vielen Jahren auf dem allerhöchsten Niveau in Deutschland verweilen kann und seine Qualität immer noch verbessert. Joachim Heger sieht Tradition als etwas Innovatives. Er vertraut auf den Ausbau im großen Holzfass und Barrique und bleibt bei der Philosophie seines Vaters, konsequent trocken auszubauen – und dennoch denken die Hegers an morgen und verzichten auf Herbizide sowie chemische Dünger und arbeiten mit Respekt vor der Natur. Um die Zukunft des Weinguts müssen sich die Hegers auch keine Sorgen machen: Beide Töchter sind so weinbegeistert wie die Eltern und haben ihren Einstieg ins Weingut bereits in Aussicht gestellt.

2018 Grauburgunder „Hinter Winklen Gras im Ofen" GG
32,50€ · 0%
Ganz auf Länge und Harmonie ausgebauter Wein, mit ihm als Gefährten kann man den feinsten Fisch schwimmen lassen.

2018 Ihringer Weißburgunder trocken
15€ · 14%
Nussig kommt er daher, mit ätherischen Noten nach Melisse.

2018 Ihringer Winklerberg Chardonnay „Hinter Winklen Gras im Ofen" GG
32,50€ · 0%
Bündelt Kraft und Eleganz zu einem hochfeinen Chardonnay. Glänzend integrierte Toastwürze bei strahlendem Fruchtkern und nobler Länge. Sehr gut!

2018 Ihringer Winklerberg Chardonnay 1. Lage
21,50€ · 13%
Mag die Nase sich noch etwas verschlossen zeigen, am Gaumen gewinnt der Wein mit elegantem Schmelz, nussiger Würze und nachhaltiger Länge.

♥ **2018** Ihringer Winklerberg Muskateller 1. Lage
32,50€ · 12,5%
Nichts für Feiglinge. Fordernd, intensiv und kräftig, ernsthaft und toll.

2018 Ihringer Winklerberg Weißburgunder „Hinter Winklen Gras im Ofen" GG
32,50€ · 0%
Sehr jung, braucht viel Zeit oder Luft, verschlossen, mineralisch, dichte Machart.

2019 Ihringer Winklerberg Grauburgunder 1. Lage
17,40€ · 0%
Gut strukturierter Körper, feine Frucht, milde Säure, gute Länge, neutraler Ausdruck.

2017 Ihringener Spätburgunder
16€ · 13,5%
Was sich anfangs noch verschlossen und kantig gibt, wird mit jedem Schluck saftiger und feinwürziger. Mineralisch, saftig und appetitanregend.

2017 Ihringer Vorderer Winklerberg Spätburgunder GG
50€ · 13,5%
Charakteristischer badischer Spätburgunder, sehr klassisch, gute Anlagen zur Reife, strenger Stil, große Zukunft, kompletter Wein.

2017 Ihringer Winklerberg Spätburgunder „Häusleboden“ GG
78,50€ · 13,5%
Stoffig, guter Körper, viel Holz, wärmend, saftig, süffig, animierend, komplex, ohne zu kompliziert zu sein, gute Reife, kräftig.

2017 Ihringer Winklerberg Spätburgunder „Rappenecker Winklen“ GG
50€ · 13,5%
Trotz offensiver Toastwürze steht die Hochwertigkeit dieses Weins außer Frage. Exzellente Dichte bei agiler Säure und sehr guter Länge. Potenzial!

2018 Cuvée „Fumé“ trocken
14,60€ · 12%
Ein richtiger Nasenschmeichler. Schlank, animierend und klar.

Weingut Hermann

Alt-Vogtsburg 19,
79235 Vogtsburg
T +49 (0) 7662 6202
www.weingut-hermann.de

Inhaber Falk Hermann
Betriebsleiter Falk Hermann
Kellermeister Falk Hermann
Rebfläche 3,5 ha
Produktion 15.000 Flaschen
Verkaufszeiten
Mo–Sa 9–18 Uhr

Falk Herrmann gilt als Spezialist für tiefgründige Rotweine mit Entwicklungspotenzial. „Unsere besondere Leidenschaft gilt der Primadonna unter den roten Rebsorten: dem Blauen Spätburgunder. Ihm gehört der größte Teil der Weinberge", erklärt der Kellermeister, der bereits während des Studiums die Weine des Familienguts ausbaute. Aus Spätburgunder sowie Cabernet und Syrah als Cuvée wird die Spitzenline „Cantus Avis" produziert, die nach dem Vogelsangpass am Ostrand des Kaiserstuhls benannt ist. Für diese Weine liegen die Erträge unter 30 Liter pro Ar, die Trauben werden teilweise oder gesamt mit Stielen vergoren und reifen bis zu 18 Monate im burgundischen Pièce. „Darüber hinaus pflegen wir als Kaiserstühler selbstverständlich auch den Grauburgunder, daneben Weißburgunder, Chardonnay und Sauvignon Blanc", so Hermann.

2018 Chardonnay „Cantus Avis" trocken
18€ · 14%
Gutes Säurespiel, breite Frucht, mittlere Länge.

2018 Pinot Noir „Cantus Avis Reserve"
45€ · 13,5%
Burgundischer Stil mit viel Charakter und Herkunft, feinziselierte Säure, guter Holzeinsatz, Tiefgang und Ausdruck.

2018 Pinot Noir „Cantus Avis"
26€ · 13,5%
Sehr offen, duftig, burgundischer Stil, elegant und klar.

2018 Pinot Noir „Oratio ***"
17€ · 13,5%
Sowohl in der Nase als auch am Gaumen: toastwürzig, klarfruchtig und konzentriert. Sehr gute Länge bei vitaler Säure.

Weingut Hiss

Hauptstraße 31,
79356 Eichstetten
T +49 (0) 7663 1236
www.weingut-hiss.de

Inhaber Andreas Hiss
Betriebsleiter Andreas Hiss
Kellermeister Manuel Mößner

„Was braucht es, um kaiserlich guten Wein herzustellen? Eine starke Winzerfamilie, die zu 100 Prozent hinter ihren Produkten steht." So beschreibt die Familie Hiss ihre Philosophie. In dritter Generation leitet Andreas Hiss mit seiner Frau Alexandra das Weingut mit Unterstützung von Kellermeister Manuel Mößner. Von „beständig" über „eigenständig" bis „unanständig" – die Qualitätspalette der kreativ benannten Weinlinien bedient unterschiedliche Geschmäcker. Doch nicht nur Weine lassen sich hier entdecken. Das Weinhaus im Herzen von Eichstetten ist nicht nur Vinothek, sondern auch eine exklusive Eventlocation. Vom Catering bis zur Planung kann alles vor Ort geplant werden – mitgebracht werden müssen dann nur noch die Gäste.

Rebfläche 35 ha
Produktion 350.000 Flaschen
Gründung 1962
Verkaufszeiten
Mo–Fr 10–12.30 Uhr
und 14–18.30 Uhr
Sa 10–16 Uhr

2018 Eigenacker Weißburgunder „unanständig" trocken
13,90€ · 13,5%
Präsentes Holz, weich am Gaumen, eigenständiger Stil, gute Säurestruktur.

2018 Grauburgunder „Unlimited" trocken
80€ · 15%
Big is beautiful.

2018 Hasen Grauburgunder „unanständig" trocken
13,90€ · 13,5%

2018 Weißburgunder „Unlimited" trocken
80€ · 15,5%
Feines Holz, eleganter Stil, feine Säure, Schmelz, exotische Note, floral, süßliche Frucht.

2019 Sauvignon Blanc „Eigenständig" trocken
9,50€ · 13%

2017 Eichenlaub Pinot Noir „Unlimited"
88€ · 15%
Amarone aus Baden?

2017 Eichenlaub Spätburgunder „unanständig"
24,50€ · 14%

Weingut Höfflin

Schambachhof,
79268 Bötzingen
T +49 (0) 7663 1474
www.weingut-hoefflin.de

Matthias Höfflin setzt bei seinen Weinen auf Spontanvergärung, langes Hefelager und unfiltriertes Abfüllen – er will „ehrliche" Weine erzeugen. Über sich selbst sagt er: „Ich bin Bio-Winzer aus tiefster Überzeugung." Kein Wunder, dass er sich auch an Orange herantraut. Vor allem Souvignier Gris, eine pilzwiderstandsfähige Neuzüchtung, eignet sich laut Höfflin ideal für diese Art Weinbereitung. Außerdem strebt er bei seinen Weinen eine möglichst schwefelarme Ausbauweise an – immer mit der Frage im Hinterkopf: Schmeckt so der Wein der Zukunft? Auf jeden Fall trifft er mit seiner Philosophie und der Innovationsfreude ganz klar den Zeitgeist.

Inhaber Matthias Höfflin
Betriebsleiter Matthias Höfflin
Kellermeister Matthias Höfflin
Verbände Bioland
Rebfläche 13 ha
Produktion 70.000 Flaschen
Verkaufszeiten
Mo–Mi 8.30–12 Uhr
Do–Fr 14–17 Uhr
Sa 10–16 Uhr
und nach Vereinbarung

2017 Grauburgunder „Löss/Lehm“ trocken
16,50€ · 13,5%

2017 Sauvignon Blanc „Prestige Bienenfresser“ trocken
25,50€ · 14%
Elegant und geradlinig mit Potenzial.

2017 Sauvignon Blanc „Prestige Löss“ trocken
28€ · 13,5%
Bleibt im Gedächtnis, gut zu einem kräftigen Essen.

2017 Weißburgunder „Löss/Lehm“ trocken
16,50€ · 13,5%
Zeigt sich von seiner reifen Seite, erinnert an kandierte Frucht. Weiche Textur.

2018 Chardonnay „Prestige Löss“ trocken
25,50€ · 14%
Dass er etwas Reife zeigt, ist dem luftigen Ausbau in Holzfässern geschuldet, ebenso wie sein Duft nach Vanille, Kokos und Banane. Salziger Nachhall.

2018 Chardonnay „Prestige Weinschwärmer“ trocken
25,50€ · 14%
An Kraft mangelt es ihm nicht. Doch zum Glück wird diese von Gewürzen, herbem Kernobst und einer feinen Säure in Schach gehalten.

2018 Grauburgunder „Löss“ trocken
10,50€ · 13%

2018 Weißburgunder „Löss“ trocken
10,50€ · 13,5%
Saftig-zugänglicher Weißburgunder mit reichlich Apfelfrucht und animierender Kräuterwürze.

2017 Rotwein-Cuvée „Rufus Cuvée Prestige“
21€ · 13%
Während sein Duft mit balsamischen Aromen daherkommt, geht's am Gaumen vergleichsweise schlank und aufgeräumt zu. Cuvée aus Merlot, Cabernet Sauvignon, Cabernet Franc.

2017 Spätburgunder „Prestige Rotkehlchen"
42€ · 12%
Saftig, gute Länge, komplex, braucht viel Luft. Hat Frische, Animation, Balance, Eleganz.

2017 Spätburgunder „Prestige Schwarzkehlchen"
25,50€ · 12,5%
Top Nase, Aromatik zieht sich auch am Gaumen durch, elegant, Holz super eingebunden.

2017 Spätburgunder „Prestige Traubenkirsche"
18,50€ · 12%
Unterstützende Aromatik, leiser Wein, straight, filigran, unbeschwert, gute Spannung.

Wein- und Sektgut Gerhard Karle

Scherkhofenstraße 69,
79241 Ihringen
T +49 (0) 7668 5252
www.weingut-gerhard-karle.de

Inhaber Gerhard Karle
Betriebsleiter Gerhard Karle
Kellermeister Gerhard Karle
Verbände Generation PINOT, Badischer Weinbauverband, Verein Kaiserstühler Weingüter
Rebfläche 14 ha
Produktion 95.000 Flaschen
Gründung 1899
Verkaufszeiten
Mo–Fr 8–18 Uhr
Sa 9–16 Uhr
und nach Vereinbarung

In Top-Lagen wie dem Ihringer Winklerberg und dem Ihringer Fohrenberg stehen die 14 Hektar Reben der Familie Karle. Seit 1899 betreibt sie Weinbau. „Wir sind traditionsbewusst und arbeiten mit viel Leidenschaft, sehr gutem Bauchgefühl, Erfahrung und Weitsicht immer im Einklang mit der Natur", sagt Gerhard Karle. Die Trauben werden selektiv von Hand gelesen, die Sekte selbst erzeugt. Zu den Produkten der Karles zählen auch Edelbrände. Junior Sebastian hat mit drei Freunden den „Otto 996" kreiert, den ersten Vermouth vom Kaiserstuhl.

2018 Ihringer Fohrenberg Weißburgunder „Alte Rebe" Spätlese trocken
13,10€ · 13,5%

2019 Ihringer Fohrenberg Weißburgunder Kabinett trocken
7,10€ · 12,5%

2019 Ihringer Winklerberg Grauburgunder „Alte Rebe" Spätlese trocken
9,30€ · 13%

2019 Ihringer Winklerberg Grauburgunder Kabinett trocken
7,20€ · 12,5%
Wunderbar archetypischer Grauburgunder mit reichlich Melonenfrucht und dezenter Würze. Am Gaumen saftig und zupackend, und das ohne Umwege.

2019 Ihringer Winklerberg Sauvignon Blanc Spätlese trocken
9,10€ · 13%

2019 Ihringer Winklerberg Silvaner Kabinett trocken
6,30€ · 12,5%

2018 Ihringer Winklerberg Spätburgunder „Alte Rebe" Spätlese trocken
12,40€ · 13,5%
Klassischer Spätburgunder als harmonisch trocken ausgebaute Spätlese von „alten Reben" in bester Lage.

2018 Ihringer Winklerberg Spätburgunder „Alte Rebe" Spätlese trocken
14,50€ · 13,5%
Wacholder-Würze im Vordergrund, harmonische Struktur.

2018 Ihringer Winklerberg Grauburgunder brut
11,80€ · 12,5%

Weingut Franz Keller

Badbergstraße 44,
79235 Vogtsburg-Oberbergen
T +49 (0) 7662 93300
www.franz-keller.de

Inhaber Fritz Keller
Betriebsleiter Friedrich Keller
Kellermeister Uwe Barnickel
Verbände VDP
Rebfläche 35 ha
Produktion 200.000 Flaschen
Verkaufszeiten
Mo–Fr 9–18 Uhr
Sa 10–18 Uhr
So 10–16 Uhr
Feiertage und Januar, Februar siehe Homepage

Das Burgund als Vorbild – so beschreiben Fritz und Friedrich Keller ihre Weinphilosophie. Sich eines der berühmtesten und teuersten Weinanbaugebiete als Vorbild zu nehmen, mag vielleicht auf den ersten Blick etwas größenwahnsinnig wirken, aber der Erfolg und die Qualität der Weine, die Vater und Sohn am Kaiserstuhl auf den Lagen Eichberg, Schlossberg und Kirchberg seit vielen Jahren erzeugen, gibt ihnen Recht. Der Großvater, noch als „Rebell vom Kaiserstuhl" bekannt, weil er kompromisslos trockene Weine erzeugen wollte, hat wohl die richtigen Gene vererbt. Das Weingut (mit dem Spitzenrestaurant „Schwarzer Adler") ist terrassenförmig in die Landschaft eingebettet – allein für diesen Anblick lohnt ein Besuch, und für Wein und Kulinarik allemal. Modeerscheinungen, opulente Frucht und „easy drinking" sucht man bei Fritz und Friedrich Keller vergeblich. Finden kann man am Weingut Eleganz, Klarheit und Struktur – und Charakter.

2018 Achkarrer Schlossberg Grauburgunder GG
35€ · 12,5%
Die Toastwürze spielt die zweite Geige bei einem Wein, der sich klar auf die mineralisch-würzige Seite schlägt. Reife Gelbfrucht kommt nicht zu kurz.

2018 Oberbergener Kähner Grauburgunder GG
26€ · 12,5%
Erstaunlich straff und fokussiert, was kein Tadel, sondern Lob für einen herb-würzigen und strahlend-klaren Wein sein soll. Exzellente Länge.

2018 Oberbergener Pulverbuck Weißburgunder 1. Lage
21€ · 12,5%
Schmelzige Frucht, deutliche Frische, geradlinig und präzise, salzig, saftig, dichter Nachhall.

2018 Oberrotweiler Kirchberg Chardonnay GG
40€ · 12,5%
Viel Holz wunderbar verarbeitet, langer Spannungsbogen, tolle Animation, phenolisch top, Langläufer, reduktiv, braucht viel Zeit.

2019 Grauburgunder „vom Löss" trocken

9,50€ · 12,5%

Frisch, würzig, mineralisch, schlank am Gaumen, Harmonie und Balance, kernig.

2018 Achkarrer Schlossberg Spätburgunder GG

65€ · 12,5%

Dichte, Länge und Harmonie mit bestem Entwicklungspotenzial.

2018 Oberbergener Bassgeige Spätburgunder 1. Lage

16€ · 12,5%

Wunderbare eingebundenes Holz, animierende Frische, große Harmonie.

2018 Oberbergener Steinriese Spätburgunder

105€ · 12,5%

Ungemein fein gewobener Wein, der erst nach und nach zeigt, welche Kraft auch in ihm steckt. Fantastisch!

2018 Oberrotweiler Eichberg Spätburgunder GG

45€ · 12,5%

Johannisbeere, zugänglich, kühle Nase, reife Tannine, frisch, alles, was einen Pinot Noir ausmacht.

2016 „Pinot Rosé" brut

16€ · 12%

Weingut Friedrich Kiefer

Bötzinger Straße 13,
79356 Eichstetten
T +49 (0) 7663 1063
www.weingutkiefer.de

Inhaber Helen & Martin Schmidt
Betriebsleiter Martin Schmidt
Kellermeister Anna Dießlin & Martin König
Verbände Vinissima, Verband der traditionellen Flaschengärer, Generation Pinot

Den Ertrag von respekteinflößenden 155 Hektar verarbeiten Helen und Martin Schmidt mit ihrem Team in ihrem Weingut Kiefer. Die beiden haben den Betrieb im Jahr 2008 übernommen, als niemand aus der Familie Kiefer das Erbe weiterführen wollte. Der Löwenanteil der Trauben kommt von Vertragswinzern, die vor allem Spätburgunder und andere Sorten aus der Burgunderfamilie anbauen, inklusive dem raren Auxerrois. Dazu kommen Riesling, Muskateller, Sauvignon Blanc und andere mehr. Im Jahr 2019 wurde der Keller neu gebaut und das Lager erweitert. Das Sortiment umfasst, passend zur Größe, mehr als 70 Etiketten – von beschwingten Weißen über barriquegereifte Spätburgunder bis zu edelsüßen Spezialitäten.

2018 Eichstetter Herrenbuck Grauburgunder „***" trocken

15,50€ · 13,5%

2018 Eichstetter Herrenbuck Sauvignon Blanc „Innovation" trocken

14,50€ · 13%

Rebfläche 155 ha
Produktion
1.250.000 Flaschen
Gründung 1851
Verkaufszeiten
Mo–Fr 8–12 Uhr und 13–17 Uhr
Sa 9–12 Uhr

2018 Eichstetter Herrenbuck Weißburgunder „Dreistern" trocken
15,50€ · 13,5%
Von feinen Gerbstoffen getragener Weißburgunder, der sich am Gaumen ebenso saftig wie bodenwürzig gibt.

2019 Cabernet Blanc „Vulkanlöss" trocken
9,50€ · 13%

2019 Eichstetter Herrenbuck Auxerrois trocken
8,10€ · 12,5%
Kommt zunächst etwas hintergründig daher, bevor er gelbfruchtige Aromen preisgibt und sich am Gaumen mit zarter Herbe und feiner Säure zeigt.

2019 Eichstetter Herrenbuck Grauburgunder „Tradition" trocken
10,90€ · 13,5%

2019 Eichstetter Herrenbuck Weißburgunder trocken
7,90€ · 12,5%
Frisch, erbaulich, kräuterwürzig. So lässt sich dieser wunderbar zartwürzige Weißburgunder vielleicht am besten beschreiben.

2018 Eichstetter Herrenbuck Grauburgunder „Prachtstück" Beerenauslese
15€ · 10%
Cremiger Grauburgunder, ausgebaut als Beerenauslese. Zum Gebäck, gerne auch mit weichem Käse.

2018 Eichstetter Herrenbuck Spätburgunder „Prachtstück" Beerenauslese
15€ · 12,5%
Dieser Wein ist perfekt beim Grillen. Röstaromen und Süße können ein saftiges Stück Fleisch begleiten.

Weingut Knab

Hennengärtle 1a,
79346 Endingen
T +49 (0) 7642 6155
www.knabweingut.de

Inhaber Familie Rinker
Betriebsleiter Familie Rinker
Kellermeister
Johannes Rinker
Rebfläche 23 ha
Produktion 150.000 Flaschen
Verkaufszeiten
Mo–Fr 17–18.30 Uhr
Sa 10–14 Uhr

Dass man sich am Kaiserstuhl gerne auf Burgunder-Sorten konzentriert, sollte weder verwundern noch neu sein. Was allerdings nicht ganz so typisch ist, ist der Platz, den der Weißburgunder bei Familie Rinker vom Weingut Knab in Endingen einnimmt. Als „Visitenkarte des Weinguts" gehören ganze 35 Prozent der Betriebsfläche von immerhin 23 Hektar, die die Familie naturnah bewirtschaftet, dieser Rebsorte – und fast die gesamte restliche Rebfläche den anderen Burgunder-Sorten Chardonnay, Grauburgunder und Spätburgunder. Johannes Rinker, seit 2016 für den Keller des Weinguts verantwortlich, will mit seinen Weinen nicht jedem Trend hinterherlaufen, sondern den Charakter der einzelnen Weinbergslagen und die generelle Typizität des Kaiserstuhls auf die Flasche bringen.

2019 Amolterer Steinhalde Grauburgunder „***"
Spätlese trocken
18€ · 13,5%
„Herzhaft" beschrieb ein Juror diesen Wein, der sowohl süße Toastwürze als auch reife Südfrucht an den Gaumen bringt. Feine Säure sorgt für Schliff.

2019 Endinger Engelsberg Grauburgunder
Kabinett trocken
8,50€ · 13%
Duftet nach Currykraut, Orange und Melone. Bestens saftig und klar strukturiert am Gaumen. Dezente Herbe sorgt für Zug.

2019 Endinger Engelsberg Weißburgunder
„Alte Reben" Spätlese trocken
11,70€ · 13,5%
Üppiges Gerät, regelrecht sahnig mit guter Balance.

2019 Endinger Engelsberg Weißburgunder
Kabinett trocken
8,50€ · 13%
Der gute Einsatz von Holz bringt bei diesem Wein auch Freude am Grill.

2019 Endinger Schönenberg Weißburgunder „***"
Spätlese trocken
18€ · 13,5%
Am Anfang doch sehr vom Holz geprägt, traut sich dieser Tropfen dann aber aus dem Glas. Erfreulich.

2019 Endinger Wihlbach Grauburgunder „***"
Spätlese trocken
18€ · 13,5%
Wer die weiche Struktur eines Grauburgunders mag, wird von diesem saftig und sanft-würzig belohnt. Dabei besitzt er eine erstaunliche Länge.

2019 Endinger Wihlbach Weißburgunder „***" Spätlese trocken

18€ · 13,5%
Dieser Weißburgunder hat nach einem Auftakt mit Schwarztee-Noten Druck.

2018 Amolterer Steinhalde Spätburgunder „R"

42€ · 13,5%
Vom anfangs etwas pflanzlichen Duft sollte man sich nicht täuschen lassen. Das ist ein wunderschön „kühl" und gerbstoffwürzig daherkommender Pinot.

♥ **2018** Endinger Engelsberg Spätburgunder „Alte Reben"

14,70€ · 13%
Gibt sich zu Beginn etwas schüchtern, bevor er mit zugänglich saftiger Frucht am Gaumen schließlich doch in die Pötte kommt. Frisch und animierend.

2018 Endinger Wihlbach Spätburgunder „***"

24,50€ · 13,5%
Wenn sein Geschmack als „süß" beschrieben wird, liegt das nicht am Zuckergehalt, sondern an seinem Extrakt. Und von dem besitzt er reichlich.

Weingut Arndt Köbelin

Altweg 131, 79356 Eichstetten
T +49 (0) 7663 1414
www.weingut-koebelin.de

Mit drei Hektar Weinbergen startete Arndt Köbelin 2005 am Kaiserstuhl in die Selbstständigkeit. Den Ertrag der Reben hatten seine Eltern bis dahin an die örtliche Genossenschaft abgeliefert, er selbst war Kellermeister bei den Durbachern in der Ortenau, die als eine der besten Genossenschaften in Baden gilt. Nach dem Neubau eines Kellerhauses 2006 wuchs die Fläche stetig auf die aktuellen 20 Hektar, die sorgsam bearbeitet werden. „Die Düngung der Rebberge erfolgt mit selbst hergestelltem Kompost und mit destillierter warmer Brennmaische", erklärt Köbelin. „Um einen hohen Genusswert zu

Inhaber Arndt Köbelin
Betriebsleiter Arndt Köbelin
Kellermeister Daniel Landerer
Verbände Slow Food, Jeunes Restaurateurs
Rebfläche 20 ha
Produktion 125.000 Flaschen
Verkaufszeiten
Do–Fr 9–12 Uhr und 15–18 Uhr
Sa 9–12 Uhr
und nach Vereinbarung

erhalten, werden unsere Trauben vollreif, jedoch nicht überreif geerntet. Die Kelterung erfolgt auf schonendste Art und Weise. Die Trauben und ihre Maische werden nie gepumpt", so Köbelin weiter. „Der Traubensaft vergärt langsam mit weinbergseigenen Hefen."

2018 Grauburgunder „Kaltenbrunnen Reserve" Spätlese trocken ◆◆◆
35€ · 14%
Klare, edle Aromatik und am Gaumen mit ordentlich Druck.

2018 Grauburgunder „Lösswand" Spätlese trocken ◆◆◆
16€ · 14%
Animierend und harmonisch mit etwas Barrique-Süße.

2018 Weißburgunder „Lösswand" Spätlese trocken ◆◆◆
16€ · 14%
Öffnet sich langsam, aber dafür ungemein vornehm. Am Gaumen konzentriert, brillant und präzise.

2018 Weißburgunder „Steinenweg Reserve" Spätlese trocken ◆◆◆◆
35€ · 14%
Streichholzwürzig, konzentriert und vielschichtig. Ein delikat anspruchsvoller Wein mit garantiertem Reifepotenzial.

2019 Grauburgunder Kabinett trocken ◆◆
9€ · 13%

2019 Weißburgunder Kabinett trocken ◆◆
9€ · 13%

2017 Pinot Noir „Eichenlaub Reserve" ◆◆◆◆
40€ · 13,5%
Dunkelwürziger Duft mit konzentrierter Frucht und ätherischen Anklängen. Am Gaumen konzentriert und dicht. Pikante Gerbstoffe.

2017 Pinot Noir „Lösswand" ◆◆◆
18,50€ · 13,5%
Duftet nach Schwarzen Johannisbeeren nebst ihren Blättern. Feine Toastwürze. Harmonisch, kraftvoll, delikat.

2018 Spätburgunder „Holzfass" ◆◆
10€ · 13,5%
Der Ausbau im Holzfass ist spürbar und gelungen und kommt als rauchige Würze daher, die Frucht kommt als dunkle Kirsche und Brombeere zu ihrem Recht. Wuchtig.

Weingut Holger Koch

Mannwerk 4,
79235 Vogtsburg-Bickensohl
T +49 (0) 7662 9122 58
www.weingut-holger-koch.de

Inhaber Holger Koch & Gabriele Engesser
Kellermeister Holger Koch
Rebfläche 8 ha
Produktion 50.000 Flaschen
Gründung 1999
Verkaufszeiten nach Vereinbarung

1999 gründete Holger Koch, aus einer Winzerfamilie stammend, sein eigenes Weingut mit dem Vorsatz, sich ausschließlich auf Burgunder zu konzentrieren. Und dieses Vorhaben setzte er mit Konsequenz durch: Er rodete einen Großteil der elterlichen Reben und ersetzte sie durch Pinot-Noir-Reben aus Frankreich. Und auch heute noch pflanzt Koch Rebsetzlinge von alten Rebanlagen, die kleine Beeren und intensive Aromen mitbringen, und verzichtet auf Neuzüchtungen. Neu am Weingut ist die weitere Ausrichtung auf Chardonnay, die Koch damit begründet, dass damit auch in wärmeren Jahren eine prägnantere Frische zu erreichen sei. Koch verzichtet in seinen Weinbergen auf den Einsatz von Herbiziden, betreibt zurückhaltenden Pflanzenschutz und organische Düngung und versucht so, den Boden möglichst lebendig und vital zu halten – für ihn die „harmonischste und intensivste Art der Qualitätssteigerung".

♥ **2019** Chardonnay „***" trocken
25€ · 13,5%
Hocheleganter Chardonnay, erinnert an bestes Burgund.

2019 Grauburgunder „Herrenstück" trocken
12,50€ · 13%
Ein delikater Trunk, der herbe wie reife Frucht an den Gaumen bringt, die nicht allein dasteht, sondern von einer mineralischen Würze unterlegt ist.

2019 Weißburgunder trocken
8,90€ · 12,5%
Ein ganz starker Auftritt. Das hat Druck und Länge. Mehr davon den ganzen Abend.

2018 Pinot Noir „***"
35€ · 13%
Charakterstark, Wein mit Herkunft, zeigt Tiefgang, etwas herbes Tannin, gute Länge.

2018 Pinot Noir „Herrenstück"
14€ · 13%
Tiefgründiger, geheimnisvoller Pinot Noir, will entdeckt werden, perfekt für das Gespräch am Kamin.

Winzergenossenschaft Königschaffhausen-Kiechlinsbergen

Kiechlinsberger Straße 2-6,
79346 Endingen-Königschaffhausen
T +49 (0) 7642 90410
www.kk-weine.de

Inhaber Winzergenossenschaft Königschaffhausen-Kiechlinsbergen
Betriebsleiter Reiner Roßwog
Kellermeister Reiner Roßwog, Christoph Henninger, Johannes Köster
Verbände Deutsches Barrique Forum, Generation Riesling, Generation Pinot
Rebfläche 330 ha
Produktion 2.400.000 Flaschen
Verkaufszeiten
Jan.–März
Mo–Fr 9–12 Uhr
und 13–17.30 Uhr
April-Dez.
Mo–Fr 9–17.30 Uhr
Sa 9–14 Uhr

1200 Meter Fußweg liegen zwischen den zwei Ortschaftsämtern von Endingen-Königschaffhausen und Kiechlinsbergen und ebenso viel zwischen den Winzergenossenschaften beider Ortschaften, die inzwischen gemeinsam im Internet unter kk-weine.de für ihre Burgunder, Sekte oder Müller-Thurgaus werben. 130 Winzerfamilien mit zusammen 650 Genossen bearbeiten 330 Hektar in den Lagen „Steingrüble", „Hasenberg", „Vulkanfelsen", „Ölberg" und „Teufelsburg". Statt dörflicher Konkurrenz hat sich ein Gemeinsinn entwickelt mit dem postulierten Motto: „Fünf Lagen, ein Genuss!"

2018 Kaiserstuhl Weißwein-Cuvée „Pino Magma" trocken
10,90€ · 13%

2019 Königschaffhauser Hasenberg Grauburgunder trocken
7,75€ · 13,5%
Saftiger Wein, der eine reife Frucht und fidele Säure besitzt. Das schmeckt so gut, dass es fast keine Worte braucht.

2019 Königschaffhauser Hasenberg Weißburgunder Spätlese trocken
8,20€ · 13,5%

♥ **2019** Königschaffhauser Steingrüble Spätburgunder „Blanc de Noirs" trocken
7,20€ · 14%

2016 Königschaffhauser Steingrüble Spätburgunder „Regnum"
28,50€ · 15%

2017 Rotwein-Cuvée „Cabernet Sauvignon, Merlot"
7,50€ · 13%

2019 Kiechlinsberger Ölberg Spätburgunder trocken
6,45€ · 13%

Weingut Konstanzer

Quellenstraße 22,
79241 Ihringen
T +49 (0) 7668 5537
www.weingut-konstanzer.de

Inhaber Horst & Petra Konstanzer
Betriebsleiter Horst Konstanzer
Kellermeister Horst Konstanzer
Rebfläche 10 ha
Produktion 65.000 Flaschen
Gründung 1983
Verkaufszeiten
April–Okt.
Mo–Do 17–19 Uhr
Mo–Do: 16.00–18.00 Uhr
Nov.–März
Fr 13–18 Uhr
Sa 10–16 Uhr
und nach Vereinbarung

Mit dem Jahrgang 2020 steht ein großer Schritt für das Weingut an. „Nach dreijähriger Testphase werden wir die Öko-Zertifizierung einleiten", erklärt Horst Konstanzer. „Es ist uns eine Herzensangelegenheit, die Natur als größtes Gut auch für die nächsten Generationen zu erhalten." Vor 37 Jahren haben er und seine Frau Petra mit knapp einem Hektar als Nebenerwerbswinzer angefangen, seither konzentrieren sie sich auf klassische Burgunder-Sorten – und eine Spezialität: Silvaner, der in Ihringen Tradition hat. Bemerkenswerte 50 Jahre alt sind die Silvaner-Reben der Konstanzers. Die Weine sind allesamt trocken ausgebaut und überzeugen durch eine innere Ruhe. „Wir arbeiten mit langer Hefelagerung, damit unsere Weine mit genügend Zeit optimal reifen", sagt Horst Konstanzer. Und noch etwas ist neu im Gut. Dazu Horst Konstanzer: „Mit dem Jahrgang 2019 verzichten wir auch bei den Weißweinen auf die Prädikatsbezeichnung und wenden die Qualitätspyramide mit Ortsweinen, Ersten und Großen Lagen an."

2018 Ihringen Vorderer Winklerberg Weißburgunder trocken
17,50€ · 13,5%
Ausfüllend, präsent, nachhallend, dichte Frucht, präsente Säure, feinziselierte Struktur.

2018 Ihringer Winklerberg Grauburgunder „Winklen" trocken
17€ · 13,5%
Wie schmeckt ein klassischer Grauburgunder? Etwa wie dieser hier: kraftvolles Volumen, rauchig-würzig unterlegt, sanfte Säure, flaumiges Finish.

♥ **2019** Ihringer Winklerberg Grauburgunder trocken
13€ · 13%
Wo ist bitte die zweite Flasche?

2019 Weißburgunder trocken
8,80€ · 13%
Blumenwiese, kühl, sanfter Nachhall, elegant, typischer Weißburgunder, trinkfreudig, Terrassenwein.

2016 Ihringen Vorderer Winklerberg Spätburgunder
23€ · 13,5%
Reife, süße Noten, bestens balanciert und als Essensbegleiter von Wildgerichten ganz ideal.

2016 Ihringer Winklerberg Pinot Noir
13€ · 13,5%
Seine Reife mag er nicht leugnen. Muss er auch nicht: mürbe Frucht, vitale Säure, erfreulich pikant.

Weingut Landerer

Neueinsteiger

Niederrotweil 3,
79235 Vogtsburg-Oberrotweil
T +49 (0) 7662 1070
www.weingut-landerer.de

Inhaber Karin & Johannes Landerer
Betriebsleiter Johannes Landerer
Kellermeister Johannes Landerer
Rebfläche 22 ha
Produktion 150.000 Flaschen
Gründung 1989
Verkaufszeiten:
Mo–Fr 8–12 Uhr
und 14–17.30 Uhr
Sa 8–16 Uhr

Johannes Landerer hat kräftig investiert: in neue Kellertechnik und verstärkten Holzfassausbau, dazu in neue Rebflächen. Bevor er 2016 nach dem überraschenden Tod seines Vaters Thomas plötzlich in der Verantwortung für das Fimenweingut stand, hatte er im Rahmen seiner Ausbildung zuvor beim Südtiroler Vorzeigeweingut Manincor Erfahrungen gesammelt, die er nun einbringen kann. „Ich möchte sehr elegante, sehr feine Weine begleiten, die eine bodentypische Mineralität aufweisen und die Charaktereigenschaften des Kaiserstuhls repräsentieren", erklärt Landerer sein Ziel.

2018 Oberrotweiler Henkenberg Grauburgunder trocken
18€ · 13%
Feine Opulenz und gute Länge, fein zur klassisch badischen Küche.

2019 Leiselheimer Chardonnay „Schwarze Erde" trocken
13€ · 12,5%
Noten nach gelben Früchten, exotisch, schlank, gutes Säurespiel, Everybody's Darling, Spaß zum Trinken, ätherische Noten.

2019 Oberrotweiler Sauvignon Blanc trocken
10€ · 12%
Eine Fruchtbombe mit schönem Nachhall.

2019 Sauvignon Blanc „Fumé" trocken
20€ · 13%
Beeindruckend und gewinnend mit seiner „wilden" Art. Dieser Wein wird viele Freunde finden.

2018 Oberrotweiler Henkenberg Spätburgunder
22€ · 13%
Marzipannoten, feste Struktur, komplexer Wein.

♥ **2018** Schelinger Kirchberg Syrah
25€ · 13,5%
Durch und durch strukturierter Syrah mit feinem Gerbstoffgerüst, ein Langstreckenläufer.

Winzerhof Linder

Neueinsteiger

Röstehof 2,
79346 Endingen am Kaiserstuhl
T +49 (0) 7642 5525
www.winzerhof-linder.de

Inhaber Ronald Linder
Betriebsleiter Ronald Linder
Kellermeister Maik Merbitz
Verbände Demeter, Ecovin
Rebfläche 5 ha
Produktion 20.000 Flaschen
Verkaufszeiten
Mo–Do 17–19 Uhr
Fr 15–19 Uhr
Sa 11–14 Uhr

Es sind Adressen wie das Hamburger Restaurant „Haebel", das Bielefelder „Heinrich sein Enkel" oder das mexikanisch-amerikanische Restaurant „The Holy Taco Shack", die sich die Weine des Demeter-Weinguts auf die Karten geschrieben haben. Ronald Linder schildert in seiner „Biosophie" den Weg hin zum biodynamischen Anbau, auf dem ihn seit 2013 Kellermeister Maik Merbitz begleitet, den er als „zuerst ein Gestrandeter, dann ein Suchender" beschreibt. Gemeinsam pflegen sie Prinzipien und Weinberge: Schone den Boden! Stärke die Pflanzen! Achte den Rhythmus der Natur! So eloquent und tiefgehend Linder seine Arbeit beschreiben kann, so knapp fällt seine Einschätzung zur Kellerarbeit aus: „Wir moderieren." Die Spontangärung beginnt bereits im Weinberg mit der Gärung des Vorteigs – die Weine und Maischen werden dann mit den aktuellen Vorteigen der Lage und des Jahrgangs geimpft, so soll die Bildung flüchtiger Säuren verhindert werden. Lange Hefelager für Weiß- und Rotweine erlauben die malolaktische Gärung und damit milde, säurereduzierte Weine, die auf Zugabe von Süßreserven verzichten können.

2018 Chardonnay „[dr] Charli Natür 68" trocken
15,90€ · 12%
Starker Auftakt.

2018 Grauburgunder „105" trocken
7,90€ · 12%

2018 Grauburgunder „[dr] Grau Natür 65" trocken
11,90€ · 14%
Tänzelnder Sommerwein.

Weißwein-Cuvée „Grünfink 55" trocken
9,70€ · 12,5%
Schlägt sich nicht laut, aber doch deutlich auf die fruchtige Seite, bekommt mit Mango und Ananas im Duft einen exotischen Touch.

2016 Barbelshalde Cabernet Sauvignon „44"
22,90€ · 13%
Bringt vegetale und fruchtige Noten an die Nase. Paprika, Kirsche, Cassis. Frischer Geschmack, der seinem trockenen Charakter bis ins Finale treu bleibt.

2017 Spätburgunder „[dr] Spoth 41"
15,90€ · 13%

Weingut Tomislav Markovic

Kupfertorplatz 1,
79206 Breisach am Rhein
T +49 (0) 179 1109 678
www.monsieurmarkovic.de

Rebfläche 0,4 ha
Produktion 3.000 Flaschen
Gründung 2016
Verkaufszeiten
nach Vereinbarung

Die Vita von Tomislav Markovic ist besonders. Gebürtig aus Offenbach mit kroatischen Wurzeln arbeitete er jahrelang bei einer Großbank, bevor er sich dazu entschied, umzusatteln und eine duale Ausbildung zum Winzer und Önologen beim Weingut Bercher in Neustadt an der Weinstraße zu absolvieren. Nach Stationen in Volnay und im Douro-Tal gründete er 2016 sein eigenes Weingut und kaufte die Trauben für seine Weine nach dem burgundischen Vorbild der Négociant-Vinificateurs an. Seit 2017 besitzt er eigene Parzellen mit Spätburgunder in Bötzingen und Kiechlinsbergen und seit 2019 auch eine Parzelle mit Sauvignon Blanc. Seine Weine zeichnen sich durch eine ganz eigene Handschrift aus, werden spontan vergoren, ungeschönt und unfiltriert abgefüllt und mit möglichst wenig Schwefel behandelt.

2018 Riesling „Quo Vadis" trocken
18€ · 12%
Kühle Aromatik, würzig, mineralisch, sehr lang, viel Charakter und Tiefe.

2018 Bötzinger Eckberg Pinot Noir „Parabole"
42€ · 13%
Geräucherte Noten und Grüner Tee.

2018 Eichstetter Herrenbuck Pinot Noir „Windspiel"
16€ · 13%
Absolut straightes Gerät.

2018 Jechtinger Steingrube Pinot Noir „On the Rocks"
28€ · 12,5%
Eleganter, beinahe kühl anmutender Spätburgunder. Himbeer- und Cassisfrucht. Wunderschön fein strukturiert.

Weingut Michel

Winzerweg 24,
79235 Achkarren
T +49 (0) 7662 429
www.weingutmichel.com

Inhaber Josef Michel
Betriebsleiter Josef Michel
Kellermeister Josef Michel
Rebfläche 13 ha
Produktion 90.000 Flaschen

Mit gerade einmal 20 Jahren gründete Josef Michel mit seinen Eltern das gleichnamige Weingut – das ist wohl echte Leidenschaft gepaart mit einer ordentlichen Portion Mut. Dies wurde belohnt, 2018 erfolgte die Aufnahme in den VDP. Und die dritte Generation, namentlich Sohn Robin, steht auch schon in den Startlöchern, die Zukunft ist also gesichert. Besonders stolz ist Michel auf seine Parzellen in der Lage Achkarrer Schlossberg, von dem seine Großen Gewächse vom Grau- und Spätburgunder stammen. Auch Weißburgunder und Chardonnay werden kultiviert – die Familie hat sich ganz der Kultivierung von Burgunder-Sorten verschrieben. Zum Weingut gehört außerdem noch eine Straußenwirtschaft mit Blick auf die Weinberge, in der neben den eigenen Weinen auch badische Spezialitäten angeboten werden.

Verkaufszeiten
Mo–Fr 14–17 Uhr
Sa 10–13 Uhr
und nach Vereinbarung

2019 Achkarrer Chardonnay „Tephrit" trocken
12,50€ · 13,5%
Zeigt am Gaumen eine geradewegs wärmende Fülle mit klarem Fruchtkern und dezenten Rauchnoten. Durch und durch harmonisch und köstlich.

2019 Achkarrer Grauburgunder „Tephrit" trocken
12,50€ · 13,5%
Gaumenwässernder Grauburgunder mit frischer Fruchtfülle und leicht nussigen Nuancen.

2019 Achkarrer Schlossberg Chardonnay GG
23€ · 13,5%
Was sich anfangs verschlossen gibt, entwickelt sich mit Luft zu einem opulenten Wein mit diskreter Säure nebst süßer Toastwürze. Sehr gute Länge.

2019 Achkarrer Schlossberg Grauburgunder GG
23€ · 13,5%
Ebenso dicht wie mineralisch strukturiert. Nicht nur auf Kraft gebaut, sondern auch straff und mit rauchig-würziger Kontur ausstaffiert. Exzellent!

2019 Achkarrer Weißburgunder „Tephit" trocken
12,50€ · 13,5%
Das schmeckt nach Burgund. Eleganter Säure-Nerv.

2018 Achkarrer Schlossberg Spätburgunder GG
40€ · 13,5%
Finessenreich in der Nase, ätherisch, zarter Spätburgunder, speckig, rauchig, guter Essens-begleiter, trinkfreudig, komplex, mit Zukunft.

2018 Achkarrer Spätburgunder „Tephrit"
25€ · 13,5%
Ebenso eleganter wie konzentrierter Spätburgunder, der sich sowohl in der Nase als auch am Gaumen enorm vielschichtig zeigt. Packende Delikatesse!

Weinhaus Mößner

Neueinsteiger

Neunkircherstraße 13,
79241 Wasenweiler
T +49 (0) 1514 1813 756
www.weinhaus-moessner.de

Inhaber Stefanie Mößner
Verbände Generation Pinot
Rebfläche 2,5 ha
Produktion 8.500 Flaschen
Gründung 2015
Verkaufszeiten
Fr 14–18 Uhr
Sa 10–13 Uhr

Stefanie und Manuel Mößner sind das perfekte Team. Beide stammen aus Winzerfamilien und sind sozusagen mit dem Wein groß geworden. Manuel ist Kellermeister und Winzer, Stefanie kümmert sich um Marketing und Vertrieb und ist der kreative Kopf des Betriebs. 2015 machten die beiden ihren Traum wahr und gründeten das Weinhaus in Wasenweiler am südlichen Rand des Kaiserstuhls, nachdem sie international Erfahrung gesammelt hatten (u. a. in Neuseeland). Manuel Mößner versucht, in seinen Weinen Tradition, Stil und Handwerk zu vereinen – so auch das Motto des Weinhauses. „Der Umgang mit Wein ist wohl eine der schönsten und interessantesten Künste", so Mößner.

2019 Grauburgunder „Tradition" trocken
7,90€ · 13%

2019 Weißburgunder „Tradition" trocken
7,90€ · 13,5%
Exotische Frucht, klarer Weißburgunder-Typ, guter Nachhall, frisch und animierend.

2017 Spätburgunder „Handwerk"
24€ · 14,47%
Klassischer, oldfashioned Spätburgunder mit süßlichem Auftakt, beeriger Frucht, kantigem Tannin.

♥ **2018** Spätburgunder „Tradition"
9€ · 13,97%
Stoffiger Wein mit viel Trinkfreude, frische Säure, gutes Tannin, mit Spannung und Potenzial.

Winzergenossenschaft Oberbergen

Neueinsteiger

Badbergstraße 2,
79235 Vogtsburg-Oberbergen
T +49 (0) 7662 94600
https://www.bassgeige-wein.de/

Betriebsleiter Erwin Vogel
Kellermeister Wolfgang Schupp
Verbände Badischer Weinbauverband
Rebfläche 360 ha
Produktion 3.000.000 Flaschen
Gründung 1924
Verkaufszeiten
15. März–31. Okt.
Mo–Fr 8.30–18 Uhr
15. März–31. Dez.
Sa 8.30–13 Uhr
15. März–31. Okt.
So 11–15 Uhr
1. Nov.–14. März
Mo–Fr 8.30–12
und 13.30–17 Uhr

Man spiele bei der Weinqualität immer öfter die erste Geige. Die im Marketing muntere Winzergenossenschaft, die sagt „So klingt Burgunder", ist selbstbewusst, nicht zuletzt dank der guten Weinlagen am Kaiserstuhl. Vulkangestein in Kombination mit warmen Lösslehmböden ist für die Genossenschaft, der mehr als 400 Winzerfamilien Weine aus 350 Hektar anliefern, der ideale Grund für die Burgunder-Sorten. 1924 gegründet, verzeichnet das Portfolio der WG knackig jugendlich vermarktete Weine wie „Rebstück" mit den Kennzeichen „#Samtig #Fruchtig #Frisch". Von Literwein, über Secco und die Editionen BL, TT, Terroir bis hin zu edelsüßen Raritäten und roten Auslesen – die WG spielt auf der gesamten Klaviatur. Und wer mag, findet vielleicht in der Gestalt einer Bassgeige-Flasche ein Geschenk für Freunde oder Familie.

2018 Oberbergener Baßgeige Chardonnay „Edition BL" Spätlese trocken
12,80€ · 14%

2018 Oberbergener Baßgeige Grauburgunder „Edition TT" trocken
12,80€ · 14%
Schöne Salzigkeit mit Verbene.

♥ **2018** Oberbergener Baßgeige Rivaner „Edition BL" trocken
9,80€ · 14%
Reifes Obst erreicht die Nase. Am Gaumen ist die Birne der erste Sieger.

2017 Oberbergener Baßgeige Spätburgunder „Edition TT"
15,80€ · 13,5%
Feine rauchige Noten, mineralisch, saftige Frucht, dicht und gut strukturiert, hat Länge.

Kaiserstühler Winzerverein Oberrotweil

Neueinsteiger

Bahnhofstraße 31,
79235 Oberrotweil
T +49 (0) 7662 93200
www.winzerverein-oberrotweil.de

Am südwestlichen Kaiserstuhl in den Lagen Käsleberg, Henkenberg und Eichberg stehen die 408 Hektar Reben der Oberrotweiler Genossen. Der Henkenberg mit seinen tiefen, dunklen Vulkanverwitterungsböden bietet beste Voraussetzungen für den Spätburgunder, der knapp die Hälfte des Sortiments ausmacht. Im Käsleberg stehen auf Löss- und Lehmböden Müller-Thurgau, weiße Burgunder-Sorten sowie Silvaner und Gewürztraminer.

Rebfläche 420 ha
Produktion
4.000.000 Flaschen
Gründung 1935
Verkaufszeiten
Mo–Fr 8–12.30 Uhr und
13.30–17.30 Uhr
Sa 8.30–12.30 Uhr

2018 Oberrotweiler Käsleberg Grauburgunder „Riserva" Spätlese trocken
11,50€ · 14,5%
Duftet nach Curry, Orange und Melone. Bestens saftig und klar strukturiert am Gaumen. Dezente Herbe sorgt für Zug.

2019 Grauburgunder „Junge Winzer 557 M.ü.NN" trocken
7,20€ · 12,5%

2019 Oberrotweiler Käsleberg Grauburgunder Kabinett trocken
6,95€ · 13,5%

2019 Weißburgunder „Junge Winzer 557 M.ü.NN" trocken
7,20€ · 12,5%

2018 Oberrotweiler Eichberg Spätburgunder
6,35€ · 14,5%

2018 Oberrotweiler Henkenberg Spätburgunder „Selektion"
9,40€ · 14,5%
Freimütiger Spätburgunder, der mit süßer Kirschfrucht, weichen Gerbstoffen und dezenter Würze ansatzlos zur Sache kommt. Gefällig und gut.

Weingut Pix

Eisenbahnstraße 19,
79241 Ihringen
T +49 (0) 7668 879
www.weingut-pix.de

Inhaber Hannes Pix
Betriebsleiter Hannes Pix
Kellermeister Hannes Pix
Verbände Demeter
Rebfläche 7 ha
Produktion 50.000 Flaschen
Gründung 1984
Verkaufszeiten
März-Okt.
Di–Fr 17–19 Uhr
Sa 11–14 Uhr
und nach Vereinbarung
Nov.–Feb.
nach Vereinbarung

Bereits seit 1984 bewirtschaftet die Familie Pix ihr Weingut biologisch, inzwischen auch biodynamisch. Bio als Qualitätskonzept, das ist das Credo von Hannes Pix, der das Weingut 2017 zusammen mit seiner Frau Sonja-Luisa von den Eltern übernommen hat und seitdem konsequent eigene Wege geht. Zum Beispiel die Abwendung vom Prädikatswein-System – die Pix-Weine gibt es als Gutswein oder Selektion Pix zu kaufen. Auch auf die Angabe von Großlagen verzichtet Hans Pix – er beschreibt lieber den Bodentyp. Komplexität und Terroirbetonung sind ihm besonders wichtig. Da ist „bio" kein Marketing-Spruch, sondern gelebte Leidenschaft für den Wein.

2017 Grauburgunder „Titus" trocken
24,50€ · 14%
Mächtiger Grauburgunder, perfekt zum Curry-Huhn.

2018 Grauburgunder trocken
9€ · 13%
Gut konturierter Grauburgunder, ein ganz wunderbarer Allrounder.

2018 Weißburgunder trocken
8,50€ · 12,5%
Nussige und dichte Frucht, kräuterige Note, feine Säure, klarer Stil.

2017 Spätburgunder „Selektion Pix"
15€ · 13,5%
Reife Frucht, spannungsgeladenener Wein, Noten von Schokolade, Würzenoten, feines Tannin.

2019 Cabernet Carol „Kamikätzchen" trocken
8€ · 13%

2018 „PinotPix Crémant" brut
14€ · 12,5%
Feine Cuvée aus Spätburgunder und Chardonnay, ein schöner Auftakt für einen geselligen Abend.

Weingut Salwey

Hauptstraße 2,
79235 Oberrotweil
T +49 (0) 7662 384
www.salwey.de

Inhaber Konrad Salwey
Betriebsleiter Konrad Salwey
Kellermeister Konrad Salwey & Simon Kreutner
Verbände VDP
Rebfläche 23 ha
Produktion 150.000 Flaschen
Verkaufszeiten
März-Dez.
Mo–Fr 14–18 Uhr
Jan.-Feb.
Mo–Fr 14–17 Uhr
Sa 11–17 Uhr
und nach Vereinbarung

„Immer trocken. Immer Burgunder." So das Credo von Konrad Salwey. Wer dafür eine Erklärung sucht, wird wohl in seiner Vita fündig. Konrad Salwey absolvierte seine Ausbildung zum Winzer bei den Weingütern Wirsching (Franken) und Müller-Catoir (Pfalz). Danach studierte er in Geisenheim Önologie. Wichtige Erfahrungen sammelte er auch in der legendären Elsässer Domäne Zind-Humbrecht in Turckheim sowie im Burgund bei Michel Juillot in Mercurey. 2002 stieg er in das Weingut der Familie ein, um nach und nach die Führung zu übernehmen. Seit dem Tod seines Vaters Wolf-Dietrich, einem Urgestein des badischen Qualitätsweinbaus, ist er alleine für den Betrieb verantwortlich. Dessen Weinberge stehen in den besten Lagen des Kaiserstuhls. Der Oberrotweiler Henkenberg, auf dem tatsächlich Hinrichtungen stattfanden, der Oberrotweiler Kirchberg und der Oberrotweiler Eichberg sind alle vom VDP als Große Lage klassifiziert. Ebenfalls aus Top-Lagen stammen die Weine der Linie „Réserve Salwey" (RS), auf Lösslagen des Kaiserstuhls wachsen die Trauben für die Gutsweine. Eine Gemeinsamkeit haben alle: Sie sind vergleichsweise moderat im Alkoholgehalt und talentierte, vielseitige Speisenbegleiter.

2017 Oberrotweiler Eichberg Grauburgunder GG
35€ · 13%
Perfekt balancierter großer Wein, ein idealer Begleiter für feine Fischvorspeisen.

2017 Oberrotweiler Henkenberg Grauburgunder GG
29€ · 13%
Straffe Struktur, fokussiert und präzise, dicht und doch frisch, elegante Aromatik, sehr lang, viel Charakter und deutlich zu jung.

2017 Oberrotweiler Kirchberg Weißburgunder GG
39€ · 12,5%
Feine Säure, klare Holzprägung und doch schlank gebaut, braucht noch viel Zeit, zeigt jetzt schon Tiefgang.

2018 Oberrotweiler Eichberg Spätburgunder GG
45€ · 13,5%
Dieser Spätburgunder ruft förmlich nach guter Küche, genauer gesagt: Ente mit Kirschen.

2018 Oberrotweiler Kirchberg Spätburgunder GG
55€ · 13,5%
Ungemein fein und dicht gewobener Wein, dazu Milchlamm mit Rosmarin.

2018 Oberrotweiler Spätburgunder „RS"
19€ · 13,5%
Pinot Noir im burgundischen Stil, würzige Note, ausgezeichnetes Tannin, saftige Frucht.

Sasbacher Winzerkeller

Jechtinger Straße 26,
79361 Sasbach
T +49 (0) 7642 90310
www.sasbacher.de

Betriebsleiter Thomas Langenbacher
Kellermeister Werner Giener
Rebfläche 109 ha
Produktion 800.000 Flaschen
Gründung 1935
Verkaufszeiten
Mo–Fr 8–18 Uhr
Sa 9.30–14 Uhr

Der Sasbacher Winzerkeller gehört mit 307 Mitgliedern und 107 Hektar Rebfläche zu den kleinsten Genossenschaften am Kaiserstuhl. Über zwei Drittel der Rebfläche sind mit Burgunder-Sorten bestockt. Mehr als 50 Hektar liegen in der „Roten Halde" und gehören, von ein wenig Cabernet Sauvignon abgesehen, ausschließlich dem Spätburgunder. Die Weißweine wachsen in der Lage Limburg.

2018 Sasbacher Limburg Grauburgunder „Edition Orchidea" Spätlese trocken
12,25€ · 15%

2018 Sasbacher Limburg Weißburgunder „Edition Orchidea" Spätlese trocken
11,95€ · 14,5%

2019 Muskateller „Sasbacher" Kabinett trocken
7,75€ · 12,5%

2019 Sasbacher Limburg Grauburgunder Kabinett trocken
7,40€ · 13%

2019 Sasbacher Limburg Grauburgunder Spätlese trocken
8,15€ · 13,5%

2019 Sasbacher Limburg Weißburgunder Kabinett trocken
7,20€ · 13%

2019 Silvaner „Sasbacher" Kabinett trocken
6,30€ · 13,5%

2015 Sasbacher Rote Halde Spätburgunder Auslese trocken
32,60€ · 14,5%
Klassischer Spätburgunder mit hintergründiger Frucht.

2016 Sasbacher Rote Halde Spätburgunder Spätlese trocken
21,90€ · 14%
Glatte, süßliche Art, saftige Frucht, weiches Tannin, gute Länge.

2017 Sasbacher Rote Halde Cabernet Sauvignon
18,90€ · 14%

2017 Sasbacher Rote Halde Spätburgunder „Edition Orchidea" Spätlese trocken
15,50€ · 14%
Saftige Frucht, guter Holzeinsatz, dunkle Aromatik, gute Balance, saftige Länge.

2018 Sasbacher Rote Halde Spätburgunder „Jäger-Wein"
7,90€ · 14%
Schokoladig, gute Struktur, gute Länge, guter Essensbegleiter.

Weingut Leopold Schätzle

Wilhelmshöfe 1,
79346 Endingen
T +49 (0) 7642 3361
www.schaetzle-weingut.de

Inhaber Leopold Schätzle
Betriebsleiter Leopold Schätzle
Kellermeister Leopold Schätzle
Rebfläche 14,5 ha
Produktion 96.000 Flaschen
Gründung 1970
Verkaufszeiten:
Mo–Fr 9–12 Uhr
und 13.30–18.30 Uhr
Sa 9.30–12 Uhr
und 13.30–15.30 Uhr

1970 gründeten Leopold und Margarete Schätzle ihr Weingut in Endingen, unter der Wappendevise „Ex amore et sole vinum" („Aus Liebe und Sonne wird Wein") . Die 50-Jahr-Feier wurde aus bekannten Gründen auf das Jahr 2021 verschoben. Zum Sortiment zählt neben den klassischen Burgunder-Sorten und Müller-Thurgau auch Aromatisches wie Scheurebe und Muskateller. Bei den Roten kommen zum Spätburgunder noch Cabernet Sauvignon und Cabernet Mitos. Die Reben stehen am Kaiserstuhl und im Breisgau, die Top-Lage des Gutes ist die Endinger Steingrube mit Basaltverwitterungsboden.

2019 Endinger Engelsberg Muskateller Kabinett trocken
8,90€ · 12%

2019 Endinger Engelsberg Scheurebe Kabinett trocken
8,60€ · 12,5%

2019 Endinger Steingrube Grauburgunder Kabinett trocken
11,90€ · 13,5%

2019 Grauburgunder Kabinett trocken
8,95€ · 13%

2019 Oberbergener Baßgeige Grauburgunder Kabinett trocken
9,95€ · 13,5%

2018 Endinger Steingrube Spätburgunder „*SL" Auslese trocken
22,60€ · 14,5%

2018 Kenzinger Hummelberg Spätburgunder Spätlese trocken
15,40€ · 13%

♥ **2018** Endinger Steingrube Spätburgunder Beerenauslese
32,90€ · 14%
Üppiger Stil, reife Frucht, etwas Rumtopf und dicht, lang.

Weingut Gregor und Thomas Schätzle

Heinrich-Kling-Straße 38,
79235 Vogtsburg-Schelingen
T +49 (0) 7662 94610
www.weingutschaetzle.de

Inhaber Thomas & Franziska Schätzle
Kellermeister Martin Schmidt
Verbände Vinissima, Verband deutscher Unternehmerinnen (VdU)
Rebfläche 15 ha
Produktion 90.000 Flaschen
Gründung 1982
Verkaufszeiten
Mo–Fr 8–12 Uhr
und 13.30–18 Uhr
Sa 8–16 Uhr
So, Feiertag nach Vereinbarung

Die Schelinger Weinberge liegen mit 400 bis 450 Metern recht hoch. „Das Vulkangestein als heißer Untergrund bekommt so einen wunderbaren Gegenspieler, der selbst in heißen Jahren ein saftiges Spiel in die Weine bringt", sind Thomas und Franziska Schätzle überzeugt. Ebenfalls überzeugt sind sie von den Vorteilen eines gesunden Weinbergs: „Seit vielen Jahren beschäftigen wir uns mit einer vernünftigen Form des ‚Natural Growing'", erklären die beiden, „wir reduzieren kontinuierlich den Einsatz chemisch synthetischer Produkte, sodass sich Bodenleben und Nützlinge besser entfalten können. Wir sind der Meinung, dass man dies mittlerweile in unseren Weinen schmecken kann."

2018 Grauburgunder „Schatz vom Vulkan" trocken
15€ · 14%
Dass es im Kaiserstuhl heiß zugehen kann, ist bekannt. Dieser Wein macht aus den Bedingungen keinen Hehl. Muss er auch nicht: Es geht auch wuchtig.

♥ **2018** Schelinger Kirchberg Chardonnay „Réserve" trocken
28€ · 14%
Komplex kompletter Wein, ein perfekter Begleiter der guten badischen Küche.

2018 Schelinger Kirchberg Grauburgunder „Réserve" trocken
24€ · 14%
Kamille und Sahnekaramell vereint.

2016 Spätburgunder „Schatz vom Vulkan"
19€ · 13,5%
Kühle Aromatik, animierend feiner Wein.

2017 Schelinger Kirchberg Spätburgunder „Réserve"
45€ · 13,5%
Etwas Bitterschokolade, Kirsche. Herbe Kräuter, die ätherisch anklingen und Frische mitbringen. Würzig-saftiger Geschmack mit reifen Gerbstoffen.

Ökologisches Weingut Schmidt

Altweg 67, 79356 Eichstetten
T +49 (0) 7663 3123
www.schmidt-weingut.de

Wer sein Weingut seit den 1980er-Jahren ökologisch betreibt, wird zu Recht zu den Pionieren gezählt. Zu ihnen gehören Waltraud und Richard Schmidt. „Ökologie und Önologie in Einklang zu bringen", sehen sie als ihr Lebenswerk. Heute werden in ihrem Heimatort Eichstetten 30 Prozent der Rebfläche nach Ökorichtlinien bewirtschaftet. 2013 übergaben die Schmidts den Betrieb an ihren Sohn Martin und dessen Ehefrau Helen, die auch das benachbarte Weingut Kiefer betreiben.

Inhaber Martin Schmidt
Betriebsleiter Richard Schmidt (Außenbetrieb)
Kellermeister Martin Schmidt
Verbände Ecovin
Rebfläche 10 ha
Produktion 65.000 Flaschen
Gründung 1987
Verkaufszeiten nach Vereinbarung

2019 Cabernet Blanc „Lösskindl" trocken
14€ · 13,5%

2019 Eichstetter Herrenbuck Grauburgunder „Herzstück" trocken
14€ · 13%
Ist das ein Makel, wenn ein Wein „gefällig" schmeckt, wie ein Juror in diesem Fall anmerkte? Keinesfalls! Klarfruchtig, zugänglich, saftig.

2019 Eichstetter Herrenbuck Sauvignon Blanc trocken
10,90€ · 13%
Dieser Sauvignon macht Riesling-Trinkern Spaß.

2019 Eichstetter Herrenbuck Scheurebe trocken
10,90€ · 12,5%

2019 Eichstetter Herrenbuck Weißburgunder trocken
8,70€ · 13%
Kommt primärfruchtig daher mit einer sanften Säurestruktur und wird dann opulenter.

2019 Souvignier Gris „Lösskindl" trocken
14€ · 13,5%

2018 Eichstetter Herrenbuck Spätburgunder
8,90€ · 13,5%

2019 Eichstetter Herrenbuck Spätburgunder Rosé trocken
8,70€ · 12,5%

Weinhaus Bettina Schumann

Lilienstraße 9,
79353 Bahlingen am Kaiserstuhl
T +49 (0) 160 9214 6529
www.schumann-wein.com

Inhaber Bettina Schumann
Rebfläche 6,5 ha
Produktion 60.000 Flaschen
Gründung 2015
Verkaufszeiten
nach Vereinbarung

Am Winemaking von Bettina Schumann ist manches vielleicht nicht ganz typisch. Als gebürtige Berlinerin leitet die studierte Önologin ihr Weinhaus seit 2015 – nach diversen Stationen in ganz Deutschland, Italien und auch Neuseeland. Inzwischen wird sie unterstützt durch ihre Frau Melanie Panitzke, die ihre Wurzeln an der Nordsee hat, aber bereits jung merkte, dass es sie in die Welt des Weines zog. Beide betreiben ihr Weinhaus mit Leidenschaft und Verve als „2-Frau-Betrieb" und kaufen die Trauben befreundeter Winzer an. Ihren Namen verbindet Schumann perfekt mit dem Marketing: So gibt es die Weine in der unkomplizierten Rotschuh- und der gehobenen Goldschuh-Linie. Ihre „Berliner Schnauze" hat Schumann nicht verloren, die Weine heißen zum Beispiel „Famose Schose" oder „Dit is der Clou von't Janze".

2018 Grauburgunder „Dit is der Clou von't Janze" trocken
22,50€ · 13,5%
Summertime.

2018 Grauburgunder „Famose Schose" trocken
11,90€ · 13,5%
Chill-Wein zum Abhängen.

2019 Weißburgunder „Bis in die Puppen" trocken
10,90€ · 13%
Elegante Nase, animierende Säure, guter Nachhall, Limette, feine Struktur.

2018 Spätburgunder „Achtkantig"
13,90€ · 13,5%
Für Experimentierfreudige.

♥ **2018** Spätburgunder „Chaiselongue" trocken
36€ · 12,5%
Kapuzinerkresse und Rotweinbirne.
Kräutrig und erwachsen.

2019 Spätburgunder „Mittenmang" trocken
10,90€ · 13%

Weingut Schweizer

Neueinsteiger
Keltenweg 1, 79241 Ihringen
T +49 (0) 7668 9084 11
www.weingut-schweizer.de

2019 Ihringer Fohrenberg Weißburgunder „Berg" Kabinett trocken
9,27€ · 12,7%
Prägnante Säure gepaart mit feiner Aromatik, wie unterm Pfirsichbaum.

Weingut Sonnenhof

Sonnenhof 1, 79241 Ihringen
T +49 (0) 7668 5801
www.sonnenhofwein.de

Inhaber Michael Mattmüller
Betriebsleiter
Michael Mattmüller
Kellermeister
Michael Mattmüller
Rebfläche 10 ha
Produktion 90.000 Flaschen
Verkaufszeiten
Mo–Fr 10–18 Uhr
Sa 10–17 Uhr
und nach Vereinbarung

An den südlichen Hängen des Kaiserstuhls im Ort Ihringen liegt der Sonnenhof, der inzwischen in dritter Generation von der Familie Mattmüller bewirtschaftet wird. Die klimatischen Bedingungen am Kaiserstuhl – der wärmsten und sonnenreichsten Großlage Deutschlands – sind perfekt für Burgunder-Sorten, auf die sich die Mattmüllers hauptsächlich konzentrieren. Der Qualitätsphilosophie „Klasse statt Masse" folgend setzt Michael Mattmüller auf Ertragsreduzierung, Handlese und schonenenden Umgang mit dem Traubenmaterial. Neben dem Weingut betreibt die Familie noch eine kleine Hausbrennerei, in der regionales Obst verarbeitet wird.

2018 Ihringer Fohrenberg Grauburgunder „Grande Réserve" Auslese trocken
15,90€ · 15%
Am Einsatz neuer Eichenholzfässer wurde offenbar nicht gespart. Das spendiert ihm bereits in der Nase opulente Fülle, die sich am Gaumen erfüllt.

2019 Ihringer Fohrenberg Grauburgunder Spätlese trocken
9,50€ · 14%

2019 Ihringer Winklerberg Weißburgunder Spätlese trocken
9,50€ · 13,5%

2018 Ihringer Fohrenberg Syrah „Réserve" Spätlese trocken
19€ · 13%
Kräftige Pfefferwürze und einsaftiger Kern machen diesen Syrah zum idealen Begleiter eines klassischen Barbecue.

2018 Ihringer Winklerberg Pinot Noir „Edition 962" Spätlese trocken
28,90€ · 14,5%
Feine Holznote, dichte schwarze Frucht, gute Länge.

2018 Pinot Noir
8,80€ · 13,5%

Weingut Stigler

Bachenstraße 29,
79241 Ihringen
T +49 (0) 7668 297
www.weingut-stigler.de

Inhaber Andreas & Regina Stigler
Betriebsleiter Andreas Stigler
Kellermeister Andreas & Maximilian Stigler
Verbände VDP
Rebfläche 15 ha
Produktion 90.000 Flaschen
Gründung 1881
Verkaufszeiten
Mo–Fr 10–12 Uhr
und 15–18 Uhr
Sa 10–12 Uhr und 15–17 Uhr

Ein frischer Wind weht durch die Weinberge und Keller der Stiglers. 2017 ist Sohn Maximilian eingestiegen, nachdem er sein Önologie- und Weinbau-Studium in Geisenheim abgeschlossen hatte. Somit ist die fünfte Generation seit der Gründung 1881 im Weingut aktiv. „Wir freuen uns, dass unser Sohn Maximilian mit vollem Elan und neuen Ideen mit einer frischen Brise das Weingut in die nächste Generation führt", sagen Andreas und Regina Stigler. Die besten Lagen des Guts sind der Oberrotweiler Eichberg, der Ihringer Winklerberg, beide am Kaiserstuhl, sowie der Schlossberg in Freiburg im Breisgau – allesamt prädestiniert für Burgunder-Sorten, mit denen rund drei Viertel der Rebfläche des Gutes bestockt sind.

2018 Achkarrer Schlossberg Weißburgunder GG
24€ · 14,5%
Sehr jung, viele Anlagen zur Reife, feine Rauchnote, Mineralität, dichte Frucht, lang.

2018 Ihringen Winklerberg Chardonnay „Winklerberg Ihringen Pagode" GG
32€ · 13,5%
Eleganter Chardonnay, kommt fast leichtfüßig daher.

2018 Ihringer Winklerberg Grauburgunder „Pagode" GG
24€ · 13,5%
Großer Grauburgunder mit viel Zukunftsperspektive.

2018 Ihringer Winklerberg Riesling „Winklen Herrgottswinkel F36" GG
25€ · 12,5%
Feingliedriger, straff gebauter Riesling mit feinem Säurenerv und guter Länge.

2017 Oberrotweiler Eichberg Spätburgunder GG
35€ · 13,5%
Reife Noten und doch viel Spannung, schöne Länge, hintergründig ätherisch, rotbeerige Frucht.

Weingut Ralf Trautwein

Neueinsteiger

Hauptstraße 106,
79268 Bötzingen
T +49 (0) 7663 5185
www.weingut-ralf-trautwein.de

Seit 2001 betreibt Ralf Trautwein sein eigenes Weingut in Bötzingen. Auf 10 Hektar Rebfläche, überwiegend in den Lagen Bötzinger Eckberg und Lasenberg, kultiviert er die klassischen Burgunder-Sorten, aber auch Sauvignon Blanc und Muskateller. Ob Einstiegsqualität in der Literflasche oder Premiumwein aus dem Holz von „Alten Reben" – die Sortenpalette ist breit und wird sogar noch durch Schaumweine und Edelbrände erweitert.

2019 Grauburgunder „Alte Rebe TT Premium" Spätlese trocken
10€ · 13,5%

Inhaber Ralf Trautwein
Betriebsleiter Ralf Trautwein
Kellermeister Ralf Trautwein
Rebfläche 9,5 ha
Produktion 70.000 Flaschen
Gründung 2001
Verkaufszeiten
Sa 10–14 Uhr
und nach Vereinbarung

2019 Grauburgunder Kabinett trocken
7,50€ · 13%

2019 Muskateller Kabinett trocken
7,50€ · 12,5%
Richtig kräftig und duftig. Die Begleitung darf sich da nicht verstecken.

2019 Weißburgunder Kabinett trocken
6,80€ · 13%

2017 Spätburgunder „Alte Rebe TT Premium" Spätlese trocken
14€ · 14%
Dichte Frucht, reif und üppig, gute Länge, etwas gemach, trinkig.

2019 Spätburgunder „Edition" Kabinett trocken
6,50€ · 12,5%

Weingut Trautwein

Riegeler Straße 2,
79353 Bahlingen
T +49 (0) 7663 2650
www.trautweingut.com

Betriebsleiter Anne-Christin & Christoph Trautwein
Verbände Demeter, Renaissance des Appellations
Rebfläche 12 ha
Produktion 55.000 Flaschen
Verkaufszeiten
Mo–Fr 16–18 Uhr
Sa 10–14 Uhr
und nach Vereinbarung

Bereits 1980 setzten die Trautweins auf biologischen Weinbau und gehörten damit am Kaiserstuhl zu den Pionieren. 2004 folgte konsequenterweise die Umstellung auf Biodynamie und die Demeter-Zertifizierung – und 2013 wurde das Weingut in die von Nicolas Joly gegründete Gemeinschaft biodynamischer Spitzenweingüter „Renaissance des Appellations" aufgenommen. Für die Weine verantwortlich zeichnet Anne-Christin, die das Weingut von ihren Eltern 2019 offiziell übernommen hat. Dass es im Sortiment auch Weine von der Ahr gibt, die am Kaiserstuhl ausgebaut werden, liegt daran, dass ihr Mann Christoph – ebenfalls studierter Önologe – von dort stammt. Beim Ausbau der Weine sieht sich Anne-Christin burgundisch beeinflusst. Heißt in diesem Fall: Spontanvergärung, Ausbau der Weine im großen Holz (aus Burgund) und Verzicht auf Schönung. Die Trautweins, die auf eine lange Familiengeschichte seit 1649 zurückblicken können, arbeiten biologisch aus Leidenschaft – und mit Hinblick auf die Zukunft dafür, „dass auch auch in weiteren 380 Jahren noch gesunde Reben auf ganz natürliche Weise zu großen Weinen werden können".

♥ **2018** Chardonnay „Fohberg" trocken
21,93€ · 13,5%
Bringt neben Volumen auch eine spannende mineralische Würze an den Gaumen. Sie hält den Wein wach und lebendig, wofür auch eine feine Herbe sorgt.

2018 Grauburgunder „Fohberg" trocken
17,55€ · 13%
Sehr harmonisch würziger Grauburgunder mit guter Länge und feinem aromatischen Spiel.

2018 Käsenthaler Weißwein-Cuvée trocken
17,55€ · 13,5%
Klug komponiert, dieser Wein sucht sein kulinarisches Alter Ego, nicht zum einfach Wegsüffeln.

Weingut Siegfried und Petra Vogel

Ruländerweg 7,
79235 Vogtsburg-Oberbergen
T +49 (0) 7662 80271
www.weingut-vogel.com

Inhaber Siegfried & Petra Vogel
Betriebsleiter Siegfried Vogel
Kellermeister Siegfried Vogel
Rebfläche 6 ha
Produktion 30.000 Flaschen
Gründung 1997
Verkaufszeiten
nach Vereinbarung und zu den Straußenzeiten

Siegfried und Petra Vogel liegen nicht nur die eigenen Weine, sondern auch Gäste und Kunden am Herzen. Und so kann man am Weingut nicht nur diverse Weine entdecken, es gibt auch Schaumweine, eine hauseigene Edelbrennerei und Säfte sowie Sirup direkt ab Hof. Außerdem bieten die Vogels in ihrer Straußwirtschaft die passende kulinarische Begleitung zur Weinprobe an und haben sogar eine Ferienwohnung für den längeren (Urlaubs-)Aufenthalt. Die Weingutsphilosophie? „Ökologisch sinnvoll statt 100 % bio." Und Sohn Jonas macht gerade seine Ausbildung zum Weintechnologen – die Zukunft ist gesichert.

2018 Oberbergener Baßgeige Grauburgunder „Vulkangestein" Spätlese trocken
10,50€ · 13,5%

2019 Oberbergener Baßgeige Chardonnay „Vulkangestein" Spätlese trocken
10,50€ · 13%

2019 Oberbergener Baßgeige Weißburgunder „Vulkangestein" Spätlese trocken
10,50€ · 13%

♥ **2018** Oberbergener Baßgeige Spätburgunder „Besonderes" Spätlese trocken
25€ · 13,5%
Feiner Spätburgunder mit kraftvollem, vom neuen Barrique geprägtem Auftritt.

Weingut Peter Wagner

Neueinsteiger

Hauptstraße 32,
79235 Vogtsburg Oberrotweil
T +49 (0) 176 6401 3967
www.wagner-weingut.de

2018 Oberrotweiler Henkenberg Spätburgunder

48€ · 13%

Braucht viel Zeit, Reduktion, vielschichtig am Gaumen, Wein mit Spannung.

Weingut Weishaar

Hauptstraße 164,
79356 Eichstetten
T +49 (0) 7663 4800
www.weingut-weishaar.de

Inhaber Gaby & Karl-Heinz Weishaar
Betriebsleiter Karl-Heinz Weishaar
Kellermeister Markus Weishaar
Verbände Vinissima, Generation Riesling, Generation Pinot
Rebfläche 6 ha
Produktion 50.000 Flaschen
Gründung 1989
Verkaufszeiten
Fr 14–18 Uhr
Sa 10–13 Uhr
und nach Vereinbarung

Gabriele und Karl-Heinz Weishaar begannen 1989 mit der Vermarktung ihrer Weine – damals noch als landwirtschaftlicher Mischbetrieb. Inzwischen hat man sich ganz dem Weinanbau verschrieben. Unterstützt werden die Weishaars seit 2007 von Sohn Markus, Weinbautechniker, und seiner Frau Corinne, Quereinsteigerin und Weinbetriebswirtin, die neue Ideen eingebracht haben und so z. B. den Anteil spontan vergorener Weine nach und nach erhöht haben. Auf inzwischen sechs Hektar Rebfläche werden Burgunder-Sorten, Riesling und Muskateller kultiviert, wobei die Familie Wert auf einen nachhaltigen Umgang mit der Natur und den Verzicht auf Herbizide und Insektizide legt.

2018 Eichstetter Herrenbuck Chardonnay „***" trocken

13,90€ · 13,5%

2018 Eichstetter Herrenbuck Grauburgunder „***" trocken

12,90€ · 14%

Toastwürze, Ananas und Honigmelone sind seine aromatischen Aushängeschilder. Dass auch am Gaumen mit Kraft und Extrakt nicht gespart wird, ist klar.

2018 Eichstetter Herrenbuck Weißburgunder „***" trocken

12,90€ · 13,5%

2017 Eichstetter Herrenbuck Pinot Noir „Eigenacker"

30€ · 13,5%

Bodenständig, dunkle Frucht, Holzwürze, noch jung.

2016 Eichstetter Herrenbuck Chardonnay „Crémant" brut

12,50€ · 12,5%

Weingut Zimmerlin

Kirchweg 2, 79268 Bötzingen
T +49 (0) 7663 1296
www.weingut-zimmerlin.com

Inhaber Alexander Steiner
Kellermeister Herbert Krebs
Rebfläche: 17 ha
Produktion 120.000 Flaschen
Verkaufszeiten
Mo–Fr 9–13 Uhr
und nach Vereinbarung

2010 übernahm Alexander Steiner das Weingut Zimmerlin und bezeichnet sich als klassischen Quereinsteiger. Vom Finanzvorstand zum Winzer, das ist wirklich nicht unbedingt typisch in Deutschland. Unterstützung im Keller bekommt Steiner vom Önologen Herbert Krebs, der wiederum auf einem Weingut aufwuchs, jahrelang in der Weinbranche tätig war und damit 2017 ganz „gerade" bei Zimmerlin einstieg. Die klare Qualitätspyramide am Weingut ist auch für Nicht-Profis gut nachzuvollziehen.

2019 Auxerrois „Edition" trocken
8€ · 12,5%
Duftend nach Lindenblüte, feinwürzig und verspielt, unkomplizierte und barocke Art, Frische-Frucht-Balance ist top.

2019 Bötzinger Eckberg Grauburgunder „alte Reben" trocken
11,50€ · 12,5%
Gute Struktur, gekonnter Holzeinsatz, fein, mit gutem Potenzial und zarte, elegante Art.

2019 Eichstetter Herrenbuck Weißburgunder „alte Reben" trocken
11,50€ · 13,5%
Elegante Struktur, leichte Zitrusnote, typische und pure Frucht, klar und animierend.

2019 Grauburgunder „Edition" trocken
8,90€ · 13%

2019 Grauburgunder „Für jeden Tag" trocken
8€ · 12,5%
Dezente Aromatik, hat Tiefe und Ausdruck, drückt von innen her, Langstreckenläufer, Wein mit Charakter.

2019 Weißburgunder „Edition" trocken
8,50€ · 13%

2019 Weißburgunder „Für jeden Tag" trocken
7,50€ · 12%

2019 Weißwein-Cuvée „alte Reben" trocken
10,50€ · 13%
Weiße Blüten und exotische Frucht machen klipp und klar, wohin die aromatische Reise geht. Saftig und zugänglich.

2017 Bötzinger Eckberg Spätburgunder „Premium"
22€ · 13,5%
Bestens strukturierter Spätburgunder, gekonnt im Barrique ausgebaut, präsentiert sich sehr harmonisch, hat viel Zukunft.

2017 Spätburgunder „Edition"
8,50€ · 12,5%

2019 Spätburgunder „Edition" trocken
8€ · 12,5%

Essen

HEIDI'S KÜFER

Eisenbahnstraße 9,
79241 Ihringen
T + 49 (0) 7668 9968 140
www.heidis-kuefer.de

Wo früher der Küfer die Weinfässer hergestellt hat, kann jetzt „knusbadisch und wildbayrisch" gespeist werden. Diese kulinarische Mischung hat ihren Grund: Gastgeberin Heidi Imm ist in Bayern aufgewachsen, jetzt aber im Badischen zu Hause.

Empfohlen von
Weingut St. Remigius

LANDGASTHOF KARLES WEINKRÜGLE

Eisenbahnstraße 24,
79241 Ihringen
T +49 (0) 7668 7499
www.karles-weinkruegle.de

Der Blick in die Weinberglage „Fohrenberg" ist aus fast allen Zimmern dieses gemütlichen Gasthauses garantiert. Zehn moderne Zimmer stehen zur Verfügung, zum Haus der Familie Karle gehört auch ein Restaurant, in dem badisch gekocht wird. Im Sommer lässt es sich in der rebenumrankten Gartenwirtschaft genießen.

Empfohlen von
Wein- und Sektgut Gerhard Karle

GASTHAUS ZUM KAISERSTUHL

Niederrotweil 4,
79235 Vogtsburg im Kaiserstuhl
T +49 (0) 7662 237
www.gasthaus-zum-kaiserstuhl.de

Kleines, einfaches Gasthaus mit großer, traditioneller badischer Küche. Mini-Stube mit vier Tischen, im Sommer auch draußen gleich neben dem Kräutergarten, den der Koch, Herr Koch, gerne und wissend nutzt.

Empfohlen von
der Redaktion

MERKLES RESTAURANT + PFARRWIRTSCHAFT

Hauptstraße 2, 79346 Endingen
T +49 (0) 7642 9243 11
www.merkles-restaurant.de

Ein mehrfach ausgezeichnetes Gourmetrestaurant, das in dieser Region seinesgleichen sucht: Allerfeinste Kulinarik, zubereitet aus allerfrischesten Zutaten aus der Region, aber auch aus fernen Ländern kommen bei Thomas Merkle und seinem Team auf Teller und Tisch. In der dazugehörigen Pfarrwirtschaft geht es „ohne Etepete", dafür mit Dolce Vita wie in Italien und Savoir-vivre wie in Frankreich zu – eben entspannt und locker wie am Kaiserstuhl.

Empfohlen von
den Weingütern Knab und Gregor und Thomas Schätzle

DUTTERS STUBE

Winterstraße 28,
79346 Endingen-Kiechlingsbergen
T +49 (0) 7642 1786
www.dutters-stube.de

Gastlichkeit und Gemütlichkeit wollen die Gastgeber, das Ehepaar Dutter, in diesem Restaurant mit dem Stubenrestaurant und der Dorfwirtschaft im Gewölbekeller ihren Gästen vermitteln. In beiden Restaurants wird badisch gekocht – in dem einen etwas leichter, in dem anderen etwas bodenständiger. Übernachtungsgästen stehen vier Doppelzimmer zur Verfügung.

Empfohlen von
den Weingütern Knab und Gregor und Thomas Schätzle

HOLZÖFELE

Bachenstraße 46,
79241 Ihringen
T +49 (0) 7668 207
www.holzoefele-ihringen.de

Das Ambiente ist gemütlich-rustikal, die Speisekarte regional-mediterran: Thunfischröllchen stehen bei Familie Eyrainer genauso auf der Speisekarte wie der klassische Zwiebelrostbraten.

Empfohlen von
Weingut Konstanzer

GASTHAUS SONNE
Hauptstraße 21,
79241 Ihringen-Wasenweiler
T +49 (0) 7668 229
www.Sonne-wasenweiler.de
Seit 1727 gibt es dieses Gasthaus bereits, das in achter Generation von Familie Ambs geführt wird. Zum Essen laden der lauschige Innenhof oder das Ofenstüble ein, auf der Karte stehen Gerichte aus der badischen Küche. Aber auch solche, die – wie Leberle vom Rind, Ochsenzunge und Hasenpfeffer – nicht mehr oft zubereitet werden. Zum Haus gehören auch das „Rebhisli", in dem mitten in den Reben übernachtet werden kann, sowie 16 weitere Doppelzimmer.
Empfohlen von
Weinhaus Mößner

KÖPFERS STEINBUCK
Steinbuckstraße 20, 79235
Vogtsburg-Bischoffingen
T +49 (0) 7662 9494 650
www.koepfers-steinbuck.de
Hier oben lässt sich der Kaiserstuhl in seiner ganzen Schönheit genießen: Der Blick geht über die Reben hinweg in die weite Landschaft und in den noch weiteren Himmel. Zum Essen laden Restaurant, Rotweinzimmer, ein Weinfass für sechs Personen oder die Sonnenterrasse ein. Übernachtungsgästen stehen 19 Doppelzimmer zur Verfügung.
Empfohlen von
den Weingütern Abril, Knab, Gregor und Thomas Schätzle

RESTAURANT ZUR LILIE IM LILIENTAL
Lilienhof, 79241 Ihringen
T +49 (0) 7668 9956 393
www.lilie-liliental.de
Zwischen Ihringen und Wasenweiler geht ein schmaler Weg ab ins Liliental. Hier, im sogenannten kleinen Schlösschen einer ehemaligen Hofanlage, wird mit biologisch und ökologisch hergestellten Lebensmitteln gekocht. Neben dem Restaurant befindet sich das Arboretum, ein Park im Stil eines englischen Gartens, in dem man unter anderem wilde Orchideen bewundern kann.
Empfohlen von
Weingut Trautwein

GASTRONOMIE FRANZ KELLER
Schwarzer Adler,
Badbergstr. 23,
T +49 (0) 7662 9330 10
Winzerhaus Rebstock,
Badbergstraße 22,
T +49 (0) 7662 9330 11
Kellerwirtschaft,
Badbergstraße 44,
T +49 (0) 7662 9330 80
Alle Adressen in
79235 Vogtsburg-Oberbergen
www.franz-keller.de
Zum Weingut gehören drei Gastronomiebetriebe: Da ist zunächst der traditionelle „Schwarze Adler" mit seiner französisch-inspirierten Karte und einer Weinkarte, die allein mit 2700 Positionen, aber vor allem mit ihrer Jahrgangstiefe ihresgleichen sucht. Dann ist gegenüber das „Winzerhaus Rebstock", in dem es rustikal-gemütlich zugeht und wo badisch-elsässische Speisen für eine Gruppe auch schon mal im „famliy style" auf den Tisch kommen. Und dann ist da noch die stylische „KellerWirtschaft" mit ihrem gigantischen Ausblick in die Kaiserstühler Terrassenlandschaft und in das Naturschutzgebiet Badberg. Hier steht internationale Küche mit badischen Wurzeln auf dem Programm.
Empfohlen von
der Redaktion

Schlafen

ZOLLHAUS
Hauptstraße 3, 79346 Endingen
T + 49 (0) 7642 9202 343
www.zollhaus-endingen.de
Hier übernachtet man an historischer Stätte. Das Gebäude stammt aus dem 17./18. Jahrhundert und steht unter Denkmalschutz. Es wurde grundlegend saniert und zeigt sich jetzt mit seinen Zimmern im klaren Design, durchaus aber mit innenarchitektonischen Erinnerungen an die Vergangenheit des Barockgebäudes.
Empfohlen von
der Redaktion

HOTEL GARNI KAISERSTUHL
Bahnhofstraße 2, 79241 Ihringen
T +49 (0) 7668 9954 80
www.hotel-garni-kaiserstuhl.de
Komfortabel, freundlich und familiär präsentiert sich das Haus, von dem aus man in alle Richtungen seine Entdeckungstouren unternehmen kann – egal, ob nach Freiburg, in die Schweiz oder einfach nur in die Weinberge in der Nähe. Die Zimmer sind modern eingerichtet, den Gästen wird ein umfangreiches Frühstück serviert.
Empfohlen von
Weingut Gregor und Thomas Schätzle

HOTEL BRÄUTIGAM
Bahnhofstraße 1, 79241 Ihringen
T +49 (0) 7668 90350
www.braeutigam-hotel.de
Zwar zentral im Ort, aber trotzdem umgeben von Weinbergen ist dieses Haus mit seinen 20 individuell eingerichteten Gästezimmern. Im Restaurant wird badisch gekocht – mit Zutaten, die aus der heimischen Landwirtschaft kommen, und Weinen, die ebenfalls ganz in der Nähe gereift sind.
Empfohlen von
Weingut Stigler

ACHKARRER KRONE
Schlossbergstraße 15, 79235 Vogtsburg
T +49 (0) 7662 93130
www.hotel-krone-achkarren.de
Am Fuße des Schlossbergs liegt dieses Hotel – und das schon seit 1561. 23 Gästezimmer stehen in diesem inmitten von Weinbergen und Weinreben gelegenen zur Verfügung. Badische Küche und natürlich die Weine aus der Region können im Restaurant, in der gemütlichen Winzerstube oder im Sommer unter alten Olivenbäumen auf der Terrasse genossen werden.
Empfohlen von
Weingut Stigler

HOTEL REBSTOCK
Neunlindenstraße 23, 79235 Vogtsburg
T +49 (0) 7662 5999 930
www.rebstock-bickensohl.de
Hier übernachten die Gäste mit Blick in die Weinberge bis in die Vogesen, können an Treckerfahrten durch den Kaiserstuhl teilnehmen, bei der Weinlese mitmachen oder Ausflüge in das Elsass oder die Schweiz unternehmen. Im Restaurant wird kreativ-badisch gekocht.
Empfohlen von
der Redaktion

LANDGASTHOF ADLER ZU HOCHSTETTEN
Hochstetter Str. 11, 79206 Breisach
T +49 (0) 7667 93930
www.adler-breisach.de
In diesem charmanten Drei-Sterne-Hotel pflegt Familie Erhardt schon in dritter Generation die Gastfreundschaft. 20 Zimmer stehen zur Verfügung, zum Haus gehört aber auch ein Campingplatz, auf dem Reisende ihr Wohnmobil abstellen können. Im Restaurant stehen regionale Spezialitäten auf der Karte.
Empfohlen von
Weingut Konstanzer

Einkaufen

KAISERSTUHLSHOP
Mittelstadt 18, 79235 Vogtsburg
T +49 (0) 7662 9475 25
www.kaiserstuhlshop.de
Einrichtungs- und Deko-Trends sowie unzählige Produkte rund um Wein, Küche und Bar finden sich in diesem ungewöhnlichen Geschäft. Außerdem ist dort ein interessantes Korkenziehermuseum mit zum Teil historischen Exponaten beheimatet.
Empfohlen von
der Redaktion

ÖLMÜHLE FESSINGER
Hochstetter Str. 54 c,
79206 Breisach
T +49 (0) 7667 3798 990
Egal, ob Sonnenblumen-, Haselnuss-, Walnuss- oder Hanföl: Unzählige Sorten von Öl, aber auch Essig, Chutneys, Aufstriche, Senf oder Marmelade werden im Hofladen der Ölmühle Fessinger in großer Auswahl angeboten. Die Produkte werden überwiegend regional produziert. So stammen die Traubenkerne, Grundlage für das Traubenkernöl, vom Badischen Winzerkeller in Breisach.
Empfohlen von
Tomislav Markovic

FEINKOST GESCHMACKSACHE
Wasenweilerstr. 4
79241 Ihringen
T +49 (0) 7668 9960 429
www.miriams-geschmacksache.de
Kaiserstühler Feigenchutney, Mango-Habanero-Sauce oder Birnensenf: Miriam Kokemoor stellt Aufstriche, Chutneys, Soßen oder Gewürzsalze aus regionalen Zutaten selber her und verkauft sie einmal im Monat freitagnachmittags oder übers Internet.
Empfohlen von
Weingut Konstanzer

BREITENWEGERHOF
Endinger Straße 55,
79356 Eichstetten
T +49 (0) 7663 9127 27
www.breitenwegerhof.de
Die Kühe auf diesem Bio-Hof produzieren die Milch für Käse, Quark und Joghurt, die in der eigenen Käserei hergestellt werden. Die 220 Hühner liefern Demeter-Eier, die Bienenvölker den Honig. Und alles wird neben Wurst- und Fleischspezialitäten direkt auf dem Hof, aber auch an vielen Marktständen in der Region verkauft.
Empfohlen von
Tomislav Markovic

GÄRTNEREI QUERBEET
Bahlinger Str. 15,
79356 Eichstetten
T +49 (0) 7663 3630
www.demeterhof.de
Mehr als 60 Gemüsesorten werden hier biologisch-dynamisch angebaut – Möhren, Kartoffeln, Tomaten, Kohl, Kürbis, Auberginen oder Zuckermais. Verkauft werden sie im eigenen Hofladen, dort sind auch andere Produkte von regionalen Partnern erhältlich: Eier, Wein, samenfestes Saatgut, Honig oder Nudeln. An den vier Markttagen in der Woche steht das Querbeet-Team auch auf dem Münstermarkt in Freiburg.
Empfohlen von
Weingut Trautwein

Vinothek

METZGEREI DIRR

Königschaffhauser Str. 17,
79346 Endingen
T + 49 (0) 7642 1627
www.metzgerei-dirr.de

Ein Avantgardist mit einer eigenen Wurstphilosophie: So wird Markus Dirr bezeichnet, der die vierte Generation einer Metzgerfamilie verkörpert, die in Endingen am Kaiserstuhl seit 1897 ein Wurst-Geschäft betreibt. Dirrs Kaiserstühler Schinken und die Salamisorten sind inzwischen überregional berühmt. Luftgetrocknetes stellt er in unterschiedlichen Variationen her. Familie Dirr verkauft ihre – und viele andere – Produkte im Geschäft am Marktplatz, aber auch an Marktständen.

Empfohlen von
Weingut Gregor und Thomas Schätzle

Besonders empfehlenswerte Metzgereien

Metzger Kanzinger
Bötzingen (Bergstraße 105)

Metzgerei Sexauer
Endingen-Königschaffhausen (Bahnhofstraße 8)

Metzgerei Federle
Ehrenkirchen (Staufener Straße 1)

Metzgerei Martin Widmann
Hartheim (Rheinstraße 22)

Besonders empfehlenswerte Bäckereien

Bäckerei Jenne
Endingen (Untere Guldenstraße 24)

Bäckerei Seng
Endingen, (Hauptstraße 49)

Bäckerei Griesbaum
Endingen (Hauptstraße 64)

VINOTHEK BREISACH

Marktplatz 16, 79206 Breisach
T + 49 (0) 7667 9049 52
www.vinothek-breisach.de

Vor allem Weine aus dem Badischen Winzerkeller sind hier im Angebot. Insgesamt werden auf rund 120 Quadratmetern mehr als 100 Weine, Sekte, Edelbrände und Geschenkartikel rund um den Wein präsentiert. Das Team organisiert außerdem Weinbergführungen mit Weinprobe, Erlebnisfahrten mit einem Trecker sowie Kellerführungen.

Empfohlen von
der Redaktion

7 TUNIBERG

Auch hier prägen, wie am Kaiserstuhl, Terrassen die Landschaft. Sie wurden gebaut, damit die Lössschicht des Bodens bei Regen nicht abgetragen wird. Bei Wanderungen und Radtouren entlang der Badischen Weinstraße lässt sich die Region mit ihren Rebhängen, Dörfern und Gärten entdecken. Der Tuniberg wird auch der „blühende Garten Freiburgs" genannt.

Geographische Lage Dieser Bereich liegt zwischen Schwarzwald und Vogesen. Im Norden grenzt er an den Kaiserstuhl. Der Tuniberg ragt als Bergrücken auf zehn Kilometern aus der Rheinebene hervor. Er hat eine Nord-Süd-Ausdehnung von etwa neun Kilometern und eine Ost-West-Ausdehnung von drei Kilometern.
Klima Die Sonnenscheindauer während der Hauptvegetationszeit von April bis Oktober beträgt zwischen 1350 und 1400 Stunden. Die Jahresniederschlagsmenge beträgt 700 bis 750 mm/m².
Böden Löss, Lösslehm, Kalk
Rebfläche 1085 ha, 512 ha Weißwein, 573 ha Rotwein
Rebsorten Spätburgunder, Müller-Thurgau, Weißburgunder, Grauburgunder,
Geschichte Es gilt als sicher, dass der Weinbau mit den Römern an den Tuniberg kam. Die älteste Urkunde stammt aus dem Jahr 888 n. Chr.
Besonderheiten Der Sage nach soll Hunnenkönig Attila auf dem Tuniberg seine letzte Ruhe gefunden haben. Darum befindet sich auch in Niederrimsingen das Attila-Denkmal. Es gibt sogar eine Weinlage mit Namen Attilafelsen.

WEINGÜTER

104
STIFTUNGSWEINGUT FREIBURG
Jesuitenschloss
79249 Merzhausen

105
WEINGUT KILIAN HUNN
Rathausstraße 2
79288 Gottenheim

106
WEINGUT KALKBÖDELE GEBRÜDER MATHIS
Enggasse 21
79291 Merdingen

107
WEINGUT LANDMANN
Umkircher Straße 29
79112 Freiburg im Breisgau

108
WEINGUT PHILIPP LANG
Alter Weg 52
79112 Freiburg

109
JOSEF J. SIMON WEIN
Vogteistraße 15
79112 Freiburg-Tiengen

110
WEINGUT ST. REMIGIUS
Rittgasse 17
79291 Merdingen

Stiftungsweingut Freiburg

Neueinsteiger

Jesuitenschloss,
79249 Merzhausen
T +49 (0) 761 4047 14
www.stiftungsweingut-freiburg.de

Betriebsleiter Thomas Schneider
Kellermeister Thomas Schneider
Verbände Vereinigung der Europäischen Stiftungsweingüter
Rebfläche 16 ha
Produktion 100.000 Flaschen
Gründung 1298
Verkaufszeiten Mo–Fr 11–17.30 Uhr

Mit seiner Gründung im Jahre 1298 hat das Stiftungsweingut Freiburg nicht allein Geschichte gesehen, sondern auch geschrieben. Heute sind es Thomas Schneider als Kellermeister und Betriebsleiter und – der nicht verwandte – Erwin Schneider als Vertriebsleiter, die die Historie des Weinguts mit seinen 16 Hektar und den drei Lagen Schlossberg, Jesuitenschloss und Tuniberg fortschreiben. Sie tun dies mit den klassischen Sorten des Markgräflerlands, von Gutedel über Weißen Burgunder bis zu Spätburgunder.

2018 Freiburger Weißburgunder trocken
9€ · 14,5%
Klassischer Weißburgunder alter Schule.

2018 Niederrimsinger Grauburgunder trocken
9€ · 14%
Stattlicher Wein, dessen Aromen vom Ausbau im Holzfass zeugen. Kakao und etwas Rauch sprechen dafür. Weicher Fruchtgeschmack mit würziger Kontur.

2019 Freiburger Weißburgunder Kabinett trocken
7,50€ · 13%
Diskrete, verhaltene Aromatik gepaart mit feinem Schmelz – ein perfekter Essensbegleiter zu mediterran geprägten Vorspeisen.

2017 Freiburger Schlossberg Merlot
11€ · 13%
Das Aromenspektrum hat einen Star: ganz klar Nelke.

2017 Spätburgunder „RS“
12,50€ · 13%
Feinwürziger, vom Barrique geprägter Spätburgunder mit gutem Gerbstoffgerüst und sanftem Finale.

♥ **2019** Freiburger Spätburgunder „Blanc de Noir“ Kabinett trocken
7,50€ · 13%

Weingut Kilian Hunn

Rathausstraße 2,
79288 Gottenheim
T +49 (0) 7665 6207
www.weingut-hunn.de

Wer spät am Abend oder am Wochenende in Gottenheim Hunger und Durst bekommt, hat es leicht. Er bremst auf der Hauptstraße beim Parkplatz der Volksbank ab und sucht sich aus dem Regiomat Obst, Würste, Eier oder Dosenwurst – und eine gekühlte Flasche Wein vom Weingut Hunn gleich dazu. Jüngst hinzugekommen bei dem dynamischen Winzerehepaar ist der Viognier. Vertraut sind die Weine aus den Kategorien „Junge Frische“, „Junge Wilde“ und „Reserve“. Dass die Geschichte des Weinguts fortgeschrieben wird, ist absehbar, denn mit Patrick und Jonas steht bereits die nächste Generation in den Startlöchern, um die 24 Hektar des Familienweinguts zu bewirtschaften.

Inhaber Kilian Hunn
Betriebsleiter Kilian Hunn
Kellermeister Kilian Hunn
Verbände Vinissima e.V.
Rebfläche 24 ha
Produktion 190.000 Flaschen
Verkaufszeiten
Mo–Fr 9–12.30 Uhr
und 14.30–19 Uhr
Sa 9–16 Uhr

2016 Chardonnay „Reserve" trocken
16,50€ · 13,5%
Reife Aromatik, Holz gut eingebunden.
Zeigt Harmonie und Länge.

2016 Grauburgunder „Reserve" trocken
16,50€ · 14%
Hat Saft, macht Druck am Gaumen,
und das anhaltend.

2017 Sauvignon Blanc „Fumé Blanc Reserve" trocken
18,50€ · 13,5%
Reifer Duft, viel Grip am Gaumen:
ein zupackender Wein.

♥ **2019** Grauburgunder „Junge Wilde" trocken
9,50€ · 14%
Die erfrischende Säure mit Aroma-Kick macht
diesen Wein zu einem absoluten Trinkvergnügen.

2019 Weißburgunder „Junge Wilde" trocken
9,50€ · 13%
Apfelduftig, schlank und harmonisch,
seeeehr trinkfreudig.

2015 Spätburgunder „Reserve"
19,80€ · 13,5%
Kühler Stil mit feiner Frucht (Heidelbeere)
und schöner Länge, sehr balanciert.

Weingut Kalkbödele Gebrüder Mathis

Enggasse 21, 79291 Merdingen
T +49 (0) 7668 3340 10
www.kalkboedele.de

Inhaber Sonja Mathis-Stich
Betriebsleiter
Manfred Zimmermann
Kellermeister
Manfred Zimmermann
Rebfläche 15 ha
Produktion 100.000 Flaschen
Verkaufszeiten
Di–Fr 10–12 Uhr und 14–17 Uhr
Sa 10–13 Uhr

Einem Landstrich, der die Worte Brägeli, Ritscherli, Idipfli (Bratkartoffeln, Feldsalat, i-Punkt) hervorbringt, steht ein Weingut mit vornehmlich Kalkbödele (Kalkboden) gut. Geleitet von der Ökonomin Sonja Mathis-Stich ist es der Kellermeister Manfred Zimmermann, der aus den rund 15 Hektar Rebflächen die für die Region typischen Weine keltert. Im Zentrum der Strategie stehen die naturnahe, umweltschonende Bewirtschaftung und die Lese von gesundem und ausgereiftem Traubengut.

2018 Chardonnay „Réserve" Spätlese trocken
17€ · 15%
Glänzend strukturierter Chardonnay, konsequent
im Barrique vergoren und ausgebaut.

2018 Grauburgunder „Kabinett" trocken
8,90€ · 13,5%

2018 Pinot Blanc trocken
10,50€ · 13,5%
Pinot Blanc nach internationalem Vorbild:
fruchtig und von Holz geprägt.

2016 Spätburgunder „Alte Reben"
11€ · 13%
Himbeere trifft auf Kräuterwürze, ohne dick aufzutragen.

2016 Spätburgunder „Tradition"
15€ · 14%
Beim ersten Schluck etwas zurückhaltend in der Aromatik, zeigt dann aber mit seiner Trüffelnote viel Charakter.

2014 Pinot Rosé extra brut
15,90€ · 12,5%
Feiner Rosé-Sekt aus Spätburgunder, perfekt als Sundowner.

Weingut Landmann

Neueinsteiger

Umkircher Straße 29,
79112 Freiburg im Breisgau
T +49 (0) 7665 6756
www.weingut-landmann.eu

Inhaber: Jürgen Landmann
Verkaufszeiten
Mo–Fr 8–19 Uhr
Sa 8–18 Uhr
und nach Vereinbarung

Die Römer begannen vor 2000 Jahren am Tuniberg Wein anzubauen und wenn es nach Jürgen Landmann geht, ist das auch in 2000 Jahren noch so. Als zertifiziertes Bioland-Weingut steht die Gesundheit der Böden und Pflanzen im Mittelpunkt der Arbeit. Aber Landmann postuliert selbstbewusst einen Anspruch an sich selbst. Die Weine sollen international mithalten können und bringen auch die entsprechenden Voraussetzungen mit. Mit seinem Stil orientiert sich Landmann an der französischen Tradition. Eine Besonderheit ist der Balsamessig, den Landmann aus Pinot-Noir-Trauben gewinnt und 24 Monate im Barriquefass reifen lässt.

2018 Grauburgunder halbtrocken
21,60€ · 15%

2019 Tuniberg Grauburgunder „Pinot Gris" trocken
9,90€ · 12,5%

2019 Tuniberg Weißburgunder „Pinot Blanc" trocken
9,90€ · 12%

2019 Weißwein-Cuvée „La Tuni" trocken
6,90€ · 11,5%

2009 Villany Cabernet Sauvignon „Edition-CS"
31,60€ · 14,5%
Sehr schön entwickelter Cabernet Sauvignon, erinnert an reifen Bordeaux mit Noten von schwarzer Olive. Vielversprechend.

2017 Munzinger Kapellenberg Spätburgunder
21,60€ · 13,5%
Tür auf. Spätburgunder strömt in die Nase, es breiten sich Aromen von Tabak und Leder aus.

2019	Tuniberg Pinot Noir trocken **8,90€** · 11,5%	
	Pinot Noir „Crémant Rosé" brut **13,90€** · 12,5%	

Weingut Philipp Lang

Alter Weg 52, 79112 Freiburg
T +49 (0) 7664 59283
www.lang-weine.de

Inhaber Philipp Lang
Betriebsleiter Philipp Lang
Rebfläche 10 ha
Produktion 80.000 Flaschen
Verkaufszeiten
Mo–Fr 9–12 Uhr
Sa 9–13 Uhr
und nach Vereinbarung

Der Wein macht, was er will, und Philipp Lang hat die Muße, ihn machen zu lassen. Geduld, Ruhe, Gelassenheit sind Tugenden, die man benötigt, wenn man wie Lang versucht, den Weinen ihr volles Potenzial zu entlocken, sich bei der Gärung ihrem Tempo anzupassen, statt sie in eine Richtung zu forcieren. Ziel der Übung sind Vielschichtigkeit und Komplexität. Basis dieser Philosophie sind die Trauben aus zehn Hektar Fläche am hundert Meter hohen Tuniberg. Und so wie der Winzer sollen die Weine sein – Gelassenheit, Lebensfreude und Fortschritt widerspiegeln, vom Grauburgunder bis zur Spätlese.

2018	Chardonnay Spätlese trocken **12,90€** · 14%	
2019	Grauburgunder Spätlese trocken **9,20€** · 14%	
2019	Müller-Thurgau „Rivaner" trocken **5€** · 12%	
♥ **2019**	Riesling Spätlese feinherb **8,40€** · 12%	

2019 Riesling Spätlese trocken
8,40€ · 12%

2019 Weißburgunder Kabinett trocken
7,20€ · 13,5%

2017 Spätburgunder Kabinett trocken
6,90€ · 13,5%

2019 Spätburgunder Kabinett trocken
6,40€ · 12%

Spätburgunder „Pinot Rosé" brut
11,90€ · 12%

2013 Spätburgunder Trockenbeerenauslese
24€ · 11,5%
Würdevoll gereifte edelsüße Spezialität mit Noten von Pilzen und einem Körnchen Salz, anspruchsvoll!

Josef J. Simon Wein

Vogteistraße 15,
79112 Freiburg-Tiengen
T +49 (0) 7664 6116 480
www.josef-simon-wein.de

Inhaber Josef J. Simon
Rebfläche 2,5 ha
Produktion 25.000 Flaschen
Verkaufszeiten
Sa 11–12 Uhr
und nach Vereinbarung
T +49 (0) 179 1050 690

Lediglich die Beerenauslese darf eine Ausnahme machen – ansonsten sollen alle Weine knackig trocken sein. Geradlinigkeit statt Opulenz, Leichtigkeit statt Breite, das ist das Ziel des Weinguts. Es peilt dieses seit 2009 wieder in Eigenregie mit Lagen auf dem 300 Meter hohen Tuniberg. Die Hinwendung zu Weinen ist nicht jedermanns Sache, das ahnt das Weingut und reklamiert für sich, dass die Weine nicht alle glücklich machen sollen, aber einige dafür sehr.

2019 Muskateller trocken
10€ · 13,5%
Vieeeel Muskat in der Nase, setzt sich im Geschmack so fort.

♥ **2019** Sauvignon Blanc trocken
10€ · 13%
Guter Sauvignon Blanc mit sortentypischer Fruchtwürze und schöner Lebendigkeit.

2017 Pinot Noir
20€ · 13%
Klassisch gehaltener, solider Rotwein mit Fülle.

2017 Spätburgunder
10€ · 13,5%
Feine Würze in der Nase, dazu von einer markanten Säure geprägt.

2018 Muskateller Beerenauslese
20€ · 10%
Spannende Nase mit Currynoten, mollig in der Ansprache.

Weingut St. Remigius

Neueinsteiger

Rittgasse 17, 79291 Merdingen
T +49 (0) 7668 5718
www.remigiusweine.de

Inhaber Bärmann & Isele GbR
Betriebsleiter Edgar Bärmann & Conrad Isele
Kellermeister Edgar Bärmann & Conrad Isele
Verbände Badischer Weinbauverband
Rebfläche 9 ha
Produktion 45.000 Flaschen
Gründung 1988
Verkaufszeiten:
Fr 16–19 Uhr
Sa 10–16 Uhr
und nach Vereinbarung

Adieu Genossenschaft, willkommen eigenes Weingut. 1988 gingen Edgar Bärmann und Conrad Isele den Schritt in den eigenen Ausbau und Verkauf. Lagen am Tuniberg sowie Merdinger Bühl und Niederrimsinger Rotgrund stehen den beiden zur Verfügung, zudem Flächen in der Lage Achkarrer Schlossberg am Kaiserstuhl. Neun Hektar kommen so zusammen, deren Trauben handgelesen und trocken ausgebaut werden. Ergänzt wird das Programm durch Edelbrände.

♥ **2018** Achkarrer Schloßberg Chardonnay trocken
12,60€ · 14%
Noch etwas verschlossen, im Geschmack zurückhaltend, aber harmonisch.

2018 Achkarrer Schloßberg Grauburgunder trocken
9,50€ · 14,5%

2017 Niederrimsinger Rotgrund Merlot „SR"
11,50€ · 14,1%
Sympathiebekundungen für die Karamellnase, Applaus für die Typizität und Freude an der Eleganz und Würze.

Essen

RESTAURANT BLUME

Unterdorf 2, 79112 Freiburg
T +49 (0) 7664 6123 889
www.blume-freiburg.de

Schwarzwald-Tapas von marinierten Steinchampignons über karamellisierten Ziegenkäse bis zum Rindfleischsalat oder Forellenfilet stehen hier auf der ungewöhnlichen Speisekarte. Jeder Gast stellt sich sein Menü nach eigenen Wünschen zusammen. Damit und mit seiner besonderen, am Gast orientierten Atmosphäre erntet das Blume-Team viel Begeisterung auch über Freiburg hinaus.

Empfohlen von
Weingut Linder

GASTHOF LÖWEN

Bundesstraße 17,
79209 Breisach-Oberrimsingen
T +49 (0) 7664 2496
www.gasthof-loewen-oberrimsingen.de

Ein rustikal-gemütliches Restaurant erwartet die Gäste im Rheintal, zwischen Weinbergen und See, an der Grenze zu Frankreich und der Schweiz. Auf der Speisekarte stehen saisonal-regionale Gerichte. Zum Haus, das in achter Generation geführt wird, gehören auch 17 Zimmer für Übernachtungsgäste.

Empfohlen von
der Redaktion

TUNIGARDEN

Große Brühl 1,
79112 Freiburg-Munzingen
T +49 (0) 7664 9306 12
www.tunigarden.de

„Genuss am Green" heißt es in diesem Restaurant, das zum Golfclub Tuniberg gehört, aber auch von Nicht-Mitgliedern besucht werden kann. Neben den regionalen und saisonalen Gerichten der Speisekarte besticht hier vor allem der Blick in das Grün der Natur.

Empfohlen von
Weingut Heinemann

LANDGASTHOF KRONE

Hauptstraße 57,
79288 Gottenheim
T +49 (0) 7665 6712
www.krone-gottenheim.de

Familie Isele begrüßt ihre Gäste in ihrem Gasthof, der ganz in der Nähe zu Freiburg, aber gleichwohl etwas außerhalb in der schönen Landschaft des Tunibergs liegt. Im Restaurant wird exzellent badisch gekocht, die im Landhausstil eingerichteten Zimmer laden auf Drei-Sterne-Niveau zum entspannten Übernachten ein.

Empfohlen von
Weinhaus Mößner

Schlafen

GASTHAUS KRONE, OPFINGEN

Gottenheimer Straße 1,
79268 Bötzingen
T +49 (0) 7663 94460
www.hotelgasthauskrone-boetzingen.de

Das Hotel-Gasthaus Krone im Dreiländereck zwischen Baden, Frankreich und der Schweiz ist eines der ältesten Gasthäuser in Bötzingen. Die Zimmer sind modern und zeitlos eingerichtet, auf der Speisekarte des Restaurants stehen Gerichte der badischen Küche. Die Weine dazu stammen aus den Kellern der Winzergenossenschaft und von lokalen Weingütern.

Empfohlen von
Weingut Michael Wiesler

SCHLOSS REINACH

St.-Erentrudis-Straße 12,
79112 Freiburg-Munzingen
T +49 (0) 7664 4070
www.schlossreinach.de

Die Zimmer in diesem stilvollen Haus sind wohnlich und komfortabel mit viel Liebe zum Interieur eingerichtet. Zum Hotel gehören drei verschiedene Restaurants, zum Wellnessbereich unter anderem ein Außenpool.

Empfohlen von
Weingut St. Remigius

Einkaufen

WALTERS HOFLADEN
Wippertskirch 2,
79112 Freiburg-Opfingen
T+49 (0) 7664 1396
www.ferienhof-walter.de
Kirschen, Zwetschgen, Äpfel, Mirabellen oder Spargel, Liköre, Marmeladen, Chutneys oder Säfte: Das ist nur ein Teil des großen Angebots in diesem Hofladen. Zum Betrieb gehören auch Ferienwohnungen und Gästezimmer sowie ein Hofcafé, in dem selbst gebackener Kuchen serviert wird.
Empfohlen von
der Redaktion

ZEHNGRAD
Hauptstraße 49,
79288 Gottenheim
T +49 (0) 7665 9477 210
www.zehngrad.com
Die Winzergenossenschaft Gottenheim verkauft hier nicht nur die Weine vom Tuniberg, sondern außerdem Schokolade, Essig, Öle, Senf und viele kleine Geschenke.
Empfohlen von
der Redaktion

Vinothek

WEINHAUS OPFINGEN
Dürleberg 8,
79112 Freiburg-Opfingen
T +49 (0) 7664 6139 970
www.weinhaus-opfingen.de
Das Weinhaus der Opfinger Winzer hält alle Weine der Region bereit: fruchtige Vesper-Weine bis zum Eiswein oder die Spätlese aus dem Barrique. Außerdem wird Weinliteratur verkauft genauso wie Winzersekte, Tresterbrände oder Weingelee.
Empfohlen von
der Redaktion

8 MARKGRÄFLERLAND

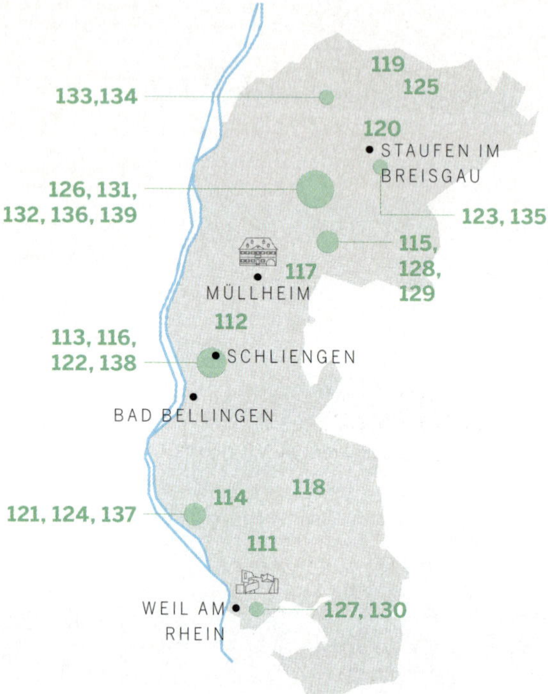

Seit mehr als 200 Jahren ist diese Region im Süden von Baden die Heimat des Gutedels. Er wurde 1780 auf Befehl des Markgrafs von Baden eingeführt. Den Besuchern zeigt sich die Region mit idyllischer Hügellandschaft, sanften Rebhängen, Obstgärten, heimeligen Orten und vielen Kulturdenkmälern.

Geographische Lage Das Markgräflerland liegt im Südwesten Badens und Deutschlands. Im Westen (Elsass) und Süden (Schweiz) wird es vom Rhein begrenzt, im Osten vom Hochschwarzwald und im Norden vom Breisgau (Freiburg).
Klima Die Jahresniederschlagsmenge beträgt 700 bis 900 mm/m². Die Sonnenscheindauer während der Haupt-Vegetationszeit zwischen April und Oktober beträgt 1300 bis 1400 Stunden.
Böden Löss, Lösslehm, Kalkgestein
Rebfläche 3276 ha Rebfläche, 2233 ha Weißwein, 1043 ha Rotwein
Rebsorten Gutedel, Spätburgunder, Müller-Thurgau, Weißer Burgunder, Grauer Burgunder, Nobling, Regent
Geschichte Das Markgräflerland im Dreiländereck ist ein Spiegel der gesamteuropäischen Geschichte. Hier spielten sich zahlreiche Kämpfe von Fürsten, kirchlichen Machthabern oder revolutionären Kräften ab. Aber auch die Römer liebten diese Region – vor allem wegen ihrer Thermalquellen.
Besonderheiten Exotische Pflanzen fühlen sich im sonnigen und milden Klima wohl: Palmen, Zitrusfrüchte und Mammutbäume gehören zum Landschaftsbild. Aber auch die Tierwelt ist außergewöhnlich. In den Höhenlagen gibt es sogar Gämsen.

WEINGÜTER

111
ÖKO WEIN- & SEKTGUT GERHARD AENIS
Hauptstraße 34
79589 Binzen

112
WINZERKELLER AUGGENER SCHÄF
Kleinfeldele 1
79424 Auggen

113
WEINGUT BLANKENHORN
Basler Straße 2
79418 Schliengen

114
WEINGUT BRENNEISEN
Am Weiler Weg 2
79588 Efringen-Kirchen (Egringen)

115
WINZERGENOSSENSCHAFT BRITZINGEN MARKGRÄFLERLAND
Markgräfler Straße 25–29
79379 Müllheim-Britzingen

116
WEINGUT BÜCHIN
Am Sonnenstück 15
79418 Schliengen

117
WEINGUT HERMANN DÖRFLINGER
Mühlenstraße 7
79379 Müllheim

118
MAX GEITLINGER
Am Neuweg 2
79400 Kandern-Egerten

119
WEINGUT HEINEMANN
Mengener Straße 4
79238 Scherzingen

120
WEINGUT FRANZ HERBSTER
Krozinger Straße 36
79238 Kirchhofen

121
WEINGUT AM KLOTZ
Auf der Festung 2
79588 Efringen-Kirchen

122
WEINGUT LÄMMLIN-SCHINDLER
Müllheimer Straße 4
79418 Schliengen-Mauchen

123
WEINGUT PETER LANDMANN
Auf dem Rempart 2
79219 Staufen im Breisgau

124
MARKGRÄFLER WINZER
Winzerstraße 2
79588 Efringen-Kirchen

125
PFAFFENWEILER WEINHAUS
Weinstraße 40
79292 Pfaffenweiler

126
WEINGUT RIEGER
Noblingstraße 13b
79426 Buggingen Betberg

127
WEINGUT RÖSCHARD
Breslauer Straße 75
79576 Weil am Rhein

WEINGÜTER

128
WEINGUT SCHLUMBERGER
Obere Holzgasse 4
79295 Sulzburg-Laufen

129
PRIVAT-WEINGUT SCHLUMBERGER-BERNHART
Weinstraße 19
79295 Sulzburg-Laufen

130
WEINGUT CLAUS SCHNEIDER
Lörracher Straße 4
79576 Weil am Rhein

131
WEINGUT SCHNEIDER-PFEFFERLE
Kolpingstraße 7
79423 Heitersheim

132
WEINGUT JOSEF WALZ
Hauptstraße 34
79423 Heitersheim

133
WEINGUT MARTIN WASSMER
Am Sportplatz 3
79189 Bad Krozingen-Schlatt

134
WEINGUT FRITZ WASSMER
Lazariterstraße 2
79189 Bad Krozingen-Schlatt

135
WEINGUT MICHAEL WIESLER
Krozinger Straße 26
79219 Staufen

136
WEINGUT ZÄHRINGER
Johanniterstraße 61
79423 Heitersheim

137
WEINGUT ZIEREISEN
Markgrafenstraße 17
79588 Efringen-Kirchen

138
WEINGUT ZIMMERMANN
Bürgelnblick 1 – Auf dem Schliengener Berg
79418 Schliengen

139
WEINGUT JULIUS ZOTZ
Staufener Straße 3
79423 Heitersheim

Öko Wein- & Sektgut Gerhard Aenis

Hauptstraße 34, 79589 Binzen
T +49 (0) 7621 63736
www.weingut-aenis.de

Inhaber Gerhard Aenis
Betriebsleiter Gerhard Aenis
Kellermeister Gerhard Aenis
Verbände Ecovin, Bad. Weinbauverband
Rebfläche 2,5 ha
Produktion 15.000 Flaschen
Verkaufszeiten
Mo, Do, Fr 16–19 Uhr
Sa 10–15 Uhr
und nach Vereinbarung

Gerhard Aenis hat ein Faible für Schaumwein – rund 35 Prozent seiner Weine werden inzwischen als Winzersekt verkauft. Bubbles sind ein wichtiges Thema für den Binzener Winzer. Schonung der Umwelt ist ein weiteres Thema, er ist Mitglied im Verband Ecovin. Das bedeutet, dass er vollständig auf chemisch-synthetische Pflanzenschutzmittel oder auch lösliche mineralische Dünger verzichtet.

2019 Binzener Sonnhole Grauburgunder Spätlese trocken
8,50€ · 13,5%
Volle Attacke, tolles Holz, dieser Grauburgunder ist wirklich puristisch und verkleidet sich nicht.

2019 Binzener Sonnhole Sauvignon Blanc „Fumé" Spätlese trocken
15€ · 13,5%
Kraftvoll würziger Sauvignon, kompromisslos trocken ausgebaut, sehnt sich nach feinen Fischvorspeisen.

2019 Binzener Sonnhole Sauvignon Blanc Spätlese trocken
9,50€ · 13%
Rassig, straff und gefällig, macht unaufdringlich Spaß.

2019 Binzener Sonnhole Weißburgunder Kabinett trocken
7,50€ · 13,02%
Ein schlanker Geist in zartem Hemd.

2018 Binzener Sonnhole Spätburgunder Spätlese trocken
11€ · 13,5%
Nice Guy, der weich und rund daherkommt.

2018 „Crémant Baden brut"
9,50€ · 12,5%
Harmonische Komposition mit sanfter Perlage, auch als Essensbegleiter bestens geeignet.

Winzerkeller Auggener Schäf

Kleinfeldele 1, 79424 Auggen
T +49 (0) 7631 36800
www.auggener-wein.de

Kellermeister Andreas Philipp
Rebfläche 510 ha
Produktion 5.500.000 Flaschen

Gutedel Kabinett trocken, Gutedel Chasslie, Gutedel Beerenauslese Barrique – der Winzerkeller Auggener Schäf rühmt sich seiner 14 Gewinne des Gutedel-Cups seit dem Jahr 2000. Satte 20 Varianten des Gutedels führt der Shop der Genossenschaft mit einer zu bespielenden Fläche von mehr als 500 Hektar. Weitere elf Weißweinsorten bauen die 425 Mitglieder an, darunter auch Spezialitäten wie Muskat Ottonel oder die Markgräfler Spezialität Nobling. Beim Rotwein setzen Kellermeister Andreas Philipp und seine Mitstreiter von Spätburgunder über Regent hin zu Nebbiolo und Zweigelt.

2018 Laufener Altenberg Sauvignon Blanc „Edition No. 5" trocken
10,90€ · 12,5%

Verkaufszeiten
Mo–Fr 8–18 Uhr
Sa 9–13 Uhr
So und Feiertag 10–13 Uhr

2019 Chardonnay Kabinett trocken
6,80€ · 12,5%

2019 „Weißer Gutedel" trocken
4,90€ · 11,5%

2019 Gutedel Kabinett trocken
5,60€ · 11%

2019 Laufener Altenberg Gutedel „Chasslie" trocken
7,50€ · 12,5%

2019 Weißburgunder Spätlese trocken
7,60€ · 13%

2016 Laufener Altenberg Pinot Noir
8,90€ · 13,5%

2016 Laufener Altenberg Rotwein-Cuvée „Réserve Edition No. 5"
15,90€ · 14%

2018 Rotwein-Cuvée „Cuvée Noir Junge Drübel"
9,90€ · 13,5%

2018 Chardonnay Beerenauslese
26€ · 10%
Schmeckt wie ein süßes Rosinenbrötchen mit Butter, schmelzig opulent.

2018 Gutedel Beerenauslese
25€ · 8%
Recht würzig mit feiner Süße, insgesamt sehr harmonisch geprägt kommt diese Gutedel-Interpretation als Beerenauslese daher.

Weingut Blankenhorn

Basler Straße 2,
79418 Schliengen
T +49 (0) 7635 82000
www.weingut-blankenhorn.de

Inhaber Martin Männer & Yvonne Keßler
Betriebsleiter Markus Weickert
Kellermeister Markus Weickert
Verbände VDP, Fair&Green, Slow Food, Wine in Moderation

Sanieren, renovieren, strukturieren – das waren die wichtigen Aufgaben für Yvonne Keßler und Martin Männer, seit sie 2014 das Weingut Blankenhorn übernahmen. Und man hat Ziele: einen Platz in der Riege der internationalen Top-Güter. Dabei unterstützt inzwischen Betriebsleiter Markus Weickert das junge Paar in dem 250 Jahre alten Weingut, das dem VDP angehört. Das Trio will dabei auch von der Lage im Dreiländereck und dem klimatischen Einfluss der burgundischen Pforte profitieren.

2017 Gutedel „Chasselas Courage" trocken
24€ · 12,5%
Wein mit grosser Persönlichkeit, burgundische Art, kernig, zitrisch, viel Spannung, mineralisch, Grip, super Säure, Mineralität.

Rebfläche 25 ha
Produktion 120.000 Flaschen
Verkaufszeiten
Mo–Fr 9–12 und 14–17 Uhr
Mittwochnachmittag geschlossen

2018 Gutedel „Chasselas Le Clocher" trocken
18,50€ · 11,5%
Dieser Le Clocher ist sicher einer der eigenständigsten Markgräfler Gutedel mit Blick auf die besten Chasselas vom Genfer See. Viel Würze mit ebenso viel Entwicklungspotenzial zeichnen diesen schönen Wein aus.

2018 Schliengener Gutedel trocken
11.70€ · 11,1%

2018 Schliengener Ölacker Weißburgunder 1. Lage
19.50€ · 12,7%
In der Nase reife Früchte, deutliche Holzprägung, hat dabei aber eine gute Präzision und viel Spannung.

2018 Sonnenstück Chardonnay GG
24€ · 13,3%
Noch sehr jung und zeigt doch schon sein Potenzial, wird ein grosser Wein werden, hat Tiefe, Persönlichkeit, burgundische Art, feinziselierte Säure.

2019 Grauburgunder „Markgräfler" trocken
9,50€ · 13%

2019 Markgräfler Gutedel trocken
7,90€ · 12,1%

2019 Schliengener Chardonnay trocken
15,90€ · 13%
Ein Chardonnay mit sanfter Cremigkeit als perfekter Begleiter feiner Fischvorspeisen mit Zitrus und fruchtigem Olivenöl.

2017 Schliengener Sonnenstück Spätburgunder GG
28€ · 13,4%
Zart duftende Nase, reinbeerige Aromatik, sehr reife Tannine, Tiefe, klassisch unaufgeregt, tolle Saftigkeit.

2017 Schliengener Ölacker Pinot Noir 1. Lage
18€ · 13,7%
Großer Auftritt am Gaumen mit feinem Gerbstoffgerüst, tiefer Aromatik und guter Länge.

2017 Spätburgunder
12€ · 13,6%

2018 Rotwein-Cuvée „Postillon"
35€ · 14,2%
„Wacholder in der Flasche", war die einhellige Meinung der Verkoster-Jury zu dieser klug komponierten Cuvée.

2018 Syrah „Bravour"
27€ · 13,2%
Aromatischer warmer, hochklassiger Syrah, der förmlich nach einer kongenialen Essensbegleitung ruft, vielleicht sogar nach schwarzem Trüffel aus der Nachbarschaft!?

Weingut Brenneisen

Am Weiler Weg 2,
79588 Efringen-Kirchen
(Egringen)
T +49 (0) 7628 8009 87
www.weingut-brenneisen.de

Inhaber Dirk Brenneisen
Betriebsleiter Dirk Brenneisen
Kellermeister Dirk Brenneisen
Rebfläche 9 ha
Produktion 30.000 Flaschen
Gründung 2000
Verkaufszeiten
Fr 15–19 Uhr
und nach Vereinbarung

Der ehemalige Werkzeugmacher Dirk Brenneisen wagte 2000 den Sprung als Quereinsteiger in das Winzerhandwerk. Vornehmlich Gutedel baut Brenneisen auf mittlerweile neun Hektar an. Bis auf die Ausnahme des Basis-Gutedel, der im Stahltank reift, setzt Brenneisen auf den Ausbau im Holz. Zudem verzichtet Brenneisen auf Schönungsmittel und bietet seine Weine als veganes Produkt an.

2016 Chardonnay „Molassefels" trocken
17€ · 13%
Fülliger Chardonnay mit kraftvollem Auftritt, ganz ideal zu gebratenem Fisch in Beurre blanc oder auch zu Krustentieren.

2017 Grauburgunder „Molassefels" trocken
17€ · 14%
Cremig stoffiger Grauburgunder vom Molassefels mit sanftem Holzeinsatz.

2017 Gutedel „Chätsch" trocken
25€ · 11,5%
Spontangärnote macht den Wein komplex, mit Grip, hat Animation, Frische, mit bestem Potenzial.

2017 Weißburgunder „Chätsch" trocken
17€ · 12,5%
Eleganter, mit viel Balance im Säurespiel animierender Weißburgunder, der vor allem durch seine Harmonie besticht und feine Vorspeisen ideal begleitet.

2018 Grauburgunder trocken
8€ · 12,5%

2018 Weißburgunder trocken
7€ · 13%

2019 Gutedel trocken
6€ · 11,5%

2017 Pinot Noir „Chätsch"

17€ · 13,5%
Sehr guter Spätburgunder mit feinen Reifenoten, sanften Gerbstoffen und guter Länge, ideal als Solist zum Kamingespräch.

2017 Pinot Noir

34€ · 12,5%
Äußerst gekonnte sowie selbstbewusste Pinot-Noir-Interpretation mit perfekt abgestimmtem Holzeinsatz.

Winzergenossenschaft Britzingen Markgräflerland

Neueinsteiger

Markgräfler Straße 25-29,
79379 Müllheim-Britzingen
T +49 (0) 7631 17710
www.britzinger-wein.de

Rebfläche 198 ha
Produktion
1.600.000 Flaschen
Gründung 1950
Verkaufszeiten
Mo–Sa 9–12.30 Uhr
Mo–Fr 14–18 Uhr

Selbst Freunden des badischen Spätburgunders wird der Name Muggardt auf Anhieb vielleicht nichts sagen. Noch bis zum Beginn des Jahrtausends lag diese einst gut beleumundete Lage auf 400 Metern Höhe über dem Meeresspiegel in den Britzinger Weinbergen brach. Die Winzergenossenschaft nahm sich dieses Flecks an und rekultivierte unterhalb des „Muggardter Rebhüsli" die Anlagen. Heute wird daraus der gleichnamige Spätburgunder als krönendes Ergebnis jahrhundertealter Tradition produziert. Darüber hinaus keltert die Winzergenossenschaft auf rund 200 Hektar das breite Spektrum an badischen Weinen.

2018 Britzinger Chardonnay „Premium" Spätlese trocken

11,50€ · 13,6%

♥ **2019** Brittzinger Gutedel „ZieFünfEck" trocken

12,50€ · 12,71%

2019 Britzinger Rosenberg Gutedel trocken

4,80€ · 12%

2019 Britzinger Sonnhole Gutedel „Chasslie" trocken

7,50€ · 12,1%

2015 Badenweiler Römerberg Merlot Auslese trocken
38€ · 14,5%
Anerkennung für den harmonisch unkomplizierten Auftritt, ein wunderbarer Essensbegleiter, der sich nicht in den Vordergrund spielt.

2015 Badenweiler Römerberg Spätburgunder Auslese trocken
19,50€ · 14,9%

2015 Badenweiler Römerberg Syrah
34€ · 14,5%

2017 Britzinger Spätburgunder „Muggardt"
26€ · 14,6%
Ebenfalls ein guter Essensbegleiter ist dieser feinwürzige Spätburgunder, der sich mit feinem Geflügel wohl am besten in Szene setzt.

2018 Britzinger Sonnhole Spätburgunder „Rotwein MC"
11,90€ · 14,94%

Weingut Büchin

Am Sonnenstück 15,
79418 Schliengen
T +49 (0) 7635 3199 177
www.buechin-weine.de

Inhaber Markus Büchin
Betriebsleiter Markus Büchin
Kellermeister Markus Büchin
Rebfläche 30 ha
Produktion 220.000 Flaschen
Verkaufszeiten
Di–Fr 14–18 Uhr
Sa 10–13 Uhr

„Symbadisch" heißt der Videokanal auf Youtube, der Filme aus den Weinbergen der Familie Büchin in Schliengen, im Herzen des Markgräflerlands, zeigt. Von klassisch in Flaschengärung erzeugten Sekten über einfache Alltagsweine bis zu den in Barriques gereiften Weinen reicht das Programm. Im hauseigenen Weinladen bietet Büchin neben den eigenen Weinen auch solche von internationalen Winzern an, um dem Kunden Auswahl zu bieten.

♥ **2017** Gutedel „Chasselas" trocken
14,50€ · 12,5%
Offene Frucht mit karamelligen Noten, harmonische Säure.

2019 Chardonnay trocken
8€ · 13,5%

2019 Grauburgunder trocken
8€ · 12,5%

2019 Gutedel trocken
6,50€ · 11,5%

2019 Weißburgunder trocken
8€ · 12%

2017 Cabernet Sauvignon
19,50€ · 13,5%
In sich ruhender, stimmiger Wein, kulinarisch vielseitig einsetzbar, sicherlich ganz ideal zum Barbecue.

2018 Spätburgunder
9€ · 13,5%

2018 Syrah
19,50€ · 14,5%
Dieser Syrah hat die nördliche Rhône im Herzen und zeigt auf, was mit dieser Rebsorte auch in Südbaden möglich ist.

Weingut Hermann Dörflinger

Mühlenstraße 7, 79379 Müllheim
T +49 (0) 7631 2207
www.weingut-doerflinger.de

Inhaber Hermann Dörflinger
Betriebsleiter Hermann Dörflinger
Kellermeister Hermann Dörflinger jr & Ansgar Schätzle
Rebfläche 20 ha
Produktion 150.000 Flaschen
Verkaufszeiten Mo–Fr 8–12.30 Uhr und 13.30–18.30 Uhr
Sa 9–16 Uhr

Ein Trio, bestehend aus Hermann Dörflinger, Kellermeister Ansgar Schätzle und Hermann Dörflinger jr., leitet die Geschicke des Weinguts, das seine Philosophie kurz und knackig darlegen kann. Im Angebot sind ausschließlich durchgegorene, trockene Weine. Damit diese aus vollreifen, gesunden Trauben gekeltert werden können, setzt das Triumvirat aus Müllheim auf eine entschlossene Grünlese.

2018 Müllheimer Reggenhag Chardonnay Spätlese trocken
17€ · 13,5%
Animierend und salzig ist dieser Auftritt. Eine große Freude für alle Freunde dieser edlen Rebsorte.

2018 Müllheimer Sonnhalde Grauburgunder Spätlese trocken
17€ · 13,5%
Ein zarter Kupferton deutet schon auf die Rebsorte hin, weich in der Ansprache, cremig am Gaumen und feines Finale.

2019 Badenweiler Römerberg Weißburgunder Spätlese trocken
11€ · 13,5%
Klassischer Weißburgunder mit dezenter Frucht, ein Allrounder bei der Essensbegleitung.

2019 Müllheimer Reggenhag Gutedel Kabinett trocken
6,80€ · 11,5%

2018 Badenweiler Römerberg Spätburgunder
17€ · 13,5%
Der Wacholder dominiert das Aromenprofil und weist auf den Weg zu einem großen Wein.

2018 Müllheimer Pfaffenstück Spätburgunder
22€ · 13,5%
Klassisch Old School: klare Frucht und spürbarer Holzeinsatz, ein kulinarischer Allrounder.

Max Geitlinger

Neueinsteiger

Am Neuweg 2,
79400 Kandern-Egerten
T +49 (0) 174 1759 852
www.hirschen-egerten.de

Verkaufszeiten
Di–Sa ab 18.00 Uhr

Max Geitlinger versucht sich an der Quadratur des Kreises, wenn er Tradition und Innovation verbinden möchte. Auf gerade mal zwei Hektar setzt Geitlinger auf Handarbeit, lässt die Trauben mit natürlichen Hefen vergären und füllt unfiltriert ab. „Gut&Edel“ oder „Maximal Müller“ heißen seine Weine, deren Werte beim Restzucker zeigen, dass Geitlinger den Weinen aus den ökologisch bewirtschafteten Lagen in Wollbach, Holzen und Feuerbach Zeit lässt, durchzugären.

2018 Gutedel „Gut&Edel“ trocken
9,50€ · 11,5%

2018 Müller-Thurgau „Maximal Müller“ trocken
15,50€ · 12%
Selbstbewusstes Wortspiel markiert auch den Charakter dieses schlank konturierten, absolut trocken ausgebauten Weines, für anspruchsvolle Zecher.

2018 Sauvignon Blanc trocken
15,50€ · 13%
Ein feinwürziger Sauvignon aus dem 500-l-Holzfass mit Zukunftsperspektive.

2017 Merlot
35€ · 13%
Ein durchstrukturierter Merlot mit Tiefe und animierender Frische.

2017 Pinot Noir „Maximal Spätburgunder“
22,50€ · 12,5%
Ein maximaler Spätburgunder. Chapeau!

2016 Pinot Noir Sekt extra brut
14,50€ · 12,5%
Dezent aromatischer, feiner Sekt auf Spätburgunder-Basis. Ein klassischer, dienender Aperitif, der nichts vorwegnimmt.

Weingut Heinemann

Mengener Straße 4,
79238 Scherzingen
T +49 (0) 7664 6351
www.weingut-heinemann.de

Generationenübergang im Weingut Heinemann – Vater Lothar ist seit 1985 im Weingut und führt es seit 2000. Die Vorfahren wohnen bereits seit 1556 in Scherzingen. Die kommende Generation, Sohn Niklas, ausgebildeter Önologe, soll nun mit die Geschicke lenken und die Trauben aus rund 18 Hektar Anbaufläche in die Zukunft führen. Der Batzenberg mit einigen Parzellen in Steillage ist das Fundament des Erfolgs des traditionsreichen Betriebes. Auf etwa 50 Hektoliter pro Hektar werden die Erträge für alle Weine reduziert, in der Spitze sind es gar 30 bis 40. Gutedel bildet auch bei den Heinemanns die Basis, stolz ist man jedoch auch auf die Chardonnays.

Inhaber Lothar Heinemann
Betriebsleiter
Lothar Heinemann
Kellermeister
Lothar Heinemann
Rebfläche 18 ha
Produktion 110.000 Flaschen
Verkaufszeiten
Mo–Fr 10–18 Uhr
Sa 10–16 Uhr
und nach Vereinbarung

2018 Ehrenstetter Oelberg Weißburgunder „Reserve" trocken
81€ · 13%
Dieser Reserve-Weißburgunder überzeugt wieder mit gekonntem und markantem Holzeinsatz, großer Balance und ebenso großem Entwicklungspotenzial.

2019 Ehrenstetter Oelberg Weißburgunder „Selection SL Alte Reben" trocken
54€ · 12,5%
Auch diesem Weißburgunder steht der gekonnte Holzeinsatz ganz hervorragend. Ein idealer Essensbegleiter, in unserem Fall stand ein ganzer gebratener Zander auf dem Tisch.

2019 Scherzinger Batzenberg Chardonnay „Alte Reben" Kabinett trocken
13,20€ · 12,5%
Ausbalancierte Säure, guter Essensbegleiter, straffe Struktur, florale Aromatik, direkt, ist frisch und animierend.

♥ **2019** Scherzinger Batzenberg Chardonnay „Selection SL Alte Reben" trocken
53€ · 12,5%
Sehr guter Holzeinsatz, filigran, gut strukturiert, noch jung, wird zulegen, pure Aromatik, Frische und Zug.

2019 Scherzinger Batzenberg Chardonnay „Selection SR Reserve" trocken
19€ · 12,5%
Klassischer Chardonnay aus altem Rebbestand, phenolisch, sehr duftend, fast parfümiert, hat gute Länge, feste Struktur, pointierte Säure.

2019 Scherzinger Batzenberg Grauburgunder „Selection S" trocken

14€ · 13%

Würziger Grauburgunder mit fein ziseliertem Säurenerv, animierend und belebend, ideal zum Gespräch nach dem Essen oder zu würzigem Bergkäse.

2019 Scherzinger Batzenberg Gutedel „Alte Reben" Kabinett trocken

8€ · 10,5%

2016 Scherzinger Batzenberg Rotwein-Cuvée „S"

19€ · 13,5%

Vom Holz geprägt, das (noch) die Kräuternoten zurückdrängt.

2017 Scherzinger Batzenberg Spätburgunder „SR Reserve"

29€ · 13,5%

Holzgetragener Wein mit guter Säure als Gegenpart, gute Länge, dichte Frucht, saftig und feines Tannin.

2017 Scherzinger Batzenberg Spätburgunder „Selection SL Alte Reben"

52€ · 13%

Noch vom Barrique geprägter, tiefgründiger Spätburgunder, ganz hervorragend als Festtagswein zum klassischen Rehrücken.

Weingut Franz Herbster

Krozinger Straße 36,
79238 Kirchhofen
T +49 (0) 7633 4067 095
www.herbster-weine.de

Inhaber Franz Herbster
Betriebsleiter Franz Herbster
Kellermeister Franz Herbster
Rebfläche 12 ha
Produktion 100.000 Flaschen
Gründung 2006
Verkaufszeiten
Do–Fr 15–18 Uhr
Sa 9–13 Uhr
und nach Vereinbarung

Alles neu im Weingut Franz Herbster – im März 2020 wurde das neue Weingut mit großem Holzfasskeller und Vinothek in zeitgenössischer Architektur eröffnet. Alles beim Alten im Weingut Franz Herbster – denn die Familie kann sich nach wie vor auf die Trauben aus acht Einzellagen mit unterschiedlichen Topographien verlassen. 14 Rebsorten wachsen auf den kumulierten zwölf Hektar, mit den Burgunder-Sorten im Zentrum des Angebots.

♥ **2018** Kirchhofener Batzenberg Chardonnay „Prälaten" Spätlese trocken

12,50€ · 13,5%

Diskrete, verhaltene Aromatik gepaart mit feinem Schmelz ergeben einen perfekten Essensbegleiter zu mediterran geprägten Vorspeisen.

2019 Ehrenstetter Oelberg Gewürztraminer „Alter Oelberg" Spätlese trocken

12,50€ · 13,5%

2019 Kirchhofener Kirchberg Chenin Blanc Kabinett trocken

9,60€ · 12,5%

2019 Kirchhofener Kirchberg Weißburgunder Kabinett trocken
7,90€ · 12,5%

2018 Kirchhofener Batzenberg Pinot Noir „Prälaten“ Spätlese trocken
12,50€ · 13,5%
Da ist alles drin, was ein großes und unbeschwertes Trinkvergnügen garantiert, besonders wohltuend, dass der Wein dabei nicht spektakulär sein will.

Weingut am Klotz

Neueinsteiger

Auf der Festung 2,
79588 Efringen-Kirchen
T +49 (0) 7628 8057 090
www.weingut-am-klotz.de

Inhaber Weingut am Klotz
Rebfläche 3,5 ha
Produktion 15.000 Flaschen
Verkaufszeiten
nach Vereinbarung

Der Isteiner Klotz ist der Namensgeber des quasi gerade aus der Taufe gehobenen Weinguts. Es ist ein Projekt von Fritz Keller und Herbert Reinecke, das die Söhne Friedrich und Steffen führen sollen. Ziel ist es, die Reben biologisch anzubauen. Noch ist außer den Weinen nicht viel zu sehen und zu betrachten, und so bleibt es vor allem spannend, abzuwarten, was die namhaften Winzer dort auf die Beine stellen.

2018 Weißwein-Cuvée „Kalk & Löss“ trocken
11€ · 12%
Schlank, macht aber Druck, sehr lebendiger Wein.

2019 Gutedel „Kalk & Löss“ trocken
8€ · 11,5%
Der farblich sehr schöne Wein stößt mit seiner frischen Art und Säure auf viel Zuneigung.

2018 Isteiner Cabernet Sauvignon
19€ · 12,5%
Wein mit Struktur, von Kräutern geprägter Loire-Stil mit Zeder.

2018 Isteiner Spätburgunder
21€ · 12,5%
Hat wirklich alles, was einen hochklassigen Spätburgunder ausmacht, vor allem eine verzaubernde, tiefgründige Aromatik.

2018 Spätburgunder „Kalk & Löss“
11€ · 12,5%
Enorm gutes Preis-Leistungs-Verhältnis, dieser Einstiegswein legt die Latte schon verdammt hoch!

Weingut Lämmlin-Schindler

Müllheimer Straße 4,
79418 Schliengen-Mauchen
T +49 (0) 7635 440
www.laemmlin-schindler.de

Inhaber Gerd Schindler
Betriebsleiter Gerd Schindler
Kellermeister Gerd Schindler
Verbände VDP
Rebfläche 20 ha
Produktion 160.000 Flaschen
Verkaufszeiten
Mo–Fr 9–12 Uhr und 14–18 Uhr
Sa 9–12 Uhr und 14–16.30 Uhr
und nach Vereinbarung

Wer seit rund zwei Dekaden auf biologischen Anbau setzt, tut das aus Überzeugung. Gerd Schindlers Weine sind vegan. Was hier in Berg und Keller passiert, geschieht aus guten Gründen. Schindler spricht von einer klugen Einschätzung des Potenzials eines Weinbergs, die sich an der jeweiligen Sorte orientiert. Wer so lange tut, was er tut, kann wie Schindler mit Fug und Recht darauf verweisen, dass er im Keller die nötige Gelassenheit an den Tag legt. Von den 20 Hektar Fläche holt Schindler klassischen Gutedel über Scheurebe und Riesling bis zu Sauvignon Blanc, Cabernet Blanc und Gewürztraminer bei den Weißen und Blaufränkischen neben Spätburgunder und Merlot bei den Roten.

2017 Mauchener Frauenberg Chardonnay GG
23€ · 13,5%
Ein Parade-Chardonnay mit hintergründiger Aromatik, die entdeckt werden will, perfekt zu Fischgerichten.

2018 Mauchener Gutedel „Chasselas" trocken
10,20€ · 11,5%
Feinwürziger Wein mit breitem Körper, gut ausgebauter Struktur, top Säure und knackiger Frische.

2018 Mauchener Sonnenstück Gewürztraminer Spätlese 1. Lage
15€ · 12,5%
Pfingstrose und kräftig süß, spannend als Essensbegleiter.

2018 Mauchener Sonnenstück Grauburgunder 1. Lage
13,50€ · 13%
Molliger Grauburgunder mit feinem Schmelz und geschmacklicher Tiefe.

2018 Mauchener Sonnenstück Weißburgunder 1. Lage
13,50€ · 13,5%
Pfeilgerade, zart und fein ist dieser ganz trocken ausgebaute Weißburgunder ein idealer Begleiter für allerlei Antipasti.

♥ **2019** Mauchener Scheurebe trocken
9,80€ · 12,5%

2019 Mauchener Weißwein-Cuvée trocken
9€ · 13%
Auf der erfrischenden Seite am Sommertag, unkomplizierter, animierender Trinkgenuss.

2017 Rotwein-Cuvée „FRAUenFELS"
19,50€ · 13,5%
Rum-Rosinen und Tannin markieren diese bestens strukturierte Rotwein-Cuvée.

„Rosé" extra brut
13€ · 12,5%
Feiner Rosé-Sekt für einen Sommer-Sonntagnachmittag mit frischen Wald- und Gartenbeeren.

BADEN & WÜRTTEMBERG 2021

Weingut Peter Landmann

Auf dem Rempart 2,
79219 Staufen im Breisgau
T +49 (0) 7633 5510
www.landmann-wein.de

Inhaber Peter Landmann
Betriebsleiter Peter Landmann
Kellermeister Peter Landmann
Verbände Bioland
Rebfläche 23 ha
Produktion 120.000 Flaschen
Gründung 2013
Verkaufszeiten
Mo–So 10–18 Uhr
Dez.–Feb. geänderte Öffnungszeiten

Peter und Judit Landmann bearbeiten 23 Hektar Rebland nach Bioland-Kriterien. Was die Sache noch anspruchsvoller macht: Die Weinberge liegen im Markgräfler Land, am Tuniberg sowie im Breisgau am Staufener Schlossberg. Durch die Übernahme der aufgelösten Staufener Winzergenossenschaft war 2013 eine beträchtliche Vergrößerung des Betriebs erfolgt. Gut aufgestellt sind die Landmanns mit Veranstaltungen wie Konzerten in ihrem Gewölbekeller, Motto-Weinproben und Rebbergführungen.

2019 Staufener Schlossberg Gutedel trocken
6,90€ · 11%

2019 Staufener Schlossberg Sauvignon Blanc Spätlese trocken
9,90€ · 12,5%

2016 Staufener Schlossberg Spätburgunder
19,50€ · 13,5%
Leichte Karamellnote, Spannung, Struktur, Beerenaromatik, Würze.

Markgräfler Winzer

Neueinsteiger

Winzerstraße 2,
79588 Efringen-Kirchen
T +49 (0) 7628 91140
www.markgraeflerwinzer.de

Kellermeister Martin Leyh
Rebfläche 940 ha
Gründung 1952
Verkaufszeiten:
Mo–Fr 9–18 Uhr
Sa 9–13 Uhr

MRKGRFLR – wer das auf ein Etikett druckt, traut sich was. Die mArkgÄflEr Winzer tun das. Die fast 1000 Genossen verstehen sich als Kollektiv. Den Schwarzwald im Rücken, Frankreich und die Schweiz im Blick – so sieht sich die Genossenschaft, die vor allem die Herkunft in ihren Gutedeln, Rieslingen und Spätburgundern betonen will. Kalk, Granit und Löss prägen die Weine, die mit Kraft und Struktur werben. Kellermeister Martin Leyh kann sich aus den Trauben von 46 Orten bedienen und die Region vom Batzenberg bis zum Grenzacher Hornfelsen abbilden.

2018 Chardonnay „Der Landwein“ trocken
15€ · 13%

2018 Chardonnay trocken
15€ · 13%
Eine gute Balance zeichnet diesen Wein aus. Earl Grey spielt mit.

2018 Ehrenstetter Oelberg Weißburgunder „Kunstwerk“ trocken
8€ · 13%

2019 Ballrechten-Dottinger Castellberg Grauburgunder „Kunstwerk" trocken
8€ · 13%
Sehr dichter Wein, der richtig Druck am Gaumen macht – für den Preis ein echter Wurf.

2019 Blansinger Wolfer Weißburgunder „Handwerk" trocken
6,50€ · 12,5%

2019 Ehrenstetter Rosenberg Sauvignon Blanc „Handwerk" trocken
8€ · 11%

2019 Isteiner Kirchberg Gutedel „Kunstwerk" trocken
8€ · 12,5%

2019 Ötlinger Sonnhole Chardonnay „Handwerk" trocken
6,50€ · 13,5%

2015 Grenzach Hornfelsen Rotwein-Cuvée „Kunstwerk"
13€ · 13,5%

2017 Feuerbacher Steingässle Spätburgunder „Kunstwerk"
10€ · 13%
Noch ein wenig sperrig kommt dieser Tropfen daher. Das Warten lohnt sich aber.

2018 Spätburgunder „Der Landwein"
18€ · 13,5%
Da hat man richtig was gewagt. Ein Landwein aus dem Barrique. Lohnend, wenn man ihm Luft gibt.

2016 Pinot Blanc brut
11€ · 12,5%

Pfaffenweiler Weinhaus

Weinstraße 40,
79292 Pfaffenweiler
T +49 (0) 7664 97960
www.pfaffenweiler-wein.de

Betriebsleiter Heinrich Stefan Männle
Kellermeister Roland Braun
Rebfläche 92 ha
Produktion 750.000 Flaschen

Vier Linien führt das Pfaffenweiler Weinhaus im Portfolio vom Qualitätswein mit Trauben aus der Region Batzenberg-Schönberg über die Bannstein-Weine aus der Gemarkung Pfaffenweiler bis zu den Sancta-Clara-Weinen. Letztere wachsen ausschließlich auf Lehm- und Lössböden mit einem sehr hohen Anteil an gelbem Kalkstein. Sie stammen von den besten Lagen innerhalb der Gemarkung Pfaffenweiler und sollen mit Fruchtigkeit, Mineralität und gleichzeitig Dichte und Cremigkeit das Terroir südlich von Freiburg hervorbringen.

2018 Gutedel „Sancta Clara" trocken
7,95€ · 13,5%

2019 Chardonnay „Sancta Clara" trocken
8,95€ · 13%

2019 Grauburgunder „Sancta Clara" trocken
8,95€ · 14%

2019 Gutedel „Arenit" trocken
4,95€ · 12%

Verkaufszeiten
Mo–Fr 8–12 Uhr und 13–17 Uhr
Sa 9–12 Uhr

2019 Gutedel „Klassik" trocken
4,20€ · 11%

2019 Sauvignon Blanc „Bannstein" trocken
6,95€ · 12,5%

2019 Sauvignon Blanc „Sancta Clara" trocken
8,95€ · 12,5%

2019 Weißburgunder „Sancta Clara" trocken
8,95€ · 12,5%

2016 Cabernet Sauvignon „Sancta Clara"
13,50€ · 13,5%

2017 Merlot „Bannstein"
6,95€ · 14%

2017 Spätburgunder „Sancta Clara"
13,50€ · 13,5%

♥ **2018** Rotwein-Cuvée „Rothsteff"
13,50€ · 13,5%

Weingut Rieger

Noblingstraße 13b,
79426 Buggingen Betberg
T +49 (0) 179 6736 631
www.weingutrieger.de

Inhaber Philipp Rieger
Betriebsleiter Philipp Rieger
Kellermeister Markus Brauchle
Verbände Ecovin, Demeter
Rebfläche 18 ha
Produktion 150.000 Flaschen
Verkaufszeiten
Mo–Fr 10–12 Uhr
und 14–18 Uhr
Sa 10–15 Uhr

Der Betberg erlaubt eine hervorragende Aussicht auf die Rheinebene des Markgräflerlands. Philipp Rieger kommt jedoch vor allem für die Trauben von den 21 Hektar Fläche her, die er – inzwischen biodynamisch zertifiziert nach Ecovin und Demeter – hier bewirtschaftet. Kalkreiche Böden im Zusammenspiel mit mediterranem Klima sind die Voraussetzungen, mit denen Rieger spielen kann. Die Reben sind zwischen 30 und 55 Jahre alt. Die Trauben werden im neuen Keller verarbeitet. Neu dabei ist der Chasselas von der Lage Steinig, dessen erste Füllung den Jahrgang 2018 trägt und im großen Holzfass bis zur Abfüllung auf der Vollhefe gelegen hat. Ein trockener durchgegorener Gewürztraminer ergänzt das Programm, das in besonderen Jahren um die Weine Bettebura (Spätburgunder) und Padaperc (Cuvée aus Cabernet Sauvignon und Merlot) erweitert wird.

2018 Grauburgunder „SR Alte Rebe" trocken
13,50€ · 13%
Dem Jahrgang entsprechend viel Volumen und kraftvolle Aromatik.

2018 Gutedel „Chasselas Steinig" trocken
9€ · 12,5%

2018 Weißburgunder „SR Alte Rebe" trocken
18€ · 13,5%
Zeigt dank hoher Reife der Trauben von alten Reben und dem Ausbau im Holz viel Volumen, ideal für würzige, durchaus auch asiatisch inspirierte Gerichte.

2019 Gewürztraminer „Betberg" trocken
15€ · 13%

2017 Rotwein-Cuvée „Padaperc"
18€ · 13,5%

2017 Spätburgunder „SR Alte Rebe"
16,50€ · 13,5%
Vor allem dunke Beerenfrüchte im Vordergrund, duftiger, bestens gebauter Pinot Noir, Natur pur!

2018 Pinot Noir „Bettebura" Auslese trocken
28€ · 15%
Vielschichtiger Pinot Noir, spontan vergoren und im Barrique ausgebaut, absolut gelungen.

Weingut Röschard

Neueinsteiger

Breslauer Straße 75,
79576 Weil am Rhein
T +49 (0) 7621 74000
www.weingut-roeschard.de

Inhaber Gerd Röschard
Betriebsleiter Werner Röschard
Kellermeister Ralf Röschard
Verbände Verein Markgräfler Weingüter, Generation Pinot
Rebfläche 8,5 ha
Produktion 45.000 Flaschen
Gründung 2003
Verkaufszeiten
Mo–Fr 8–13 Uhr und 17–19 Uhr
Sa 8–13 Uhr

Gerd, Werner und Ralf Röschard teilen sich gemeinsam mit dem Önologen Carsten Heinemeyer die Aufgaben im Weingut in vierter Generation unweit der Grenzen zur Schweiz und Frankreich. Acht Hektar werden bewirtschaftet. Handlese, Ertragsreduktion und naturnahe Arbeit im Weinberg sind die Pfeiler der Philosophie im Weingut. Im Keller verzichten die Röschards auf Pumpen und können mit der Gravitation arbeiten, um die Weine zu schonen.

2018 Weiler Schlipf Weißwein-Cuvée trocken
9,50€ · 13%

2019 Weiler Schlipf Grauburgunder trocken
8€ · 12,5%
Der Behäbigkeit entkommt dieser Grauburgunder mit einem feinen Säurespiel, überspringt dabei die Fruchthürde und bildet einen runden Geschmack.

2019 Weiler Schlipf Gutedel trocken
5,50€ · 12%

2019 Weiler Schlipf Sauvignon Blanc trocken
8,50€ · 12,5%

2019 Weiler Schlipf Weißburgunder trocken
7,50€ · 12,5%

2015 Weiler Schlipf Spätburgunder „Grosses Fass"
9,50€ · 13%

2016 Weiler Schlipf Spätburgunder „SR"
15,50€ · 13%
Herbstlaub und Wacholder sind die Visitenkarte dieses feinen, hervorragend gereiften Weines, auf dem Punkt!

Weingut Schlumberger

Obere Holzgasse 4,
79295 Sulzburg-Laufen
T +49 (0) 7634 5922 40
www.weingut-schlumberger.de

Inhaber Rainer Schlumberger
Betriebsleiter Rainer Schlumberger
Kellermeister Rainer Schlumberger
Rebfläche 6 ha
Produktion 25.000 Flaschen
Verkaufszeiten Mo–Sa 14–18 Uhr oder nach kurzer Absprache

Stillstand ist Rückschritt und das mögen sich Rainer Schlumberger und seine nun ins Weingut eingestiegene Tochter Josefine nicht nachsagen lassen. Würde auch keiner tun, angesichts der zahlreichen Aktivitäten beginnend beim Ausschank „Wein zwitschern" im weingutseigenen Innenhof, der optischen Auffrischung der Etiketten oder dem Abfüllen des „FritzS pét nat" – ein Pétillant Naturel, also ein Perlwein, der entsteht, wenn die Gärung auf der Flasche vollendet wird und so ein ungesüßter, unfiltrierter und ungeschwefelter Schaumwein entsteht, dessen natürliche Kohlensäure die Feinhefe spätestens beim Öffnen aufwirbelt.

2019 Gutedel „Chasselas" trocken
8,80€ · 12,5%

2016 Pinot Noir „Eich"
15€ · 14%
In dubio pro Wein: Abwarten. Noch stürmt der Alkohol voran, Pflaume, Schokolade im Schlepptau.

♥ **2019** „FritzS pét nat" brut
9,80€ · 12,5%
Harmonisch strukturierter Weißburgunder mit dezenter Aromatik und feinem Schliff.

Privat-Weingut Schlumberger-Bernhart

Weinstraße 19,
79295 Sulzburg-Laufen
T +49 (0) 7634 8992
www.schlumbergerwein.de

Inhaber Claudia Schlumberger-Bernhart & Ulrich Bernhart
Betriebsleiter Claudia Schlumberger-Bernhart & Ulrich Bernhart
Kellermeister Claudia Schlumberger-Bernhart & Ulrich Bernhart
Verbände VDP
Rebfläche 9 ha
Produktion 50.000 Flaschen
Gründung 1723
Verkaufszeiten
Mo–Fr 10–12 Uhr
und 14–18 Uhr
Sa 10–14 Uhr
und nach Vereinbarung

In Generationen denkt das Privatweingut Schlumberger-Bernhart. Es hat sich zum Ziel gesetzt, den Anteil an Mikroorganismen in den Weinbergsböden hoch zu halten. Deshalb wird auf synthetisch hergestellte Pflanzenschutzmittel verzichtet. Stattdessen setzen die Schlumberger-Bernharts neben den im biologischen Weinbau zugelassenen Mitteln Netzschwefel und Kupfer auf Ackerschachtelhalm, Fenchelöl und Backpulver. Auch die Ertragsreduzierung auf 50 bis 60 Hektoliter pro Hektar dient der Güte der Weine. Das Weingut ist Mitglied im VDP und produziert aus Grauburgunder und aus Chardonnay Große Gewächse sowie natürlich auch aus Riesling und Spätburgunder. Wer das Weingut besuchen möchte, findet mit dem Dormitorium, das die Familie seit Mai 2018 betreibt, eine geschmackvoll gestaltete Herberge.

2018 Laufener Altenberg Weißburgunder 1. Lage
13,50€ · 13%
Exotische Früchte wie Mango, gelbe Blüten, sehr stoffig, kraftvoll und dicht.

2018 Laufener Wingerte Chardonnay GG
28€ · 13,5%
Ein Paradebeispiel dieser edlen Burgunder-Sorte im GG-Format, Kraft und Eleganz paaren sich hier meisterlich!

2019 Muggardter Berg Riesling 1. Lage
13,50€ · 13%
Die hohe Traubenreife mag er kaum verbergen. Ein süßwürziger Riesling, der an Blütenhonig erinnert und süßen Schmelz an den Gaumen führt.

2019 Sauvignon Blanc „Fumé“ trocken
18€ · 13%
Verhaltene, diskrete Art, blitzsauberer Sauvignon.

2019 Weißburgunder „vom Löss“ trocken
8,50€ · 12,5%
Große Frische, saftig, würzig, animierender Wein.

2017 Laufener Wingerte Pinot Noir GG
30€ · 13%
Feine Fruchtnoten von Himbeere und Kirsche. Die pikante Säure, der dichte Körper geben dem Wein Länge.

Weingut Claus Schneider

Lörracher Straße 4,
79576 Weil am Rhein
T +49 (0) 7621 72817
www.schneiderweingut.de

Inhaber Claus Schneider
Betriebsleiter Johannes & Christoph Schneider
Kellermeister Johannes & Christoph Schneider
Rebfläche 15 ha
Produktion 80.000 Flaschen
Gründung 1892
Verkaufszeiten
Di–Fr 9–12 Uhr
und 14.30–18.30 Uhr
Sa 9–14 Uhr
und nach Vereinbarung

Es passiert einiges im Weingut Schneider, das Johannes und Christoph nach und nach auf biologischen Weinbau umstellen. Wunsch des Weinguts ist es, die Herkunft der Weine vom Tüllinger Berg noch präziser herauszuarbeiten. Schneiders haben auch eine Linie, die aus Gutedel und Pinot besteht und ohne jede Schwefelzugabe abgefüllt wird.

♥ **2018** Gutedel „La Boheme" trocken
12,50€ · 11%
Dies ist eine Empfehlung, die nicht in Kategorien zu fassen ist. Eine Gutedel-Interpretation, die sicherlich polarisiert, es aber unbedingt wert ist, verkostet zu werden.

2018 Haltinger Stiege Gutedel trocken
30€ · 11%
Melone-Noten und Mirabelle setzen einen Akzent bei diesem Ausnahme-Gutedel.

2018 Weißwein-Cuvée „Le Blanc vom Kalkstein" trocken
12,50€ · 13,5%
Straff, fast streng, hat diese feine Cuvée doch ihren großen Reiz.

2019 Gutedel „el fayoum" trocken
22€ · 9,5%
Kamille prägt diesen Wein im ersten Antrunk. Hat ordentlich Gerbstoff und braucht Luft, ein Charakter-Wein!

2017 Weiler Schlipf Spätburgunder
30€ · 12,5%
Spätburgunder von der schlanken, spannend frischen Art mit betörendem aromatischem Spiel und guter Länge.

2017 Weiler Spätburgunder
15,40€ · 12,5%
Sehr puristisch und geradlinig, dabei delikat und balanciert, ein Stoff, aus dem Träume geschneidert werden.

Weingut Schneider-Pfefferle

Neueinsteiger

Weißburgunder auf der Maische vergoren und unfiltriert und ungeschwefelt abgefüllt, der als PUR seinen Auftritt hat. Oder Grauburgunder vom Heitersheimer Schilzberg, der erstmals als Jahrgang 2015 in einem 1,90 Meter hohen Betonei zum Reifen gebracht wurde – im Weingut Schneider-Pfefferle probiert man was. Eine klare Linie hingegen fahren Katharina und Mathias Pfefferle beim Anbau – das Weingut ist biozertifiziert, und viele Weine sind vegan.

Kolpingstraße 7,
79423 Heitersheim
T +49 (0) 7634 2836
www.weingut-schneider-pfefferle.de

Inhaber Katharina & Mathias Pfefferle
Betriebsleiter Katharina & Mathias Pfefferle
Verbände Ecovin, Bad. Weinbauverband
Rebfläche 8,1 ha
Produktion 25.000 Flaschen
Gründung 2001
Verkaufszeiten
Mo–Fr ab 17 Uhr
So, Feiertage ab 12 Uhr
Mittwoch Ruhetag

2016 Heitersheimer Maltesergarten Grauburgunder „Steiwii" trocken
14,50€ · 13,4%
Mächtiger, gut gereifter Grauburgunder mit typischer Aromatik und guter Länge, kräftige Kuhmilchkäse sind eine ideale Ergänzung.

♥ **2017** Heitersheimer Maltesergarten Weißburgunder „Pur" trocken
12€ · 13,5%
Leichte Rauchnote, milde Säure, dichte Frucht, natürliche Frische.

2018 Heitersheimer Sonnhohle Weißburgunder „S" trocken
10,50€ · 13,8%
Muskulöser Weißburgunder mit gutem Schmelz und dezenter Aromatik, ein perfekter Allrounder bei der Essensbegleitung.

2019 Heitersheimer Maltesergarten Sauvignon Blanc „Selektion" trocken
10,50€ · 13,3%
Straff, mit viel Säure, stahlig, viel grüne Paprika.

2017 Heitersheimer Maltesergarten Rotwein-Cuvée „Red!Red!Red!"
8,80€ · 14%
Preiswertes Rotwein-Vergnügen für unbeschwerte Feste.

2019 Heitersheimer Maltesergarten Spätburgunder „Rosa Markgräfler" trocken
7€ · 12%

Weingut Josef Walz

Hauptstraße 34,
79423 Heitersheim
T +49 (0) 7634 5530 30
www.weingut-walz.de

Inhaber Thomas Walz
Betriebsleiter Thomas Walz
Kellermeister Max Wolf
Verbände Badischer Weinbauverband

Neun Weine des Weinguts Walz sind biozertifiziert, die übrigen Weine konventionell ausgebaut. Einig ist allen eines: Es sollen trotz trockenen Ausbaus fruchtbetonte, rebsortentypische Weine sein, die der Ausbildungsbetrieb vinifiziert. Die Grundlage wird im Weinberg in den immerhin 17 Hektar Fläche gelegt. Der Gutedel bleibt ein Pfeiler des Weinguts, und so wurden im Mai 2020 auf einem zuvor für drei Jahre brach gelegten Weinberg neue Stöcke gepflanzt.

2017 Badenweiler Römerberg Grauburgunder „Flaggschiff" trocken
19,90€ · 13,5%
Begeisternde Nase, harmonisch gebaut, mittlere Länge.

Rebfläche 17 ha
Produktion 120.000 Flaschen
Gründung 1712
Verkaufszeiten
Mo–Fr 10–12.30 Uhr
und 14–18 Uhr
Sa 10–13 Uhr

2017 Heitersheimer Maltesergarten Gutedel „Flaggschiff" trocken
12,90€ · 12,5%
Ein Gutedel aus dem Holzfass, der Kamille und Minze mit sich bringt.

♥ **2018** Badenweiler Römerberg Chardonnay „Flaggschiff" trocken
19,90€ · 13,5%
Fast schüchtern tritt dieser Wein auf, dabei sehr geradlinig.

2019 Heitersheimer Maltesergarten Gutedel „Bildstöckle" trocken
8,10€ · 12,5%

2019 Heitersheimer Maltesergarten Weißburgunder trocken
10,90€ · 13,5%
Blütenaromen, Apfelmost, Brioche im Duft, knochentrocken am Gaumen.

2017 Badenweiler Römerberg Spätburgunder „Alte Reben Flaggschiff"
12,90€ · 13,5%
Dunkler Beerencocktail trifft auf viel feines Tannin.

2017 Badenweiler Römerberg Spätburgunder „Flaggschiff"
24€ · 13,5%
Beerenfrüchte, Tannine – das ist wahnsinnig delikate alte Badener Schule!

Weingut Martin Waßmer

Am Sportplatz 3,
79189 Bad Krozingen-Schlatt
T +49 (0) 7633 15292
www.weingut-wassmer.de

Inhaber Martin Waßmer
Betriebsleiter Martin Waßmer
Kellermeister Martin Waßmer
Verbände Slow Food
Rebfläche 38 ha
Produktion 190.000 Flaschen
Gründung 1997
Verkaufszeiten
Juli–März:
Mo–Sa 9–18 Uhr
April–Juni:
Mo–So 8–20 Uhr
und nach Vereinbarung

Weingüter sind häufig Traditionsunternehmen, das von Martin Waßmer macht da keine Ausnahme, auch wenn Waßmer erst 1997 begann, die Weine selber auszubauen und die Trauben nicht länger der Genossenschaft zu übergeben. Viel ist seitdem geschehen. Und mit Tochter Sabrina, studierter Weinbetriebswirtin, steht die junge Generation der Waßmers mit in der Verantwortung. Sohn Marvin, gelernter Winzer, ist ebenfalls seit einem Jahr dabei. Bleiben wird die Leidenschaft für die Burgunder-Sorten, die Vater Martin mehrheitlich in Lagen wie Dottinger Castellberg, Auggener Letten oder Staufener Schlossberg anbaut. Die Parzellen sind zum Teil sehr dicht mit 10–12.000 Stöcken pro Hektar bepflanzt, der Ertrag wird auf 40 Hektoliter pro Hektar begrenzt. Waßmer macht keinen Hehl daraus, dass das Burgund als Vorbild Pate steht und so gelebte Tradition aus Jahrhunderten mit ins Weingut integriert ist.

2017 Staufener Schlossberg Weißburgunder trocken
29€ · 13,5%
Reife Aromen von Stachelbeeren, Karamell, Honig und Kräutern, dieser Weißburgunder hat immense Kraft.

2018 Achkarrer Schlossberg Grauburgunder „GC" trocken
45€ · 13,5%
Viel Druck am Gaumen, großes Reifepotenzial, hier darf man mit etwas Geduld auf einiges gefasst sein!

2018 Dottinger Castellberg Chardonnay „GC" trocken
58€ · 13,5%
Dieser äußerst langlebige Paradewein aus dem großen Portfolio von Martin Waßmer kommt zunächst mit Schlankheit daher und überzeugt dann auch mit geschmackvoller Opulenz.

2018 Dottinger Castellberg Grauburgunder „GC" trocken
38€ · 13,5%
Noch deutlich Holz zu spüren, sehr balanciert und auf Zukunft gebaut.

2018 Dottinger Castellberg Weißburgunder „GC" trocken
38€ · 13,5%
Macht mächtig Druck am Gaumen, mineralisch und anhaltend, bereitet schon jetzt allergrößte Freude.

2018 Sauvignon Blanc „SW" Spätlese trocken
19,50€ · 14%
Ein Lieblingswein von Martin und Sabine Waßmer, ungemein gut gelungen mit viel Ausdruck, großer Saftigkeit und reifer Würze.

♥ **2018** Dottinger Castellberg Pinot Noir „GC"
74€ · 13%
Vielschichtiges Aroma trifft auf Power-Tannin, hat noch (viel) Zeit verdient.

2018 Ehrenstetter Ölberg Spätburgunder „GC"
48€ · 13,5%
Eisenhaltiger Granit bildet die Grundlage für diesen Wein. Die Fallwinde vom Schwarzwald bringen die nötige Frische.

2018 Glottertäler Roter Bur Spätburgunder „GC"
48€ · 13,5%
Viel Extrakt bietet dieser Pinot Noir. Er hat Dichte und Würze, beides Garanten für eine große Zukunft.

2018 Schlatter Maltesergarten Pinot Noir „GC"
52€ · 13%
Hat viel Volumen, ohne zu mächtig zu sein. Braucht noch Reife, um sich voll zu entfalten, also bitte weglegen!

2018 Schlatter Maltesergarten Spätburgunder
16,50€ · 13,5%
Eine üppige Spätburgunder-Interpretation, fruchtbetont und auf Harmonie ausgerichtet.

2018 Schlatter Spätburgunder „SW"
28€ · 13%
Duftige Noten nach Eukalyptus sind prägend im Geschmacksbild dieser hervorragenden Selektion.

2018 Spätburgunder
9,50€ · 13,5%
Ein üppiger fleischiger Vertreter der Pinot-Familie, viel Spätburgunder zum überschaubaren Preis.

Weingut Fritz Waßmer

Lazariterstraße 2,
79189 Bad Krozingen-Schlatt
T +49 (0) 7633 3965
www.weingutfritzwassmer.de

Inhaber Fritz Waßmer
Rebfläche 38 ha
Produktion 192.000 Flaschen
Gründung 1998
Verkaufszeiten
Mo–Fr 9–13 Uhr und 14–18 Uhr
Sa 10–16 Uhr

Fritz Waßmer wurde der Spitzenwein nicht in die Wiege gelegt. Seine Familie bewirtschaftete einen gemischt-landwirtschaftlichen Betrieb mit Schwerpunkt auf Spargel und Erdbeeren; Reben waren Nebensache. So absolvierte Fritz Waßmer eine Ausbildung zum Landwirtschaftsmeister, die Trauben wurden an eine Kellerei verkauft. Als in den 1990er-Jahren die Auszahlungspreise von Kellereien und Genossenschaften spürbar zurückgingen, gaben viele Landwirte die Reben auf – und Waßmer stieg ein. Seit seiner Jugend hatte er sich für Wein begeistert, war viel gereist und hatte unzählige Weinpersönlichkeiten kennengelernt, die seine Leidenschaft weiter anfachten. Von einem Aufenthalt im Burgund brachte er unterschiedliche Pinot-Noir-Stecklinge mit, die er in eine Parzelle pflanzte. Das war die Initialzündung für den Aufstieg in die badische und deutsche Spitze. Das Weingut wuchs, die aktuellen 38 Hektar Reben stehen im Markgräfler Land, im Breisgau und am Kaiserstuhl. Waren es zunächst die Spätburgunder, die für Aufsehen sorgten, zogen die Weine aus weißen Burgunder-Sorten nach, wie die Grauburgunder von der Bombacher Sommerhalde und vom Achkarrer Schlossberg.

2018 Achkarrener Schlossberg Grauburgunder trocken
48€ · 13%
Ausladender Grauburgunder mit viel Schmelz und gutem Gerbstoffgerüst, ein wunderbarer Begleiter zur klassischen Bouillabaisse.

2018 Bombacher Sommerhalde Grauburgunder trocken
48€ · 13%
Viel Holz, auch viel Würze und Süße, breit angelegt mit bestem Entwicklungspotenzial.

2018 Herbolzheimer Kaiserberg Chardonnay trocken
48€ · 12,5%
Die feinen Estragon-Noten betörten diesmal die Verkoster-Jury bei diesem herausragendem Chardonnay vom Kaiserberg.

2018 Herbolzheimer Kaiserberg Weißburgunder trocken
48€ · 13%
Sehr schöner Holzeinsatz, gute Balance, lang, gute Säurestrukutr, Salzigkeit, sehr elegant, Frucht gut integriert.

2018 Kenzinger Roter Berg Chardonnay trocken
48€ · 13%
Das ist ein ganz starker Auftritt mit viel Selbstbewusstsein, getragen von ebenso viel Kenntnis, wie großer weißer Burgunder schmecken und sich anfühlen kann.

2018 Staufener Schlossberg Chardonnay trocken ♦♦♦♦
48€ · 13%
Von der Spitzenlage im Staufener Schlossberg kommt diese feine und etwas „leisere" Chardonnay-Interpretation, allerdings mit ebenso viel Rasse und Klasse wie vom Roten Berg.

2018 Staufener Schlossberg Weißburgunder trocken ♦♦♦♦
48€ · 13,5%
Braucht noch Zeit, viel Salzigkeit, sehr elegant, leichtfüßig mit Tiefgang, erhabene Aromatik, gute Länge, charaktervoll.

2018 Achkarrener Schlossberg Syrah ♦♦♦♦
78€ · 13,5%
In diesem Weingut wurde viel Pinonierarbeit für diese Spezialität von der nördlichen Rhône geleistet, mit einem Resultat, das keine Vergleiche zu scheuen braucht!

2018 Bombacher Sommerhalde Spätburgunder ♦♦♦♦♦
56€ · 13%
Eleganter Duft, fast kühl wirkend, edle Toastnote; am Gaumen straff bei fokussierter Säureader und geschliffenen Gerbstoffen. Sehr gute Länge.

2018 Herbolzheimer Kaiserberg Cabernet Franc trocken ♦♦♦♦
78€ · 13,5%
Bei dieser würzigen und hocharomatischen Cabernet-Franc-Interpretation blitzt ein Gedanke an Saint-Émilion auf, großer Wein mit viel Zukunft!

2018 Herbolzheimer Kaiserberg Spätburgunder ♦♦♦♦
126€ · 13,5%
Enorm kompakt in der Nase, die Röstnoten sind noch deutlich, ätherische Würze. Dicht und konzentriert am Gaumen, die Säure ist präsent und hält ihn vital.

2018 Kenzinger Roter Berg Merlot ♦♦♦♦
78€ · 14%
Ein Merlot wie aus dem Bilderbuch für alle großen Jungs, die im übertragenen Sinne gerne die Muskeln spielen lassen.

2018 Kenzinger Roter Berg Spätburgunder ♦♦♦♦
78€ · 13%
Balsamische Würze. Recht griffiges Tannin, sehr streng und fokussiert. Prägnantes Tannin im Finish.

2018 Spätburgunder „Alte Reben" ♦♦♦
29€ · 13%
Die Alten Reben von Fritz Waßmer sind eine Bank, immer perfekt balanciert, mit typischer Burgunder-Würze gepaart mit großer Eleganz.

2018 Spätburgunder „CCL“
68€ · 13,5%
Extraktsüße, stabile Gerbstoffe, gute Konzentration, braucht noch viel Zeit. Holz, Speck, Rauch, Potenzial. Frucht ist kühl, Körper kompakt.

2018 Spätburgunder „XXL“
39€ · 13,5%
Süße Toastwürze, etwas vordergründig, konzentrierte Frucht, klar. Brillant und kompakt zugleich, Gerbstoffe bieten viel Grip.

2018 Spätburgunder
9,30€ · 13%

2018 Staufener Schlossberg Cabernet Sauvignon trocken
78€ · 13%
Perfekt durchstrukturierter Cabernet Sauvignon mit viel Dichte und Tiefgang, schielt mehr nach Napa Valley als nach Bordeaux.

Weingut Michael Wiesler

Krozinger Straße 26,
79219 Staufen
T +49 (0) 7633 6905
www.weingut-wiesler.com

Inhaber Michael Wiesler
Betriebsleiter Michael Wiesler
Kellermeister Michael Wiesler
Rebfläche 7 ha
Produktion 40.000 Flaschen
Gründung 1927
Verkaufszeiten
Mo–Fr 15–18.30 Uhr
Sa 9–13.30 Uhr
Gutsausschank
(April–Mai, Sept.–Okt.):
Do–Fr ab 17 Uhr
Sa–So ab 16 Uhr

Das Weingut Wiesler hütet einen Schatz: Weißburgunder- und Spätburgunder-Rebstöcke, die K. A. Wiesler, der Großvater des heutigen Inhabers Michael Wiesler, 1954 selbst veredelt und gepflanzt hat. Die Reben des Guts, neben Spät- und Weißburgunder noch Gutedel, Riesling, Grauburgunder sowie Gewürztraminer, stehen am Staufener Schlossberg, einer der prominentesten Lagen im Markgräfler Land.

2018 Staufener Schloßberg Gutedel „Edition Wiesler" trocken
7,50€ · 11,5%

2018 Staufener Schloßberg Weißburgunder „Edition Wiesler" trocken
12€ · 13%
Bestechend kräuterige Frucht, feiner Körper, gute integrierte Säure.

2018 Staufener Schloßberg Weißwein-Cuvée „Lieschen Edition Wiesler" trocken
8,60€ · 13%

2013 Staufener Schloßberg Spätburgunder „Edition Wiesler"
22€ · 13%
Lebendiger, würziger Spätburgunder mit gutem Trinkfluss.

Weingut Zähringer

Johanniterstraße 61,
79423 Heitersheim
T +49 (0) 7634 5048 90
www.weingut-zaehringer.de

Inhaber Fabian Zähringer
Betriebsleiter Paulin Köpfer
Verbände Demeter, Ecovin
Rebfläche 55 ha
Produktion 500.000 Flaschen
Gründung 1844
Verkaufszeiten
Mo–Mi 9–12 Uhr und 14–17 Uhr
Do–Fr 9–12 Uhr und 14–18 Uhr
Sa 10–13 Uhr

Mohn blüht zwischen den Rebzeilen, Insekten schwirren durchs Grün. Die Zertifizierung als Demeter-Weingut bringt seit 2010 Leben in die Weinberge der Weinguts Zähringer. Immerhin 55 Hektar werden so nach den Vorgaben des biodynamischen Anbaus bewirtschaftet. Seit 2017 ist mit Fabian Zähringer nun die sechste Generation des 1844 gegründeten Weinguts in der Verantwortung. In der Sonnhohle und dem Maltesergarten gedeihen die Reben. Neben den nach dem 600 Liter fassenden badischen Eichenfass „Vierlig" benannten Weinen legt Zähringer auch Weine für ein junges Publikum auf.

2018 Heitersheimer Sonnhohle Weißburgunder trocken
18€ · 13,5%
Der Einfluss des Ausbaus im Holzfass prägt diesen Wein.

2018 Weißburgunder „Orange" trocken
25€ · 13%
Lohnend für den, der sich auf dieses Geschmacksabenteuer einlässt.

2019 Grauburgunder „Vierlig" trocken
13,90€ · 13,5%
Ausgewogener, saftiger Wein mit mineralischen Anklängen.

2019 Weißburgunder trocken
9,90€ · 13%
Die Pfefferminze drückt dieser diskreten Rebsorte den Stempel auf.

2018 Cabernet Franc
14,90€ · 14%
Entspannter Wein, saftig und frisch, freudvoll kräuterig.

2018 Heitersheimer Sonnhohle Pinot Noir
27€ · 14%
Hemdsärmeliger Wein im besten Sinne mit Paprika und Speckaromen.

Weingut Ziereisen

Markgrafenstraße 17,
79588 Efringen-Kirchen
T +49 (0) 7628 2848
www.ziereisen.de

Inhaber Hanspeter Ziereisen
Betriebsleiter
Hanspeter Ziereisen
Kellermeister
Hanspeter Ziereisen
Rebfläche 20 ha
Produktion 120.000 Flaschen
Verkaufszeiten
Do–Fr 8–12.30 Uhr
und 14–18 Uhr
Sa 8–12.30 Uhr und 14–16 Uhr
und nach Vereinbarung

Andersdenker. Eigenständigmacher. Entschlossener. An Hanspeter Ziereisen kann man sich wie an einem Leuchtturm orientieren – zumindest all jene, die an dieser Art zu denken und zu arbeiten Gefallen finden. Leicht macht er es sich damit vielleicht nicht immer, aber wenn das Ergebnis die Wege rechtfertigt, dann ist Ziereisens Weinphilosophie goldrichtig. Aus dem als einfach beleumundeten Gutedel zaubert er Weine mit Tiefgang wie den „Jaspis Gutedel 10hoch4", aber auch bemerkenswerte Alltagsbegleiter wie den „Heugumber". Die Magie beginnt im Weinberg, wo es ihm gelingt, die Trauben perfekt reifen zu lassen. Dass er für seine Ideen und Vorstellungen auch mal Umwege geht und Weine als Landwein vermarktet, statt seine Haltung aufzugeben, um amtlichen Kommissionen Genüge zu tun, stört Ziereisens wachsende Fangemeinde mit Sicherheit am allerwenigsten.

2017 Chardonnay „Hard" trocken
26,80€ · 14%
Sehr prägnante, aber reife Säure, ein mächtiger Wein mit Potenzial.

2017 Chardonnay „Jaspis" trocken
69,80€ · 13%
Vielschichtige Würze, Druck am Gaumen, Schmelz: alles, was einen großen Weißwein ausmacht.

2017 Grauburgunder „Jaspis" trocken
50€ · 13,5%
Außergewöhnlicher, absolut eigenständiger Grauburgunder-Typ, wie bei Hanspeter Ziereisen nicht anders zu erwarten ein eigener Charakterkopf!

2017 Grauburgunder „Musbrugger" trocken 🍇🍇🍇
18,60€ · 14%
Viel Würze anstatt vordergründiger Frucht, satte Power.

2017 Gutedel „Jaspis 10hoch4" trocken 🍇🍇🍇🍇🍇
125€ · 12%
„Frucht ist Kitsch", sagt der Winzer. Sehr mineralisch, komplex und extrem eigenständig. Muss noch reifen.

2017 Gutedel „Steingrüble" trocken 🍇🍇🍇
15,60€ · 12%

2017 Gutedel „Viviser" trocken 🍇🍇
12,60€ · 11,5%

2017 Weißburgunder „Lügle" trocken 🍇🍇🍇
18,60€ · 13%
Ätherische Noten, verhalten mineralisch, spürbare Gerbstoffe. Erst mal noch ein wenig weglegen.

2018 Gutedel „Heugumber" trocken 🍇🍇
6,50€ · 11%

2017 Pinot Noir „Jaspis" 🍇🍇🍇🍇🍇
45€ · 13,5%
Das ist kühl. Das ist elegant. Das rollt über die Zunge. Zeigt aristokratische Züge. Harmonie im Königshaus, der wir untertänig applaudieren.

2017 Pinot Noir „Jaspis" 🍇🍇🍇🍇🍇
75€ · 12,5%
Dieser Pinot Noir schwebt, wildwürzig mit gewinnenden Tanninen. Beglückt Puristen!

♥ **2017** Pinot Noir „Rhini" 🍇🍇🍇🍇
34€ · 13%
Zeigt sich noch unnahbar, fletscht fast die Zähne. Klar auf Zeit gebaut.

2017 Pinot Noir „Schulen" 🍇🍇🍇🍇
22€ · 13%
Stilistik, über die man streiten darf. Dafür: klare Idee, feines Holz. Dagegen: etwas zu gekocht. Alles – aber kein Langweiler.

2017 Pinot Noir „Talrain" 🍇🍇🍇
17,80€ · 13%
Phenolik und Extraktsüße im Einklang wie Yin und Yang, unterstützt von Dörrobst- und Pflaumennoten, denen eine gute Länge gegönnt wird.

2017 Pinot Noir „Tschuppen" 🍇🍇🍇
12€ · 13%
Tannine griffiger als Chuck Norris beim Handschlag. Und exakt so unnachgiebig, er will andauern und fortfahren.

2017 Syrah „Gestad"
22€ · 12,5%

2017 Syrah „Jaspis"
50€ · 13%
„Love it or leave it" war hier der Kommentar des Vorkoster-Panels – der Liebstöckel kann Zierde sein oder aber auch das Gegenteil.

Weingut Zimmermann

Bürgelnblick 1 –
Auf dem Schliengener Berg,
79418 Schliengen
T +49 (0) 7635 665
www.zimmermann-wein.de

Inhaber
Karl-Ernst Zimmermann
Betriebsleiter
Karl-Ernst Zimmermann
Kellermeister
Karl-Ernst Zimmermann
Rebfläche 11 ha
Produktion 55.000 Flaschen
Gründung 1985
Verkaufszeiten
Mo–Fr 9–14 Uhr
und nach Vereinbarung

Auf dem Schliengener Berg zwischen Schliengen und Hertingen führt Karl-Ernst Zimmermann das Weingut und bietet Besuchern eine prachtvolle Aussicht auf die Rheinebene an. Elf Hektar stehen für die aus klassischen badischen Sorten gewonnenen Weine zur Verfügung. Den Weinen verpasst Zimmermann gerne Namen wie Rhine Hill oder Angel Hill. Und wer mag, kann auf letzterem – dem Engelshügel – auch eine Patenschaft für Reben auf dem Hang mit 38 bis 46 Grad Neigung übernehmen, ohne selber ernten zu müssen.

♥ **2017** Rhine Hill Grauburgunder Reserve trocken
24€ · 13%
Duft von reifer Birne und ebenso weich am Gaumen.

2019 Rhine Hill Gutedel Kabinett trocken
6,90€ · 11%
Da stimmt alles. Gutedel at its best. Noten nach Brotkruste und eine feine Säure.

2015 Angel Hill Syrah
25,50€ · 14%
Klassischer Syrah mit allen positiven Attributen dieser Spezialität von der nördliche Rhône.

2015 Angel Hill Pinot Noir
14,50€ · 14%
Bestens gereifter Pinot Noir mit vielschichtigem Aromenspiel, ideal zum Kalbsrücken mit Steinpilzen.

2016 Angel Hill Merlot Reserve
34€ · 14%
Wir loben die Opulenz im Kontrast zur hellen Farbe, Charakterwein.

2016 Angel Hill Cabernet Franc „Reserve"
34€ · 14%
Saftige Zwetschge und feine Rauchnoten.

Weingut Julius Zotz

Staufener Straße 3,
79423 Heitersheim
T +49 (0) 7634 5082 20
www.weingut-zotz.de

Inhaber Martin, Michael & Julian Zotz
Kellermeister Dennis Meindl
Rebfläche 95 ha
Produktion 600.000 Flaschen
Gründung 1865
Verkaufszeiten
Mo–Fr 8–12.30 Uhr
und 13.30–18 Uhr
Sa 9–16 Uhr
(April bis Oktober)
Sa 9–13 Uhr
(November bis März)

Nicht weniger als 50 Weine keltert das Weingut Julius Zotz aus den traditionellen Rebsorten von Gutedel bis Spätburgunder und einigen Neuzugängen wie Sauvignon Blanc, Cabernet und Merlot. Im Herzen des Markgräflerlands, in Heitersheim, ist es die Lage Maltesergarten, die Julius Zotz bewirtschaftet. Neu hinzugekommen ist 2018 die Lage Badenweiler Römerberg, wodurch die Gesamtfläche des Weinguts auf 95 Hektar stieg. Seit 1980 setzt das Weingut auf die Richtlinien für umweltschonenden Weinbau, und mittlerweile ist auch kein synthetischer Dünger mehr im Einsatz. Stattdessen werden die Böden mit artenreichen Begrünungsgemischen versorgt.

2018 Badenweiler Römerberg Chardonnay „Terrassen" trocken
28€ · 13,5%
Kräftiger Chardonnay im Barrique ausgebaut. Markante Stilistik, die eine ebenso kraftvolle Begleitung aus der Küche oder besser noch vom Grill sucht!

2019 Badenweiler Römerberg Grauburgunder trocken
12€ · 13%

2019 Badenweiler Römerberg Gutedel trocken
12€ · 12%

2019 Heitersheimer Maltesergarten Gutedel „Chasselas" trocken
12€ · 12,5%

2019 Sauvignon Blanc trocken
9€ · 12,5%

♥ **2019** Weißwein-Cuvée „grau.weiß.gut." trocken
8,50€ · 12,5%

2017 Heitersheimer Maltesergarten Pinot Noir
14,90€ · 13,5%
Besser geht's nicht: Kaffee, Tabak gehen einer guten Säure voran, das ist großer Pinot-Noir-Genuss!

2018 Badenweiler Römerberg Syrah
28€ · 14%
Das Markgräflerland als neues Eldorado für diese würzige Rebsorte aus dem Rhônetal, hier ein Paradebeispiel.

Gutedel extra brut
10,50€ · 12,5%

Essen

INZLINGER WASSERSCHLOSS

Riehenstraße 5, 79594 Inzlingen
T +49 (0) 7621 47057
www.inzlinger-wasserschloss.de
1470 wurde dieses Schloss erstmals erwähnt – es präsentiert sich nach wie vor in idyllischer Lage nahe der Schweizer Grenze. Im Restaurant wird „Cuisine nature" geboten, übernachten kann man im Gästehaus.
Empfohlen von
Wein- und Sektgut Gerhard Karle

LANDGASTHOF REBSTOCK

Hauptstraße 77, 79295 Sulzburg
Tel. +49 (0) 7634 5031 40
www.rebstock-sulzburg.de
Familie Keller heißt ihre Gäste in diesem gemütlichen Restaurant, zu dem auch ein kleines Hotel gehört, bei liebevoll zubereiteten badischen Speisen und Weinen aus der Region willkommen.
Empfohlen von
Weingut Zähringer

TROIS LIS

Weinstraße 38,
79295 Sulzburg-Laufen
T +49 (0) 7634 6954 242
www.troislis.com
Mediterran-asiatisch inspiriert ist die junge Küche in diesem schicken, aber legeren Restaurant, das nach den drei Lilien aus dem Wappen von Laufen benannt ist. Zum Haus gehören auch zwei Hotelzimmer.
Empfohlen von
Weingut Schlumberger

HIRSCHEN

Hauptstraße 69, 7295 Sulzburg
T +49 (0) 7634 8208
www.douce-steiner.de
„Cuisine Douce" nennt sie ihren persönlichen Kochstil: Douce Steiner ist höchst-dotierte Spitzenköchin in Deutschland und steht in diesem 500 Jahre alten Gebäude am Herd. Ihr Vater hat das Restaurant begründet, das sie erfolgreich mit ihrem Team weiterführt. Ihr Credo: Respekt vor der Natur, Liebe zur bodenständigen Küche – und dass man mit allen Sinnen genieße. Zum Haus gehört auch ein Hotel.
Empfohlen von
Martin Waßmer

TRAUBE

Alemannenstraße 19,
79588 Blansingen
T +49 (0) 7628 9423 780
www.traube-blansingen.de
Elemente der Natur wie Feuer oder Erde stehen Pate für die Gerichte, die aus dieser mehrfach ausgezeichneten Küche kommen. Tradition soll sich hier mit „innovativer und provokanter" Küche verbinden. Das Haus, zu dem auch ein Hotel mit neun Zimmern gehört, ist umgeben von alten Weinreben.
Empfohlen von
Weingut Hanspeter Ziereisen

GASTHAUS ZUM HIRSCHEN

Am Neuweg 2, 79400 Egerten
T +49 (0) 7626 388
www.hirschen-egerten.de
Zum Weingut Max Geitlinger gehört dieses Restaurant mit seiner Hausmannskost, in dem es Schäufele, Kalbsschnitzel oder Wurstsalat zur Vesper gibt – serviert mit den Weinen des Hauses natürlich.
Empfohlen von
Weingut Max Geitlinger

KRONE

Markgräfler Straße 32,
79379 Müllheim-Britzingen
T +49 (0) 7631 2046
www.krone-britzingen.de
Der alteingesessene Gasthof, in dem man auch übernachten kann, hat durch seine neuen Betreiber eine Frischzellenkur erfahren. Auf der Karte stehen klassische badische Gerichte, aber auch Rösti in vielen Variationen – wegen der Nähe zur Schweiz. Und wer außerhalb der Öffnungszeiten Appetit auf Rindergulasch oder Kartoffelsalat hat, holt sich das Essen einfach aus dem Automaten am Haus.
Empfohlen von
Winzergenossenschaft Britzingen

SCHLOSSRESTAURANT BÜRGELN
Schloss Bürgeln 1,
79418 Schliengen
T +49 (0) 7626 293
www.schlossbuergeln.de
Bei gutem Wetter hat man von der Sonnenterrasse aus einen gigantischen Blick vom Eggenertal bis zu den Vogesen, der Schweiz und dem Elsass. Im Restaurant kann man in unterschiedlichen Räumlichkeiten – auch als größere Gruppe oder mit der Familie – Themenabende oder Dinner bei Kerzenschein genießen. Auf der Karte stehen unter anderem Gerichte aus heimischem Wild, dazu werden Weine vor allem aus dem Markgräfler Land serviert. Spezialität des Hauses: die Schwarzwälder Kirschtorte.
Empfohlen von
Weingut Büchin

VILLA FEER
Beim Haagensteg 1,
79541 Lörrach Haagen
T +49 (0) 7621 5791 077
www.villa-feer.com
Ein besonderes Flair herrscht in dieser ehemaligen Privatvilla, erbaut im Jahr 1900, in der Kathrin Bucher ihr Restaurant führt. Sie legt Wert auf hochwertige Produkte, die als kleine Kunstwerke auf dem Teller präsentiert werden.
Empfohlen von
Weingut Röschard

ZEHNERS STUBE
Weinstraße 39,
79292 Pfaffenweiler
T +49 (0) 7664 6225
www.zehnersstube.de
Es sind vor allem die Saucen, für die Fritz Zehner immer wieder großes Lob bekommt. Sein Haus ist mit Auszeichnungen hochdekoriert. Auf der Karte stehen Gänseleberterrine, bretonischer Hummer oder Deichlammrücken. Der Meister gibt sein Wissen in Kochkursen auch an seine Gäste weiter.
Empfohlen von
Weingut Brenneisen

Schlafen

WALSERS LANDHOTEL
Bahnhofstraße 34, 79588
Efringen-Kirchen
T +49 (0) 7628 8055 244
www.walsers-hotel.de
Hier stehen Vater und Sohn am Herd, während Mutter und Tochter sich um das Wohl der Gäste kümmern: Im Familienbetrieb lässt es sich in stilvollen Zimmern gemütlich übernachten, im Restaurant regionale Küche genießen. Außerdem lädt die Tagesbar „Emma" zu Kaffee und Lunch ein.
Empfohlen von
Weingut Claus Schneider

ECKERT
Baslerstrasse 20,
79639 Grenzach-Wyhlen
T +49 (0) 7624 91720
www.eckert-grenzach.de
Das Vier-Sterne-Hotel gehört zur Wio-Group der Familie Wiedmer, die auch die Krone in Inzlingen, die Hotels „Base" und „Drei König" sowie das Restauant Mättle (alle in Lörrach) betreiben. Im Hotel in Grenzach lässt es sich außerdem im mehrfach ausgezeichneten Fine-Dining-Restaurant stilvoll essen.
Empfohlen von
Weingut Claus Schneider

LANDHOTEL KRONE

*Hauptstraße 12,
79423 Heitersheim
T +49 (0) 7634 51070
www.landhotel-krone.de*

Wohnen und genießen: Das ist das Motto der Gastgeber in diesem feinen Hotel, zu dem auch ein Restaurant mit französisch-inspirierter Karte gehört. Drumherum bieten sich Aktivurlaub oder Ausflüge in die Weinberge an.

Empfohlen von
Weingut Josef Walz

SCHWANEN

*Hauptstraße 121,
79576 Weil am Rhein
T +49 (0) 7621 97860
www.schwanen-weil.de*

Im Herzen Altweils liegt dieses Haus, das seine Ursprünge im Jahr 1739 hat. Im Gästehaus lässt es sich komfortabel übernachten, im Restaurant wird regional gekocht. Die Sehenswürdigkeit im Haus: Im Engele-Saal ist eine der weltweit größten Engel-Sammlungen zu sehen, die der Basler Kunstmaler Ivan Grill im Laufe seines Lebens zusammengetragen hat.

Empfohlen von
Weingut Röschard

ZUM LÖWEN

*Hauptstraße 23,
79591 Eimeldingen
T +49 (0) 7621 62588
www.loewen-eimeldingen.de*

Geschäftsreisende und Urlauber gleichermaßen fühlen sich in diesem modern eingerichteten Haus wohl, das im Dreiländereck liegt: nahe zur Messe- und Kulturstadt Basel, ebenso zum Elsass oder zu den Wanderwegen des Schwarzwaldes. Familie Hanemann lädt in ihrem Restaurant zu Roastbeef, Thunfisch oder Wurstsalat.

Empfohlen von
Weingut Röschard

DORMITORIUM

*Klosterplatz 2, 79295 Sulzburg
T +49 (0) 7634 5088 277
www.dormitorium-sulzburg.de*

Historische Grundmauern erwarten die Gäste in diesem Weinhotel, das im früheren Gebäude des Klosters St. Cyriak zum Übernachten in einem der zehn Zimmer einlädt. Das Hotel gehört zum Privatweingut Schlumberger-Bernhart.

Empfohlen von
Privatweingut Schlumberger-Bernhart

ALTE POST

*Posthalterweg / An der B 3,
79379 Müllheim
T +49 (0) 7631 17870
www.alte-post.net*

Ein modernes Haus hinter den Mauern einer ehemaligen Posthalterei aus dem 18. Jahrhundert: In der Alten Post der Familie Mack geht es kreativ, biologisch, nachhaltig und gastfreundlich zu. Im Angebot: 51 mit natürlichen Materialien eingerichtete Zimmer, eine umweltverträgliche Gastronomie, Veranstaltungsräume, ein blühender Bauerngarten – und das alles am Rande der Weinberge.

Empfohlen von
der Redaktion

SPIELWEG

*Spielweg 61, 79244 Münstertal
T +49 (0) 7636 7090
www.spielweg.com*

Familie Fuchs führt dieses Haus bereits in sechster Generation. Es gehört zu den Romantikhotels und bietet gemütliche Zimmer im Landhausstil sowie ein Restaurant mit Gerichten der „kreativen Regionalküche mit asiatischen Geschmacksnoten". Zum Wellnessbereich zählen ein Hallen- und Freibad, Sauna, Dampfbad und ein Natur-Spa.

Empfohlen von
Max Geitlinger

Einkaufen

DORFLADEN BRITZINGEN
Markgräflerstraße 33,
79379 Müllheim-Britzingen
T +49 (0) 7631 7490 170
www.dorfladengenossenschaft-britzingen.de
Einer der ungewöhnlichsten Läden in der Region: Der Dorfladen wird genossenschaftlich geführt und bietet in seinem Sortiment nicht nur Obst, Gemüse, Käse, Fleisch, Seifen, Konserven oder Kaffee, sondern auch ein kleines Café mit Außensitzplätzen. Britzinger Bürger nehmen das Angebot genauso gerne an wie Urlauber, die zum Einkaufen kommen oder nur eine Rast machen.
Empfohlen von
Winzergenossenschaft Britzingen

OBSTHOF SEHRINGER
Hauptstraße 1a, 79227 Mengen
T +49 (0) 7664 2945
www.obsthof-sehringer.jimdofree.com
Äpfel, Kirschen, Zwetschgen und Spargel werden auf diesem Hof schon in der fünften Generation angebaut und vermarktet. Zum Angebot gehören aber auch Fruchtsäfte, Apfelwein und Edelbrände. Einkaufen kann man im Hofladen, in dem auch eigene Backwaren angeboten werden. Auf der Kaffeewiese lässt sich eine Rast einlegen.
Empfohlen von
Weingut St. Remigius

Besonders empfehlenswerte Metzgereien

Schrodi
Efringen-Kirchen
(Basler Straße 57)

Federle
Ehrenkirchen
(Staufener Straße 1)

Widmann
Hartheim (Rheinstraße 22)

Schmidts Wurstlädele
Wittnau-Biezighofen
(Sandbühl 18)

Besonders empfehlenswerte Bäckereien

Bäckerei Ruf
Sulzburg (Hauptstraße 54)

Bäckerei Paul
Lörrach (Palmstraße 20)

Bäckerei Fritz
Weil am Rhein
(Königsberger Straße 7)

Vinothek

STAUFENER WEINLADEN
Hauptstraße 24, 79219 Staufen
T +49 (0) 7633 8300 357
www.heger-weine.de
Weine aus Deutschland, Frankreich, Portugal, Spanien und Italien sind in diesem neuen Geschäft vom Weingut Heger aus dem Kaiserstuhl im Angebot.
Empfohlen von
der Redaktion

ERBPRINZ WEINKONTOR
Rheinstraße 1, 76275 Ettlingen
T +49 (0) 7243 3220
www.erbprinz.de/de/weinkontor
Badische Spitzenweine werden in diesem Weinkontor verkauft. Das Geschäft gehört zum Hotel und Restaurant Erbprinz.
Empfohlen von
der Redaktion

9 BODENSEE

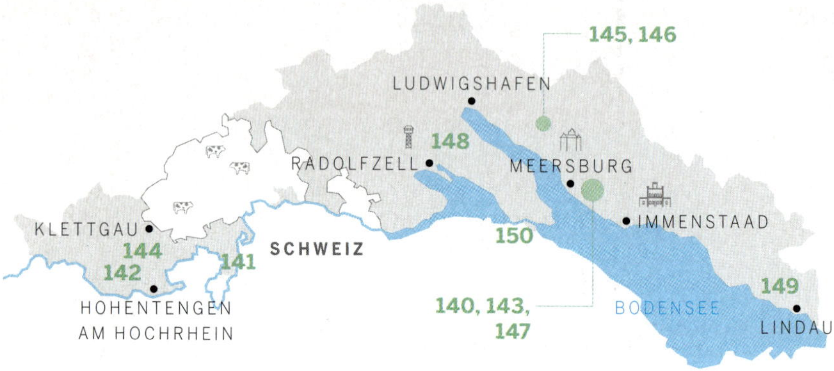

Dreigeteilt und doch eins: Das ist die Weinbau-Situation am Bodensee. Denn politisch teilen sich Baden mit Württemberg und Bayern das nördliche Seeufer. Der größte Teil der 600 Hektar Rebfläche, vom Hochrhein über den Hegau bis nach Meersburg im Westen, bildet den Bereich „Bodensee" des Anbaugebietes Baden. Die Reben im östlichen Teil gehören zum Bereich „Württembergischer Bodensee" (rund um Kressbronn) und „Bayerischer Bodensee" (Nonnenhorn, Lindau) des Anbaugebietes Württemberg.

Geographische Lage Der Bodensee ist ein 63 Kilometer langer See im Alpenvorland zwischen Deutschland, Österreich und der Schweiz. Der See, der vom Rhein gespeist wird, besteht aus dem Untersee und dem größeren Obersee. Die Höhe über dem Meeresspiegel beträgt 395 Meter, die Fläche 536 Quadratkilometer.

Böden Eiszeitliche Verwitterungsböden, Moränenschotter, Schwemmsandböden, Tuffgestein

Rebfläche 600 Hektar

Rebsorten Spätburgunder, Müller-Thurgau (auch Seewein genannt), Grauburgunder, Weißburgunder

Geschichte Wenige Jahre nach Gründung des Klosters Salem im 12. Jahrhundert begannen die Zisterzienser mit dem Weinanbau. Als im 18. Jahrhundert ein Orgelbauer aus Dijon beauftragt wurde, ein solches Instrument in Salem zu bauen, kamen auch die ersten Reben aus dem Burgund nach Salem und legten den Grundstein für einen der besten Spätburgunder aus der Bodenseeregion. Heute gehört das Schloss Salem zum Weingut Markgraf von Baden, das dort seinen Sitz hat.

Besonderheit Am Südwestabhang des Hohentwiel liegen die höchsten Weinberge Deutschlands – auf einer Meereshöhe von gut 560 Metern. Die Lage „Olgaberg" – benannt nach der russischen Großfürstin Olga Nikolajewna Romanowa, die als Ehefrau Karls I. auch Königin von Württemberg war – ist wegen ihrer Weinbergsflora und -fauna Bestandteil des Naturschutzgebietes Hohentwiel. Die Weine, die das Staatsweingut Meersburg anbaut, sind wegen des vulkanischen Untergrundes sehr mineralisch.

WEINGÜTER

140
WEINGUT AUFRICHT
Höhenweg 8
88719 Meersburg-Stetten

141
WEINGUT SUSANNE UND BERTHOLD CLAUSS
Obere Dorfstraße 39
79807 Nack

142
WEINGUT ENGELHOF
Engelhof 1
79801 Hohentengen

143
WINZERVEREIN HAGNAU
Strandbadstraße 7
88709 Hagnau

144
WEINGUT LORENZ UND CORINA KELLER
Steinbuck 36
79771 Klettgau-Erzingen

145
WEINGUT KRESS
Mühlbachstraße 115
88662 Überlingen

146
WEINGUT MARKGRAF VON BADEN SCHLOSS SALEM
Schloss Salem
88682 Salem

147
STAATSWEINGUT MEERSBURG
Seminarstraße 6
88709 Meersburg

148
WEINGUT HANS REBHOLZ
Bergstraße 1
78315 Radolfzell-Liggeringen

149
SCHMIDT AM BODENSEE
Hattnau 62
88142 Wasserburg

150
SPITALKELLEREI KONSTANZ
Brückengasse 16
78462 Konstanz

Weingut Aufricht

Höhenweg 8,
88719 Meersburg-Stetten
T +49 (0) 7532 242 7
www.aufricht.de

Inhaber Robert & Manfred Aufricht
Kellermeister Robert Markheiser
Rebfläche 40 ha
Produktion 300.000 Flaschen
Verkaufszeiten Mo–Sa 10–12 Uhr und 14–18 Uhr

„Wir werden täglich beschenkt mit einer einzigartigen Gesamtkomposition: dem wechselnden Farbspiel des Bodensees, den sanften, grünen Hügelketten und dem Blick auf die Schweizer Berge, die das Bild vervollständigen." So beneidenswert euphorisch erzählen die Aufrichts von ihrem Lebens- und Arbeitsumfeld. Der Löwenanteil der Aufricht'schen Reben sind Burgunder. Doch die Brüder haben sich schon frühzeitig nach Ergänzungen umgesehen. Der Sauvignon Blanc, den sie entgegen anfänglicher Widerstände pflanzten, trägt 25 Jahre nach der Premiere mittlerweile das Attribut „Alte Reben" und ist sehr begehrt. Blaufränkisch, Scheurebe, Regent sind auch nicht unbedingt Bodensee-Klassiker und schon gar nicht der Grüne Veltliner, der mit dem Jahrgang 2019 eine viel beachtete Premiere erfuhr. Zum Gut gehört, wie oft am Bodensee, eine angesehene Edelbrennerei, die von der nächsten Generation verantwortet wird. Das „Fräulein Seegucker", die „entstaubte Interpretation einer Besenwirtschaft", betreibt in den Sommermonaten Sophia, die Enkelin des Gutsgründers Josef Aufricht.

2018 Sauvignon Blanc „3 Lilien" trocken
30€ · 13,5%
Voluminöser und muskulöser Sauvignon, beileibe kein Solist oder gar zarter Seewein – hier sucht ein großer Wein einen kongenialen, kulinarischen Gegenspieler.

2019 Auxerrois trocken
12,90€ · 12,5%
Reife Traube, zugänglich, opulent, exotische Frucht.

2019 Chardonnay „Kalkbrunnen" trocken
22,90€ · 13%
Feine Frucht, mineralisch, gute Länge, frisch und doch feincremig, mit Extrakt, klare Aromatik, ausbalanciert, etwas salzig.

2019 Grauburgunder „Eichhölzle" trocken
19,90€ · 13%
Grauburgunder vom See at its best: saftig, kräftig, komplex ... und extrem süffig!

2019 Grauburgunder trocken
11,90€ · 12,5%
Dieser ungemein charmante, cremige Grauburgunder, der im Finale ganz fein mit der Restsüße spielt, ist ein Aufricht-Klassiker.

2019 Scheurebe „470 Ob dem See" trocken
13,40€ · 12%

2019 Weißburgunder trocken
11,90€ · 12,5%
Dicht und dennoch feingewobener Weißburgunder mit geheimnisvoller reifer Aromatik, ein Schmeichler.

Weingut Susanne und Berthold Clauß

Obere Dorfstraße 39,
79807 Nack
T +49 (0) 7745 5492
www.weingutclauss.de

Inhaber Berthold & Susanne Clauß
Betriebsleiter Berthold Clauß
Kellermeister Berthold Clauß
Verbände Slow Food; Vinissima
Rebfläche 18 ha
Produktion 140.000 Flaschen
Gründung 1982
Verkaufszeiten
Mo–Di, Do–Fr 10–12 Uhr und 14–18 Uhr
Sa 9–13 Uhr

„Unser schönes Weindorf Nack liegt ja wirklich am letzten Zipfele von Baden und Deutschland. Out of Focus", so kokettieren Susanne und Berthold Clauß mit der Lage ihres Guts. Rund die Hälfte ihrer Reben steht in unmittelbarer Nähe des Betriebs in der kleinen Gemeinde Nack, die von Schweizer Staatsgebiet nahezu umschlossen ist. Die Böden bestehen hier aus sandigem Lehm sowie Kiesgestein aus eiszeitlichen Moränenablagerungen. Dazu kommen weitere Weinberge im Klettgau, „der Heimat der großen Burgunder und kleinen Belemnite", wie die Familie Clauß sagt. Belemniten sind urzeitliche Kopffüßler, die zur Kreidezeit Auf kalkhaltigen Böden wiederum geraten Burgunder-Sorten besonders charaktervoll.

2018 Pinot Gris „Urbanus" trocken
18,90€ · 14%

2019 Grauburgunder „Belemnit" trocken
9,80€ · 13,5%

2019 Muskateller trocken
9,50€ · 12,5%

♥ **2019** Müller Thurgau „Wildfang" trocken
13,50€ · 13,5%

2019 Nacker Sauvignon Blanc trocken
15,90€ · 13,5%

2019 Nacker Weißburgunder trocken
9,80€ · 13,5%

2019 Pinot Blanc „Urbanus" trocken
18,90€ · 13,5%
Feiner Wein, der sich leise aufbaut und dann ganz schön kräftig wird und wirkt.

2019 Pinot Gris „Urbanus" trocken
18,90€ · 13,5%

2015 Pinot Noir „Urbanus"
28€ · 14%
Eine echte Wuchtbrumme ist dieser bereits in Würde gereifte Pinot Noir heute immer noch, das ist die eindeutige Handschrift von Berthold Clauß.

2016 Nacker Pinot Noir „Urbanus"
28€ · 13,5%
Bestens gereifter, immer noch vom Holz geprägter ungemein dichter Pinot Noir mit wilder Aromatik, noch ein wenig abzuwarten lohnt sicherlich.

2018 Frühburgunder „Belemnit"
19€ · 14,5%
Stoffiger, würziger Frühburgunder mit Kraft, noch vom Barrique geprägt, mit viel Potenzial.

2018 Spätburgunder „Belemnit" Auslese
29,80€ · 10%
Sommerlich und zart mit vielschichtiger Aromatik von Wald- und Gartenbeeren.

Weingut Engelhof
Engelhof 1, 79801 Hohentengen
T (07742) 7497
www.engelhof.de

2015 Pinot Noir „Réserve"
22€ · 14%
Dieser Pinot Noir ist eine kraftstrotzende Reserve mit reifen, dunklen Fruchtaromen und einem vorzüglichen Entwicklungspotenzial.

Winzerverein Hagnau Neueinsteiger

Strandbadstraße 7,
88709 Hagnau
T +49 (0) 7532 1030
www.hagnauer.de

Rebfläche 160 ha
Gründung 1881
Verkaufszeiten
Mo–Fr 8–18 Uhr
Sa 9–18 Uhr

Die älteste Winzergenossenschaft Badens zeigt sich offen für junge Entwicklungen am Weinmarkt. 52 Winzerfamilien bewirtschaften insgesamt 160 Hektar. Die Rebstöcke wachsen an den Sonnenhängen des schützenden Bodensees. An nebelfreien Tagen reflektiert der See die Sonnenstrahlen auf die Reben. Stolz ist man auf den Schutz der Artenvielfalt von Pflanzen und Insekten im Weinberg und dass die Arbeiten darauf ganzjährig ausgerichtet sind – inklusive der vollständigen Handlese.

2019 Hagnauer Burgstall Grauburgunder „Farbenspiel" trocken
12,80€ · 12,5%

2019 Hagnauer Burgstall Müller-Thurgau „Edition" trocken
7,50€ · 13%

2019 Hagnauer Sonnenufer Müller-Thurgau halbtrocken
6,60€ · 12%

2018 Hagnauer Burgstall Pinot Noir
9,80€ · 14%

2019 Hagnauer Burgstall Spätburgunder trocken
7,60€ · 12%

2017 Hagnauer Burgstall „Grand Pinot" brut
14€ · 12%

2018 Hagnauer Burgstall Grauburgunder Beerenauslese
24€ · 10,5%
Diesen Wein würde man eigentlich gerne zum Frühstück auf einem Bagel mit Frischkäse genießen.

Weingut Lorenz und Corina Keller

Steinbuck 36,
79771 Klettgau-Erzingen
T +49 (0) 7742 8586 64
www.weingut-lck.de

Inhaber Lorenz Keller
Betriebsleiter Lorenz Keller
Kellermeister Lorenz Keller
Rebfläche 15 ha
Produktion 90.000 Flaschen
Verkaufszeiten
Mi 15–18Uhr
Do 15–20 Uhr
Fr 15–18 Uhr
Sa 10–15 Uhr

Neuer Jahrgang, neue Klassifikation: „Wir haben unsere Weine in drei Kreissegmente gegliedert", erklären Lorenz und Corina Keller („LCK"): „Segment 1, ‚Natur', sind unsere Alltagsweine und Segment 2, ‚Handwerkskunst', sind unsere Selektionsweine. Segment 3, ‚Zeit', sind unsere Reserveweine und symbolisieren mit drei Segmenten, dass sich der Kreis schließt." Das Sortiment mit 22 Etiketten reicht vom spritzig leichten Elbling über Grauburgunder bis zum barriquegereiften Spätburgunder. Die Weine der Kellers kann man auch in fester Form genießen – verarbeitet in vielfältiger Confiserie. Die Kellers haben 2020 ein zweites Weingut übernommen, Schloss Rheinburg Gailingen am Hochrhein mit zehn Hektar Rebfläche.

2018 Weißburgunder „vom Böld Reserve" trocken
18,50€ · 14%
Er ist rauchig, speckig und hat Kraft.

2019 Erzinger Kapellenberg Chardonnay „Selektion" trocken
14,90€ · 14%
Die Cremigkeit des Chardonnay empfiehlt den Wein zu scharfen Gerichten.

2019 Erzinger Kapellenberg Elbling trocken
6,10€ · 12%

2019 Erzinger Kapellenberg Grauburgunder „Selektion" trocken
12,90€ · 13,5%

2019 Erzinger Kapellenberg Muskateller trocken
9,50€ · 12,5%

2019 Erzinger Kapellenberg Spätburgunder „Blanc de Noirs" trocken
8,90€ · 13,5%

2017 Erzinger Kapellenberg Spätburgunder „vom Böld Reserve"
24€ · 14%
Kräftiger Spätburgunder mit vom Barrique geprägter Aromatik, braucht ein starkes kulinarisches Pendant.

2018 Erzinger Kapellenberg Spätburgunder „Selektion"
10,50€ · 14%

2018 Erzinger Kapellenberg Weißburgunder Beerenauslese
19€ · 10%
Duftig-schmelzig und sehr trinkfreudig, da reicht die halbe Flasche nicht lang ...

Weingut Kress

Mühlbachstraße 115,
88662 Überlingen
T +49 (0) 7551 65855
www.weingut-kress.de

Inhaber Familie Kress
Kellermeister Volker Blum
Rebfläche 33 ha
Produktion 220.000 Flaschen
Verkaufszeiten
Mo–Fr 9–12.30 Uhr
und 14–18 Uhr
Sa 10–13 Uhr

Mit Unterstützung ihrer weinbegeisterten Kinder Johannes und Viola bewarben sich Kristin und Thomas Kress 2013 um die Pacht des Spitalweinguts zum Heiligen Geist in Überlingen – und bekamen den Zuschlag. Die Familie siedelte das Gut daraufhin komplett nach Überlingen um. Es sind nur 18 Kilometer von Hagnau, doch die machen beträchtliche Unterschiede aus. „In Hagnau sorgen lehmhaltigere Böden für eine größere Wasserspeicherkraft", so Thomas Kress, „die Weine sind körperreich und stoffig. Die Überlinger Böden sind leichter und sandhaltiger, der steinige Boden des Überlinger Felsengartens gibt dem Wein seine Mineralität." Das Sortiment des Gutes reicht von beschwingten Weißweinen bis zu kraftvollen Roten.

2018 Goldbacher Weißburgunder trocken
24€ · 14%
Baden mit Blick ins Burgund. Das ist elegant.

2019 Auxerrois trocken
13,50€ · 12,5%
„Butter bei die Fische", freute sich ein Juror, als die anderen „fruchtig, frisch und zart prickelnd" einstimmten. Alles am Platz.

2019 Müller-Thurgau halbtrocken
9€ · 12%

2019 Weißburgunder trocken
11,50€ · 13%
Feine Frucht, spritzige Art, frisch und knackig.

2018 Goldbacher Spätburgunder
24€ · 14%
Diesen Klasse-Wein stellen wir uns zu einem Perlhuhn, Fasan oder Rebhuhn perfekt vor.

2019 Pinot Noir trocken
11€ · 12,5%

Weingut Markgraf von Baden Schloss Salem

Schloss Salem, 88682 Salem
T +49 (0) 7553 81467
www.markgraf-von-baden.de

Inhaber S.K.H. Bernhard Prinz von Baden
Betriebsleiter Volker Faust
Kellermeister Martin Kölble
Rebfläche 102 ha
Produktion 850.000 Flaschen
Verkaufszeiten
April–Okt:
Mo–Sa 9–18 Uhr
So, Feiertag 11–18 Uhr
Nov.–März:
Mo–Fr 9–13 Uhr und 14–18 Uhr
Sa 9–13 Uhr

Das Haus Baden ist stolz auf seine Verbindung mit dem Wein. 1495 erließ Markgraf Christoph von Baden ein erstes Weingesetz – 21 Jahre vor dem bayerischen Reinheitsgebot für Bier. Markgraf Karl Friedrich von Baden ließ 1782 am Staufenberg in der Ortenau den ersten sortenreinen Rieslingweinberg Badens anlegen. Außerdem machte er sich um die Forschung sowie die Ausbildung junger Winzer verdient – und gilt damit als Schöpfer des Qualitätsweinbaus in Baden. 1802 fielen im Zuge der Säkularisation die Weinberge des Zisterzienser-Ordens am Bodensee an das Haus Baden. Sie gehören zu den höchstgelegenen Weinlagen Deutschlands. Markgräfliche Weine bringen stets die typische Frische der Region mit. Das Sortiment besteht überwiegend aus Burgunder-Sorten, dazu kommen Riesling und der seetypische Müller-Thurgau, der in allen Versionen eine lebendige Ansprache und Frische zeigt.

2019 Birnauer Grauburgunder trocken
12€ · 12,5%
Herrlicher Duft, kraftvoll , feinwürzig, die Herkunft ist deutlich schmeckbar.

2019 Birnauer Müller Thurgau trocken
12€ · 11,5%
Der Klassiker von der Birnau: Zartduftender und feingliedriger, schlank gebauter Müller-Thurgau, schöner kann man das Thema Seewein nicht interpretieren.

2019 Birnauer Weißburgunder trocken
12€ · 12%
Duftig, sehr aromatisch, geradlinig und präzise, guter Nachhall, sehr trinkig und frisch.

2019 Weißburgunder trocken
8,50€ · 13%
Nussig, schlanker und eleganter Stil, feiner Grip, feine rauchige Note.

2018 Bermatinger Leopoldsberg Buchberg Spätburgunder GG

45€ · 13%

Viel dunkle Frucht, hoch konzentriert, mineralisch und frisch. Dieser große Wein freut sich auf ein langes Leben!

2018 Bermatinger Leopoldsberg Spätburgunder 1. Lage

18,50€ · 12,5%

Ein See-Burgunder erster Güte.
Saftig und elegant, das trinkt man gerne!

Staatsweingut Meersburg

Seminarstraße 6,
88709 Meersburg
T +49 (0) 7532 44670
www.staatsweingut-meersburg.de

Respektable 63 Hektar umfassen die Weinberge des Staatsweinguts Meersburg. Dessen Hauptquartier liegt hoch über dem Meersburger Hafen inmitten von Reben. Dazu kommen Weinberge am Hochrhein und am Hohentwiel. An den Hängen des erloschenen Vulkans liegen die höchstgelegenen Weinberge Deutschlands. Seit dem Jahr 1210 betreibt das Gut Weinbau, 600 Jahre lang war es fürstbischöflich, mit der Säkularisation fiel es 1803 an das Herzogtum Baden. „Wir leben seit mehr als 800 Jahren in der Natur, mit der Natur, von der Natur", erklärt Weingutsdirektor Dr. Jürgen Dietrich. So ist es nur konsequent, dass das erste klimaneutral arbeitende Weingut Baden-Württembergs auch Mitglied bei „Fair-Choice" ist. Das Portfolio fokussiert sich auf Burgunder-Sorten sowie den Müller-Thurgau, die weiße Leitsorte der „Seeweine".

Inhaber Land Baden-Württemberg
Betriebsleiter Dr. Jürgen Dietrich
Kellermeister Johannes Brückner
Verbände Bodenseewein e.V.
Rebfläche 63 ha
Produktion 350.000 Flaschen
Gründung 1210
Verkaufszeiten
Mo–Fr 9–18 Uhr
Sa 9–16 Uhr
So 11–18 Uhr (April-Okt.)

2019 Hohentwieler Olgaberg Müller-Thurgau trocken
8,80€ · 12,5%

2019 Hohentwieler Olgaberg Sauvignon Blanc trocken
13,50€ · 12,5%

2019 Meersburger Chorherrnhalde Chardonnay trocken
18,50€ · 13%
Sehr harmonisch gebauter Chardonnay mit kräuterigen Noten noch ein wenig vom Barrique geprägt, ein fantastischer Allrounder, sowohl als Solist als auch als Essensbegleiter.

2019 Meersburger Chorherrnhalde Weißwein-Cuvée trocken
10,35€ · 12,5%

2019 Meersburger Jungfernstieg Spätburgunder trocken
10€ · 13%

2019 Meersburger Rieschen Grauburgunder trocken
10€ · 13%

2019 Meersburger Rieschen Riesling trocken
10,90€ · 12%

2019 Meersburger Bengel Riesling feinherb
10,90€ · 11%

♥ **2018** Meersburger Rieschen Traminer feinherb
13,50€ · 12,5%

2018 Hohentwieler Olgaberg Spätburgunder
12,90€ · 14,5%

2018 Meersburger Lerchenberg Spätburgunder
28€ · 14%
Eleganter Spätburgunder mit fester Statur, eine wunderbare Kombination mit klassischen Wildgerichten.

2019 Meersburger Bengel Spätburgunder trocken
9,50€ · 13%

2019 Spätburgunder trocken
8,10€ · 12%

2019 Spätburgunder feinherb
9,50€ · 12%

Weingut Hans Rebholz
Neueinsteiger
Bergstraße 1,
78315 Radolfzell-Liggeringen
T +49 (0) 151 1273 1770
www.rebholz-wein.de

2018 Bohlinger Galgenberg Grauburgunder trocken
13€ · 13%

Schmidt am Bodensee

Hattnau 62, 88142 Wasserburg
T +49 (0) 8382 9432 174
www.schmidt-am-bodensee.de

Inhaber Eugen, Margret, Maximilian, Sebastian Schmidt
Betriebsleiter Eugen Schmidt
Kellermeister Sebastian Schmidt
Rebfläche 10 ha
Produktion 50.000 Flaschen
Verkaufszeiten Mo–Fr 14–18 Uhr Sa 14–16 Uhr

„Ein gottgegebenes Paradies" nennt Eugen Schmidt den Bodensee, an den er aus Liebe zu seiner Frau Margret gezogen ist. „Wein an der südlichsten Spitze Deutschlands anzubauen ist für mich eine ganz besondere und dankbare Lebensaufgabe", sagt auch Sebastian Schmidt, der seit 2011 mit seinem Vater die Produktion leitet. „Die Weinregion um den Bodensee erlebt einen enormen Aufwind, wo andere sich wegen Hitze und Trockenheit beklagen, profitieren wir von den regulierenden Verhältnissen der großen Wassermassen und der Nähe zu den Alpen." Das Gut hat sich fast vollständig den Burgunder-Sorten verschrieben. Zum Weingut gehören noch eine Edelbrennerei sowie drei Ferienhäuser. .

2018 Chardonnay trocken
27€ · 13%
Saftiger, vielschichtiger und cremiger Chardonnay, ein idealer Begleiter zur Seeforelle mit feiner Buttersauce.

2018 Grauburgunder trocken
15€ · 13%
Feine Würze und harmonische Cremigkeit zeichnen diesen Grauburgunder aus.

2019 Weißburgunder trocken
15€ · 13%
Spontan im Tonneau vergoren ist dieser feingliedrige, dezent duftende Weißburgunder.

2017 Spätburgunder
27€ · 13,5%
Dieser bestens strukturierte Wein braucht Zeit und Geduld, dann wird man belohnt.

2018 Brut
19€ · 12,5%
Sehr harmonisch komponierte, klassische Sekt-Cuvée aus Chardonnay und Pinot Noir, ein traumhafter Auftakt für einen schönen Abend unter Freunden.

Spitalkellerei Konstanz

Brückengasse 16,
78462 Konstanz
T +49 (0) 7531 1287 60
www.spitalkellerei-konstanz.de

Inhaber Hubert Böttcher & Stephan Düringer
Betriebsleiter Hubert Böttcher & Stephan Düringer
Kellermeister Stephan Düringer
Rebfläche 22 ha
Produktion 160.000 Flaschen
Gründung 1225
Verkaufszeiten
Mo–Fr 10–18 Uhr
Sa 10–14 Uhr

Gegründet im Jahr 1225, gehört die Spitalkellerei bis heute zum „dienenden Vermögen" der Spitalstiftung Konstanz. Die Kellergewölbe in der Altstadt von Konstanz, in denen nach wie vor der Wein ausgebaut wird, stammen aus dem frühen Mittelalter. Seit dem Jahr 2002 führen Hubert Böttcher und Stephan Düringer den Betrieb privatwirtschaftlich im Auftrag der Spitalstiftung. Die 22 Hektar Weinberge des Gutes liegen in Konstanz und Meersburg und zählen zu den besten Lagen am See. Hier findet man überwiegend Müller-Thurgau und Spätburgunder, die mit dem See durch eine Geschichte verbunden sind. Am Bodensee ließ Kaiser Karl III. im Jahr 884 die ersten Spätburgunderreben auf deutschem Boden pflanzen. 1925 schmuggelten badische Winzer Müller-Thurgau-Setzlinge im Boot über den See und pflanzten sie verbotenerweise. Zu diesen Klassikern kommen Grauburgunder, Weißburgunder, Chardonnay, Traminer, Regent und Schwarzriesling. Zur Spitalkellerei gehört auch das zwischen Meersburg und Hagnau gelegene Rebgut Haltnau mit Weingarten, Weinstube und eigenem Steg.

2018 Konstanzer Sonnenhalde Grauburgunder Spätlese trocken
13€ · 14,5%

2019 Konstanzer Sonnenhalde Chardonnay trocken
9,80€ · 13%

2019 Konstanzer Sonnenhalde Müller-Thurgau trocken
7,80€ · 12,5%

2019 Meersburger Fohrenberg Gutedel trocken
7,80€ · 13%

2019 Meersburger Haltnau Weißburgunder trocken
9,80€ · 14%

2019 Meersburger Sängerhalde Sauvignon Blanc trocken
9,80€ · 13%

2016 Meersburger Haltnau Spätburgunder Spätlese trocken
23€ · 13,5%
Bestens gereifter, feinwürziger Spätburgunder, ein perfekter Begleiter zu Geflügel – wir freuen uns auf die Ente!

2017 Rotwein-Cuvée „Imperia"
14€ · 13%

Essen

HOTEL RESTAURANT SEEHALDE

*Birnau Maurach 1,
88690 Uhldingen Nack
T +49 (0) 7556 92210
www. seehalde.de*

Eine Traumlage direkt am See! Beschützt von der Wallfahrtskirche Birnau bieten die Brüder Markus und Thomas Gruler gekonnte Fischküche und herzlichen Service. Die 21 Zimmer sind zum Teil renoviert.

Empfohlen von
der Redaktion

RESTAURANT KRANZ

*Dorfstraße 23,
79807 Lottstetten-Nack
T +49 (0) 7745 7302
www.gasthof-zum-kranz.de*

Eine schöne Balance zwischen Tradition und Moderne spiegelt sich in diesem Haus an der Grenze zur Schweiz wider – sowohl optisch als auch kulinarisch. Zum Restaurant gehört auch ein kleines Hotel mit vier Doppelzimmern.

Empfohlen von
Weingut Susanne und Berthold Clauß

SCHWANENSTÜBLE

*Marktplatz 3, 88677 Markdorf
T +49 (0) 7544 9138 82
www.schwanenstueble.de*

Der Fisch, der auf der Karte steht, kommt aus dem Bodensee, das Wild hat in heimischen Wäldern gelebt: Die Öxle-Küche in diesem familiengeführten Haus legt Wert auf regionale Gerichte.

Empfohlen von
Winzerverein Hagnau

BERGGASTHOF HÖCHSTEN

*Höchsten 1, 88636 Illmensee
T +49 (0) 7555 92100
www.hoechsten.de*

Bodensee und Alpen hat man aus diesem Haus im Deggenhausertal gut im Blick. In moderner Architektur sollen die Gäste im Restaurant die schwäbisch-badische Küche genießen können, das Hotel lockt mit Wellnessangeboten.

Empfohlen von
Winzerverein Hagnau

GUTSSCHÄNKE MEERSBURG

*Seminarstraße 4,
88709 Meersburg
T +49 (0) 7532 8076 30
www.gutsschaenke-meersburg.de*

Als Teil des historischen Reithofs der Fürstbischöfe präsentiert sich diese Gutsschänke in der einmaligen Kulisse von Meersburg. In der Weinstube werden die Weine des Staatsweinguts Meersburg ausgeschenkt.

Empfohlen von
Staatsweingut Meersburg

Schlafen

HAGNAUER HOF

*Hauptstraße 19, 88709 Hagnau
T +49 (0) 7532 4410
www.hagnauer-hof.de*

Der Seeblick ist garantiert aus den Zimmern dieses Hotels, das 300 Meter vom Bodensee entfernt ist. Auf der Speisekarte des Restaurants stehen vor allem regionale Fischgeriche.

Empfohlen von
Winzerverein Hagnau

CAMPING ALPENBLICK HAGNAU

*Strandbadstraße 13,
88709 Hagnau
T +49 (0) 7532 4957 60
www.campingplatz-alpenblick.de*

Mit dem Wohnmobil direkt an das Ufer des Bodensees: Das ist auf diesem Campingplatz möglich. Von dort aus kann man bei vielen Ausflügen die Region entdecken.

Empfohlen von
Winzerverein Hagnau

HEINZLER AM SEE

*Strandbadstraße 3,
88090 Immenstaad
T +49 (0) 7545 93190
www.heinzleramsee.de*

Am Nordufer des Bodensees kann man entspannt und stilvoll übernachten oder im Restaurant Ausblick und Küche genießen. Zum Haus gehört auch ein eigener Bootsanleger.

Empfohlen von
Winzerverein Hagnau

Einkaufen

OBSTHOF STEFFELIN
Gartenweg 1, 88677 Markdorf
T +49 (0) 170 1695 856
www.steffelin.de
Brot, Säfte, Kräuter, Kartoffeln, Eier und Äpfel gehören zum großen Sortiment dieses Hofladens. Familie Steffelin vermietet aber auch Ferienwohnungen (inklusive eines Gin-Fässles) und betreibt eine Brennerei und eine Besenwirtschaft.
Empfohlen von
Winzerverein Hagnau

Vinothek

VINEUM
Vorburggasse 11,
88709 Meersburg
T +49 (0) 7532 4402 61
www.vineum-bodensee.de
Keine Vinothek im klassischen Sinn, sondern gleich ein ganzes Wein-Museum verbirgt sich hinter dem Vineum, in dem es um Wein, Kultur und Geschichte geht. Natürlich wird auch Wein ausgeschenkt – sogar aus einem Automaten.
Empfohlen von
Staatsweingut Meersburg

Tipp

Außerdem bieten viele Winzer Verkostungen in ihren Weingütern an:

Zum Beispiel schenkt das Weingut Markgraf von Baden im Schloss Salem seine Weine aus *(www.markgraf-von-baden.de/verkaufsstellen)*. Einen Besuch wert sind aber auch das Weingut Aufricht in Meersburg oder das Weingut Kress in Überlingen.
Empfohlen von
der Redaktion

Fotocredit: Deutsches Weininstitut

Württemberg

Fotocredit: Deutsches Weininstitut

EIN LAND, MEHR ALS DIE HEIMAT DES TROLLINGER

Von Anke Kronemeyer

Wohl kein anderes **Weinanbaugebiet** hat in den letzten zehn, 15 Jahren einen solch enormen **Wandel in Öffentlichkeit und Wertschätzung** erfahren wie Württemberg. Runzelten viele Nicht-Württemberger noch vor Jahren die Stirn, wenn die Sprache auf **Trollinger, Lemberger & Co** kam, stand ein Kurzurlaub im Remstal oder auf der Schwäbischen Alb so gar nicht zur Diskussion, so hat sich das inzwischen gründlich geändert. Warum das so ist? **Das hat viele Gründe.**

Ganz generell ist das Thema Wein lässiger, ja, jünger geworden. Viele junge Menschen interessieren sich für Wein, verkosten ihn bei Events drinnen wie draußen. Nur ein kleines Beispiel, made in Württemberg: Die Untertürkheimer Weinmanufaktur lädt traditionell an Christi Himmelfahrt zum ganztägigen Genusswandern in die Weinberge. Der Zuspruch ist in jedem Jahr enorm. Unter den Teilnehmern sind viele junge Cliquen, die sich einen schönen Wein-Tag an der frischen Luft machen und dabei ihre Liebe zum Riesling oder anderen Gewächsen aus ihrer Region entdecken. Aber auch Urlaub in Deutschland ist seit Jahren verstärkt angesagt. Und eine Mountainbike-Tour über den württembergischen Wein-Radwanderweg mit Stationen in einer Besenwirtschaft, einem Spitzenrestaurant und einem historischen Schloss ist für viele – egal, ob jung oder alt – fest im Urlaubskalender eingebucht.

Was genau lockt die Menschen nun nach Württemberg – egal, ob sie wegen des Weins oder des Urlaubs kommen? Es ist eine Mischung aus vielem.

Da ist zum einen die Natur, diese – sorry für den pathetischen Ausdruck – lieblich-geschwungene Landschaft, die den weiten Blick freigibt ins Grün, das erst im Blau des Himmels endet. Es ist genau diese Landschaft mit ihren endlos scheinenden Weinbergen, die zum sportlichen Wandern oder einfach nur zu einem entspannten Spaziergang entlang der Rebstöcke einlädt. Besonders hoch ist in Württemberg die Zahl der Hang- und Steillagen, auch der Mauerweinberge, die landschaftlich sehr reizvoll sind und viele Aussichtspunkte versprechen.

Tipp: Eine Weinbergführung mit einem Experten – im Idealfall dem Winzer selbst – buchen. Er kann erzählen, welche Rebsorte wo am besten gedeiht und wann er im Weinberg welche Arbeiten verrichten muss. Er kennt die Geschichte seiner Weinregion und kann vermitteln, wie schön und vielseitig seine Arbeit ist und welches Handwerk dahintersteckt.

Zum zweiten: Württemberg kann kleinteilig sein mit seinen Orten etwa am Rande der Schwäbischen Alb, kann aber auch Metropol-Charakter ausstrahlen – wie mit der Landeshauptstadt Stuttgart, in der Business, Kultur, Kulinarik und Lebensart einen wunderbaren Mix eingehen. Und das Schöne: Wer dem urbanen Trubel aus Stuttgart entfliehen will, muss nur ein paar Kilometer rausfahren – und ist in einer Viertelstunde in Fellbach oder Kernen-Stetten in einer anderen Welt. In der dann wieder der Wein eine große Rolle spielt.

Württemberg ist ein Land für Genießer.

Es ist aber nicht nur der Wein, der dem „Genießerland" seinen Namen gibt. Es gibt unendlich viele tolle Restaurants und Gasthöfe auf dem Land oder in den Städten, viele von ihnen bereits mehrfach ausgezeichnet, in denen schwäbische Küche im modernen Stil serviert wird. Maultaschen, Kartoffelsalat, Kutteln, saure Nierchen, Rostbraten – die Vielfalt auf den Speisekarten macht die Entscheidung immer schwer. Ein weiterer Grund, Württemberg ins Herz zu schließen.

Tipp: Wer an einem Restaurant ein Siegel „Haus der Baden-Württemberger Weine" oder „Schmeck den Süden" entdeckt, kann sicher sein, an einer richtigen Adresse zu sein. Regionalität und Qualität sind hierbei mit Brief und Siegel verbürgt.

Nun aber zum Wein: Reben stehen entlang des Neckars, aber auch in den Tälern der Neckar-Nebenflüsse Rems, Enz, Zaber, Sulm, Kocher und Jagst, an der Tauber sowie am Bodensee. Dort gehört sogar ein Stück von Bayern zwischen Lindau und Wasserburg zum Anbaugebiet Württemberg. Herzstück des Weinbaugebiets ist der Bereich Württembergisches Unterland am Mittleren Neckar rund um Heilbronn, weiter südlich schließt sich der Bereich Remstal-Stuttgart an. Es gibt 17 Großlagen wie Heuchelberg, Stromberg oder Bottwartal, außerdem 210 Einzellagen.

Württemberg, viertgrößtes Anbaugebiet in Deutschland, hat 11,4 Prozent Anteil am gesamtdeutschen Weinmarkt. Aus 70 Prozent aller Reben wird Rotwein gemacht – mit dieser Rotwein-Dominanz steht Württemberg auf Platz eins. Insgesamt werden mehr als 20 Rebsorten in Württemberg angebaut. Allen voran Trollinger und Lemberger als landestypische Weine, außerdem Schwarzriesling, Spätburgunder, Dornfelder, Samtrot, Muskat-

Trollinger, Riesling oder Sauvignon Blanc. Hinzu kommen noch Weinarten wie Rosé oder Schillerwein. Württemberg bleibt aber das Trollinger-Land, und gerade junge Weingärtner versuchen sich an dieser Traditionsrebsorte, die einst ihren Weg von Norditalien über Südtirol (Vernatsch) nach Württemberg fand. Er wird allein auf 2100 Hektar (von insgesamt 11.400 Hektar) angebaut. Trollinger präsentiert sich in einem leuchtend-hellen Rot im Glas, zeigt eine frische Säure und wird im Ländle leicht gekühlt als Vesper-Wein serviert. Aber auch der Lemberger hat immer mehr Fans und gilt unter Kennern als die deutsche Vorzeigerebsorte für Liebhaber schwerer Rotweine.

Der Trollinger kam über die Alpen.

Der nördlichste Bereich in Württemberg ist nach den drei Flüssen benannt: Kocher-Jagst-Tauber. In idyllischer und vergleichsweise dünn besiedelter Landschaft überwiegen fossilreiche Muschelkalkböden. Das Württembergische Unterland rund um Heilbronn ist der größte und bedeutendste Anbaubereich. Im Gebiet Remstal-Stuttgart hat die Qualitätsentwicklung in den vergangenen Jahren die wohl größten Sprünge gemacht. Am Oberen Neckar rund um die Universitätsstadt Tübingen erlebt der Wein-

Zahlen & Fakten

GEOGRAPHISCHE LAGE

Zwischen Tübingen und Bad Mergentheim; Zentren in Stuttgart und Heilbronn.

KLIMA

Milde Jahrestemperaturen, durch Schwarzwald und Schwäbische Alb geschützte Tallagen des Neckars und seiner Nebenflüsse. Heiße Sommer und sonnige Herbsttage.

BÖDEN

Vorwiegend Keuper, Muschelkalk und bunte Mergel, zum Teil auch Sandstein. In der Nähe von Neuffen und Metzingen am Rande der Schwäbischen Alb dominieren vulkanisches Gestein sowie mineralienreiche Böden des Braunen und Weißen Jura. Am Bodensee finden sich eiszeitliche Verwitterungsböden mit einer mehr oder weniger dicken Schicht von Moränenschotter, der von einstigen Gletschern stammt.

bau eine spannende Wiederbelebung, freilich im Kleinen. Und am östlichen Bodensee gehören kurioserweise auch bayerische Reben zum Anbaugebiet Württemberg.
Etwa zwei Drittel der Weine werden über die 33 Genossenschaften vermarktet. Denn die Genossenschaften haben eine Tradition im Land. Sie wurden Mitte des 19. Jahrhunderts gegründet. 85 Prozent der Traubenernte wird in Kellern der unterschiedlichen Genossenschaften verarbeitet.
Es gibt außerdem 609 Weingüter, 18 Wein- und Sektkellereien und 724 „freie" Wengerter. Die Württemberger Weinstraße erschließt sich von Weikersheim bei Bad Mergentheim bis nach Metzingen, östlich von Tübingen gelegen, 511 Kilometer hauptsächlich am Neckar und seinen Seitentälern entlang.

INTERNETADRESSEN

www.weinheimat-wuerttemberg.de
www.weininstitut-wuerttemberg.de
www.tourismus-bw.de
www.weinwege-wuerttemberg.de

REBFLÄCHE

11.400 Hektar

REBSORTEN

Trollinger, Riesling, Schwarzriesling, Lemberger, Spätburgunder, Kerner, Müller-Thurgau, Silvaner, Weiß- und Grauburgunder, Sauvignon Blanc und als Spezialitäten Samtrot, Frühburgunder (Clevner) oder Acolon

Fotocredit: Felix Adelmann/Weingut Graf Adelmann

Fotocredit: Deutsches Weininstitut

Hellrot und süffig: EINE LIEBESERKLÄRUNG AN DEN TROLLINGER

Von Andreas Braun

Was werden die Württemberger nicht belächelt und bespöttelt – wegen ihres Nationalgetränks Trollinger! Die Reaktion darauf kann nur heißen: Brust raus und selbstbewusst zu ihm stehen. In einer Zeit, in der der globale Weinmarkt oft genug von austauschbaren und beliebigen Produkten dominiert wird, ist der Trollinger etwas Besonderes, ein Alleinstellungsmerkmal, eine Rarität.

Der Trollinger ist von Haus aus kein körperreicher, opulenter Rotwein. Das zeigt zumeist schon seine hell- bis ziegelrote Farbe. Und das will er auch gar nicht sein. Dafür ist er eine unvergleichliche, einzigartige regionale Spezialität, die fast immer passt. Man kann ihn unbeschwert für sich genießen, auf Terrasse oder Balkon, wenn zum Beispiel kein Rosé zur Hand ist. Zugleich harmoniert er als unkomplizierter Begleiter mit erstaunlich vielen Speisen, mit einem deftigen Vesper, zu einem Stück Hefekranz oder einer Brezel, schließlich zu einem schwäbischen Rostbraten. Selbst zu Fisch mag man ihn anstelle eines Weißweins gerne mal ausprobieren. Es funktioniert. Nur eines muss sichergestellt sein: Er sollte (mindestens) eine Stunde vor dem Genuss in den Kühlschrank gestellt werden.

Es macht Freude, zu beobachten, wie sich in den letzten Jahren renommierte, vor allem aber auch junge Winzerinnen und Weingärtner am Trollinger versuchen und zeigen, was in ihm steckt. Und wie sie ihn neu interpretieren: lang auf der Maische stehen lassen, im Holzfass ausbauen oder auf Schwefel verzichten. Wie sie natürlich auch den ehemals üppigen Ertrag reduzieren, denn dieser Wein war Württembergs Massenträger schlechthin. Die Ergebnisse lassen sich sehen und vor allem schmecken. Trollinger kann herzhaft und markant, kann gehaltvoll, gerbstoffig und auch individuell sein.

Eben jenes Attribut „individuell" drängte sich früher nicht wirklich auf. Damals galt das Diktat der Maischeerhitzung, wodurch der Trollinger süffig und fruchtig, indessen auch austauschbar geriet. Das tradierte Geschmacksbild hatte auch schlichte wirtschaftliche Gründe. Angesichts der enormen Mengen, die nach der Lese zu verarbeiten waren, bot die Erhitzung die Gewähr eines raschen Durchlaufs in der Kelter. Sie sparte Zeit und Raum. (Keine Sorge übrigens: Diejenigen, die diesen Trollinger-Typus gewohnt sind und auf ihn nicht verzichten wollen, kommen auch heute nicht zu kurz!) Die Südtiroler haben es mit ihrem Vernatsch vorgemacht und den Weg schon vorher beschritten – von der Masse zur Klasse. Ampelographisch der gleiche Wein, in unterschiedlichen Regionen zu Hause: Heute sind Vernatsch und Trollinger unverwechselbare Botschafter ihrer jeweiligen Heimat. Selbst wenn die historischen Zusammenhänge nicht bis ins Letzte erforscht sind, haben die beiden Weine eine gemeinsame Vergangenheit. Denn der Trollinger (oder: Tirolinger) kam irgendwann aus Oberitalien ins Schwäbische. Immerhin offenbart diese Geschichte, dass regionale Verwurzelung und grenzüberschreitende Weltläufigkeit kein Gegensatz sein müssen.

HISTORIE

Selbst reinsortige Weine blicken zumeist auf eine höchst lebendige Migrationsgeschichte zurück. Aus Frankreich zum Beispiel sind über die Jahrhunderte hinweg Reben in alle Himmelsrichtungen emigriert. In der sogenannten Neuen Weinwelt haben Sauvignon Blanc oder Cabernet Sauvignon einen wahren Siegeszug angetreten. Umgekehrt ist der Lemberger ganz offensichtlich aus dem österreichisch-ungarischen Donauraum nach Württemberg gekommen. Und der Trollinger hat seine Ursprünge wohl im Grenzgebiet zwischen (italienischem) Friaul und (dem heutigen) Slowenien. In früheren Nennungen (16./17. Jahrhundert) taucht er auch als „Welscher“ auf.

TOP 7

Der Trollinger ist eine unvergleichliche, einzigartige regionale Spezialität und harmoniert als unkomplizierter und finessenreicher Begleiter mit erstaunlich vielen Speisen, von Suttgart über Bangkok nach Shanghai und Kerala.

01

2018
Sine

Weingut Aldinger, Fellbach

Aldinger'sche Trollinger-Eigenständigkeit: vielschichtiges Aromenspektrum, erst weich in der Nase, dann viel Grip am Gaumen und mit schöner Länge. Braucht Luft.

14,10€ · 11,5%

02

2019
Anders

Weingut Rainer Schnaitmann, Fellbach

Hat viel Spannung und sehr präsente, doch runde Gerbstoffe, macht enorm Appetit.

11,50€ · 10,5%

03

2019 Trollinger
TNT

Weingut G.A. Heinrich, Heilbronn

Ungewöhnlich intensiver Duft, dazu eine markante, animierende Säure, mehr davon!

12,90€ · 11,5%

04

2018 Heilbronner Trollinger Drei Tauben

Weingut Drautz-Able, Heilbronn

Ein Avantgardist! Eigenwillig in der Würze, mit Hagebutte, Holunder herb in der Frucht. Straffe Struktur bei herzhaften Gerbstoffen. Schmackhaft.

12,99€ · 12,5%

05

2018 Grunbacher Berghalde Tollinger Symphonie

Weingut Doreas, Remstal-Stuttgart

Kräftiger Antrunk, die Gerbstoffe schaffen Frische und machen neugierig auf die kulinarischen Begleiter..

8€ · 12,6%

06

2019 Trollinger

Weingut Heid, Fellbach

Sehr aromatisch und dabei recht schlank, so schmeckt die Zukunft, elegant und unbeschwert.

8€ · 11,9%

07

2018 Trollinger S

Fellbacher Weingärtner, Fellbach

Schattenmorellen im Glas, eine gehaltvollere Version dieser schwäbischen Ursorte, will ernst genommen werden!

8,90€ · 12,5%

10 REMSTAL-STUTTGART

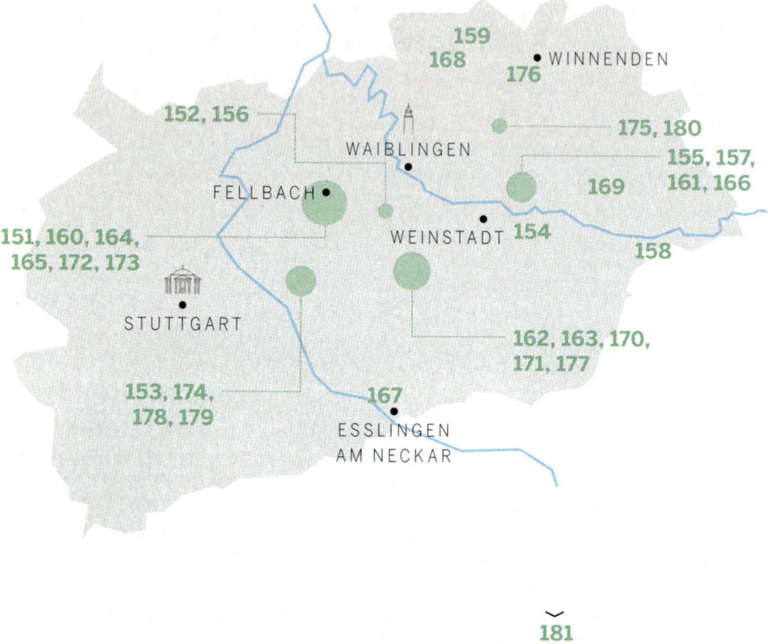

Winnenden, Schorndorf, Waiblingen, Fellbach oder Strümpfelbach sind die klingenden Namen der Orte im Remstal. Überall dort wird Wein angebaut – und das schon seit Jahrhunderten. Die meisten Weinberge liegen in bis zu 400 Meter Seehöhe im Flusstal der Rems. Er ist in die Großlagen Kopf, Sonnenbühl, Wartbühl und Weinsteige gegliedert. Der Spitzenwein aus dem Remstal ist mit ein Grund dafür, dass Württemberg als Weinland in den letzten Jahren immer beliebter wurde.

Geographische Lage Das Remstal ist das etwa 78 Kilometer lange Flusstal der Rems östlich von Stuttgart und führt durch den Ostalbkreis, den Rems-Murr-Kreis sowie ein kleines Stück in den Landkreis Ludwigsburg.

Klima Mildes Klima, oft heiße Sommer mit vielen Sonnenscheinstunden

Böden vulkanisches Gestein, Schilfsandstein, Gips

Rebfläche 1805 ha, 688 ha Weißwein, 1117 ha Rotwein

Rebsorten Trollinger, Riesling, Lemberger, Spätburgunder, Schwarzriesling

Geschichte Das Remstal war lang, von etwa 160 bis 260 n. Chr., Grenzzone des Römischen Reiches. Über 1500 Soldaten bewachten und kontrollierten das Gmünder Gebiet. Sie waren in Kohorten in Lorch, am Schirenhof und Böbingen stationiert.

Besonderheit Es waren Spitzenköche wie zum Beispiel Vincent Klink, selbst aus dem Remstal stammend, die die Remstaler Winzer wie Jürgen Ellwanger oder Gert Aldinger ermuntert haben, Weine von ähnlicher Qualität wie in Frankreich zu machen – dazu gehörte vor allem die Idee, die Weine im Barrique reifen zu lassen.

WEINGÜTER

151
WEINGUT ALDINGER
Schmerstraße 25
70734 Fellbach

152
WEINGUT BEURER
Lange Straße 67
71394 Stetten im Remstal

153
COLLEGIUM WIRTEMBERG
Württembergstraße 230
70327 Stuttgart

154
WEINGUT DOBLER
Eberhardstraße 18/1
71384 Weinstadt

155
WEINGUT DOREAS
Ernst-Heinkel-Straße 85
73630 Remshalden-Grunbach

156
WEINGUT EISSELE
Grundäcker 10
71394 Kernen im Remstal

157
WEINGUT BERNHARD ELLWANGER
Rebenstraße 9
71384 Weinstadt-Großheppach

158
WEINGUT J. ELLWANGER
Bachstraße 27
73650 Winterbach

159
WEINGUT ESCHER
Seestraße 4
71409 Schwaikheim

160
FELLBACHER WEINGÄRTNER
Kappelbergstraße 48
70734 Fellbach

161
WEINGUT LEON GOLD
Buocher Weg 9
71384 Weinstadt

162
WEINGUT KARL HAIDLE
Hindenburgstraße 21
71394 Kernen-Stetten
im Remstal

163
WEINGUT WOLFGANG HAIDLE
Weinstraße 21
71394 Kernen-Stetten

164
WEINGUT HEID
Cannstatter Straße 13/2
70734 Fellbach

165
WEINGUT JOHANNES B.
Höhe 1
70736 Fellbach

166
WEINGUT KLOPFER
Gundelsbacher Straße 1
71384 Weinstadt-Großheppach

167
WEINGUT KUSTERER
Untere Beutau 44
73728 Esslingen

168
WEINGUT MAIER
Zehnmorgenweg 2
71409 Schwaikheim

WEINGÜTER

169
WEINGUT MAYERLE
Bauersberger Hof 19
73630 Remshalden

170
WEINGUT MEDINGER
Brühlstraße 6
71394 Kernen-Stetten

171
PARFUM DER ERDE
Nolten 8
71384 Weinstadt

172
WEINGUT RIENTH
Im Hasentanz 8–10
70734 Fellbach

173
WEINGUT RAINER SCHNAITMANN
Untertürkheimer Straße 4
70734 Fellbach

174
WEINGUT SCHWARZ
Ötztaler Straße 44
70327 Stuttgart

175
WEINGUT ALBRECHT SCHWEGLER
Steinstraße 37
71404 Korb

176
WEINGUT SIEGLOCH
Albertviller Straße 51
71364 Winnenden

177
WEINGUT SINGER-BADER
Albert-Moser-Straße 100
71394 Kernen-Stetten

178
WEINMANUFAKTUR UNTERTÜRKHEIM
Strümpfelbacher Straße 47
70327 Stuttgart

179
WEINGUT WÖHRWAG
Grunbacher Straße 5
70327 Untertürkheim

180
WEINGUT ZIMMERLE
Kirchstraße 14
71404 Korb

181
HEDWIG UND HELMUT DOLDE
Beurener Straße 16
72636 Frickenhausen-Linsenhofen

Weingut Aldinger

Schmerstraße 25,
70734 Fellbach
T +49 (0) 711 5814 17
www.weingut-aldinger.de

Inhaber Hansjörg & Matthias Aldinger
Betriebsleiter Hansjörg & Matthias Aldinger
Kellermeister Matthias Aldinger
Verbände VDP
Rebfläche 30 ha
Produktion 210.000 Flaschen
Gründung 1492
Verkaufszeiten
Mo–Fr 9–12 Uhr und 14–18 Uhr
Sa 9–13 Uhr
und nach Vereinbarung

Wer einmal in den Genuss kommen durfte, zusammen mit Gert Aldinger Weine zu verkosten, wird das so schnell nicht mehr vergessen. Die Zugewandtheit und Leidenschaft für Wein – und dabei nicht nur für die eigenen Gewächse – sind allgegenwärtig, von der Expertise ganz zu schweigen. Da wundert man sich nicht, dass auch die Söhne Hansjörg und Matthias, inzwischen mit der Leitung des Weinguts betraut, die Lust am Weinmachen quasi in die Wiege gelegt bekamen. Das Top-Weingut Württembergs macht Jahr für Jahr mit seinen überragenden Qualitäten von sich reden. Seien es die weißen Burgunder-Sorten mit leisem Schmelz, kraftvolle Lemberger und geschmeidige Trollinger oder der großartige Sekt „Aldinger brut nature“ – alles zeigt sich in Topform und von höchster Qualität. Auch Sauvignon Blanc beherrscht man hier exzellent, der „Ovum“ aus dem Betonei überzeugt mit Tiefgang, Kraft und dabei kristalliner Klarheit. Der schonende Umgang mit dem Lesegut, das Begleiten der Weine im Keller nach dem Motto „weniger ist mehr“ und nicht zuletzt die 500 Jahre zurückreichende Tradition der Familie prägen die Philosophie des Hauses bis heute.

2017 Sauvignon Blanc „Ovum“ trocken
39€ · 12,5%
Geschmacklich völlig eigenständig, große Dichte und Harmonie, unergründlicher und tiefer als ein Bergsee. Achtung, darin kann man ertrinken!

2018 Chardonnay „Reserve“ trocken
42€ · 12,5%
Ein schwäbischer Chardonnay mit imposanter Statur und internationalem Format, kann sich mit den besten messen.

2018 Sauvignon Blanc „Reserve“ trocken
18,90€ · 12,5%
Eine große Liebe von Gert und Sonja Aldinger gehört dem Sauvignon, selbstredend, dass man dies spüren kann!

2018 Sauvignon blanc „Ovum" trocken
39€ · 12,5%
Auch hier noch einen Tick vielschichtiger und tiefer als im Vorjahr. Dieser Wein hüpft einen nicht an, was man vielleicht von einem Sauvignon erwartet, man muss ihn suchen, das aber lohnt sich.

2018 Untertürkheimer Marienglas Gips Weißburgunder GG
29,90€ · 12,5%
Wir richten uns im Freundeskreis am Kamin ein und öffnen genau diese Flasche.

2019 Fellbacher Lämmler Riesling GG
29,90€ · 12,5%
Ausgesprochen vielversprechend ist dies wirklich ganz große Gewächs vom Lämmler und zeigt deutlich was Riesling im Remstal kann!

2019 Sauvignon Blanc „Reserve" trocken
18,90€ · 12%
Noch einen Tick feiner und eleganter, wohl auch aufgrund des besonders fein ziselierten Säurenervs, als der Vorjahrgang, Finetuning at its best!

2019 Uhlbacher Götzenberg Riesling Kabinett
14,10€ · 7%
Wie beim Sauvignon die Reise an die Loire offensichtlich beflügelt hat, muss es hier wohl ein Ausflug an die Mosel gewesen sein. Aldingers können auch restsüß! Und wie: feinstes Säure-Süße-Spiel, ungemein appetitanregend und mit Zukunft!

2019 Untertürkheimer Gips Riesling „Marienglas" GG
29,90€ · 12,5%
Marienglas, ist kristallines Selenit, eine Varietät von Gips, also im Grunde die edelste Form von Kalk, und dieser steht wiederum für die überragende Eleganz der hier erzeugten großen Gewächse.

2019 Untertürkheimer Gips Riesling 1. Lage
12,90€ · 12%

2019 Untertürkheimer Gips Weißburgunder 1. Lage
12,90€ · 12%
Verbindet geschmeidige Fülle mit Lebendigkeit.

2015 Rotwein-Cuvée „GJA Reserve"
50€ · 13,5%
Sehr durchdachte, stoffige Rotwein-Komposition mit viel Druck am Gaumen, mit feinem Gerbstoffgerüst, ein sanfter Riese!

2018 Cabernet Sauvignon „Reserve"

33,90€ · 14%
Wer denkt, deutscher Cabernet-Sauvignon gehe nicht wirklich hochklassig, wird hier eines Besseren belehrt.

2018 Hanweiler Berg Lemberger 1. Lage

16€ · 13%
Mit zupackender und dichter Struktur, die Säure elegant und das Tannin penibel poliert.

2018 Lämmler Fellbach Spätburgunder GG

42€ · 12,5%
Dieser geheimnisvolle Spätburgunder ist am Anfang kühl und öffnet sich dann wundersam, trotzdem unbedingt noch etwas warten!

2018 Lämmler Fellbacher Lemberger GG

42€ · 13%
Begeisternde Mischung aus ätherischer Würze und reifer bis leicht gedörrter Frucht. Klare Struktur bei feiner Länge.

2018 Merlot „Reserve"

29,90€ · 13%
Ein Merlot mit großem Reifepotenzial und gleichzeitig hoher Präsenz zum augenblicklichen Trinkgenuss, am besten zu einem klassischen Châteaubriand mit Sauce béarnaise.

2018 Trollinger „Sine"

14,10€ · 11,5%

2018 Untertürkheimer Gips Spätburgunder 1. Lage

16€ · 12,5%
Noch etwas verschlossen, aber das wird richtig gut, also bitte noch ein wenig liegen lassen.

2018 Untertürkheimer Marienglas Gips Spätburgunder „Marienglas" GG

33,90€ · 12,5%
Feinste Frucht, dezentes Röstaroma, durchgängig straffe Struktur mit langem Finale. Allerbestes Reifepotenzial.

2018 Spätburgunder „Reserve" trocken

18,70€ · 12,5%

♥ **2013** Aldinger Brut nature

50€ · 12%
Für uns gehört das zum Besten, was wir an großem Schaumwein vorgestellt bekommen, und das seit nunmehr einigen Jahren in Folge, ganz großes Kino, Kompliment!

Weingut Beurer

Lange Straße 67,
71394 Stetten im Remstal
T +49 (0) 7151 42190
www.weingut-beurer.de

Inhaber Marion & Jochen Beurer
Betriebsleiter Marion & Jochen Beurer
Kellermeister Marion & Jochen Beurer
Verbände Demeter (2008), EcoVin, VDP (2013), Junges Schwaben
Rebfläche 14 ha
Produktion 100.000 Flaschen
Gründung 1997
Verkaufszeiten
Fr 14–18 Uhr
Sa 10–14 Uhr
und nach Vereinbarung

„Don't panic, it's biodynamic." Dieses Motto haben sich Marion und Jochen Beurer auf die Fahnen geschrieben und folgen ihm konsequent. Bereits seit 2008 arbeitet das Weingut komplett biodynamisch, auf die Spontanvergärung aller (!) Weine setzt man sogar schon seit 2003. „Antiautoritär" nennen die Beurers ihre Art, mit dem Produkt umzugehen – da dürfen die Weine auch ihre Ecken und Kanten zeigen. Spannend auch das Projekt „Museumsweinberg" unterhalb der Y-Burg in Stetten. Hier wurden 2009 unter dem Projektnamen „Rettet die Reben" über 25 verschiedene mittelalterliche Rebsorten neu gepflanzt, die es sonst in Deutschland nicht mehr im Ertragsweinbau gibt. Aus diesen Reben machen die Beurers einen streng limitierten Gemischten Satz, Interessierte können außerdem Führungen durch den Museumsweinberg buchen.

2017 Riesling „Schilfsandstein" trocken
12€ · 11,5%
Eisenkraut am Start mit grüner Aromatik und dabei sehr harmonisch.

2018 Riesling „Junges Schwaben" trocken
28€ · 12,5%
VfB-Doppelpass zwischen Pfirsich und Rosmarin oder Balakow und Elber.

2018 Stettener Pulvermächer Riesling „Berge" GG
35€ · 12,5%
Feine Reifetöne. Dieses Riesling-Gewächs ist wirklich groß!

2019 Riesling trocken
8,50€ · 12%
Schon der Einstiegswein zeigt die große Klasse von Jochen Beurers Riesling-Feeling, hier ist die Spontangärung Programm!

2019 Sauvignon Blanc trocken
18,50€ · 12,5%
Ein Sauvignon Blanc wie aus dem Bilderbuch: schlank, Limette, super Struktur – bingo!

2015 Stettener Mönchberg Lemberger „Schalksberg" GG
35€ · 13%
Eigenwilliger Duft mit viel Würze und herber Frucht. Charmanter Fruchtgeschmack, dem es an griffigen Gerbstoffen und würziger Länge nicht mangelt.

2015 Stettener Mönchberg Spätburgunder „Öde Halde" GG
35€ · 12,5%
Feingliedriger, vielschichtig gebauter Spätburgunder mit feiner Reife und dennoch mit viel Perspektive.

Collegium Wirtemberg

Württembergstraße 230,
70327 Stuttgart
T +49 (0) 711 3277 7580
www.collegium-wirtemberg.de

Betriebsleiter Martin Kurrle
Kellermeister Thomas Eckard
Rebfläche 163 ha
Produktion 1.350.000 Flaschen
Gründung 2007
Verkaufszeiten
Mo–Fr 9–12 Uhr und 13–18 Uhr
Sa 9–16 Uhr

Das Collegium Wirtemberg auf Betriebsleiter Martin Kurrle zu reduzieren, wäre zu kurz gegriffen, aber er ist zweifellos die treibende Kraft hinter dem Erfolg der vergangenen Jahre. Mit 128 Mitgliedern und 152 Hektar ist das 2007 aus den Weingärtnergenossenschaften Rotenberg und Uhlbach hervorgegangene Collegium der größte Weinbaubetrieb in Stuttgart. Die Reben stehen oberhalb von Stuttgart um die Grabkapelle Württemberg bzw. in deren Sichtweite. Die Bandbreite der Weine reicht von soliden Basisweinen bis zu anspruchsvollen Selektionen, wie dem Syrah Réserve, die sich schon in der Jugend recht zugänglich zeigen und gute Begleiter zu ambitionierter Küche darstellen.

2019 Chardonnay „Réserve" trocken
19€ · 13,5%
Gekonnt eingesetztes Barrique, kraftvoll, aber nicht überladen.

2019 Grauburgunder trocken
8,70€ · 13%

2019 Riesling „Alte Reben" trocken
7,50€ · 12,5%

2019 Sauvignon Blanc „Réserve" trocken
28€ · 13%
Schnell öffnen, jetzt feiern, morgen neu kaufen. Heute passt's!

2019 Weißwein-Cuvée „325 n.n." trocken
6,50€ · 12,5%

2019 Weißwein-Cuvée „Cuvée Blanc" trocken
6,90€ · 12,5%

2016 Rotwein-Cuvée „Cuvée Wirtemberg Réserve"
19€ · 14%
Muskulöse Reserve-Cuvée mit fest konturiertem Gerbstoffgerüst und viel Druck sowie Harmonie am Gaumen, ein perfekter Begleiter für Schmorgerichte mit Rosmarin.

2016 Spätburgunder „Réserve"
19€ · 13,5%
Feiner Spätburgunder mit reifen Aromen: „Mit der Ruhe des mittleren Alters trinkt es sich gut!", war ein Kommentar aus der Verkoster-Jury.

2017 Pinot Noir
9€ · 13%

2017 Rotwein-Cuvée „Salucci"
9€ · 13,5%

2017 Syrah „Réserve"
28€ · 13,5%
Intensive Frucht und Würze, sehr ansprechender Auftritt.

2018 Lemberger „289 n.n."
6,50€ · 12,5%

Weingut Dobler

Neueinsteiger

Eberhardstraße 18/1,
71384 Weinstadt
T +49 (0) 7151 6604 37
www.weingut-dobler.de

Verbände WiP, Württemberger Weingüter
Rebfläche 9,5 ha
Produktion 62.000 Flaschen
Gründung 1996
Verkaufszeiten
Mi, Fr 14–18 Uhr
Weinstube saisonal geöffnet

Seit 1996 produziert und vermarktet Markus Dobler seine Weine selbst. Sohn Alexander und Tochter Claudia sind inzwischen mit an Bord und bringen eigene Ideen ein. So werden alle Rotweine traditionell maischevergoren (teils auch im Barrique) und auch die Weißweine werden mit Maischestandzeit ausgebaut. Vom einfachen Riesling über den im Barrique ausgebauten Syrah bis zum Süßwein bieten die Doblers eine breite Sorten- und Qualitätsvielfalt an. Zum Weingut gehören außerdem eine Weinstube sowie drei Gästezimmer und zwei Ferienwohnungen.

2018 Chardonnay „**" trocken
14€ · 13%
Hat die seltene Kombination von Geradlinigkeit und Komplexität.

2019 Sauvignon Blanc „***" trocken
12,50€ · 13,5%

2017 Cabernet Sauvignon
17,50€ · 14%
Klassischer Cabernet Sauvignon im Barrique gereift mit kräftiger Kräuterwürze und fester Struktur.

♥ **2017** Syrah
17,50€ · 13,5%
Dunkle Beeren, frischer Biss und poliertes Tannin.

2018 Trollinger „Alte Reben Reservé"
11,50€ · 13,5%

2018 Zweigelt „**"
9€ · 13,5%

Weingut Doreas

Ernst-Heinkel-Straße 85,
73630 Remshalden-Grunbach
T +49 (0) 7151 75569
www.doreas.de

Inhaber
Dorothee Wagner-Ellwanger
Betriebsleiter
Dorothee Wagner-Ellwanger
Kellermeister
Andreas Ellwanger
Verbände Ecovin
Rebfläche 9 ha
Produktion 35.000 Flaschen
Gründung 2006
Verkaufszeiten:
Do–Fr 16–18.30 Uhr
Sa 9.30–14 Uhr
und nach Vereinbarung

Das Weingut Doreas ist gewachsen. Zum einen die Rebfläche, zum anderen wurde ein Anbau für Keller und Lager fertiggestellt. Dorothee Wagner-Ellwanger und ihr Mann Andreas Ellwanger setzen bei den Rotweinen auf Württemberger Klassiker, ergänzt um Syrah und Zweigelt. Bei den Weißen kommen zu Silvaner und Riesling noch zwei „Piwis" (pilzwiderstandsfähige Neuzüchtungen): Cabernet Blanc und Johanniter. Ihr Sortiment gliedern sie in drei Kategorien: „Ballade" steht für Essensbegleiter für den Alltag, „Symphonie"-Weine stammen aus den besten Lagen und werden im Holz ausgebaut; „Oper" bezeichnet edelsüße Spezialitäten.

2019 Grunbacher Klingle Chardonnay „Symphonie" trocken
14€ · 12,8%
Fruchtig, mineralisch und völlig ungeschminkt.

2016 Grunbacher Berghalde Spätburgunder „Symphonie"
18€ · 13,1%
Dieser Wein macht einen internationalen Eindruck, was hier kein Makel ist.

2018 Grunbacher Berghalde Trollinger „Symphonie"
8€ · 12,6%
Kräftiger Antrunk, die Gerbstoffe schaffen Frische.

2018 Merlot „Ballade"
9,50€ · 13,5%
Kühl und kräuterig, mit markantem Säure- und Tanningerüst.

♥ **2018** Schillerwein „Symphonie" trocken
9€ · 14,2%

Weingut Eißele

Neueinsteiger

Grundäcker 10,
71394 Kernen im Remstal
T +49 (0) 7151 42163
www.eissele-weingut.de

Betriebsleiter Jochen Eißele
Kellermeister Jochen Eißele

Acht Hektar Weinberge bewirtschaften die Eißeles auf lehmhaltigen Böden in Stetten und Strümpfelbach – hauptsächlich bestockt mit Riesling und Trollinger, aber auch Zweigelt und Lemberger finden sich im Sortiment, ergänzt durch internationale Rebsorten wie Sauvignon Blanc und Chardonnay. Inzwischen ist Sohn Jochen für den Ausbau der Weine zuständig und folgt seinem Vater Edgar nach. Die Weine werden in den Linien „Finesse", „Neo" und „Passion" angeboten. Zum Weingut gehört außerdem ein Gutsausschank mit Gartenterrasse.

2019 Riesling „Passion" trocken
9,70€ · 13%

Rebfläche 8 ha
Gründung 1976
Verkaufszeiten
Fr 14–18 Uhr
Sa 9–14 Uhr
und nach Vereinbarung

2019 Sauvignon Blanc „Passion" trocken
9,70€ · 13%
Ein Wein, wie die Welt des Sauvignon Blancs ihn braucht: pragmatisch in der Sache, dienlich in der Idee, fördernd in der Ausführung.

2018 Spätburgunder „Passion"
15€ · 12,5%
Schwere Tür aus Toastwürze verriegelt den Eingang zur Frucht. Am Gaumen öffnet sie sich: kraftvoll-reichhaltiger Geschmack mit körnigem Tannin.

2018 Zweigelt „Passion"
15€ · 13%
Der satten Frucht aus Pflaume und Kirsche hält er eine pikante Pfefferwürze gegen. Vollmundige Textur mit griffigen Tanninen und frischer Säure.

Weingut Bernhard Ellwanger

Rebenstraße 9,
71384 Weinstadt-Großheppach
T +49 (0) 7151 62131
www.weingut-ellwanger.com

Inhaber Yvonne & Sven Ellwanger
Betriebsleiter Yvonne & Sven Ellwanger
Kellermeister Sven Ellwanger
Verbände Junges Schwaben
Rebfläche 32 ha
Produktion 230.000 Flaschen
Gründung 1975
Verkaufszeiten
Mo–Di, Do–Fr 10–12 Uhr und 14–18.30 Uhr
Sa 9.30–14 Uhr
und nach Vereinbarung

Die Familie Ellwanger ist eine echte Winzer-Dynastie mit über 500 Jahren Familientradition im Weinbau. 1975 von Vater Bernhard gegründet, haben inzwischen die Kinder Yvonne und Sven das Zepter übernommen und leiten den Betrieb gemeinsam. Besonderes Augenmerk legen beide auf Ökologie und Nachhaltigkeit. So arbeitet das Weingut klimaneutral und ist „FairChoice" zertifiziert. Die Ellwangers bieten eine große Sortenpalette mit einigen „Exoten" wie dem Roten Riesling und einem Sauvignon Blanc Fumé an.

2018 Geradstettener Lichtenberg Chardonnay trocken
16,90€ · 14%
Stoffiger wie würziger Chardonnay mit gekonntem Holzeinsatz, perfekter Essensbegleiter zu Krustentieren.

2018 Großheppacher Steingrüble Riesling „SL" trocken
22,90€ · 13%
Mächtiger und dabei nicht breiter Riesling mit straffer Kontur und guter Länge, ein durchaus selbstbewusster Auftritt.

2018 Sauvignon Blanc „Fumé Junges Schwaben" trocken
28,90€ · 13,5%
Paprika in der Nase, Paprika im Mund – typischer Vertreter und mithin gelungen, zumal es gelingt, nicht vordergründig zu sein.

2019 Sauvignon Blanc „Höhenluft" trocken
9,80€ · 12%

2016 Großheppacher Steingrüble Spätburgunder „SL"
28,90€ · 13%
„Vital und tiefenentspannt", war der Kommentar aus der Verkoster-Jury für diesen großen Wein, der zwölf Monate im neuen Barrique ausgebaut wurde.

2016 Großheppacher Wanne Lemberger „SL"
28,90€ · 13,5%
Benötigt noch Zeit, um seinen Trumpf aus dunklen Früchten auszuspielen. Schoko, Tabak und Rauch geben derzeit den Ton an. Kirsche und Pflaume lauern.

2016 Rotwein-Cuvée „Kreation CMX"
15,90€ · 13,5%
Aus Merlot und Cabernet-Sorten wohltemperierte Rotwein-Komposition, ideal zum gegrillten Entrecôte.

♥ **2017** Großheppacher Wanne Syrah „Klingenberg SL"
32,90€ · 13%
20 Tage Maischestandzeit und 24 Monate in neuen Barriques, das Resultat ist ein kapitaler Wein! Rhône im Remstal.

2017 Spätburgunder „vom bunten Mergel *"
13,50€ · 13,5%

2018 Lemberger „Steillage"
10,20€ · 13%

2018 Trollinger
6,50€ · 12,5%

2019 Caberner Cubin „Wo war die Eiszeit" Beerenauslese
17,90€ · 8%

2019 Riesling „Essenz" Trockenbeerenauslese
29,80€ · 8%
Hier ist der Name Programm: eine wirklich klarfruchtige Riesling-Essenz mit feinstem Säure-Süße-Spiel und großer Länge.

Weingut J. Ellwanger

Bachstraße 27,
73650 Winterbach
T +49 (0) 7181 44525
www.weingut-ellwanger.de

Inhaber Jörg & Felix Ellwanger
Verbände VDP, H.A.D.E.S.
Rebfläche 26 ha
Produktion 200.000 Flaschen
Verkaufszeiten
Di–Fr 9–12 Uhr und 15–19 Uhr
Sa 9–15 Uhr
und nach Vereinbarung

„Innovationsgeist und der Blick über den Tellerrand gehören im Weingut Ellwanger schon zu den Traditionen." Besser kann man es wohl kaum ausdrücken. Jürgen Ellwanger gehörte zu den Pionieren des Barrique-Ausbaus in Württemberg und zu den Gründungsmitgliedern der HADES-Gruppe. Und er brachte den Zweigelt nach Deutschland. Seine Söhne Jörg und Felix, die das Weingut inzwischen leiten, beherrschen nicht nur die rote Klaviatur, auch die Weißweine aus Burgunder-Rebsorten und Riesling müssen die große Bühne nicht scheuen. Getreu der Philosophie „Weinqualität entsteht immer im Weinberg" wird auf Ertragsverringerung und naturnahes Arbeiten gesetzt, im Keller soll der Wein nur noch „begleitet" und nicht mehr auf eine bestimmte Stilistik getrimmt werden.

2018 Grauburgunder „HADES" trocken
21€ · 14%
Gute Balance mit Minze und Schmelz am Gaumen.

2018 Schnaiter Altenberg Riesling GG
24€ · 12,5%
Ein gradliniger, fast puristischer Charakterwein.

2018 Winterbacher Hungerberg Weißburgunder GG
24€ · 13,5%
Ein Weißburgunder wie aus dem Bilderbuch, ein lässiges GG, viva la dolce vita!

2019 Sauvignon Blanc trocken
13€ · 12%
Macht sich schlanker in der Nase, als es die Amarettini im Mund später glauben lassen.

2019 Winterbacher Riesling trocken
8,50€ · 12,5%
Fantastisch kraftvoller und gleichzeitig feinnerviger Einstiegs-Riesling.

2016 Rotwein-Cuvée „HADES Nikodemus"

29€ · 13%

Merlot, Cabernet und eine schöne Partie Lemberger machen aus dem Klassiker Nikodemus ein unverwechselbares Remstal-Urgestein.

2016 Zweigelt „HADES"

28€ · 13,5%

Würzig ätherischer Duft bei zurückhaltender Toastwürze und dunkler Fruchtfülle. Der konzentrierte Geschmack wird von markanten Gerbstoffen gekontert.

2017 Cabernet Sauvignon „HADES"

40€ · 13,5%

Eine Klasse für sich. Jürgen Ellwanger hat die Güte dieser Sorte früh erkannt, sodass die Rebanlage heute diese fulminanten Früchte trägt.

2017 Hebsacker Berg Lemberger GG

29€ · 13,5%

So könnte schwäbischer Barolo schmecken, zum Glück hat aber das Remstal ein durchaus eigenes Profil, das Jürgen Ellwanger entscheidend mitgeprägt hat.

2017 Hebsacker Linnenbrunnen Spätburgunder GG

29€ · 13%

Gekonnter Holzeinsatz führt zu einem Wein mit feiner Frucht und großem Reifepotenzial.

2017 Merlot „HADES"

27€ · 14%

Süße Frucht und viel gutes Holz, sehr selbstbewusster Wein mit klarer Perspektive.

Weingut Escher

Seestraße 4,
71409 Schwaikheim
T +49 (0) 7195 57256
www.wein-escher.de

Inhaber Ottmar & Christian Escher
Betriebsleiter Ottmar & Christian Escher
Kellermeister Ottmar & Christian Escher

Bereits seit den 1960er-Jahren wird in der Familie Escher Weinbau betrieben. Aktuelles Ziel: eine „Qualitätsoffensive". Hierzu wurden neue Dichtpflanzungen angelegt und auf organische Düngung umgestellt. Sowohl Weiß- als auch Rotweine sollen bei den Eschers in Zukunft noch eleganter und spannender werden. Die drei Qualitätsstufen tragen die Namen „Heimat", „Bergkeuper" und an der Spitze „Goldlage". Vom Rosé aus Muskat-Trollinger über alkoholfreien Secco bis hin zum Korber Sommerhalde sollte für jeden Geschmack etwas dabei sein.

2018 Stettener Lindhalde Chardonnay trocken

22,50€ · 13%

Schöner Holz-Einsatz mit ordentlich Power. Sehr eigenständig ist das.

Verbände Generation Riesling, WeinImpuls, Remstal-Route
Rebfläche 14,5 ha
Produktion 90.000 Flaschen
Verkaufszeiten
Di–Fr 16.30–18.30 Uhr
Sa 9–14 Uhr
und nach Vereinbarung

2019 Steinreinacher Hörnle Sauvignon Blanc „Goldlage" trocken
16,80€ · 12,5%
„Könnte ein verdeckter Pirat sein!" So vieles macht er mit typischen Noten des Sauvignon Blancs unauffällig richtig, dass es schon Zweifel auslöst.

♥ **2019** Steinreinacher Hörnle Sauvignon Blanc trocken
16,80€ · 12,5%
Grüner als diese Paprika ist nur der Wald. Er meidet die Stolperfallen der Simplizität, uns macht das großen Trinkspaß.

2019 Stettener Pulvermächer Riesling trocken
13,50€ · 12,5%
Klassischer Riesling mit festem Körper, die Säure spielt im Finale mit der zarten Restsüße.

2016 Korber Berg Lemberger „Höchste Lage"
33,50€ · 13,5%
Bestens ausgewogen und schwungvoll schlägt er sich klar auf die saftige Seite. Kommt mit feinem Grip, frischer Säure und guter Länge an den Gaumen.

2017 Korber Sommerhalde Zweigelt „Goldreserve"
19,50€ · 13,5%
Neben Pflaume und Kirsche hat er auch Rauch und Speck zu bieten. Alles zusammen ergibt einen würzig konzentrierten Geschmack mit guter Länge und Biss.

Fellbacher Weingärtner

Kappelbergstraße 48,
70734 Fellbach
T +49 (0) 711 5788 030
www.fellbacher-weine.de

Kellermeister Tobias Single
Rebfläche 185 ha
Produktion
1.300.000 Flaschen
Gründung 1858
Verkaufszeiten
Mo–Sa 9–18.30 Uhr

Die Fellbacher Weingärtner sind eine ehrgeizige und zu Recht erfolgreiche Genossenschaft. 1858 gegründet, ist sie die zweitälteste in Württemberg. Ein Pfund, mit dem die Genossen wuchern können, sind Reben im Fellbacher Lämmler und Goldberg, die innerhalb des VDP als Große bzw. 1. Lage klassifiziert sind. 274 Mitglieder bearbeiten 185 Hektar Rebfläche, von denen 70 Prozent mit roten Sorten bestockt sind. Eine große Rolle spielt traditionell der Trollinger. Mit barriquegereiftem Lemberger, Syrah und Spätburgunder der „Edition P" erzielen die Weingärtner seit Jahren mehr als respektable Ergebnisse, aber auch Chardonnay und Riesling aus dem Lämmler haben ihren Stellenwert.

2018 Fellbacher Lämmler Chardonnay „P" trocken
19,50€ · 13,5%

2018 Fellbacher Lämmler Riesling „P" trocken
13,50€ · 13%

2019 Fellbacher Lämmler Riesling „C" Kabinett trocken
6,20€ · 12,5%

2019 Grauburgunder „S" trocken
9,10€ · 13,5%

2019 Sauvignon Blanc „S" trocken
9,90€ · 13,5%

2015 Fellbacher Lämmler Rotwein-Cuvée „Amandus P"
26,50€ · 13,5%

2016 Fellbacher Lämmler Lemberger „P"
26,50€ · 13,5%
Intensives Vergnügen. Feurig und fest. Vollgas.

2016 Fellbacher Lämmler Spätburgunder „P"
26,50€ · 13,5%
Weihrauch-Aromen lassen auf eine große Zukunft schließen.

2017 Fellbacher Lämmler Lemberger „P"
13,50€ · 13,5%

2017 Fellbacher Lämmler Lemberger „P"
19,50€ · 13,5%

2017 Fellbacher Lämmler Merlot „P"
13,50€ · 13,5%

2017 Fellbacher Lämmler Spätburgunder „P"
19,50€ · 13,5%

2018 Fellbacher Lämmler Trollinger „P"
11,50€ · 13,5%

2018 Fellbacher Lämmler Trollinger „S"
8,90€ · 12,5%

2019 Muskat-Trollinger „C"
6,90€ · 11,5%

Weingut Leon Gold

Buocher Weg 9,
71384 Weinstadt
T +49 (0) 7151 1691 215
www.weingut-gold.de

Inhaber Leon Gold
Betriebsleiter Leon Gold
Kellermeister Leon Gold
Rebfläche 13 ha
Produktion 65.000 Flaschen
Verkaufszeiten
Mi 17–19 Uhr
Sa 10–13 Uhr
und nach Vereinbarung

Leon Gold gründete sein eigenes Weingut im Remstal erst 2015 – ohne familiären „Wein-Hintergrund", sondern aus Faszination und Leidenschaft für das Thema Wein. Naturnahes Arbeiten und Respekt vor biologischen Kreisläufen stehen bei Gold ebenso im Fokus wie „Idealismus und Durchhaltevermögen", so der Winzer. Im Sortiment finden sich neben klassischen rebsortenreinen Gutsweinen auch Orts- und Lagenweine und ein Sekt mit großer Rebsortenvielfalt von Trollinger, Muskat-Trollinger und Spätburgunder bis zum Riesling.

2018 Gundelsbacher Koih Chardonnay „Réserve" trocken
35€ · 13%
Spontan vergorener, ein Jahr im Barrique ausgebauter Chardonnay mit stattlicher Statur und fulminantem Ausdruck.

2018 Gundelsbacher Koih Riesling „Halbstück" trocken
22€ · 12,5%
Saftiger, harmonisch abgestimmter Riesling mit Schmelz und Länge.

2018 Riesling „Kabi" feinherb
9,80€ · 9%
Ein Kabinett mit ordentlich Restsüße, sehr gut abgestimmt, besonders gut, wenn man ihn noch ein wenig reifen lässt.

2018 Großheppacher Cabernet Sauvignon
14,50€ · 13%
Barocker, fülliger Stil mit reichlich Tannin.

♥ **2017** „Ida-Marie" brut
14€ · 11%
Feine Komposition der beiden Burgunder-Sorten Pinot Meunier und Pinot Noir, das verspricht Frische und zarte Würze.

Weingut Karl Haidle

Hindenburgstraße 21,
71394 Kernen-Stetten
im Remstal
T +49 (0) 7151 9491 10
www.weingut-karl-haidle.de

Hans Haidle hat sich mit großen Rotweinen höchste Anerkennung erarbeitet. Die Lemberger und Cuvées des Guts sind bis heute Messlattenweine. Sohn Moritz Haidle schreibt diese Geschichte fort. Seit 2014 in der Verantwortung für das Gut, hat er entscheidende Weichen gestellt. Sein erster großer Schritt war die Umstellung auf biologischen Weinbau. Besonders in den Fokus genommen hat Moritz in den vergangenen Jahren den Riesling. Für diese Sorte ist die Lage Pulvermächer prädestiniert. Hier wacht die Y-Burg über Riesling-Reben, die alten Steinterrassen direkt unterhalb der Burg sind die wertvollsten Parzellen. Sie speichern Wärme besonders gut, die Stöcke sind bis zu 50 Jahre alt. Entsprechend substanzreich und tiefgründig gerät auch Jahr für Jahr das Große Gewächs vom

Inhaber Moritz Haidle
Betriebsleiter Moritz Haidle
Kellermeister Moritz Haidle
Verbände VDP, Deutsches Barrique Forum
Rebfläche 23 ha
Produktion 130.000 Flaschen
Verkaufszeiten
Mo–Fr 8–12 Uhr und 13–18 Uhr
Sa 9–15 Uhr

Riesling. Doch auch in weniger exklusiven Regionen kann Moritz Haidle mit Riesling punkten. Da sticht der „Ritzling" heraus, ein trockener, lebhafter Wein, abgeleitet von „Ritz", dem Künstlernamen, unter dem Moritz Haidle als DJ und Graffiti-Sprayer unterwegs ist. Jeder Jahrgang trägt ein neu im Graffiti-Stil gestaltetes Etikett.

2019 Riesling „Ritzling" trocken
7,20€ · 11,5%

2019 Riesling „Stetten Riesling Trocken Schilfsandstein" trocken
10,40€ · 12,5%
Schlank gebauter, ungemein köstlicher Riesling im Basissegment, ein idealer Wein zum freundschaftlichen Gespräch um Mitternacht.

2019 Stettener Pulvermächer Riesling Kabinett
16,40€ · 8,5%
Ein wahrer Kabinett aus großer Lage, Mosel im Remstal, ein wenig verrückt, aber warum nicht, ganz besonders, wenn's so gut schmeckt!

2019 Stettener Riesling „Pfeffer" Kabinett halbtrocken
10,40€ · 11%
Der Pfeffer ist ein absoluter Klassiker in Karl Haidles Programm, an dem auch Moritz gerne festhält.

2018 Stettener Berge Lemberger GG
38€ · 13,5%
Lemberger Aromatik als Gewürzstrauß, gleich Lakritze? Das Ding ist und wird sehr gut.

2018 Stettener Gehrnhalde Lemberger GG
48€ · 13,5%
Kaufen, kaufen, kaufen! Dicht, konzentriert, extraktreich und mächtig. Das ist groß und wird noch größer!

2018 Stettener Häder Lemberger 1. Lage
16,40€ · 13%
Brombeere und Wacholder als Türwächter, dann wird's groß.

2019 Blaufränkisch „Bunter Mergel"
9,90€ · 12%
Fantastisch würziger und bestens gebauter Blaufränkischer, der (!) Wein zur Grillparty.

Weingut Wolfgang Haidle

Neueinsteiger

Weinstraße 21,
71394 Kernen-Stetten
T +49 (0) 7151 44938
www.haidlewein.de

Inhaber Wolfgang Haidle
Betriebsleiter Wolfgang Haidle
Kellermeister Philipp Haidle
Rebfläche 5 ha
Produktion 35.000 Flaschen
Gründung 1952
Verkaufszeiten
Fr 14–18 Uhr
Sa 10–13 Uhr
und nach Vereinbarung

Seit bereits über 25 Jahren leitet Wolfgang Haidle das Weingut seines Vaters mit seiner Frau Susanne. Inzwischen ist auch Sohn Philipp, der Önologie und Weinbau in Geisenheim studiert, fester Teil des Weinguts und zusammen mit seinem Vater für die Vinifizierung zuständig. Er bringt neue Ideen mit ein und will die Qualität der elterlichen Weine weiter steigern. Naturnahes Arbeiten und Handarbeit sind den Haidles besonders wichtig. In der Probierstube werden die Weinproben von Hausherr Wolfgang persönlich moderiert.

2019 Chardonnay trocken
8,40€ · 12,5%
Kühle Ansprache, puristisch schlanke Interpretation der Rebsorte.

2019 Sauvignon Blanc trocken
9,50€ · 12%
Die zurückhaltende Nase gibt Quitte preis, im Mund offenbart sich Pfeffrigkeit.

2019 Stettener Pulvermächer Riesling „Tradition" trocken
8,50€ · 12,5%
Preiswerter sowie harmonisch mit viel Zug ausgestatteter Riesling mit typischer, zupackender Säure.

2015 Strümpfelbacher Altenberg Merlot „Reserve"
29€ · 14,5%
Stoffiger Merlot, durch die zweijährige Lagerung im Barrique geprägt, mit bestem Entwicklungspotenzial ausgestattet, zeigt sich aber schon jetzt von seiner besten Seite.

2017 Stettener Mönchberg Zweigelt
18€ · 14,5%
Spart weder an Frucht noch an Würze, etwas Flaschenreife wird ihm dennoch guttun. Konzentrierte Struktur, feinkörniges Tannin, sehr gut.

2018 Rotwein-Cuvée „Remsus"

9,90€ · 13,5%
Überzeugt mit feiner Struktur, die er seiner klaren Frucht, einer feinen Würze sowie einer schwungvollen Säure zu verdanken hat. Hat Trinkfluss.

Weingut Heid

Cannstatter Straße 13/2,
70734 Fellbach
T +49 (0) 711 5841 12
www.weingut-heid.de

Inhaber Markus Heid
Betriebsleiter Markus Heid
Kellermeister Markus Heid
Verbände Ecovin
Rebfläche 12 ha
Produktion 70.000 Flaschen
Verkaufszeiten
Mo–Fr 17–19 Uhr
Sa 9–13 Uhr
und nach Vereinbarung

Bereits in der 10. Generation betreibt Markus Heid das Familienweingut in Fellbach. Aus dem bäuerlichen Mischbetrieb der Eltern wurde unter Heids Leitung das heutige Weingut 2013 in den Kreis des VDP aufgenommen. Der Rotwein steht im Mittelpunkt, vor allem Lemberger und Pinot Noir haben es dem gelernten Weinbautechniker angetan. Bereits seit 2007 arbeitet Heid biozertifiziert, er legt Wert auf Handarbeit und baut seine Weine nach Parzellen getrennt aus, getreu seinem Motto „klein, aber fein". Seit 2018 widmet sich Heid außerdem einem zweiten Projekt: Zusammen mit Lukas Herrmann hat Heid das ehemalige Weingut Meuschel in Kitzingen gekauft und produziert nun unter dem neuen Namen Gut Wilhelmsberg auch fränkische Weine.

2019 Fellbacher Goldberg Riesling 1. Lage

12€ · 12,9%
Traumhafter Riesling, kommt ganz und gar unaufgeregt daher und vermittelt gerade deswegen ungeheuren Trinkspaß!

2019 Silvaner „Steinmergel" trocken

11€ · 12,3%

2019 Stetttener Pulvermächer Riesling GG

20€ · 12,9%
So gut, geradlinig und ernsthaft kann schwäbischer Riesling sein, auf's Wesentliche konzentriert ohne jegliche Schnörkel, einfach klasse!

2019 Weißwein-Cuvée „Steinmergel" trocken

11€ · 13,1%
Souveräne Komposition von Weiß- und Grauburgunder, dazu bitte Linsen und Spätzle!

2017 Fellbacher Lämmler Lemberger GG

28€ · 13,1%
Mittelgewichtig und alles da: Frucht, Frische, Gerbstoffe.

2017 Fellbacher Lämmler Spätburgunder GG

28€ · 13,3%
Ein großes Gewächs vom Spätburgunder mit aufrechter Statur und klarem Blick in die (gute) Zukunft, noch ein wenig reifen lassen!

2018 Fellbacher Goldberg Lemberger 1. Lage
13,50€ · 13,3%
Kerniger Lemberger mit straffem Gerbstoffgerüst und guter Länge.

2018 Fellbacher Goldberg Pinot Noir 1. Lage
13,50€ · 12,6%
Floral und trinkig. Ja, warum denn nicht so?

2019 Trollinger
8€ · 11,9%

Weingut Johannes B.

Neueinsteiger

Höhe 1, 70736 Fellbach
T +49 (0) 1742 4867 28
www.weingut-johannesb.de

Inhaber Johannes Bauerle
Betriebsleiter Johannes Bauerle
Kellermeister Johannes Bauerle
Rebfläche 12,5 ha
Produktion 80.000 Flaschen
Gründung 2013
Verkaufszeiten
Vinothek:
Mi, Fr 16–18 Uhr
Sa 10–14 Uhr
Mo–So 11–20 Uhr
(während der Besenzeit)

„Wein ist Kunst", so liest man bei Johannes Bauerle, der sich selbst als „Weinmacher mit Leidenschaft" bezeichnet. Schon als Heranwachsender begleitete er Eltern und Großeltern in die Weinberge und entschied sich nach seiner Schulzeit, die Tradition der Familie fortzuführen. Nach Stationen in Neuseeland und Südtirol gründete er 2013 das eigene Weingut Johannes B. In den Lagen in Fellbach und Bad Cannstadt kultiviert Bauerle nicht nur klassische Württemberger Rebsorten wie Trollinger und Lemberger, sondern auch Sauvignon Blanc und Cabernet Sauvignon auf inzwischen 12,5 Hektar Rebfläche.

2019 Cannstatter Steinhalde Weißwein-Cuvée „Plan B" trocken
13,50€ · 13%
Dieser Plan B mit der spontanen Gärung geht auf, köstlich!

2019 Grauburgunder „Mergel & Keuper" trocken
12€ · 13%
Feinwürziger Grauburgunder als idealer Begleiter von feinen Vorspeisen oder auch ganz einfach und köstlich ein Stück Bergkäse dazu.

2019 Weißburgunder „Berg & Tal" trocken
9€ · 12,5%

2019 Weißwein-Cuvée trocken
9,50€ · 12,5%

2018 Rotwein-Cuvée
18,50€ · 14%
Die Tannine sind noch etwas fest. Aber das wird sich geben, denn der Wein hat genügend Extrakt und Kraft, um sich in den nächsten Jahren zu entwickeln.

2018 Spätburgunder „Best Barrels"
16,50€ · 13%
Eigenwilliger Duft, saftiger Geschmack und moderate Säure, ein besonders Geschmackserlebnis.

2019 Cannstatter Steinhalde Muskat-Trollinger halbtrocken
8€ · 11,5%

Weingut Klopfer

Neueinsteiger

Gundelsbacher Straße 1, 71384
Weinstadt-Großheppach
T +49 (0) 7151 6038 48
www.weingut-klopfer.de

Inhaber Familie Wolfgang Klopfer
Verbände ECOVIN, Württemberger Weingüter
Rebfläche 18 ha
Produktion 80.000 Flaschen
Gründung 1980
Verkaufszeiten
Di–Fr 16–19 Uhr
Sa 9–16 Uhr

Die Klopfers verstehen sich als Weinhandwerker im besten Sinne. Ihre seit 2015 biologisch zertifizierten Weinberge liegen im Remstal auf Keuperböden, dazu kommt eine terrassierte Steillage im Cannstatter Zuckerle. „Die Beschaffenheit der Erde soll dem Sortenanspruch gerecht werden", erklärt Wolfgang Klopfer, „so pflanzen wir eine Rebsorte nur auf dem Standort, der sich fördernd auf den Weincharakter auswirkt." Die Weine sind überwiegend rot, neben Lemberger spielt der Spätburgunder eine tragende Rolle, dazu kommen Zweigelt, Frühburgunder, Trollinger und eine noch nicht getaufte pilzwiderstandsfähige Neuzüchtung, die im Cannstatter Zuckerle gepflanzt und betriebsintern „Mauerpfeffer" benannt wurde. Bei den Weißen dominiert der Riesling, der wie die anderen Weißen lange auf der Hefe ruht.

2018 Großheppacher Steingrüble Weißburgunder trocken
14,80€ · 13%
Klassisch eleganter Weißburgunder mit zartem Schmelz als idealer Begleiter zu feinen Fischgerichten.

2019 Gundelsbacher Sauvignon Blanc trocken
10,20€ · 12,5%
Herzerwärmend mollige Erscheinung dank üppiger Extraktsüße, die gefallen will und wird!

2017 Großheppacher Steingrüble Spätburgunder
24€ · 12,5%
Die Klopfer'sche Handschrift wird auch beim Spätburgunder deutlich: keine überbordende Aromatik, dafür Finesse und Eleganz!

2018 Kleinheppacher Greiner Lemberger
24€ · 13%
Geradlinig. Ein Daimler unter den Lembergern.

Weingut Kusterer

Untere Beutau 44,
73728 Esslingen
T +49 (0) 711 3579 09
www.weingut-kusterer.de

Inhaber Maximilian Kusterer
Betriebsleiter Maximilian Kusterer
Kellermeister Maximilian Kusterer
Rebfläche 6 ha
Produktion 40.000 Flaschen
Gründung 1983
Verkaufszeiten Di 16–19 Uhr und nach Vereinbarung

Vinothek (Gayernweg 55, 73733 Esslingen)
Sa 11–15 Uhr

Nach dem Kellerneubau 2012 steht im Weingut Kusterer die nächste Veränderung an: Sohn Maximilian, 29 Jahre alt, Absolvent aus Geisenheim und Burgunder-Fan, übernimmt das elterliche Weingut im Juli 2020. Vor allem Spätburgunder hat es dem jungen Kusterer angetan. So pflanzte man bereits 2017 (von Hand!) eine Dichtpflanzung Spätburgunder-Klone mit 11.000 Reben pro Hektar in der Lage Esslinger Neckarhalde an und will sich auch in Zukunft auf ein etwas verschlanktes Sortiment ohne Dornfelder und Portugieser konzentrieren. Und das ganz in der Philosophie des Weinguts: „Wir wollen Weine mit Ecken und Kanten, kräftig strukturiert mit Biss."

2017 Esslinger Neckarhalde Chardonnay trocken
15€ · 13%
Neckar goes international: viel Frucht, Struktur und gute Säure.

2018 Grauburgunder „Gern" trocken
23€ · 13%
Wenn ein Grauburgunder es schafft, Kraft und Eleganz in zu bündeln, ist das eher die Ausnahme als die Regel. Dieser hier tut es. Feinsalziges Finish.

2018 Riesling „vom bunten Mergel" trocken
9,80€ · 12,5%

2015 Rotwein-Cuvée „Mélac"
28€ · 14,5%
Großartige Komposition aus Zweigelt, Cabernet Franc und Merlot, ideal für den großen Auftritt am Festtag.

2015 Zweigelt „Herzogen"
15€ · 14,5%

2016 Blaufränkisch „Felsen"
17€ · 13,5%
Satt, saftiger Lemberger mit schönen Würznoten durch und durch, ein Rostbraten dazu ist perfekt!

2016 Blaufränkisch „Steillage"
9,80€ · 13,5%

♥ **2018** Esslinger Neckarhalde Spätburgunder
48€ · 12%
Mit seinen Noten von Pfeffer, Cassis und Wacholder ist das ein individueller Pinot. Doch er besitzt Rasse, ist ungemein straff und spannungsgeladen.

2018 Esslinger Spätburgunder
16€ · 12,5%
Klare Struktur, beerig, Trinkfluss. Alles, was man von einem Spätburgunder erwartet.

2019 Muskat-Trollinger trocken
9,80€ · 12%

Weingut Maier

Zehnmorgenweg 2,
71409 Schwaikheim
T +49 (0) 7195 5565
www.maier-weingut.de

Kellermeister Michael Maier
Rebfläche 14,5 ha
Produktion 80.000 Flaschen
Verkaufszeiten
Di–Fr 17–19 Uhr
Sa 9–14 Uhr

Michael Maier, 2015 als bester Jungwinzer Deutschlands geehrt, entwickelt seine Handschrift immer weiter. Vor allem mit der Lagen-Linie „Vom Stein", deren Weine im Barrique bzw. Tonneau reifen. Darunter ist auch ein Cabernet Franc, den er nur in den besten Jahren reinsortig abfüllt. Bei den fast ausschließlich trocken ausgebauten Weißweinen arbeitet Maier mit Maischestandzeiten bis zu 24 Stunden. Auf dem Gut finden regelmäßig Kulturveranstaltungen statt, bekannt ist die Besenwirtschaft, die die Eltern Rose und Lothar betreiben.

2018 Breuningsweiler Haselstein Grauburgunder „Vom Stein" trocken
14,50€ · 13,5%
Endwickelt sich stetig im Glas und gibt Aromen von Kräutern, Rauch und gelben Früchten frei. Cremiger Fruchtkern bei phenolischer Grundierung.

♥ **2018** Silvaner „Amphore" trocken
16,80€ · 14%
Ausladend in der Aromatik, zu der sich würzige Noten gesellen.

2016 Steinreinacher Hörnle Spätburgunder „Reserve"
29,50€ · 12,5%
Stille Eleganz. Kein Wort zu viel. Aber Geschmack.

2017 Hanweiler Berg Cabernet Franc „Vom Stein"
19,90€ · 13,5%
Würzig dichter Cabernet Franc, St. Emilion lässt grüßen!

2017 Hanweiler Berg Lemberger „Vom Stein"
18,80€ · 13,5%
Gehaltvoller Lemberger, ideal für's Kamingespräch.

2017 Steinreinacher Hörnle Spätburgunder „Vom Stein"
18,50€ · 13%
Das ist jung und fruchtig. Ein perfekter Einstieg, um Menschen für Spätburgunder zu begeistern.

Weingut Mayerle

Neueinsteiger

Bauersberger Hof 19,
73630 Remshalden
T 07151 / 73408
www.weingut-mayerle.de

Das Weingut Mayerle liegt umgeben von Weingärten und Obstwiesen auf einer Anhöhe mit Blick über das Remstal bis nach Stuttgart. Die zehn Hektar Rebfläche des Familienbetriebs sind zu rund zwei Dritteln mit roten Sorten bestockt: Das Gros gehört Klassikern wie Trollinger, Lemberger, Spätburgunder und Riesling. Im Orchester spielen auch Kerner, Muskattrollinger, Zweigelt, Cabernet & Co. mit. Wie alle Rotweine wird auch der Trollinger auf der Maische vergoren, für einen Einstiegswein eine Top-Visitenkarte.

Inhaber Nina Mayerle
Betriebsleiter Nina & Matthias Mayerle
Kellermeister Nina & Matthias Mayerle
Verbände Württemberger Weingüter, Vinissima, Remstal Tourismus
Rebfläche 10 ha
Produktion 70 Flaschen
Gründung 1994
Verkaufszeiten
Di–Fr 14–18 Uhr
Sa 10–14 Uhr

2018 Geradstettener Lichtenberg Riesling trocken
12,50€ · 12,5%

2019 Geradstettener Lichtenberg Grauburgunder trocken
9€ · 12%

2019 Geradstettener Lichtenberg Sauvignon Blanc trocken
9€ · 12%

2015 Rotwein-Cuvée
10,50€ · 13%

2015 Spätburgunder
24,50€ · 13%
Extrakt, gute Länge, Charakter. Hier ist viel vorhanden.

2019 Trollinger
5€ · 12%

♥ **2019** Geradstettener Lichtenberg Muskat-Trollinger halbtrocken
7,50€ · 12%

Weingut Medinger

Brühlstraße 6,
71394 Kernen-Stetten
T +49 (0) 7151 44513
www.weingut-medinger.de

Inhaber Barbara Medinger-Schmid, Markus Schmid, Christian Schmid

„Kräftige körperreiche Rotweine aus dem Holzfass sind unsere Leidenschaft", sagen Barbara Schmid-Medinger und Markus Schmid über sich. So ist es kein Wunder, dass sich in Ihrem Portfolio neben dem Klassiker Lemberger auch Sorten wie Cabernet Cubin und Syrah befinden. Bei den weißen Sorten dominiert klar der Riesling, der steht im Stettener Pulvermächer steht.

2019 Chardonnay „M" trocken
9,90€ · 12,5%

2019 Riesling „Terra" feinherb
12,50€ · 12,5%

Betriebsleiter Markus Schmid
Kellermeister
Barbara Medinger-Schmid
Verbände Württemberger Weingüter
Rebfläche 5,8 ha
Produktion 35.000 Flaschen
Verkaufszeiten
Mo–Fr 18–19.30 Uhr
Sa 15.30–18 Uhr

2019 Stettener Pulvermächer Riesling „M" trocken
9,90€ · 13%

2017 Lemberger
21€ · 13%
Hinter dem hölzernen Vorhang kommen Kräuternoten zum Tragen.

2017 Spätburgunder „M"
9,90€ · 13%
Flauschig an der Zunge, mit Druck am Gaumen und einem Aroma von Leder.

2018 Cabernet Cubin „M"
12,90€ · 14,5%
Internationaler Stil mit satter Frucht, hat Frische und Länge.

Parfum der Erde

Neueinsteiger

Nolten 8, 71384 Weinstadt
T +49 (0) 170 5659 118
www.parfum-der-erde.de

Betriebsleiter Rainer Dr. Scholz
Kellermeister Andreas Knauß
Rebfläche 2 ha
Produktion 5.000 Flaschen
Gründung 2006
Verkaufszeiten
nach Vereinbarung

Die Rebe reizt Andreas Knauß und Dr. Rainer Scholz. Sie wurzelt tief und nur sie sei in der Lage, den geografisch und klimatisch beeinflussten Charakter der Erde mit Aromen, Farbe und Geschmack einzufangen. Unter dem Sandstein des Remstals – eine einzigartige Keuperverwitterungsstufenlandschaft – mischen sich Schilfsandstein, Bunte Mergel, Kieselsandstein und Stubensandstein. Neben typischen Sorten verarbeiten der Hamburger Rainer Scholz und der schwäbische Andreas Knauß auch Riesling und Spätburgunder-Trauben zusammen zu einem lachsfarben schillernden Rosé.

2018 Riesling trocken
20,80€ · 12,5%
Kein Wein für jedermann, könnte man sagen. Dabei sollte man jedermann nicht unterschätzen, auch dem kann ein komplexer Wein munden. Sehr gute Länge!

2018 Pinot Noir
29,80€ · 13%
Deutliche Kirschnote, samtenes Tannin, feine Struktur.

♥ **2018** Regent
25,80€ · 13,5%
Kernig würziger Regent mit Tiefgang und guter Länge, ideal zu Wildgerichten.

Weingut Rienth

Im Hasentanz 8–10,
70734 Fellbach
T +49 (0) 711 5816 55
www.rienth-weingut.de

„Tradition und Innovation" ist das Motto von Markus Rienth. Tradition gibt's reichlich: Bereits seit dem Jahr 1530 betreibt die Familie Weinbau, mittlerweile in der 14. Generation. 1972 entstand das jetzige Weingut Rienth, das 1992 am Stadtrand von Fellbach seinen Neubau komplettierte. Für die Innovation ist Thomas Rieth selbst zuständig. Bevor er 2010 zunächst die Verantwortung für den Ausbau der Weine übernahm, sammelte er Erfahrungen u. a. in Südafrika und Australien.

Inhaber Markus Rienth
Betriebsleiter Markus Rienth
Kellermeister Markus Rienth
Verbände Württemberger Weingüter
Rebfläche 6,5 ha
Produktion 42.000 Flaschen

2018 Fellbacher Goldberg Chardonnay „***" trocken
17,20€ · 13,8%
Fülliger Chardonnay aus dem Holzfass mit zartem Schmelz und harmonischem Finale, ein sehr guter Essensbegleiter.

2019 Fellbacher Goldberg Riesling trocken
5,50€ · 12,5%

Verkaufszeiten
Mi–Fr 16–19 Uhr
Sa 9–13 Uhr

2019 Fellbacher Lämmler Riesling „**" Spätlese trocken
8,90€ · 12,5%

♥ **2019** Sauvignon Blanc „**" trocken
9,80€ · 12%

2017 Fellbacher Goldberg Lemberger „*"
7,50€ · 12,4%

Weingut Rainer Schnaitmann

Untertürkheimer Straße 4,
70734 Fellbach
T +49 (0) 711 5746 16
www.weingut-schnaitmann.de

Inhaber Rainer Schnaitmann
Betriebsleiter Rainer Schnaitmann
Verbände VDP
Rebfläche 27 ha
Produktion 180.000 Flaschen
Gründung 1997
Verkaufszeiten:
Mo, Mi, Do 9–12.30 Uhr und 13.30–17 Uhr
Di, Fr 9–12.30 Uhr und 13.30–18.30 Uhr
Sa 9–13 Uhr

Das Weingut von Rainer Schnaitmann hat eine besondere Geschichte. Erst 1997 unter eigenem Label gegründet und 2006 als damals jüngstes Weingut überhaupt mit den Weihen des VDP bedacht, kann Schnaitmann doch bereits auf eine 15 Generationen zurückreichende Weingeschichte blicken. Die ursprünglichen drei Hektar Weinberge, vom Vater gepachtet, sind inzwischen auf stattliche 27 Hektar angewachsen – und das in vielen kleinen Parzellen. Schnaitmann, Burgunder-Fan, hat auf etwa einem Viertel seiner Lagen Burgunder-Sorten, ergänzt um die württembergischen „Klassiker" Trollinger und Riesling. Und ausgezeichneter Sauvignon Blanc würzt das Sortiment . Zum Glück ließ Schnaitmann die Hände auch nicht vom Lemberger, der ist bei ihm großartig. Bissig, fleischig, kraftvoll – und lagerfähig. Die Biozertifizierung kam 2015, das passt zur Weingutsphilosophie: „Weglassen. Zeit geben. Dem Bauchgefühl vertrauen." Und das war bei Rainer Schnaitmann wohl immer schon besonders gut ausgeprägt.

2018 Fellbacher Lämmler Grauburgunder GG
32€ · 13%
Kraftvoller, dicht gewobener Grauburgunder mit feinem Gerbstoffgerüst und trotzdem mit harmonischem wie cremigem Auftritt am Gaumen.

2018 Fellbacher Lämmler Riesling GG
29€ · 13%
Riesling, Rainer Schnaitmann und Lämmler, ein wahrlich überwältigendes Gespann, wen wundert's, dass dieser große Wein auf Zukunft gebaut ist!

2018 Riesling „Steinwiege" trocken
8,20€ · 12,5%

2018 Uhlbacher Götzenberg Riesling GG
29€ · 13%
Das ist einfach Sonderklasse, hat mit einem klassisch schwäbischen Riesling-Verständnis nichts mehr zu tun, ein eigener Charakter.

♥ **2018** Weißwein-Cuvée „Grau.Weiss" trocken
15,20€ · 12,5%
Ungemein gut komponierte Vermählung der weißen Burgunder-Sorten, einfach köstlich!

2019 Iflinger Sauvignon Blanc 1. Lage
18,50€ · 13%
Bestens strukturierter, ernsthafterer Sauvignon mit bestem Reifepotenzial. Dieser Wein ist delikat und sucht einen ebenso delikaten, aber selbstbewussten kulinarischen Gegenspieler.

2019 Iflinger Sauvignon Blanc 1. Lage
18,50€ · 12,5%

2019 Muskateller „Steinwiege" trocken
10,90€ · 10,5%

2019 Sauvignon Blanc „Steinwiege" trocken
10,90€ · 11,5%

2019 Weißburgunder „Steinwiege" trocken
9,50€ · 11,5%

2018 Fellbacher Lämmler Lemberger GG
36€ · 13%
Frucht und Würze auf Augenhöhe. Pfeffer und Pflaume sind vorne dabei. Kompakte Struktur bei griffigem Tannin. „Kraftvolle Eleganz", notierte ein Juror.

2018 Fellbacher Lämmler Spätburgunder GG
52€ · 13%
Straffes Gerbstoffgerüst mit süßem, warmem Kern, seidiger Stoff, langes Finale, ein Festtagswein!

2018 Lemberger „Simonroth" 1. Lage
21€ · 13%
Zeder, Zigarre, zauberhaft!

2018 Lemberger „Steinwiege"
11,50€ · 12,5%

2018 Rotwein-Cuvée „Simonroth"
14,50€ · 13%
Ungebändigter Duft nach getrockneten und frischen Kräutern. Die Frucht kommt eher herb als süß daher. Straffe Gaumenführung bei markanter Säure.

2018 Spätburgunder „Simonroth" 1. Lage
29€ · 12,5%
Dicht gewoben und komplex, kein Weichspüler.

2019 Trollinger „Anders"
11,50€ · 10,5%

Weingut Schwarz

Ötztaler Straße 44,
70327 Stuttgart
T +49 (0) 711 3347 27
www.weingut-schwarz.eu

Inhaber Markus Schwarz
Betriebsleiter Markus Schwarz
Kellermeister Ludwig Schwarz
Verbände Württemberger Weingüter, Generation Riesling, Vinissima
Rebfläche 10 ha
Produktion 65.000 Flaschen
Verkaufszeiten
Di–Fr 9.30–13 und 15–18 Uhr
Sa 9–13 Uhr
und nach Vereinbarung

Im Weingut Schwarz ist die nächste Generation dabei, die Verantwortung zu übernehmen. Ludwig Schwarz ist nach der Ausbildung bei Drautz-Able und Aldinger, der Technikerschule in Weinsberg sowie einem Aufenthalt in Südafrika zuständig für Keller und Außenbetrieb. Stefanie Schwarz hat, nach einer Lehre bei Jürgen Ellwanger und Aldinger, Internationale Weinwirtschaft studiert und Auslandsluft in Kanada und Österreich geschnuppert. Die Weinberge liegen auf Stuttgarter Stadtgebiet in Untertürkheim (Mönchberg, Altenberg), am Rotenberg (Schlossberg), in Bad Cannstatt und in Wangen. Zu 60 Prozent werden rote Sorten angebaut, mit dem Fokus auf Lemberger, Spätburgunder, Merlot und Trollinger.

2018 Untertürkheimer Mönchberg Weißburgunder trocken
16,50€ · 13,5%
Vielschichtiger Charakter, dem es an nichts mangelt. Im Gegenteil! Reiche Fruchtfülle, süße Würze und ein feinsalziges Nachspiel bei moderater Säure.

2017 Merlot „Altenberg"
20€ · 14,5%
Kräftiger, vom Ausbau im Barrique geprägter Merlot mit satter Aromatik und guter Länge.

2017 Untertürkheimer Altenberg Lemberger
20€ · 14%
Noch jung und frisch und dabei schon so harmonisch.

2018 Untertürkheimer Spätburgunder
9,80€ · 13,5%

Weingut Albrecht Schwegler

Steinstraße 37, 71404 Korb
T +49 (0) 7151 3040 137
www.albrecht-schwegler.de

Dass Albrecht Schwegler 1990 als Quereinsteiger begann, große Rotwein-Cuvées nach internationalem Vorbild in Württemberg zu erzeugen, ist ohne Zweifel eine Pionierleistung, die dem Ansehen des deutschen Rotweins noch heute hilft. Kraftvoller, dicht gewobener Grauburgunder mit feinem Gerbstoffgerüst und trotzdem mit harmonischem wie cremigem Auftritt am Gaumen. Mit der aktuellen Kollektion besteht das Sortiment zum ersten Mal aus Weinen, die ausschließlich von Aaron Schwegler vinifiziert wurden. „Beryll", „Saphir" und „Granat" sind immer noch dabei, werden aber von Riesling, Grauburgunder und Chardonnay flankiert. Zum ersten Mal

Inhaber Julia & Aaron Schwegler
Betriebsleiter Aaron Schwegler
Kellermeister Aaron Schwegler
Rebfläche 11 ha
Produktion 50.000 Flaschen
Gründung 1990
Verkaufszeiten
nach Vereinbarung

außerdem dabei: ein Pinot Noir reinsortig, laut Aaron Schwegler aus „reiner Freude an der Rebsorte". Ohne die Tradition zu verleugnen, wird hier ein neuer – vielversprechender – Weg eingeschlagen. Um das ganze Potenzial der Schwegler'schen Weine zu verstehen, sei auf die Lagerfähigkeit der großen Rotweine des Hauses hingewiesen. Ob es viele Weine wie den Granat aus 1999 mit seiner Tiefe, Ruhe, Eleganz und, ja, Jugendlichkeit in Deutschland gibt, mag zurecht bezweifelt werden.

♥ **2018** Chardonnay „Reserve" trocken
33€ · 13%
Gute Balance zwischen tropischen Früchten wie Mango und gelungenem Holz.

2018 Riesling „Alte Reben" trocken
23,50€ · 13,5%
Durch und durch muskulöser Riesling der zupackenden Art.

2018 Weißwein-Cuvée „Chardonnay & Grauburgunder" trocken
23,50€ · 13%
Natürlich geht in diesem Haus die Lust an der Komposition nie aus. Hier eine gelungene, noch holzbetonte Cuvée aus Chardonnay und Grauburgunder.

2016 Rotwein-Cuvée „Beryll"
19€ · 14%
Der Beryll, als Einstieg in die unübertroffene Schwegler'sche Rotwein-Trilogie, ist ein echter Hammer, selbstbewusst, kernig, einfach gut!

2016 Rotwein-Cuvée „Granat"
56€ · 14%
Der Granat markiert die bundesdeutsche Spitze in puncto Rotwein-Cuvée, und das nunmehr seit einem guten Vierteljahrhundert. Chapeau!

2016 Rotwein-Cuvée „Saphir"

38€ · 14%

Der Saphir, in mittleren Jahren auch ab und zu die Spitze der Schwegler'schen Komponier-Kunst, ist eine Bank, internationaler und doch grundsolide schwäbisch geht es nicht!

2017 Pinot Noir

38€ · 13,5%

Sehr reif, viel Holz, viel Tannin – auf Kraft und Langlebigkeit gebaut.

2019 „Endless Summer" brut nature

16,50€ · 11,5%

Weingut Siegloch

Neueinsteiger

Albertviller Straße 51,
71364 Winnenden
T +49 (0) 7195 1771 20
www.weingut-siegloch.de

Inhaber David & Markus Siegloch
Betriebsleiter David & Markus Siegloch
Kellermeister Markus Siegloch
Verbände Generation Riesling
Rebfläche 10 ha
Produktion 70.000 Flaschen
Gründung 2014
Verkaufszeiten
Do, Fr 16–18.30 Uhr
Sa 9–13 Uhr

Im Jahr 2014 haben David und Markus Siegloch das Familienweingut in Winnenden übernommen. Sie sind jung und selbstbewusst. Das Ziel der beiden ist es, „spannende und authentische Weine zu produzieren". Die Weinberge werden naturnah bewirtschaftet, „um sie in einem natürlichen Gleichgewicht zu halten", wie die beiden sagen. „Im Keller sind die spontane Vergärung sowie der Verzicht auf Schönungen und meist auch auf die Filtration der Weine wichtige Elemente. Unsere Weine werden nicht an bestehende Geschmacksprofile angepasst, sondern sollen Boden, Jahrgang und Winzer unverfälscht widerspiegeln." Quasi als Signal für ihre Eigenwilligkeit deklarieren die Siegloch-Brüder ihre Weine ab diesem Jahr allesamt als Landwein.

2018 Weißburgunder „vogelfrei" trocken

14,90€ · 12,5%

Klarfruchtiges Bukett aus Birne, Zitrone und Aprikose. Da steht der Gaumen nicht zurück: saftiger Kern bei frischer Säure und zartbitterer Textur.

2019 Riesling „Kabi"

9,90€ · 9,5%

2017 Lemberger „R"

25€ · 13,5%

Sehr reife Frucht, der Wein lebt stark durch sein markantes Tannin.

2018 Lemberger

7,10€ · 13,5%

2019 Syrah „Booom" trocken

10,90€ · 11,5%

2016 „Pinot R" brut nature

16,50€ · 12,5%

Ein super Schaumwein, der durch seine ganz und gar trockene Art den idealen Auftakt für einen festlichen Abend bietet.

Weingut Singer-Bader

Albert-Moser-Straße 100,
71394 Kernen-Stetten
T +49 (0) 7151 42828
www.singer-bader.de

Das junge Weingut Singer-Bader besteht aus dem Önologenpärchen Julian und Barbara Singer (geb. Bader), die von Hans Bader im Keller unterstützt werden. Beide Familien sind seit 1600 im Wein „verwurzelt" und durch die Ehe der Kinder zusammengewachsen. Das Weingut ist inzwischen biozertifiziert, man legt großen Wert auf naturnahes Arbeiten. Die Singers bezeichnen ihr Sortiment selbst als „Flechtwerk der Sorten" und haben ihre Wein-Auswahl in den letzten Jahren auf 20 verschiedene Weine reduziert. Zum Weingut gehört auch eine Vinothek namens „Weinkorb" in Korb im Remstal.

Inhaber Julian Singer
Betriebsleiter Julian Singer
Kellermeister Hans Bader
Verbände Bund deutscher Önologen
Rebfläche 7 ha
Produktion 40.000 Flaschen
Gründung 1982
Verkaufszeiten
Weingut/Weingarten
Weinkorb/Vinothek
(Rosenstraße1, 71404 Korb)
Mo–Fr 15–18 Uhr
Sa 10–14 Uhr
(Weingut Mittwoch Ruhetag)

2019 Endersbacher Grauburgunder trocken
8,40€ · 12,5%

2019 Stettenener Weißburgunder trocken
8,40€ · 12%

2019 Stettener Pulvermächer Riesling „alte Y Reben" trocken
9,20€ · 13,5%

2016 Korber Rotwein-Cuvée
10,80€ · 14%

2017 Kleinheppacher Merlot
12,50€ · 14%
Lebendig, frisch und kein bisschen zu mächtig, viel feine Fruchtwürze für die Nase und Harmonie am Gaumen.

2017 Korber Trollinger
8€ · 12,5%

2018 Korber Lemberger
8,80€ · 13%

♥ **2018** Steinreinacher Cabertin
8,60€ · 13,5%

Weinmanufaktur Untertürkheim

Strümpfelbacher Straße 47,
70327 Stuttgart
T +49 (0) 711 3363 810
www.weinmanufaktur.de

Wenn es um die Spitzenpostionen unter Württembergs Genossenschaften geht, kommt man an der Weinmanufaktur Württemberg nicht vorbei. Konstanz im Fortschritt könnte man die Arbeit von Kellermeister Jürgen Off überschreiben, der seit mehr als 30 Jahren an Bord ist. Unter seiner Ägide kamen auch „Exoten" wie Cabernet Franc und Viognier ins Portfolio. Dieses ist in Kategorien mit einem, zwei und drei Sternen gegliedert; in letztere Kategorie gehören ein Lemberger, ein Spätburgunder und die Cuvée Mönch Berthold, die im kleinen Holz ausgebaut werden. Zur Weinmanufaktur gehört auch eine Vinothek.

Betriebsleiter
Dr. Stefan Hübner
Kellermeister Jürgen Off
Verbände Fair'n Green
Rebfläche 95 ha
Produktion 700.000 Flaschen
Gründung 1887
Verkaufszeiten
Mo–Fr 9–18 Uhr
Sa 9–14 Uhr

2019 Chardonnay trocken
18€ · 13%
Opulent mit Noten von Zitrus und Brioche, im Abgang lebendig und frisch.

2019 Grauburgunder trocken
9,90€ · 13%

2019 Riesling trocken
7,60€ · 12%

2019 Sauvignon Blanc trocken
10,90€ · 13%

2019 Untertürkheimer Mönchberg Riesling trocken
18€ · 13%
Viel Geschmack und eine reizvolle Säure.

2018 Rotwein-Cuvée „Mönch Berthold"
25€ · 13,5%
Schoko, Rauch, Speck, dunkle Beeren – alles da und davon reichlich. Kräuter kommen hinzu. Zupackend und frisch am Gaumen. Überraschend elegant.

2018 Spätburgunder
9,90€ · 12,5%

2018 Untertürkheimer Altenberg Cabernet Franc
19,50€ · 14%
Dunkle Aromen, Beeren, Kakao, sehr gut und durchaus modern geprägt.

2018 Untertürkheimer Altenberg Merlot
18,50€ · 14%
Ein Merlot wie aus dem Bilderbuch: beerig, frisch, elegant mit Finesse. Ein jugendlicher Gentleman mit Stil!

2018 Untertürkheimer Mönchberg Lemberger
27€ · 13%
Dicht gewobener, expressiver Lemberger mit Eindrücken aus Chile, Australien und Südafrika.

2019 Trollinger
13€ · 13%

Weingut Wöhrwag

Grunbacher Straße 5,
70327 Untertürkheim
T +49 (0) 711 3316 62
www.woehrwag.de

Die Philosophie von Hans-Peter Wöhrwag? „Ein tiefer Schluck aus der schwäbischen Seele!" Sohn Philipp „winzert fremd" in der Pfalz (mit seiner Frau Sabine bei ihrem elterlichen Weingut Müller-Ruprecht), Sohn Moritz zog es in den Maschinenbau. Dafür ist Tochter Johanna nach Stationen in der Pfalz, Neuseeland und Frankreich nun mit an Bord und „schenkt ihrem Vater innovative Ideen ein". Und auch Ehefrau Christin ist nach wie vor mit von der Partie. Das Weingut hat schon vor knapp 30 Jahren mit seinen eleganten und schlanken Rieslingen von sich reden gemacht, weil es diese Stilistik vorher nicht gegeben hatte. Der Riesling spielt immer noch die erste Geige im Rebsortenspiegel, ganze 44 Prozent der Reb-

Inhaber Hans-Peter Wöhrwag
Kellermeister Carsten Kämpf & Hans-Peter Wöhrwag
Verbände VDP
Rebfläche 20 ha
Produktion 170.000 Flaschen
Verkaufszeiten
Mo–Fr 8–12.30 Uhr und 14–18 Uhr
Sa 9–14 Uhr

fläche der Wöhrwags – 20 Hektar in der Monopollage Untertürkheimer Herzogenberg – sind mit ihm bestockt, gefolgt von Lemberger, Merlot und Spätburgunder. Weinproben bieten die Wöhrwags direkt im Weingut an – und hier sei noch einmal der „Chef", Hans-Peter, zitiert: „Unsere Tür ist offen für jeden." Die Empfehlung: Kommen Sie mit einem leeren Kofferraum.

2019 Untertürkheimer Herzogenberg Grauburgunder 1. Lage
13,50€ · 13,5%
Fülliger, dennoch nicht breitschultriger Grauburgunder mit zartem Schmelz, ideal zu Räucherfischen mit Meerrettich.

2019 Untertürkheimer Herzogenberg Riesling „Mineral" 1. Lage
13,50€ · 12,5%
Eine wilde Achterbahnfahrt im Glas zwischen Frucht und Säure.

2019 Untertürkheimer Herzogenberg Sauvignon Blanc 1. Lage
16,90€ · 12,5%
Versteckt sich hinter sich selbst. Scheuer als ein Reh. Und das mag jeder. „Von dem würde ich gerne eine Flasche trinken. Weil die Aromatik so frisch ist", war eine Stimme aus der Jury.

2018 Cabernet Franc
29,50€ · 13,5%
Schwarze Johannisbeere und Kräuterwürze haben hier das Sagen.

2018 Untertürkheimer Herzogenberg Merlot 1. Lage
14,50€ · 14%
Vielschichtige Kräuternoten und Kraft definieren diesen Spitzenwein.

2019 Trollinger „Rädles"
8,50€ · 12,5%

Weingut Zimmerle

Kirchstraße 14, 71404 Korb
T +49 (0) 7151 33893
www.zimmerle-weingut.de

2020 markiert den Neubau des Produktionsgebäudes, das neben dem Keller eine Vinothek und ein Weinrestaurant umfassen wird – mit Blick auf den Korber Berg und den Kleinheppacher Greiner, die Top-Lagen des Guts. Diese werden, wie alle Weinberge des Guts, biologisch bewirtschaftet. Auf dem Korber Berg stehen Spätburgunder und Lemberger, die als „Goldadler"-Lagenweine die Spitze des Sortiments darstellen, vom Kleinheppacher Greiner kommt der „Goldadler"-Riesling. Weitere Lagenweine wachsen auf der Sommerhalde: Trollinger, Zweigelt und Sauvignon Blanc.

Inhaber Jens Zimmerle
Kellermeister Jens Zimmerle
Verbände EU-Bio
Rebfläche 16 ha
Produktion 90.000 Flaschen
Verkaufszeiten
Mo–Fr 17–18.30 Uhr
Sa 9.30–15 Uhr
und nach Vereinbarung

2018 Chardonnay „Réserve" trocken
26€ · 13,5%
Großartig balancierter und dicht gewobener Chardonnay aus 300-l-Fässern, ein idealer Kompagnon für die feine Fischküche.

2018 Kleinheppacher Greiner Riesling „Goldadler" trocken
22€ · 13%
Stoffiger Riesling mit markantem, aber dennoch harmonischem Säure-Süße-Spiel, bestes Entwicklungspotenzial.

♥ **2019** Korber Berg Viognier „Berg" trocken
17,20€ · 13%
Überraschend dezente Frucht, mineralisch und fest am Gaumen.

2017 Korber Berg Lemberger „Goldadler"
28€ · 13,5%
Dieser große Vogel hebt mit jugendlicher Kraft ab, um langsam und eindrucksvoll wieder zu landen.

2017 Korber Berg Spätburgunder „Goldadler"
30€ · 12,5%
Kirschen, Beeren, Pfeffer, frisch und vollmundig – großes Reifepotenzial.

2017 Korber Sommerhalde Zweigelt „Goldadler"
28€ · 13,5%
Rauchige Nuancen steuern der Frucht köstliche Würze hinzu. Da steht der Geschmack nicht nach: füllige Struktur, pikantes Tannin, agile Säure. Sehr gut!

2017 Merlot „Réserve"
35€ · 13,5%
Tiefgründiger Merlot ist eine Paradedisziplin bei Zimmerles, dieser feine Wein ist ein idealer Begleiter zum Côte de Bœuf.

2017 Rotwein-Cuvée „Triologie"
32€ · 13,5%
Reife Frucht und edle Gerbstoffe vom Ausbau im Barrique prägen diese klassische Bordeaux-Cuvée.

2017 Spätburgunder „Réserve"
35€ · 13%
Ein Spaziergang durch den Eukalyptus-Wald mit Gedanken an reife Brombeeren.

Hedwig und Helmut Dolde

Beurener Straße 16,
72636 Frickenhausen-Linsenhofen
T +49 (0) 7025 4982
www.doldewein.de

Inhaber Hedwig & Helmut Dolde
Betriebsleiter Helmut Dolde
Kellermeister Helmut Dolde
Rebfläche 1,5 ha
Produktion 9.000 Flaschen
Verkaufszeiten
Do 16–19 Uhr
Sa 10–13 Uhr

Mit nur 1,5 Hektar bewirtschaftet Helmut Dolde, gelernter Gymnasiallehrer, seit knapp 30 Jahren mit seiner Frau Hedwig zwar ein „Mini-Weingut", aber eines, das es in sich hat. Mit über 500 Metern Höhenlage gehören die Weinberge zu den höchstgelegenen Deutschlands. Die Bodenformationen ähneln hier, im hügeligen Albvorland am Fuß der Schwäbischen Alb, den Juraböden aus dem Burgund. Getreu dem Motto „Stein prägt den Wein" versucht Dolde, dem Wein die Besonderheiten der verschiedenen Bodenformationen mitzugeben und diese schmeckbar zu machen. Seine Weine sind echtes Handwerk, da auf den Einsatz von Technik und Maschinen so weit wie möglich verzichtet wird.

2019 Linsenhöfer Sand Riesling „Brauner Jura" trocken
8,40€ · 12,5%
Feingliedriger Riesling mit der für Dolde-Weine typischen „Kargheit", die aber gleichzeitig für einen sehr guten Trinkfluss steht.

♥ **2019** Linsenhöfer Sand Silvaner trocken
8,20€ · 13%
Kühle Ansprache, komplex am Gaumen.

2017 Linsenhöfer Sand Spätburgunder „Fass 1"
14€ · 13%
Ganz klare Handschrift, große Finesse von der Schwäbischen Alb.

DIE TIPPS DER WINZER

Wo gibt es die besten Maultaschen, Schäufele oder Schupfnudeln? Wo den besten Blick in die Weinberge, wo das schönste Hotel? Wo kann ich Weine verkosten, regionale Produkte einkaufen? Wer, wenn nicht **der Winzer vor Ort,** kennt sich bestens in seiner Region aus? Darum haben wir Winzer und ihre Familien nach **ihren persönlichen Tipps** gefragt. Auf den folgenden Seiten finden Sie diese Empfehlungen für Ihren Aufenthalt in der Weinregion.

Essen

ALTE KELTER
Kelterweg 7, 70734 Fellbach
T +49 (0) 711 5788 270
www.hotel-alte-kelter.de
Saitenwürstle, Kässpätzle oder schwäbischer Rostbraten und dazu ein Glas von einem Fellbacher Winzer: So kann man den Abend gemütlich im Ambiente der Alten Kelter verbringen. Zum Restaurant gehört auch ein Hotel.
Empfohlen von
Weingut Rainer Schnaitmann

BACHOFER
Marktplatz 6, 71332 Waiblingen
T +49 (0) 7151 9764 30
www.bachofer.info.de
In historischer Umgebung präsentieren sich Restaurant und Hotel in der alten Stauferstadt Waiblingen.
Empfohlen von
Weingut Escher

BRUNNENSTUBEN
Quellenstraße 14,
71334 Waiblingen-Beinstein
T +49 (0) 7151 9441 227
www.brunnenstuben.de
Schwäbisch-mediterrane Küche erwartet die Gäste in diesem Restaurant. Das Küchenteam serviert zum Beispiel ein Schwabenmenü mit Tafelspitzsülze, Flädlesuppe und Kalbsbäckle.
Empfohlen von
Weingut Maier

GOLDBERG
Guntram-Palm-Platz 1,
70734 Fellbach
T +49 (0) 711 5756 166
www.goldberg-restaurant.de
Fine Dining ist in diesem Spitzen-Restaurant angesagt, das sich zeitlos und entspannt präsentiert. In der „Winelounge" werden vor allem regionale Weine ausgeschenkt.
Empfohlen von
Weingut Maier

RESTAURANT LAMM
Winterbacher Straße 1,
73630 Remshalden
T +49 (0) 7181 45061
www.lamm-hebsack.de
Saure Kutteln im Trollingersößle oder Rostbraten vom Färsenrind, aber auch Sashimi vom Thunfisch oder Schnitzel aus der Kalbshüfte stehen auf der Speisekarte des beliebten Restaurants im Remshaldener Ortsteil Hebsack. Hier wird genauso schwäbisch gekocht wie mediterran, dazu gibt es einen Wein, der in den benachbarten Weinbergen gereift ist. Zum Restaurant gehört das Hotel Lamm.
Empfohlen von
Weingut Bernhard Ellwanger

MALATHOUNIS
Gartenstraße 5,
71394 Kernen-Stetten
T +49 (0) 7151 45252
www.malathounis.de
Schon seit mehreren Jahren gehört das griechische Restaurant im kleinen Ortsteil Stetten zur kulinarischen Spitze in der Region. Joannis Malathounis gilt als bester griechischer Koch in Deutschland.
Empfohlen von
Weingut Jochen Beurer

OETTINGERS RESTAURANT
Kanalstraße 1-7, 7
0736 Fellbach-Schmiden
T +49 (0) 711 9513 452
www.hirsch-fellbach.de
Französische Küche steht im Mittelpunkt dieses hoch dekorierten Restaurants im Hotel Hirsch, in dem es nach dem Wunsch des Patrons „edel, aber nicht steif" zugehen soll.
Empfohlen von
Weingut Bernhard Ellwanger

PFAUEN BY NICO BURKHARDT
Höllgasse 9, 73614 Schorndorf
T +49 (0) 7182 6699 010
www.pfauen-schorndorf.de
Der Patron in Schorndorf kocht auf einem Herd, aber für zwei Restaurants: Zum einen im Gourmetrestaurant, zum anderen im Restaurant Pfauen, in dem mehr die bodenständige Küche im Vordergrund steht.
Empfohlen von
Weingut Escher

VORRATSKAMMER

Hauptstraße 110,
71384 Weinstadt-Strümpfelbach
T +49 (0) 7151 2789 100
www.dievorratskammer.com

Hier lassen sich die Gäste von schwäbisch-österreichischer Küche (und natürlich Weinen aus beiden Regionen) überraschen. Opa Werners Maultaschen stehen genauso auf der Karte wie ein steirischer Backhendlsalat.

Empfohlen von
Weingut Rienth

WEINSTUBE MUZ

Traubenstraße 3,
71384 Weinstadt-Endersbach
T 0049 (0) 7151 61321
www.weinstube-muz.de

Mehr als 100 Weine vor allem aus dem Remstal, aber auch aus Übersee sowie regionale Gerichte wie der legendäre Zwiebelrostbraten erwartet die Gäste in diesem urigen Lokal.

Empfohlen von
Weingut Albrecht Schwegler

ZUM HIRSCHEN

Hirschstraße 1, 70734 Fellbach
T +49 (0) 711 9579 370
www.zumhirschen-fellbach.de

Österreichisch-schwäbisch-mediterrane Küche mit Wiener Schnitzel und Maultaschen wird im gemütlichen Hirschen, zu dem auch ein Hotel gehört, angeboten.

Empfohlen von
Rainer Schnaitmann

RÖSSLE

Waiblinger Straße 2-4,
71384 Weinstadt-Endersbach
T +49 (0) 7151 9866 990
www.roessle-weinstadt.de

Seit mehr als 150 Jahren wird in Endersbach in diesem Gasthof gutbürgerlich gekocht. Zum Gasthof gehört außerdem ein Hotel.

Empfohlen von
Weingut Albrecht Schwegler

GASTHOF LAMM

Hauptstraße 44,
71394 Kernen-Rommelshausen
T: +49 (0) 7151 41352
www.lamm-kernen.de

Ein typisch schwäbisches Gasthaus. Auf der Karte stehen regionale Klassiker, die aber modern und leicht unter dem Label der „neuen schwäbischen Küche" serviert werden.

Empfohlen von
Weingut Singer-Bader

GASTHOF ADLER

Forststraße 12,
71384 Weinstadt-Baach
T +49 (0) 7151 65826
www.adler-baach.de

Hier sitzt der Gast in einer urigen, 100 Jahre alten Vesperwirtschaft, in der schwäbisch-regionale Küche serviert wird.

Empfohlen von
Weingut Klopfer

KREBENSTÜBLE

Krebenweg 6,
71394 Kernen-Stetten
T +49 (0) 7151 44236
www.krebenstueble.de

Die gemütliche Weinstube liegt an den Stettener Weinbergen und bietet gehobene schwäbische und saisonale Küche.

Empfohlen von
der Redaktion

ZUM OCHSEN

Kirchstraße 15,
71394 Kernen-Stetten
T +49 (0) 7151 94360
www.ochsen-kernen.de

In der ehemaligen Herberge der „Herren von Stetten" ist man stolz auf die Geschichte und Tradition des Hauses. Die Küche ist traditionell schwäbisch geprägt, hat aber auch französische, asiatische oder südamerikanische Einflüsse.

Empfohlen von
Weingut Singer-Baderr

FUGGEREI

Münstergasse 2,
73525 Schwäbisch Gmünd
T +49 (0) 7171 30003
www.restaurant-fuggerei.de

Dieses kulturhistorische Haus liegt direkt am Münster und bietet eine regionale und saisonale Speisekarte.

Empfohlen von
Weingut Zimmerle

Schlafen

LANDGASTHOF HIRSCH GRUNBACH
Reinhold-Maier-Straße 12 ,
73630 Remshalden-Grunbach
T +49 (0) 7151 9797 700
www.landgasthof-hirsch.de
Hinter dem auffallenden Fachwerk von 1610 verbergen sich ein gemütliches Restaurant und ein Hotel.
Empfohlen von
der Redaktion

HOTEL LANDGUT BURG
Landgut Burg 1, 71384 Weinstadt
T +49 (0) 7151 99330
www.landgut-burg.de
Das Drei-Sterne-Haus mit seinen 60 Zimmern wirbt damit, dass es mit seiner Lage auf dem Rossberg in Weinstadt idyllisch mitten in der Natur und vor allem in absoluter Ruhe liegt.
Empfohlen von
Weingut Bernhard Ellwanger

HOTEL WEINSTADT-HOTEL
Marktstraße 41,
71384 Weinstadt-Beutelsbach
T +49 (0) 7151 9970 10
www.weinstadt-hotel.de
Hier soll man „digital detoxen", so sind Handys zum Beispiel im Frühstücksraum verpönt. Ansonsten wohnt man in diesem Drei-Sterne-Haus mitten in Beutelsbach in einem modernen und gemütlichen Ambiente.
Empfohlen von
Weingut Klopfer

DAS WEINBERGHAUS
Untertürkheimer Straße 125,
70734 Fellbach
T +49 (0) 711 4699 6920
www.das-weinberghaus.de
In diesem kleinen, familiär geführten Haus mit seinen fünf Zimmern sollen sich die Gäste nur wohlfühlen, die Ruhe und das liebevolle Ambiente genießen.
Empfohlen von
Weingut Rainer Schnaitmann

HOTEL HIRSCH
Kanalstraße 1-7, 70736 Fellbach
T +49 (0) 711 95130
www.hirsch-fellbach.de
In diesem familiengeführten Haus erwarten den Gast neben Spitzenrestaurant (s. Oettingers) Schwimmbad, Sauna, Biergarten und Weinstube gemütliche Zimmer.
Empfohlen von
Weingut Bernhard Ellwanger

Einkaufen

BIO-KÄSEREI VOSSELER
Römerstrasse 36,
71336 Waiblingen-Bittenfeld
T +49 (0) 7146 8606 68
www.bittenfelder-kaese.de
In der Käserei in Bittenfeld entsteht aus Demeter-Milch und anderen Bio-Zutaten eine ganze Palette an unterschiedlichen Käsesorten. Das Käslädle an der Bachstraße 49 ist donnerstags und freitags geöffnet, samstags wird auf dem Markt in Waiblingen verkauft.
Empfohlen von
Weingut Maier

LA FRAGALERIA
Karlsbader Straße 18,
73527 Schwäbisch-Gmünd
T +49 (0)7171 8774 804
www.fragaleria.de
Olivenöle aus der Toskana, Balsamico-Essig aus Modena, Nudeln, Pesto, Gewürze – alles, was das Herz des Italien-Fans begehrt, wird von Nadine und Antonio Fragale in ihrem Geschäft in Schwäbisch-Gmünd angeboten. Hier wird auch zu After-Work-Verkostungen eingeladen, eine kleine Speisekarte rundet das Angebot ab.
Empfohlen von
Weingut Singer-Bader

GOURMET BERNER
Bruckwiesenstraße 1,
71384 Weinstadt-Großheppenbach
T +49 (0) 7151 2735 050
www.gourmetberner.de
Gewürze, Dips, Nudeln, Pesto, Oliven, Senf, Brände und Konfitüren sind nur einige Beispiele aus dem umfangreichen Feinkost-Sortiment, das in dem großen Geschäft meterlange Regale füllt. Zu den Verkaufsräumen in Großheppach gehört auch ein legeres Restaurant-Café.
Empfohlen von
der Redaktion

REMSTAL MARKT MACK
Strümpfelbacher Straße 11,
71384 Weinstadt
T +49 (0) 7151 2070 00
www.mack-remstalmarkt.de
Exotische Früchte, aber auch regionale Produkte, eine 15 Meter lange Käsetheke und vor allem eine große Wein-Auswahl gehören zum Sortiment in diesem schon mehrfach ausgezeichneten Supermarkt von Rocco Capurso.
Empfohlen von
Weingut Leon Gold

REWE MARKT AUPPERLE
Drei der Märkte sind in Fellbach:
Stuttgarter Str. 32
Bühlstraße 138
Daimlerstraße 18
Die anderen beiden sind in Waiblingen-Hegnach und Remshalden-Grunbach.
T +49 (0) 711 5898 44
www.rewe.de/marktseite/Fritz-Aupperle/
Regionalität spielt hier die Hauptrolle: In den fünf Rewe-Märkten der Familie Aupperle werden nicht nur Gemüse aus dem Umland, sondern auch Wein aus der Nachbarschaft angeboten.
Empfohlen von
der Redaktion

Besonders empfehlenswerte Bäckereien

Backstuben Füeß
Weimerstraße 2 in Fellbach

Ellinger
Wernerstraße 19 in Fellbach

Bach-Bäck
Bachstraße 11 in Kernen-Stetten

Weller-Bäckerei
Schafgasse 1 in Weinstadt

Besonders empfehlenswerte Metzgereien

Metzgerei Häfele
Wiesenstraße 28 in Winnenden

Landmetzgerei Ochsen
Kirchstraße 15 in Kernen-Stetten

Vinothek

VINOTHEK FELLBACH ALTE KELTER

Untertürkheimer Straße 33, 70734 Fellbach
T +49 (0) 711 3054 7630
www.vinothek-fellbach.info
Hanne und Wolf Petzold, die auch das Hotel Weinberghaus betreiben, laden in die Alte Kelter nicht nur zu Trank, sondern auch zu Speis' ein.
Empfohlen von
Weingut Rainer Schnaitmann

VINOTHEK TRAUBE STRÜMPFELBACH

Hauptstraße 91, Weinstadt
T +49 (0) 7151 9812 784
www.dietraube.com
Die Vinothek bietet Weine von Traditionswinzern aus der Region, aber auch von innovativen Jungwinzern an.
Empfohlen von
Weingut Siegloch

DANIELS WEINE

Oberdorf 8, 73650 Winterbach
T +49 (0) 7181 4788 890
www.daniels-weine.de
Auf der Karte bei Daniel Hasert stehen Weine von Winterbach bis Australien, von Kalifornien bis an die Krems in Österreich und von der Mosel bis nach Martinborough in Neuseeland. Zur Vinothek gehört auch ein Gewölbekeller.
Empfohlen von
Weingut Leon Gold

WEINSTUBE MOIAKÄFER

Rommelshauser Str. 9, 70734 Fellbach
T +49 (0) 711 5781 515
www.weinstube-moiakaefer.de
Lemberger, Muskat-Trollinger oder Merlot aus dem Untertürkheimer Herzogenberg: Regionale Weine stehen im Mittelpunkt in dieser gemütlichen Weinstube. Gastgeberin Stephanie Hofmeister serviert aber auch feine schwäbische Gerichte.
Empfohlen von
der Redaktion

11 MITTLERER NECKAR

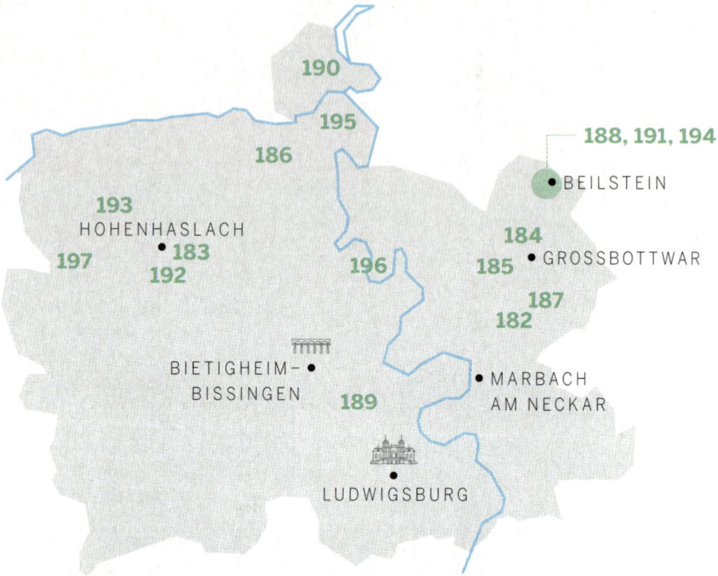

Der Neckar ist die Hauptader des württembergischen Weinbaugebiets. Auf 250 Flusskilometern fließt er an den Juraschichten der Schwäbischen Alb vorbei, berührt südöstlich von Stuttgart das Keuperland und schneidet sich Richtung Norden durch den Muschelkalk. Ab Plochingen gehören die Terrassen-Weinberge mit ihren Natursteinmauern zum Landschaftsbild des Neckartals. Besonders imposant sind die Steillagenweinberge an den Neckarschleifen zwischen Mundelsheim, Hessigheim und Besigheim.

Geographische Lage Das mittlere Neckartal zieht sich nördlich von Stuttgart von Ludwigsburg hoch bis nach Neckarwestheim.
Klima Mild und gemäßigt
Böden Muschelkalk, Gipskeuper, Sandstein, Jura
Rebsorten Trollinger, Schwarzriesling, Lemberger, Riesling, Kerner
Geschichte Die ersten schriftlichen Hinweise auf Weinbau im mittleren Neckartal finden sich aus dem 11. Jahrhundert. Die meisten der terrassierten Steillagen sind vermutlich erst später, etwa zwischen 1200 bis 1400, entstanden. Neben diesen Terrassen sind Steinriegel, die als mächtige Steinwälle durch die Rebhänge ziehen und über Jahrhunderte seitlich der Weinberge angehäuft wurden, geschichtsträchtige Zeugen für den Fleiß der damaligen Weingärtner.
Besonderheit Nicht nur, dass Schiller, Hegel, Uhland, Hölderlin oder Mörike aus dem Neckartal stammen – mit dem Residenzschloss in Ludwigsburg, der Jupitersäule in Hausen, dem Hundertwasser-Haus in Plochingen, den Türmen in Esslingen, der Rotenberg-Kapelle oder der historischen Altstadt in Marbach gibt es zahlreiche kulturhistorische Sehenswürdigkeiten.

WEINGÜTER

182
WEINGUT GRAF ADELMANN
Burg Schaubeck 1
71711 Kleinbottwar

183
PANORAMAWEINGUT REINHARD BAUMGÄRTNER
An der Steige 94
74343 Hohenhaslach

184
BOTTWARTALER WINZER
Oberstenfelder Straße 80
71723 Großbottwar

185
WEINGUT BRUKER
Kleinaspacher Straße 18
71723 Großbottwar

186
WEINGUT DAUTEL
Lauerweg 55
74357 Bönnigheim

187
WEINGUT FORSTHOF ANDREAS ROTH
Forsthof 4
71711 Steinheim-Kleinbottwar

188
WEINGUT UND EDELBRENNEREI GEMMRICH
Löwensteiner Straße 34
71717 Beilstein

189
WEINGUT HERZOG VON WÜRTTEMBERG
Schloss Monrepos
71634 Ludwigsburg

190
WEINGUT HIRTH
Im Rotenberg 1
74348 Lauffen

191
SCHLOSSGUT HOHENBEILSTEIN
Schlossstraße 40
71717 Beilstein

192
WEINGUT GERD KELLER
Rechentshofer Straße 8
74343 Sachsenheim-Hohenhaslach

193
WEINGUT MERKLE
Blankenhornstraße 12–14
74343 Ochsenbach

194
SANKT ANNAGARTEN BIOLOGISCHES WEINGUT
Sankt-Anna-Gärten 1
71717 Beilstein im Bottwartal

195
WEINGUT SEYBOLD
In den Herrenäckern 28/1
74348 Lauffen am Neckar

196
WEINGUT SIGGI
Steinbeisweg 2
74394 Hessigheim

197
WEINGUT SONNENHOF
Ortsteil Gündelbach, Sonnenhof 2
71665 Vaihingen/Enz

Weingut Graf Adelmann

Burg Schaubeck 1,
71711 Kleinbottwar
T +49 (0) 7148 9212 20
www.graf-adelmann.com

Inhaber Felix Graf Adelmann
Betriebsleiter
Felix Graf Adelmann
Kellermeister
Felix Graf Adelmann
Rebfläche 21 ha
Produktion 120.000 Flaschen
Verkaufszeiten
Mo–Fr 9–12 Uhr und 14–18 Uhr
Sa 9–13 Uhr

Auf eine lange Geschichte des Weinbaus blickt man auf der Burg Schaubeck in Kleinbottwar zurück. Bereits seit mehr als 700 Jahren wird hier – urkundlich bezeugt – Weinbau betrieben. Schon 1981 setzte man bei den Rotweinen auf Barrique-Ausbau, damals in Deutschland noch exotisch und nicht gerade „trendy". Die junge Generation, namentlich Felix Graf Adelmann, setzt auf Eleganz und Vielschichtigkeit in den Weinen, „ohne fremde Stilistiken oder andere Regionen zu imitieren". Im Rückblick auf Tradition und mit der Bereitschaft zur Innovation sollen trinkfreudige Weine entstehen, bei den Rebsorten dominieren Lemberger und Riesling sowie weiße und rote Burgunder-Sorten. Und vor der traumhaften Kulisse können auf der Burg, im Gutshof und sogar in den Weinbergen Veranstaltungen und Weinproben geplant werden.

2018 Kleinbottwarer Lichtenberg Weißburgunder 1. Lage
14,50€ · 13%
Klassisch und gut, ein entspannter Wein.

2018 Kleinbottwarer Süßmund Riesling „Das Lied von der Erde" GG
25€ · 13%
Selbstbewusste ganz und gar eigene Art der Interpretation dieser noblen Rebsorte, ganz und gar nach dem Gusto der Schlossherren.

2019 Kleinbottwarer Oberer Berg / Großbottwar Lichtenberg Grauburgunder trocken
10,50€ · 12,5%
Saftiger, allerdings nicht ausladender Grauburgunder mit animierendem Säurespiel.

2019 Kleinbottwarer Süßmund Riesling „S" trocken
9,80€ · 12%
Bestes Preis-Leistungs-Verhältnis in der Adelmannschen Paradedisziplin, sehr gute aufrechte Statur mit markantem Säureauftritt.

2017 Kleinbottwarer Oberer Berg Lemberger „Der Schwarze Loewe" GG
27€ · 12,5%
Straff, harmonisch, lang – dieser Löwe ist noch dazu ein Balancekünstler.

2017 Kleinbottwarer Oberer Berg Süßmund Lemberger „Der Rote Loewe"
16,90€ · 12,5%
Vielschichtige Frucht, weich und fein zu trinken.

2018 Kleinbottwarer Oberer Berg Lemberger
8,90€ · 12%

2018 Kleinbottwarer Oberer Berg Spätburgunder
8,90€ · 12%

Panoramaweingut Reinhard Baumgärtner

Neueinsteiger

An der Steige 94,
74343 Hohenhaslach
T +49 (0) 7147 6298
www.panoramaweingut.de

Verkaufszeiten
Mo–Sa 8–12 Uhr und 13–18 Uhr

Der Name klingt vielsprechend, und das Versprechen wird gehalten. Das Panoramaweingut Baumgärtner liegt in Hohenhaslach oberhalb des malerischen, komplett unter Landschaftsschutz stehenden Kirbachtales – eingebettet in die Weinberge und Wälder des Naturparks Stromberg – „gleichermaßen Wanderparadies und feine Adresse für Genießer", wie Reinhard Baumgärtner von seiner Heimat schwärmt. Die Weinbautradition der Familie reicht bis ins Jahr 1865 zurück. Die großen Weine an der Spitze des Sortiments werden aus Riesling, Lemberger und Spätburgunder gekeltert; die Mitte stellen fassgereifte Cuvées dar; in der Basis der „Terroirweine" finden sich neben den Klassikern auch Weltenbummler wie Sauvignon Blanc, Syrah und Malbec.

2018 Grauburgunder „Tonmergel" trocken
10€ · 13%

2018 Hohenhaslacher Kirchberg Riesling trocken
20€ · 12,8%

2017 Hohenhaslacher Kirchberg Spätburgunder
24€ · 12,9%
Mandel und Marzipan tanzen auf der Zunge.

2017 Lemberger „Gipskeuper"
14€ · 13%

2017 Merlot „Schilfsandstein"
16€ · 13%

2018 Rotwein-Cuvée „M&M"
10€ · 13,4%

2018 Trollinger „Bunter Mergel"
10€ · 12,7%

2018 Muskat-Trollinger
8€ · 10,8%

Bottwartaler Winzer

Neueinsteiger
Oberstenfelder Straße 80,
71723 Großbottwar
T +49 (0) 7148 96000
www.bottwartalerwinzer.de

2019 Chardonnay „Nr. 8" trocken
8,90€ · 13%

2015 Rotwein-Cuvée „Prestige"
17,50€ · 13,5%
Diese harmonisch komponierte Rotwein-Cuvée aus dem Barrique freut sich auf den Sonntagsbraten.

Weingut Bruker

Kleinaspacher Straße 18,
71723 Großbottwar
T +49 (0) 7148 9210 50
www.weingut-bruker.de

Inhaber Markus Bruker
Betriebsleiter Markus Bruker
Kellermeister Markus Bruker
Rebfläche 12 ha
Produktion 70.000 Flaschen
Verkaufszeiten
Mo–Sa 15–18 Uhr

Seit mehr als zehn Jahren arbeitet Markus Bruker in seinem Weingut biozertifiziert. „Wein ist Passion und nicht nur, weil es gerade modern ist, Bio zu betreiben. Wir machen es aus 100 Prozent Überzeugung", so Bruker. Seine Kollektion umfasst Guts-, Orts- und Lagenweine, die allesamt spontan vergoren werden. Die Cuvée-Trilogie ist mit den Namen „Faust", „Gretchen" und „Mephisto" bedacht – der Blick auf die dazugehörigen Etiketten lässt vermuten, dass Bruker die Sache nicht so ernst meint, wie es auf den ersten Blick scheint. Zum Weingut gehören das Hotel Bruker und das Restaurant Magdalen's.

2018 Hebsacker Lichtenberg Sauvignon Blanc „503er" trocken
17,50€ · 14%
Kraftvoller und würziger Sauvignon im Barrique ausgebaut mit feinem Schmelz und gutem Finale, ein idealer Essensbegleiter.

♥ **2019** Grauburgunder trocken
9,50€ · 13,5%
Sehr harmonisch balancierter Grauburgunder, ein sehr guter Allrounder.

2019 Muskateller trocken
9,50€ · 13%
Bei diesem Wein lohnt ein Blick aufs Etikett: leichtfüßig wie ein Flamingo mit Litschi-Körper. Macht Spaß!

2019 Oberstenfelder Chardonnay trocken
11€ · 14%
Frisch und ausgewogen; vielseitiger, animierender Essensbegleiter.

Weingut Dautel

Lauerweg 55,
74357 Bönnigheim
T +49 (0) 7143 8703 26
www.weingut-dautel.de

Inhaber Christian Dautel
Betriebsleiter Christian Dautel
Kellermeister Christian Dautel

Ernst Dautel als Pionier des deutschen Weins zu bezeichnen, sollte nicht zu hoch gegriffen sein. Nach seinem Austritt aus der Genossenschaft Mitte der 1970er-Jahre begann er bereits 1985 damit, rote Cuveés (damals noch eine Rarität im Ländle) in kleinen Barrique-Fässern auszubauen, und kämpfte um die Genehmigung, auch Chardonnay anbauen zu dürfen. In dieser Tradition führt sein Sohn Christian das Weingut seit 2013 in der 21. Generation fort. Die vielen Stationen seiner Ausbildung über Bordeaux und Burgund bis nach Südafrika, die USA und Australien prägen seinen Stil – am meisten merkt man wahrscheinlich die Liebe zum Burgund. Christian Dautel ist ein Winzer aus Leidenschaft mit Familiensinn, der auf die Frage nach Vorbildern zuerst seinen Vater nennt (und danach Dominique Lafon in Meursault). Naturnahes Arbeiten

Verbände VDP
Rebfläche 14 ha
Produktion 100.000 Flaschen
Verkaufszeiten
Mo–Fr 10–12 Uhr
und 14–18 Uhr
Sa 10–16 Uhr

mit Respekt vor der Lage und Rebsorte und dem Ziel, möglichst elegante und balancierte Weine zu erzeugen, zeichnen Christian Dautels Philosophie aus.

2016 Sauvignon Blanc „Traubentausch" trocken
26€ · 13%
Dieser Traubentausch mit Drautz-Able in Heilbronn mundet uns ausgesprochen gut, sehr schöne Reife und bestes Entwicklungspotenzial!

2017 Chardonnay „S" trocken
26€ · 13%
Großer Wein, ein Versprechen für die Zukunft.

2017 Weißburgunder „S" trocken
26€ · 13%
Was im Bukett neben Gelbfrucht auch Noten von Rauch und Speck spendiert, schmeckt ungeheuer klar und konzentriert. Feine mineralische Kontur.

2018 Besigheimer Wurmberg Riesling 1. Lage
15,20€ · 12,5%
Geradlinige Statur: ein Musterbeispiel von Württemberger Riesling aus Familie Dautels Genuss-Werkstatt.

2018 Bönnigheimer Steingrüben Riesling GG
26€ · 13%
Der Steingrüben gehört Jahr für Jahr zu den besten trockenen Rieslingen nicht nur im Ländle, sondern von ganz Deutschland, Chapeau!

2016 Zweigelt „S"
23,90€ · 13,5%
Kommt in der Nase mit reichlich dunkler Frucht und feiner Würze daher. Saftige Struktur, frisches Tannin und pfeffriges Finish machen die Sache rund.

2017 Cleebronner Michaelsberg Lemberger GG
29,50€ · 13,5%
Auch der Lemberger ist eine Paradedisziplin im Hause Dautel. Hier sind Fülle, kräftige Würze und Finesse sowie Langlebigkeit vereint.

2017 Oberstenfelder Forstberg Spätburgunder GG
29,50€ · 13%
Leichtfüßig wie eine Ballerina, ein Musterbeispiel an Eleganz.

Weingut Forsthof Andreas Roth

Forsthof 4,
71711 Steinheim-Kleinbottwar
T +49 (0) 7148 6134
www.weingut-forsthof.com

Inhaber Andreas & Bettina Roth
Betriebsleiter Andreas Roth
Kellermeister Andreas Roth
Verbände Naturland
Rebfläche 12 ha
Produktion 100.000 Flaschen
Verkaufszeiten
Mo–Fr 9–12 Uhr und 14–18 Uhr
Sa 8–14 Uhr
und nach Vereinbarung

Vier Generationen vereint der Forsthof von Andreas Roth inzwischen unter einem Dach. Die Philosophie der Familie: Die Weinberge sind nicht nur Arbeitsplatz, sondern auch vielfältiger Lebensraum und mit dem entsprechenden Respekt zu behandeln. Das biologische Weingut hat sich neben „klassischen" Rebsorten wie Trollinger und Riesling auch auf sogenannte Piwis (pilzwiderstandsfähige Sorten wie Regent, Cabernet Blanc und Muscaris) spezialisiert. Außerdem bietet das Weingut mit seiner Gutsscheune und dem „Weinpanorama" die Möglichkeit, Feiern und Tagungen abzuhalten.

2019 Cabernet Blanc trocken
8,90€ · 13%

2019 Muskateller halbtrocken
7,40€ · 12%

2018 Cabernet Carbon
10,40€ · 14,5%

2018 Merlot
10,40€ · 14,5%
Bei aller Kraft ist dieser Merlot sehr ausgewogen.

2018 Rotwein-Cuvée „Ars Vinitoris B"
19€ · 14%
Den Ausbau in kleinen Eichenholzfässern mag er nicht leugnen. Warum auch? Schließlich ist das ein Wein mit viel Druck, Ausdauer und reichlich Saft.

2018 Spätburgunder Auslese trocken
16€ · 14,5%
Bei klarer und frischer Struktur ist das ein Charakterkopf, weil sich Duft und Geschmack wie bei einem Chamäleon rasch verändern. Kecke Säure.

Weingut und Edelbrennerei Gemmrich

Neueinsteiger

Löwensteiner Straße 34,
71717 Beilstein
T +49 (0) 7062 3514
www.gemmrich.de

„Unkaputtbar" heißt die Weinlinie, die die Gemmrichs aus pilzwiderstandsfähigen Rebsorten keltert. Anja und Simon Gemmrich, die gerade dabei sind, voll in den Betrieb einzusteigen, haben damit 2019 den Württemberger Jungwinzerpreis gewonnen. Nachhaltigkeit ist überhaupt ein großes Thema im Gut. Interessantes Detail: Die Holzfässer werden von einem heimischen Küfer aus Beilsteiner Eichenholz hergestellt. In ihnen reifen in erster Linie die Top-Rotweine des Gutes. Ökologisch zertifiziert sind die 2,5 Hektar Streuobstwiesen mit alten Apfelsorten, Birnen, Quitten, Zwetschgen und Kirschen, aus denen Edelspirituosen gebrannt werden.

♥ **2018** Beilsteiner Wartberg „Unkaputtbar Muscaris ***" trocken
15,90€ · 15,5%

Verbände Generation Riesling, Württemberger Weingüter e.V., Wein im Puls-Junges Württemberg, Wine in Moderation, Piwi International
Rebfläche 7,5 ha
Produktion 60.000 Flaschen
Verkaufszeiten
Mi–Fr 9–18 Uhr
Sa 9–15 Uhr

2015 Beilsteiner Wartberg Lemberger „Reserve ***"
15,90€ · 14%
Ein Klassiker! Duft nach dunklen Früchten, frischen und getrockneten Kräutern. Extraktsüßer Fruchtgeschmack mit feiner Pfefferwürze und guter Länge.

2015 Beilsteiner Wartberg Rotwein-Cuvée „Cerubino **"
9,90€ · 14,5%

2016 Beilsteiner Wartberg Cabernet Cortis „Unkaputtbar ***"
15,90€ · 14%
Ein Auftakt mit Holunder, der danach richtig elegant wird.

2016 Beilsteiner Wartberg „Cabernet Cubin ***"
16,50€ · 13,5%
Rauchig und speckig ist das. Ein Brett.

Weingut Herzog von Württemberg

Schloss Monrepos,
71634 Ludwigsburg
T +49 (0) 7141 2210 60
www.weingut-wuerttemberg.de

Inhaber S.K.H. Carl Herzog von Württemberg
Betriebsleiter Claudia Krügele & Moriz Just
Kellermeister Moriz Just
Verbände VDP
Rebfläche 38 ha
Produktion 250.000 Flaschen
Verkaufszeiten
Mo–Fr 10–12 Uhr
und 13–18 Uhr
Sa 10–16 Uhr

Hochherrschaftlich sind nicht nur der Name des adeligen Guts und die lange Familientradition bis ins 13. Jahrhundert – auch die Lage auf der Domäne Monrepos (frz. „meine Ruhe") kann man wohl so bezeichnen. Knapp 40 Hektar Rebberge von Stetten bis Heilbronn werden unter der önologischen Leitung von Moritz Just bewirtschaftet, das Sortiment reicht von Riesling über Sauvignon Blanc bis zu Lemberger, Pinot Noir und Trollinger. Wenn die eigenen Weine Musik wären, wären sie laut Michael Herzog zu Württemberg eine Oper von Verdi. Das passt zur Philosophie, trinkfreudige und zugängliche Weine zu produzieren, die Lust auf ein zweites Glas machen. Für eher anspruchsvolle Weinreisende kann das Weingut mit einem 4-Sterne-Hotel und dem angeschlossenen 18-Loch-Golfplatz aufwarten.

2019 Gündelbacher Steinbachhof Sauvignon Blanc trocken
15€ · 11,5%
Zitrisch, zisch, futsch – leichter frischer Angang, dem etwas Körper gut täte.

2019 Maulbronner Eilfingerberg Riesling 1. Lage
10€ · 12,5%

2019 Maulbronner Eilfingerberg Weißburgunder 1. Lage
12,50€ · 13%

2016 Rotwein-Cuvée „Ducissa"
25€ · 13,5%
Gelungene Rotwein-Komposition mit noblen Noten, guter Dichte, Spannung und Länge.

2017 Pinot Noir
14€ · 13%
Breit angelegt mit reifen Gerbstoffen.

2018 Hohenhaslacher Kirchberg Zweigelt
15€ · 13%
Sauerkirsche, Pflaume und ein Reigen aus Gewürzen sorgen für Spannung im Bukett, bevor er am Gaumen mit saftiger Fülle und munterer Säure überzeugt.

Weingut Hirth

Neueinsteiger

Im Rotenberg 1, 74348 Lauffen
T +49 (0) 7133 14206
www.weinguthirth.de

Betriebsleiter Gebhard Steng
VerbändeEcovin
Rebfläche: 7 ha
Verkaufszeiten
nach Vereinbarung

Unter der Führung des Weinbautechnikers Gebhardt Steng, der inzwischen im Keller von seiner Tochter, der Önologin Katharina Steng, unterstützt wird, werden im Weingut Hirth unter dem Motto „Spitzen Trauben für spitzen Wein!“ Sieben Hektar biologisch bewirtschaftet. Unter den Rebsorten befinden sich Schwarzriesling, Merlot, Lemberger und Riesling. Keller und Verkauf wurden Anfang 2020 in den Rotenberg nach Lauffen am Neckar verlegt.

2018 Sauvitage trocken
9€ · 12,2%

2019 Auxerrois trocken
12€ · 12,5%
Feinwürziger Auxerrois mit guter Dichte, jedoch ohne Opulenz.

2016 Lemberger
14€ · 13%
Viel Extrakt und dicht, da will man mehr.

2016 Rotwein-Cuvée „Calma“
29€ · 13,5%
Harmonisch komponierte Rotwein-Cuvée mit viel Ausdruck und Blick nach Bordeaux als idealer Begleiter eines großen Barbecues.

2016 Rotwein-Cuvée „Kairos"
12€ · 13,5%
Auch diese Cuvée aus Lemberger und Spätburgunder ist bestens gelungen, die 30 Monate Holzfassreife geben eine gute Statur, auch ideal als Begleiter des Sonntagsbratens.

2017 Pinot Noir
14€ · 14%
Beerig, hat Stoff und ist dabei recht trinkig.

Schlossgut Hohenbeilstein

Schlossstraße 40,
71717 Beilstein
T +49 (0) 7062 9371 10
www.schlossgut-hohenbeilstein.de

Inhaber Joscha Dippon
Betriebsleiter Joscha Dippon
Kellermeister Joscha Dippon
Verbände Naturland
Rebfläche 14,5 ha
Produktion 90.000 Flaschen
Gründung 1910
Verkaufszeiten
Mo–Fr 9–12 Uhr und 13–18 Uhr
Sa 9–13 Uhr

Biodiversität im Weinberg – die gab es bei den Dippons schon lange, bevor sie zum Zauberwort wurde. Seit 33 Jahren bewirtschaftet die Familie die Reben des Schlossguts Hohenbeilstein nach ökologischen Kriterien. Joscha Dippon setzt fort, was sein Vater Hartmann seinerzeit anstieß, und verschreibt sich einem nachhaltigen Weinbau, der im Zusammenspiel mit der Natur steht. Joscha Dippon: „Meiner Meinung nach entstehen Weine von Größe dann, wenn sie das ganze Potenzial eines funktionierenden und gesunden Ökosystems ausschöpfen können." Eine Philosophie, die in der Region etliche Winzer angesteckt hat. Neben den Württemberger Klassikern wie Lemberger und Trollinger setzen die Dippons auch auf pilzwiderstandsfähige Reben („Piwis") wie Johanniter und Cabernet Blanc, mit denen sie sehr respektable Ergebnis erzielen.

♥ **2018** Hohenbeilsteiner Schlosswengert Weißburgunder GG
21€ · 14%
Mag die Frucht in der zweiten Reihe stehen, so ist seine Würze doch umso beeindruckender. Kompakter Körper mit eleganter Säure und exzellentem Grip.

2018 Riesling „Beilsteiner" trocken
9,90€ · 12,5%

2019 Cabernet Blanc „Beilsteiner" trocken
9,20€ · 12,5%

2019 Riesling „Riesling" trocken
7,60€ · 12,5%

2019 Weißburgunder „Beilsteiner" trocken
8,70€ · 13%

2016 Mergel Lemberger „Edition J"
16,90€ · 13,5%
Amarena-Kirsche im Glas.

2017 Hohenbeilsteiner Schlosswengert Lemberger GG
23€ · 14%
Rauchige Kirschfrucht. Ja, das gibt's!

2017 Hohenbeilsteiner Schlosswengert Spätburgunder GG
23€ · 14,5%
Riecht wie ein Gewürzmarkt in Südfrankreich. Ferien!

2019 Riesling „Pet Nat" brut
14,90€ · 12%

2018 Silvaner Trockenbeerenauslese
45€ · 11%
Ein richtiger Charakterkopf. Intensiv und mit Tiefgang, wenn man könnte, würde man mit diesem Wein gerne lang reden.

Weingut Gerd Keller

Rechentshofer Straße 8,
74343 Sachsenheim-Hohenhaslach
T +49 (0) 7147 7909
www.weinbauer-gerd-keller.de

Inhaber Gerd Keller
Rebfläche 5 ha
Produktion 36.000 Flaschen
Verkaufszeiten
Di–Fr 14–18 Uhr
Sa 9–16 Uhr

„Markant, ehrlich und bodenständig" will Gerd Keller seine Weine haben. Und das gelingt. Bereits mit 16 Jahren kaufte der junge Winzer seine ersten Weinberge – da wusste einer früh, was er will. Inzwischen werden fünf Hektar bewirtschaftet, bestockt mit einer großen Rebsortenvielfalt. So gibt es am Weingut nicht nur sortenreine Lemberger, Syrah, Grauburgunder und Muskateller zu entdecken, sondern auch eine breite Auswahl an roten und weißen Cuvées sowie Schaumweinen, die so originelle Namen tragen wie „Geigenspiel", „Feger" oder auch „Heilix Blechle".

2019 Hohenhaslacher Kirchberg Sauvignon Blanc trocken
6,80€ · 12,5%

2018 Ochsenbacher Geigersberg Syrah
14,90€ · 13%
Dunkle Früchte und Würze stehen für die Rebsorte.

2019 Hohenhaslacher Kirchberg Muskat-Trollinger „Badkap" halbtrocken
6,40€ · 11,5%

Weingut Merkle
Neueinsteiger
Blankenhornstraße 12–14,
74343 Ochsenbach
T +49 (0) 7046 7677
www.weingut-merkle.de

2019 Ochsenbacher Liebenberg Sauvignon Blanc „Stubensandstein" trocken

15€ · 13%

Frische, appetitanregende Aromatik, klares Profil. Bestens balanciertes Frucht-Säurespiel, ein wunderschöner Allrounder in der Essensbegleitung.

Sankt Annagarten Biologisches Weingut

Sankt-Anna-Gärten 1,
71717 Beilstein im Bottwartal
T +49 (0) 7062 3166
www.sankt-annagarten.de

Inhaber Hans & Marcel Wiedenmann
Betriebsleiter Katharina Wiedenmann
Kellermeister Marcel Wiedenmann
Verbände Württemberger Weingüter, Generation Riesling
Rebfläche 13,5 ha
Produktion 120.000 Flaschen
Gründung 1972
Verkaufszeiten Mo–Fr 9–12 Uhr und 13.30–19 Uhr Sa 9–15 Uhr

Das Weingut Sankt Annagarten ist in Bewegung. Die Vinothek wurde um einen Außenbereich erweitert, ein größeres Projekt wird etwas länger brauchen: das „Höhenweinbergprojekt Weinbau 2030". Hierbei engagieren sich Marcel und Katharina Wiedenmann seit 2013, indem sie ein vergessenes Stück Land in 480 Metern Seehöhe rekultivieren. Die Eckdaten: 6000 Quadratmeter Fläche, 4000 Quadratmeter Weingarten, 2000 Quadratmeter Trockenmauern, Steinriegel und Sandterrassen. Marcel Wiedenmann zu dem Projekt: „Wir sehen Höhenlage, Geologie und Mikroklima des Weinbergs als Chance für eine entschleunigte Ausreife der Trauben und nachhaltigere Produktion."

♥ **2018** „Eine Laune der Natur Riesling VVV" Spätlese trocken
12,80€ · 13,5%
Kraftvoller Riesling mit markanter, typischer Säure, wunderbar selbstbewusster Auftritt.

2018 Sandberg am Fels „Generation Riesling" trocken
16€ · 14%
Zupackender Riesling aus dem großen Eichenholzfass mit viel Finesse, ideal zu Krustentieren oder gebratenem Seefisch.

2019 Beilsteiner Wartberg Grauburgunder „vom Gipskeuper" Spätlese trocken
8,70€ · 13,5%

2019 Sandberg Sauvignon Blanc „Generation" trocken
12,80€ · 12,5%
Duftiger Sauvignon, bestens strukturiert und ein perfekter Essensbegleiter zu einem indischen Gemüse-Curry.

2017 Beilsteiner Wartberg „Generation Lemberger Steinbock"
25€ · 13,5%
Hier passiert was: Spannender, vielschichter Duft geht über in einen vollen Geschmack.

2017 Beilsteiner Wartberg „Generation Trollinger!"
10€ · 13%

2017 Beilsteiner Wartberg „Generation PiNo 6" brut nature
16€ · 12,5%
Sehr feine Sektkomposition aus den beiden roten Pinot-Sorten, ideal als Apero aber auch als Begleiter von feinen (rohen) Fischvorspeisen.

Weingut Seybold

Neueinsteiger

In den Herrenäckern 28/1,
74348 Lauffen am Neckar
T +49 (0) 7133 12899
www.weingut-seybold.de

Inhaber Peter Seybold
Betriebsleiter Peter Seybold
Kellermeister Christian Seybold
Verbände Bio Baden-Württemberg Zeichen
Rebfläche 5 ha
Produktion 25.000 Flaschen
Gründung 2015
Verkaufszeiten
Mi 17–19 Uhr
Fr 17–19 Uhr
Sa 9-14 Uhr
und nach Vereinbarung

„Als Lauffener Familienbetrieb fühlen wir uns der Region und ihrer Natur sehr verbunden", erklärt Christian Seybold, der sein Studium mit praktischen Erfahrungen in Baden und Neuseeland verband, „und ohne Bio-Zertifizierung können wir uns unsere Arbeit kaum vorstellen." Auf den fünf Hektar sorgsam gepflegter Reben stehen neben Württemberger Klassikern auch einige pilzwiderstandsfähige Neuzüchtungen („Piwis") wie Sauvignac und Cabernet Blanc. Christian Seybold: „Unsere Spezialität sind Weine, die im Natursteinfass aus Granit ausgebaut werden wie der Riesling ‚Y' sowie Weine aus dem traditionellen kleinen Eichenfass."

2018 Grauburgunder „-Y-" trocken
13,50€ · 13,5%

2018 Riesling „-Y-" trocken
13,50€ · 12,5%
Ein karamelliger Riesling, der eine schöne Steinfrucht mitbringt.

2018 Weißburgunder „-Y-" trocken
13,50€ · 13,5%
Noch etwas sperrig am Gaumen, aber mit guter Perspektive. Ein Langstreckenläufer.

2017 Rotwein-Cuvée „Cyvée YS"
13,50€ · 13,5%

Weingut Siggi

Neueinsteiger

Steinbeisweg 2,
74394 Hessigheim
T +49 (0) 173 7054 970
www.siggi-weine.de

Inhaber Siegfried Mayer
Betriebsleiter Siegfried Mayer
Kellermeister Siegfried Mayer
Rebfläche 3 ha
Produktion 12.000 Flaschen
Gründung 2014
Verkaufszeiten:
Fr 16–18 Uhr
Sa 11–16 Uhr

Schon Siegfried „Siggi" Mayers Urgroßvater hat in den Felsengärten des Neckartals Wein angebaut. Siggi selbst hat zwölf Jahre als Önologe im Rheingau, an der Saar und in Baden gearbeitet, bevor er 2014 in seiner alten Heimat mit drei Hektar Reben rund um die Neckarschleife bei Hessigheim das Weingut Siggi gründete. „Alte Rebstöcke, in Kombination mit den kargen Muschelkalkböden, ergeben besonders kleine und hocharomatische Trauben – die Grundlage für einen belebten, authentischen Wein mit klar erkennbarer Herkunft", erklärt Siggi Mayer. Neben den klassischen Rebsorten Lemberger, Spätburgunder und Riesling gehören auch Cabernet Sauvignon und Sauvignon Blanc zum Sortiment. Die Weißweine vergären spontan mit weinbergseigenen Hefen, die Weißweine teils im Edelstahl-, teils im Holzfass, die Rotweine reifen für mindestens ein Jahr im Holz, bevor sie unfiltriert abgefüllt werden. Neuzugang im Gut sind 54 Jahre alte Spätburgunder-Reben, die im Nachbarort Mundelsheim stehen.

2018 Riesling „Muschelkalk" trocken
12,50€ · 12%
Stoffiger Riesling mit achtmonatigem Hefelager, fein gewoben, harmonisches Säurespiel, belebendes Finale.

2018 Sauvignon Blanc „Im Rosen" trocken
12,50€ · 12,5%
Stellt sich in die Nase mit breiter Holz-Brust. Erobere mich! Ich bin es wert. Ja, ich brauche noch, aber du wirst mich lieben.

2017 Mundelsheimer Wagrain Spätburgunder „Venus von Mondelse"
27,50€ · 13%
Sehr feiner Spätburgunder von über 50 Jahre alten Reben als idealer Begleiter von ebenso feinen Wildgerichten.

2018 Besigheimer Wurmberg Cabernet Sauvignon „Terrassen"
27,50€ · 14%
Opulent, stoffig und erstaunlich reifer Jugendlicher.

2018 Besigheimer Wurmberg Trollinger „Terrassen"
13,50€ · 12%
Aus der Steillage direkt ins Glas. Ein Vergnügen.

2018 Lemberger „Muschelkalk"
16,50€ · 13,5%
Würziger Lemberger mit dunkler Fruchtaromatik und gut konturierter Statur.

Weingut Sonnenhof

Ortsteil Gündelbach,
Sonnenhof 2,
71665 Vaihingen/Enz
T +49 (0) 7042 8188 80
www.weingutsonnenhof.de

Inhaber Martin Fischer
Betriebsleiter Walter Bibo
Kellermeister Julian Böllmann
Verbände HADES, Gutskomplizen
Rebfläche 40 ha
Produktion 400.000 Flaschen
Verkaufszeiten
Mo–Fr 8–12 Uhr und 13–18 Uhr
Sa 9–15 Uhr

Mit 40 Hektar ist der Sonnenhof schon eine Größe unter den Privat-Weingütern Württembergs. Seit 2019 ist Martin Fischer der alleinige Inhaber, sein Bruder Joachim hat sich aus persönlichen Gründen aus der Führung zurückgezogen. Prominenter Neuzugang im Team ist Walter Bibo, jahrelang Kellermeister bei Joachim Heger in Ihringen, danach zehn Jahre Direktor von Schloss Reinhartshausen (Rheingau). Als Betriebsleiter und Önologe verantwortet er ein Portfolio mit knapp 60 Weinen, vom klassischen Trollinger über eine Vielfalt weißer Sorten bis zum breitschultrigen Lemberger aus dem Barrique.

2018 Kerner „Orange" trocken
25€ · 13%
Herb und karg, kantig und spannend. So geht Orange!

2019 Chardonnay trocken
7,50€ · 13%

2019 Grauburgunder „Gutswein" trocken
7,50€ · 12,5%

2019 Gündelbacher Wachtkopf Chardonnay trocken
13€ · 13%

2019 Gündelbacher Wachtkopf Grauburgunder trocken
13€ · 13%

2019 Gündelbacher Wachtkopf Sauvignon Blanc trocken
9,50€ · 12%

2019 Hohenhaslacher Kirchberg Weißburgunder trocken
9,50€ · 13%

2019 Riesling trocken
7€ · 12,5%

2016 Lemberger „HADES“
25€ · 13,5%
Verhaltene Würze, diskrete Eleganz mit bestem Reifepotenzial.

2017 Rotwein-Cuvée „HADES M9“
20€ · 13%

2018 Gündelbacher Wachkopf Merlot
15€ · 13,5%

2018 Gündelbacher Wachtkopf Blaufränkisch
13€ · 12,5%

2018 Gündelbacher Wachtkopf Cabernet Sauvignon „C“
15€ · 13,5%

2018 Gündelbacher Wachtkopf Spätburgunder
15€ · 12,5%

2018 Gündelbacher Wachtkopf Syrah
15€ · 13,5%

2018 Spätburgunder
7,50€ · 12,5%

Essen

KRONE

Hauptstraße 49,
71720 Oberstenfeld-Gronau
T +49 (0) 7062 9363 69
www.kronegronau.de
Gutbürgerliche regional-schwäbische Küche mit internationalen Einflüssen wird in diesem familiengeführten Restaurant im Bottwartal serviert.
Empfohlen von
Weingut & Edelbrennerei Gemmrich

MAERZ & MAERZ

Kronenbergstraße 14,
74321 Bietigheim-Bissingen
T +49 (0) 7142 42004
www.maerzundmaerz.de
Spitzenküche wird in diesem Restaurant serviert, das zwischen Stuttgart und Heilbronn in der Altstadt von Bietigheim-Bissingen liegt. Gekocht wird mit einer Mischung aus „Heim- und Fernweh", so die Brüder Benjamin und Christian Maerz. Heißt: regionale Produkte, bodenständige Gerichte, aber auch Einflüsse aus anderen Ländern. Zum Restaurant gehört außerdem das Hotel Rose.
Empfohlen von
Weingut Siegloch

VÄDDERLESWIRTSCHAFT ZUM SONNENHOF

Oberer Bergweg 1,
74376 Gemmrigheim
T +49 (0) 7143 9665332
www.zumsonnenhof.de
„Genussgemeinde" nennt sich Gemmrigheim auch – und um Genuss geht es ebenfalls in diesem Restaurant, das versteckt in den Weinbergen liegt. Die Speisekarte ist klein, es gibt eine regionale Küche – und zu allen Gerichten eigens angebaute Kräuter.
Empfohlen von
Jochen Beurer

MAYERS BURGRESTAURANT HOHENBEILSTEIN

Langhans 1, 71717 Beilstein
T +49 (0) 7062 65077
www.burg-beilstein.de
Mittelalterliches Flair wird hier vermittelt – vor allem, wenn im Gewölbekeller zum Rittermahl geladen wird. Im Restaurant werden so weit wie möglich regionale Produkte verwendet. So steht der Schozachtaler Landgockel genauso auf der Karte wie das Schwäbisch-Hällische Schwein.
Empfohlen von
Sankt Annagarten

LAMM

Rathausstraße 4,
71665 Vaihingen-Enz-Rosswag
T +49 (0) 7042 21413
www.lamm-rosswag.de
Regionale Küche, die durch mediterrane Einflüsse verfeinert wird: So beschreibt Familie Ruggaber den Stil des Spitzenrestaurants im malerischen Wein-Ort. Im Weinkeller lagern 300 Positionen mit Tropfen vor allem aus der Region. Im kleinen Hotel mit zwölf Zimmern bieten sie auch Übernachtungsmöglichkeiten an.
Empfohlen von
Weingut Wachtstetter

Schlafen

EINHORN
Hauptstraße 55,
71570 Oppenweiler
T +49 (0) 7191 2277 700
www.einhorn-oppenweiler.de
19 moderne Doppelzimmer stehen in diesem Vier-Sterne-Haus in der „schwäbischen Toskana" zur Verfügung. Zum Hotel gehören auch das Restaurant Einhorn und das Gourmetstüble sowie eine Weinbar.
Empfohlen von
Weingut Siegloch

PENSION BOTTWARTAL
Mühlstraße 25, 71717 Beilstein
T +49 (0) 1636 3313 11
www.pension-bottwartal.de
Moderne Zimmer erwarten den Gast in diesem Haus, von dem aus man wandern oder radeln, aber auch im Mineralbad schwimmen gehen kann.
Empfohlen von
Weingut Claus Schneider

Einkaufen

METZGEREI MAYER
König-Wilhelm-Straße 63,
74360 Ilsfeld
T +49 (0) 7062 61673
Neben Fleisch und Wurst aus der eigenen Schlachterei sind auch Feinkost, Käse und vor allem ein deftiger Mittagstisch im Angebot.
Empfohlen von
Golter – Weingut im Klee

BÄCKEREI NESTEL
Großbottwarer Str. 44,
71720 Oberstenfeld
T +49 (0) 7062 5488
www.baeckerei-nestel.de
Nicht nur wegen ihrer knusprigen Brezeln ist diese Bäckerei mit sieben Standorten bekannt, sondern vor allem wegen der Vielfalt der täglich frischen Backwaren, die nach traditionellen Rezepten zubereitet werden.
Empfohlen von
Golter – Weingut im Klee

METZGEREI OCHSEN
Großbottwarer Straße 27,
71720 Oberstenfeld
T +49 (0) 7062 9313 60
www.metzgerei-ochsen.de
In dritter Generation werden hier Fleisch, Wurstwaren, aber auch Fisch verkauft. Das Fleisch stammt von der Bäuerlichen Erzeugergemeinschaft Schwäbisch Hall, das Geflügel vom Dangelhof von der Alb.
Empfohlen von
Weingut und Edelbrennerei Gemmrich

GENUSSSCHEUNE DIEFENBACH
Zaisersweiherstraße 6,
75447 Sternenfels-Diefenbach
www.naturpark-stromberg-heuchelberg.de
Ob Apfel-Secco, Ziegenkäse, Obst und Gemüse, Fleisch- und Wurstwaren oder Honig, Weine und Obstbrände, Rosen und frische Kräuter: 35 Produzenten präsentieren in der Scheune im Naturpark Stromberg-Heuchelberg ihre regionalen Produkte. Die Scheune ist normalerweise am Nachmittag des ersten Freitags im Monat geöffnet.
Empfohlen von
Weingut Häußermann

Vinothek

MARKTKELLER
Marktplatz 3, 74354 Besigheim
T +49 (0) 7143 9099 090
www.Marktkeller-besigheim.de
Diese Vinothek mit Brasserie soll eine Ergänzung zum gegenüberliegenden Restaurant Marktwirtschaft sein. Hier, in der Altstadt von Besigheim, gibt es kleine Gerichte zum Wein, der selbstverständlich aus Württemberg stammt.
Empfohlen von
Wein- & Sektgut Hirschmüller

12

HEILBRONNER LAND

Vom Weinsberger Tal bis Heuchelberg

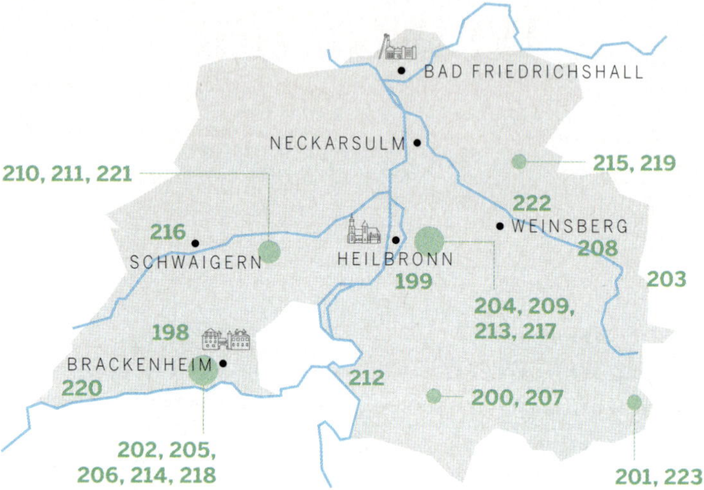

Von den mehr als 11.000 Hektar Anbaufläche in ganz Württemberg gehören gut 9000 Hektar zu diesem Bereich, der auch Württembergisches Unterland genannt wird. Die Flächen sind in neun Großlagen aufgeteilt: Heuchelberg, Kirchenweinberg, Lindelberg, Salzberg, Schalkstein, Schozachtal, Stauffenberg, Stromberg und Wunnenstein. Die Weinberge liegen vor allem im mittleren und unteren Neckartal sowie stark zersplittert in viele Kleinbereiche östlich des Neckars entlang der Zuflüsse Bottwar, Murr und Schozach.

Geographische Lage Der Bereich gruppiert sich flächig um die Stadt Heilbronn, grenzt im Norden an den Bereich Kocher-Jagst-Tauber, im Westen an den Kraichgau, im Süden beginnt das Remstal.
Klima Die Weinberge profitieren vom günstigen Mikroklima des Neckartals.
Böden Keuper, Muschelkalk, Buntsandstein
Rebfläche 9138 ha, 2778 ha Weißwein, 6360 ha Rotwein
Rebsorten Riesling, Trollinger, Lemberger, Schwarzriesling, Spätburgunder

Geschichte Ausgrabungen belegen, dass „im Ländle" bereits 300 Jahre vor Christus von Kelten Trauben gekeltert wurden. Im Mittelalter war die Rebfläche deutlich größer, und Württemberg gehörte mit Franken zum größten Weinland Deutschlands.
Besonderheit Eine regionale Besonderheit ist der Schillerwein, bei dem rote und weiße Rebsorten gemeinsam gekeltert werden und der vor allem im Sommer sehr beliebt ist.

WEINGÜTER

198
WEINGUT WOLFGANG ALT
Schwaigerner Straße 1
74336 Brackenheim-Neipperg

199
WEINGUT ALEXANDER BAUER
Spitzwegstraße 15/1–17
74081 Heilbronn-Sontheim

200
WEINGUT GRAF VON BENTZEL-STURMFEDER
Sturmfederstraße 4
74360 Ilsfeld-Schozach

201
WEINGUT BIHLMAYER
Reisacher Straße 60
74245 Löwenstein

202
WEINGÄRTNER CLEEBRONN-GÜGLINGEN
Ranspacher Straße 1
74389 Cleebronn

203
WEINGUT DR. BAUMANN
Am Ordensschloss 15–21
74182 Obersulm

204
WEINGUT DRAUTZ-ABLE
Faißtstraße 23
74076 Heilbronn

205
WEINKONVENT DÜRRENZIMMERN
Meimsheimer Straße 11
74336 Brackenheim

206
WEIN & GUT FRANK
Bönnigheimer Straße 29
74336 Brackenheim

207
GOLTER – WEINGUT IM KLEE
Klee 1
74360 Ilsfeld

208
WEINGUT ALEXANDER HEINRICH
Kümmelstraße 2
74182 Obersulm-Sülzbach

209
WEINGUT G. A. HEINRICH
Riedstraße 29
74076 Heilbronn

210
HEUCHELBERG WEINGÄRTNER
Neipperger Straße 25
74193 Schwaigern

211
WEINGUT CHRISTIAN HIRSCH
Kastanienstraße 1
74211 Leingarten

212
WEIN- & SEKTGUT HIRSCHMÜLLER
La-Ferté-Bernard-Straße 30
74348 Lauffen

213
WEINGUT KISTENMACHER & HENGERER
Eugen-Nägele-Straße 23–25
74074 Heilbronn

214
WEINGUT ANITA LANDESVATTER
Schloßstraße 15
74336 Brackenheim

215
WEINGUT GERHARD LEISS
Lennacher Straße 7
74189 Gellmersbach

WEINGÜTER

216
WEINGUT GRAF NEIPPERG
Schloßstraße 12
74193 Schwaigern

217
ÖKOLOGISCHES WEINGUT SCHÄFER-HEINRICH
Letten 3
74074 Heilbronn

218
WEINGÄRTNER STROMBERG-ZABERGÄU
Neipperger Straße 60
74336 Brackenheim

219
WEINGUT SUPP
Weinsberger Straße 16
74189 Weinsberg-Gellmersbach

220
WEINGUT WACHTSTETTER
Michelbacher Straße 8
74397 Pfaffenhofen

221
BIOWEINGUT WEINREUTER
Riedhöfe 2
74211 Leingarten

222
STAATSWEINGUT WEINSBERG
Traubenplatz 5
74189 Weinsberg

223
WEINGUT ZIPF
Vorhofer Straße 4
74245 Löwenstein

Weingut Wolfgang Alt

Schwaigerner Straße 1,
74336 Brackenheim-Neipperg
T +49 (0) 7135 9365 14
www.wolfgangalt-weingut.de

Rebfläche 2,9 ha
Produktion 12.200 Flaschen
Verkaufszeiten
nach Vereinbarung

„Meine Arbeit mit der Natur und im Keller verstehe ich als Handwerk, das ich gerne und mit Liebe tue", beschreibt Wolfgang Alt sein Tun. Sein Rezept für charakterstarke Weine: „Alle Trauben werden handgelesen. Kleine Erträge, späte Lese, Maischegärung und Ausbau im Holzfass." Die erste Geige spielt bei ihm klar der Lemberger, dazu kommen Riesling, Weißburgunder und Nebbiolo. Alt ordnet seine Weine nach „R" für Ruhe, „S" für Seele und „G" für Gefühl. Deklariert sind sie, bis auf eine Ausnahme, nicht als Qualitätswein, sondern als „Schwäbischer Landwein".

2018 Weißburgunder „G" trocken
13,50€ · 13,5%
Hui! Dieser Wein ist eine Diskussionsgrundlage, und zwar eine gute.

2016 Brackenheimer Zweifelberg Lemberger „S"
22,50€ · 13,5%
Mokka-Bohnen mit frischer Sommerkirsche.

2017 Neipperger Steingrube Lemberger „S"
22,50€ · 12,5%
Florale Akzente wie von Orangenzeste leiten zu einem lebendigen und langen Finale über.

Weingut Alexander Bauer
Spitzwegstraße 15/1–17,
74081 Heilbronn-Sontheim
T +49 (0) 7131 5703 74
www.bauer-weingut.com

2019 Sauvignon Blanc „Reserve" trocken
12,90€ · 13,5%

2017 Lemberger „Reserve"
16,90€ · 14%
Kraftvoller, würziger Lemberger mit schönen reifen Noten, ideal zum klassischen Zwiebelrostbraten.

Weingut Graf von Bentzel-Sturmfeder

Sturmfederstraße 4,
74360 Ilsfeld-Schozach
T +49 (0) 7133 9608 94
www.sturmfeder.de

Seit mehr als 600 Jahren ist das Weingut im Besitz der Familie Graf von Bentzel-Sturmfelder. Eine besondere Sehenswürdigkeit: der 400 Jahre alte Gewölbekeller, in dem heute noch die Weine im Holzfass ausgebaut werden. Dass das Weingut noch in Familienhand ist, verdankt es Kilian Graf von Bentzel-Sturmfeder. Seit drei Generationen ist er der Erste, der sich wieder dem Wein verschrieben hat – weil er den Verkauf des traditionsreichen Guts 2001 verhindern wollte. Inzwischen entstehen unter der Leitung von Kellermeister Holger Matz in den Lagen von Schozach Rotweine aus „klassischen" Rebsorten wie Lemberger und Spätburgunder, aber auch Samtrot und Cabernet Dorsa werden kultiviert. Die Weißweine – Riesling und Burgunder-Sorten – machen 30 Prozent der Produktion aus. Direkt gegenüber vom Weingut liegt das Hotel Sturmfeder Landhaus mit komfortablen Übernachtungsmöglichkeiten.

Inhaber Kilian Graf von Bentzel Sturmfeder
Betriebsleiter Holger Matz
Kellermeister Holger Matz
Verbände VDP
Rebfläche 13 ha
Produktion 80.000 Flaschen
Gründung 1396
Verkaufszeiten
Mo–Fr 9–17 Uhr
Sa 10–14 Uhr
und nach Vereinbarung

2018 Schozacher Roter Berg Riesling „Großes Gewächs" GG
25,90€ · 13,5%

2018 Schozacher Weißburgunder „***" trocken
13,90€ · 13,5%

2019 Schozacher Grauburgunder „**" trocken
8,90€ · 12,5%

2016 Schozacher Roter Berg Lemberger GG
25,90€ · 13%
Momentan noch etwas von der Toastwürze überlagert, wird es noch ein Weilchen dauern, bis er seine Stärken voll ausspielen kann. Anlagen hat er.

2016 Schozacher Roter Berg Spätburgunder GG
25,90€ · 13%
So kriegt man Menschen herum, die glauben, keinen deutschen Rotwein zu mögen.

2017 Schozach Cabernet Dorsa „***"
13,90€ · 13%

2017 Schozacher Cabernet Sauvignon „***"
13,90€ · 13%

2017 Schozacher Merlot „**"
8,90€ · 13%

2017 Schozacher Samtrot
6,90€ · 12,3%

2017 Schozacher Trollinger „Sturmfeder"
6,90€ · 12%

♥ **2018** „Grande Etoile" extra brut
25,90€ · 13,5%

Weingut Bihlmayer

Reisacher Straße 60,
74245 Löwenstein
T +49 (0) 7130 8172
www.bihlmayer.de

Inhaber Bernd & Cathrin Bihlmayer
Verbände Verein Württemberger Weingüter
Rebfläche 19 ha
Produktion 100.000 Flaschen
Verkaufszeiten
Mo–Fr 9.30–11.30 Uhr
und 13.30–17.30 Uhr
Sa 9.30–11.30 Uhr
und 13.30–16 Uhr
So 9.30–11.30 Uhr

Seit 50 Jahren vermarktet die Familie Bihlmayer in Löwenstein ihre Weine selbst. Zu diesem Jubiläum wurde mit dem neuen Jahrgang die Ausstattung geändert. Fortan ziert die Traubenblüte jedes Etikett der Guts-, Orts- und Lagenweine „als Zeichen für den Neubeginn, den unsere Großeltern vor 50 Jahren mit dem Austritt aus der Genossenschaft gewagt haben", so die Familie. Nach dem Motto „jeder hat seinen Bereich, macht aber von allem etwas" wird in der inzwischen vier Generationen starken Großfamilie Arbeitsteilung praktiziert. Bei Bihlmayers lässt es außerdem gut feiern: Das Weingut bietet auch die komplette Organisation von Hochzeiten und Co. an.

2018 Löwenstelner Salzberg Weißburgunder trocken
12€ · 13,5%
Schoko, Vanille, Nüsse. Ein kraftvoller Wein mit cremiger Textur und fideler Säure.

2018 Löwensteiner Wohlfahrtsberg Grauburgunder trocken
13€ · 13,5%
Ein Klassiker: Bringt die Frucht als Quitte und Melone an die Nase, würzt ein bisschen mit Kräutern nach und endet als saftiges Schmankerl am Gaumen.

2017 Löwensteiner Wohlfahrtsberg Lemberger
14€ · 13,5%
Viel von allem. Das ist monumental.

Weingärtner Cleebronn-Güglingen

Ranspacher Straße 1,
74389 Cleebronn
T +49 (0) 7135 98030
www.cg-winzer.de

Kellermeister
Andreas Reichert
Rebfläche 280 ha
Produktion
2.000.000 Flaschen
Verkaufszeiten
Mo–Fr 8–18 Uhr
Sa 8.30–13 Uhr
So 11–14 Uhr (März–Dez.)

Wein ist Emotion, und so haben die Weingärtner Cleebronn-Güglingen auch ihre Top-Linie benannt. Lemberger, Cabernet Franc, Merlot und Spätburgunder sind die roten Vertreter, die durchweg positive Gefühle wecken können. Das rote Flaggschiff „Roter Hirsch" legt noch mal ein paar Pfund drauf. Diese Cuvée entstand durch eine Kooperation von Weinhändlern und Sommeliers – ein kraftvoller, breitschultriger Wein, der noch etliche Jahre reifen kann und auch sollte. Überzeugungskraft haben auch die Weißweine, die bevorzugt an den oberen Hängen des Kaiserbergs wachsen, der höchsten Erhebung des Zabergäus.

♥ **2018** Cleebronner Michaelsberg Riesling Spätlese
10,30€ · 8,5%

2018 Riesling „Emotion CG" trocken
17,50€ · 13,5%
Enorm gut strukturierter Riesling mit feinem Säurespiel, dazu Rehbratwürstchen auf feinem Rahmsauerkraut.

2018 Weißburgunder „Emotion CG" trocken
22€ · 13,5%
Schlägt mit seinem Duft nach Unterholz und Kräutern zunächst würzige Saiten an, bevor sich reife Gelbfrüchte mit saftiger Frische einmischen.

2018 Weißwein-Cuvée „Emotion CG" trocken
22€ · 13,5%

2019 Grauburgunder „Herzog C" trocken
9,50€ · 13,5%

2019 Sauvignon Blanc „Herzog C" trocken
9,50€ · 12,5%

2016 Cabernet Franc „Emotion CG"
22€ · 14%
Ganz eigenständiger Wein mit Noten von Süßholz.

2016 Cabernet Sauvignon „Emotion CG"
22€ · 14%
Klassik pur mit Blick ins Bordelais.

2017 Lemberger „Emotion CG Reserve"
22€ · 14%
Reif und voll, mit weichen Gerbstoffen ausgestattet.

2017 Merlot „Emotion CG"
22€ · 14%

2017 Rotwein-Cuvée „Emotion CG"
17,50€ · 12,5%
Harmonisch komponierter Rotwein, der ideale Begleiter zum Sonntagsbraten.

2017 Rotwein-Cuvée „Roter Hirsch Cuvée Reserve"
38€ · 13,5%
Die Kooperation mit Sommeliers und Weinhändlern resultiert in einem mächtigen Wein mit respektablem Reifepotenzial.

2018 Trollinger „Herzog C"
9,50€ · 13%

Weingut Dr. Baumann

Neueinsteiger

Am Ordensschloss 15–21,
74182 Obersulm
T +49 (0) 7130 47440
www.weingut-dr-baumann.de

Inhaber Tanja Baumann
Betriebsleiter Tanja Baumann
Kellermeister Markus Kehrer
Rebfläche 42 ha
Gründung 1928
Verkaufszeiten
Mo–Fr 9–12 Uhr und 13–17 Uhr

Unter dem Dach der Schlosskellerei Affaltrach wird das Weingut Dr. Baumann inzwischen wieder exklusiv geführt – „back to the roots", sozusagen. Die Philosophie: „Manche Menschen folgen Regeln. Andere ihren Sinnen." Tanja Baumann zeichnet in inzwischen vierter Generation verantwortlich und wird im Keller von Markus Kehrer unterstützt. Der Sortenspiegel umfasst natürlich die Württemberger Klassiker Trollinger, Lemberger und Schwarzriesling, aber auch Riesling, Weißburgunder, Merlot und Chardonnay werden kultiviert. Und im angeschlossenen „meeting life" können alle Weine und Sekte des Hauses verkostet und gekauft werden.

2016 Chardonnay trocken
22,90€ · 13,5%
Ein Wein mit zwei Polen: ordentlich Holz und feine Frucht.

2017 Sauvignon Blanc trocken
12,90€ · 12,5%

2017 Weißburgunder trocken
23,80€ · 13,3%
Ein kompletter Weißburgunder. Das macht er mit Aromen von Aprikose, Birne und etwas süßer Toastwürze unmissverständlich klar. Saftig und unverstellt.

2018 Riesling trocken
11,20€ · 13%

2015 Lemberger
27,90€ · 13,5%
Gut entwickelter Lemberger mit ordentlich Würze und breiten Schultern.

2016 Merlot
14,90€ · 13,7%
Strammer Merlot mit Tiefe und Würze: der ideale Begleiter zum Barbecue.

2016 Rotwein-Cuvée „Cabernet"
13,90€ · 13,3%

2016 Rotwein-Cuvée „Epilog"
10,90€ · 13%

2016 Trollinger
12,70€ · 13,5%

♥ **2018** Riesling Eiswein
48,50€ · 9,1%
Ein flüssiger Waldspaziergang, man will sofort ins Waldchalet und dann mit diesem Wein einfach nur allein sein.

Weingut Drautz-Able

Faißtstraße 23,
74076 Heilbronn
T +49 (0) 7131 1779 08
www.drautz-able.de

Inhaber Markus Drautz & Monika Drautz
Betriebsleiter Markus Drautz & Monika Drautz
Kellermeister Markus Drautz & Monika Drautz
Verbände VDP, HADES, Deutsches Barrique Forum
Rebfläche 16 ha
Produktion 120.000 Flaschen
Gründung 1496

Um zu merken, dass Markus Drautz einen besonderen Sinn für Humor hat, muss man ihn eigentlich gar nicht unbedingt persönlich treffen. Von ihm ist nämlich zu lesen, dass das Besondere an seinem Weingut „die große Gin-Auswahl" sei. Dabei blickt das Weingut auf eine über 500-jährige Geschichte zurück und gehört zu den wichtigsten Traditionsweingütern Württembergs. Der Vater Richard war in den 1980er-Jahren einer der ersten Winzern die sich intensiv mit dem Rotwein-Ausbau in Barrique-Fässern auseinandersetzten, und war Mitbegründer der HADES-Gruppe. In dieser Tradition führt Markus das Weingut zusammen mit seiner Mutter Monika und mit Unterstützung seiner Frau Stephanie weiter. Mit etwa zwei Dritteln Anteil dominieren die roten Sorten das Sortiment, aber auch Sauvignon Blanc und Süßweine dürfen bei Markus Drautz ihr ganzes Potenzial zeigen.

2018 Grauburgunder „HADES" trocken
24,99€ · 15,8%
Rotgoldene Farbe, Trockenfrucht, Salbei und Jod. Man ahnt es schon: kein dünnes Weinchen, sondern ein komplexes Kraftpaket mit phenolischem Grip.

Verkaufszeiten
Mo–Fr 8–12 Uhr
und 13.30–18 Uhr
Sa 9–16 Uhr

Fotocredit: Daniel Pilar

2015 Lemberger „Réserve HADES" trocken
32€ · 13,8%
Schoko, Pflaume und ätherische Würze tragen zu seiner würzig-kompakten Art bei. Dabei besitzt er Kraft und verfügt über gute Konzentration. Sehr gut.

2015 Rotwein-Cuvée „Jodokus Rotwein HADES"
32€ · 13,9%
Fantastische Komposition aus Merlot, Lemberger, Cabernet Sauvignon, auf ein ganz langes Leben hin ausgebaut.

♥ **2018** Heilbronner Trollinger „Drei Tauben"
12,99€ · 12,5%
Ein Avantgardist! Eigenwillig in der Würze, mit Hagebutte, Holunder herb in der Frucht. Straffe Struktur bei herzhaften Gerbstoffen. Schmackhaft.

2017 Heilbronner Stiftsberg Sauvignon Blanc Auslese
15,49€ · 8,8%
Eine harmonisch aufgebaute und vielschichtige edelsüße Spezialität aus dem Hause Drautz, wo der Sauvignon seit jeher ein absolutes Steckenpferd ist!

Weinkonvent Dürrenzimmern

Neueinsteiger

Meimsheimer Straße 11,
74336 Brackenheim
T +49 (0) 7135 95150
www.weinkonvent-duerrenzimmern.de

Die Genossen vom Weinkonvent Dürrenzimmern geben sich selbstbewusst: „Wir zählen nicht zu den größten, jedoch zu den außergewöhnlichsten und charaktervollsten Kooperativen", sagen sie von sich. Mitten im Zabergäu bewirtschaften 328 Mitglieder rund 204 Hektar auf über 200 Millionen Jahre alten kalkhaltigen Keuperböden. Die Kellerei punktet mit kraftvollen Rotweinen, vor allem aus Lemberger, die im Stil eher international gehalten sind. Bei Weinabenden und Verkostungen für Kunden stellen sich die Genossen bewusst und offensiv dem Vergleich mit Weinen aus Übersee.

2016 Lemberger „Divinus"
19,50€ · 14,5%

Rebfläche 185 ha
Produktion
1.500.000 Flaschen
Verkaufszeiten
Mo–Fr 9–18 Uhr
Sa 9–13 Uhr

♥ **2016** Portugieser „Divinus"
19,50€ · 14,5%

2017 Cabernet Sauvignon „Divinus"
24€ · 14%
Kraftvoller Rotwein mit Blick in das Napa Valley, ganz ideal zum Ochsenkotelett vom Grill.

2017 Lemberger „Divinus Reserve"
26€ · 14,5%
Viel Frucht und weiches Tannin geben dem Wein internationalen Touch.

2017 Merlot „Divinus"
24€ · 13,5%
Komplexe Aromatik, ausgewoge Struktur.

2017 Rotwein-Cuvée „Divinus Der Abt"
32€ · 14,5%
Viel Saft, viel Kraft, markante Gerbstoffe.

2017 Rotwein-Cuvée
24€ · 14,5%
Eine feine Holznote nimmt Schokolade mit auf die Reise an den Gaumen, wo sich die Power entfaltet.

2017 Spätburgunder „Divinus"
19,50€ · 13,5%

2017 Trollinger „Divinus"
19,50€ · 14%

wein & gut Frank

Bönnigheimer Straße 29,
74336 Brackenheim
T +49 (0) 7135 9361 281
www.weingutfrank.de

Inhaber Florian Frank
Betriebsleiter Florian Frank
Kellermeister Florian Frank
Rebfläche 3 ha
Produktion 25.000 Flaschen
Verkaufszeiten
Fr 14–18 Uhr
Sa 10–16 Uhr
und nach Vereinbarung

Seit 2009 bewirtschaften Florian und Manuela Frank ihr eigenes Weingut. Florian, der bei Aldinger in Fellbach und Ellwanger in Winterbach sein Handwerk gelernt und in Geisenheim studiert hat, ist im Keller verantwortlich, seine Frau hat das Marketing-Geschick. Getreu der Philosophie, mit Geduld an den Wein zu treten, ihm Zeit und Raum zu geben, werden die großen Rotweine des Hauses, die die Qualitätsbezeichnung „Drei Sterne" tragen, zu 100 Prozent auf der Maische vergoren, komplett im Holzfass ausgebaut und unfiltriert abgefüllt. Im Sortiment finden sich aber auch spontan vergorener Grauburgunder, Sauvignon Blanc und Sekt Blanc de Noir aus Schwarzriesling.

2015 Grauburgunder „***" trocken
12,90€ · 13%

2019 Riesling „**" trocken
8,50€ · 12%

2019 Sauvignon Blanc „**" trocken
9,50€ · 12%

2019 Sauvignon Blanc trocken
9,50€ · 12%

2015 Lemberger „**"
10€ · 13,5%

♥ **2016** Merlot trocken
15€ · 13,5%

2017 Rotwein-Cuvée „*** Vom Bunten Mergel"
16,50€ · 13,5%
Die Jury schwärmte von „süßer Fülle", „präsenter Säure" und „geschliffenem Tannin". Wenn das mal keine positiven Attribute für einen Wein sind.

Golter – Weingut im Klee Neueinsteiger

Klee 1, 74360 Ilsfeld
T +49 (0) 7062 9789 40
www.weingut-golter.de

Inhaber Reinhard & Christoph Golter
Betriebsleiter Reinhard & Christoph Golter
Kellermeister Reinhard & Christoph Golter
Verbände Württemberger Weingüter e.V.
Rebfläche 23 ha
Produktion 120.000 Flaschen
Gründung 1982
Verkaufszeiten
Di–Mi 10–12 Uhr
und 15–17.30 Uhr
Do 15–17.30 Uhr
Fr 10–12 Uhr
und 15–17.30 Uhr
Sa 9–12 Uhr
und nach Vereinbarung

Weinbau wird bei der Familie Golter schon seit vielen Generationen betrieben, genau genommen schon seit 1743. Jedoch begann Reinhard Golter zusammen mit seiner Frau Christine erst 1982 damit, die eigenen Weine selbst zu vermarkten. Inzwischen unterstützt Sohn Christoph, Winzer und Weinbautechniker mit Stationen im fernen Kanada und im nahen Öhringen, die Eltern und bringt dabei eigene Ideen mit. Die Golters produzieren nicht nur Still-, sondern auch Schaumweine und bieten eine breite Palette vom Literwein bis zum Lagen-Lemberger vom Abstatter Burgberg an. Sogar Obstbrände kann man am Weingut erstehen! Und in der Weinstube „Klee 1" kann man schwäbische Tapas zum Wein probieren.

2019 Helfenberger Schloßberg Weißwein-Cuvée trocken
9,80€ · 13,5%

2019 Ilsfelder Riesling trocken
7,40€ · 12%

2017 Abstatter Burgberg Lemberger
18,50€ · 13,5%

2017 Ilsfelder Schozachtal Lemberger
7,80€ · 13,5%

♥ **2017** Schozacher Schelmenklinge Lemberger
23,50€ · 14%
Markanter Holzeinsatz und intensive Frucht, macht Druck am Gaumen.

2019 Helfenberger Trollinger „Der Trollinger"
8,20€ · 12,5%

Ilsfelder Rappen Syrah
23,50€ · 14,5%
Beerig, würzig, druckvoll und frisch – ein stimmiges Gesamtbild.

Weingut Alexander Heinrich

Kümmelstraße 2,
74182 Obersulm-Sülzbach
T +49 (0) 7134 17469
www.weingut-heinrich.com

Inhaber Alexander Heinrich
Betriebsleiter Alexander Heinrich
Kellermeister Alexander Heinrich
Rebfläche 9 ha
Produktion 65.000 Flaschen
Gründung 1999
Verkaufszeiten
Mo–Fr 13–18 Uhr
Sa 9–12 Uhr
und zu den Öffnungszeiten der Weinstube (siehe Website)

Nein, Weinmacher möchte Alexander Heinrich nicht sein. Er würde sich eher als Weinbegleiter, Wein-Sich-Selbst-Machen-Lasser beschreiben, jemanden, der nichts kreiert oder einen technischen Vorgang ablaufen lässt. Ein Dickkopf, der dem Mantra, dass Riesling nicht in Barrique ausgebaut werden dürfe, in seiner Ausbildung mit seinem Meisterstück entgegentrat – inzwischen vinifiziert Heinrich wieder Riesling im Barrique unter dem Namen Sandwasen. Heinrich setzt auf Spontanvergärung und auf möglichst keine Pflanzenschutzmittel. Einerseits liebäugelt Heinrich mit pilzwiderstandsfähigen Reben, andererseits hat er bei seinen Reben schon mit Homöopathie experimentiert.

2018 Riesling „alte Erde" Spätlese trocken
9,90€ · 12%
Sehr ausgewogen, gute Balance, langer Fruchtdruck, fein eingebaute Säure.

2019 Riesling Kabinett halbtrocken
7,80€ · 11%

2019 Sauvignon Blanc trocken
9,90€ · 12%
Dezente Aromatik mit mineralischen Noten ganz zum Schluss.

2019 Weißwein-Cuvée „Zeitgeist" trocken
9,90€ · 12,5%
Ein üppig gebundener Strauß aus heimischen und exotischen Früchten, appetitlich gewürzt mit etwas Kräuterwürze und frischer Säure.

2015 Lemberger „Sandwasen"
9,90€ · 13%
Saftige Frucht, gute Holznote, mit Nachhall.

2016 Riesling Sekt brut
14,90€ · 12,5%
Klassischer Rieslingsekt mit feinem Säurenerv, ideal als Aperitif.

Weingut G. A. Heinrich

Riedstraße 29, 74076 Heilbronn
T +49 (0) 7131 1759 48
www.weingut-heinrich.de

Inhaber Björn & Tobias Heinrich
Betriebsleiter Björn & Tobias Heinrich
Kellermeister Tobias Heinrich
Rebfläche 14 ha
Produktion 90.000 Flaschen
Verkaufszeiten
Mo–Fr 9–12 Uhr
und 13.30–18 Uhr
Sa 10–14 Uhr
und nach Vereinbarung

Regionalität und Authentizität schreiben die Heinrichs groß. Die beiden Brüder Tobias und Björn haben sich aus diesem Grund auf „klassische" Württemberger Rebsorten wie Lemberger, Trollinger, Burgunder und Riesling spezialisiert und versuchen, in ihrer Stilistik kühl und elegant zu bleiben, so Tobias, Önologe des Betriebs mit internationaler Erfahrung. Björn, eigentlich auch gelernter Winzer, hat sich auf Marketing und Betriebswirtschaft spezialisiert und ist somit für den Außenauftritt des Weinguts verantwortlich. Zwölf Hektar Rebfläche rund um Heilbronn bewirtschaftet die Familie aktuell – immer die Tradition der Familie, die seit 1545 Weinbau betreibt, im Blick.

2018 Heilbronner Hinterer Hundsberg Weißburgunder trocken
24€ · 13%
Ausdrucksstarker, vom Barrique-Ausbau mit einem feinen Gerbstoffgerüst ausgestatteter Weißburgunder.

2019 Heilbronner Stiftsberg Weißburgunder „G. A." trocken
15€ · 12,5%
Am Gaumen kommt dieser Tropfen leichtfüßig daher, ein Schmeichler.

2016 Rotwein-Cuvée „Dieb"
30€ · 13,5%
Sehr gut abgestimmte Cuvée aus Lemberger und Cabernet Cubin, der Fokus liegt auf Harmonie.

2017 Heilbronner Löwenherz Lemberger
28€ · 13%
Großer Lemberger mit viel Saft und ebenso viel Kraft, ohne opulent zu sein, ein Festtagswein.

2017 Heilbronner Löwenherz Spätburgunder
35€ · 12,5%
(Noch) vom Holz geprägt, fast verschlossen, braucht Luft.

♥ **2017** Heilbronner Stiftsberg Lemberger „G. A."
15€ · 12,5%
Sehr harmonischer Lemberger mit guter Balance, passt bestimmt zum schwäbischen Zwiebelrostbraten.

2017 Heilbronner Stiftsberg Spätburgunder „G. A."
15€ · 12,5%
Intensiv und frisch am Gaumen, fein im Abgang.

2019 Trollinger „TNT"
12,90€ · 11,5%
Ungewöhnlich intensiver Duft, dazu eine markante Säure.

Heuchelberg Weingärtner

Neueinsteiger

Neipperger Straße 25,
74193 Schwaigern
T +49 (0) 7138 97020
www.heuchelberg.de

Kellermeister Florian Seber
Rebfläche 630 ha
Gründung 1925
Verkaufszeiten
Mo–Fr 9–13 Uhr und 14–18 Uhr
Sa 9–13 Uhr
So 10–14 Uhr

Die Weingärtner vom Heuchelberg haben mit mehreren Weinen überzeugen können. Die Genossenschaft gehört mit 680 Hektar und rund 900 Mitgliedern zu den großen in Württemberg. Groß ist auch das Portfolio: 20 Rebsorten, die in verschiedenen Ausbauvarianten angeboten werden – mit dem erklärten Ziel, „immer den passenden Wein zu bieten". Umfangreich ist auch die Liste an Aktivitäten, die die Genossen in ihrer schönen Landschaft anbieten: Weinbergstouren zu Fuß und mit dem Trecker, Betriebsführungen und Kellerweinproben.

2019 Chardonnay „Premium" trocken
7,74€ · 13%

2019 Grauburgunder „Premium" trocken
7,74€ · 13%

2019 Württemberg Gewürztraminer „Premium" Auslese feinherb
7,38€ · 11%

2015 Württemberg „Cuvée Cabernet"
18,45€ · 14%

2016 Lemberger „Weinpalais Nordheim"
18,45€ · 14%
Dicht und fleischig mit ordentlich Wums.

Weingut Christian Hirsch

Kastanienstraße 1,
74211 Leingarten
T +49 (0) 7131 4016 82
www.hirschweine.de

Inhaber Christian Hirsch
Betriebsleiter Björn Schilling
Verbände Wein.Im.Puls – Junges Württemberg
Rebfläche 25 ha
Produktion 190.000 Flaschen
Gründung 2013
Verkaufszeiten
Mo 9–12 Uhr
Di–Fr 9-12 Uhr und 14–18 Uhr
Sa 9–13 Uhr

Die Familie Hirsch hat Humor. „Vom Erzeuger abgefüllt heißt nicht, dass der Junior des Weinguts übermäßig mit seinem Vater gebechert hat", so liest man mit einem Schmunzeln. Erst 2015 hat Christian Hirsch das elterliche Weingut übernommen, die Eltern sind aber immer noch Teil des „Hirsch-Teams". Besonders geprägt sieht sich der diplomierte Weinbauer und Önologe von seinem einjährigen Weinbaustudium an der University of California, das seine Leidenschaft für kraftvolle Rotweine weiter angefacht hat. Und die merkt man seinen Roten, ausdrücklich genannt seien hier auch die „internationalen", deutlich an. Mit moderner Ausstattung und phantasievollen Namen wie „Großes Geweih" für die Top-Gewächse beweist Hirsch ein Gefühl für den Zeitgeist und die junge Wein-Generation. Inzwischen umfasst der Barrique-Keller 270 Fässer, bei den Rebsorten fokussiert sich Hirsch auf den Lemberger, dicht gefolgt von internationalen Rebsorten wie Syrah (der nicht nur reinsortig, sondern auch in der Rosé-Cuvée ausgebaut wird) und Chardonnay sowie Pinot Noir.

2017 Weißwein-Cuvée „GC Großes Geweih" trocken
24,90€ · 14%
Weißwein-Cuvée „CH Großes Geweih" trocken
12,90€ · 13,5%
2015 Lemberger „L! Großes Geweih"
29,90€ · 14%
Die Frucht ist dicht und konzentriert, erinnert fast an Konfitüre. Feinpolierte Gerbstoffe und eine frische Säure sorgen für Ordnung am Gaumen.
2015 Trollinger „GT Großes Geweih"
24,90€ · 13%
2016 Cabernet Franc „CF Großes Geweih"
29,90€ · 14%
2016 Cabernet Sauvignon „RC Großes Geweih"
39,90€ · 14,5%
Viel Biss und dazu eine Zigarre.
♥ **2016** Syrah „SY Großes Geweih"
24,90€ · 14%
Mokkanoten und Extraktsüße erinnern an die Neue Welt. Daher auch Shiraz.
Rotwein-Cuvée „CH Großes Geweih"
12,90€ · 13,5%

Wein- & Sektgut Hirschmüller

La-Ferté-Bernard-Straße 30,
74348 Lauffen
T +49 (0) 1733 7636 03
www.weingut-hirschmueller.de

Inhaber Tobias Hirschmüller & Wiebke Krüger
Betriebsleiter Tobias Hirschmüller & Wiebke Krüger
Kellermeister Tobias Hirschmüller & Wiebke Krüger
Rebfläche 7 ha
Produktion 40.000 Flaschen
Gründung 2013
Verkaufszeiten
Fr 17–19 Uhr
und nach Vereinbarung

Seit 2013 gibt es das Weingut Hirschmüller. Tobias Hirschmüller, Winzersohn und Önologe, und Wiebke Krüger, Quereinsteigerin und ebenfalls Önologin (2010 mit dem Nachwuchspreis des Bundes deutscher Önologen ausgezeichnet), lernten sich beim gemeinsamen Studium in Geisenheim kennen und lieben. Die Motivation der beiden: „besondere Augenblicke" schaffen. Burgunder-Rebsorten stehen im Mittelpunkt, wobei auf naturnahe Arbeit und schonende Behandlung der Trauben im Keller geachtet wird. Die Sektproduktion macht immerhin ein Viertel der Gesamtmenge des Weinguts aus. Klassische Flaschengärung und der Fokus auf Champagnersorten prägen die Sekte, die ausschließlich als extra brut oder brut nature angeboten werden.

2017 Chardonnay „Reserve" trocken
14,50€ · 13,5%
Dieser Tropfen tanzt nicht Hip-Hop, sondern Walzer.

♥ **2019** Muskateller trocken
7,90€ · 11,5%

2019 Riesling trocken
7,90€ · 12%

2016 Pinot Meunier
11,90€ · 14,5%

2017 Lemberger „Reserve"
14,90€ · 13,5%
Enormes Reifepotenzial. Könnte ganz groß werden.

Weingut Kistenmacher & Hengerer

Eugen-Nägele-Straße 23–25,
74074 Heilbronn
T +49 (0) 7131 1723 54
www.kistenmacher-hengerer.de

Inhaber Familie Hengerer
Betriebsleiter Familie Hengerer
Kellermeister Familie Hengerer
Verbände VDP, Junges Schwaben

Seit 1994 führt Hans Hengerer das Weingut seiner Eltern in Heilbronn – mit 600 Jahren Familientradition im Rücken. Um die Nachfolge muss er sich keine Sorgen machen: Sohn Jonathan ist bereits ausgebildeter Winzer und studiert aktuell in Weinsberg mit dem Ziel, den väterlichen Betrieb weiterzuführen. Respekt vor der Natur, Nachhaltigkeit und kleine Erträge – diese Begriffe kennzeichnen die Philosophie der Hengerers. Und das merkt man den Weinen an, die oft einige Zeit Flaschenreife benötigen, um ihre volle Pracht im Glas zu zeigen. Nicht nur das Weingut und die Weine selbst lohnen einen Ausflug nach Heilbronn. In direkter Nachbarschaft zum Weingut gibt es einen Schilfsandsteinbruch zu besichtigen, an dem man die Geologie der Heilbronner Weinlagen quasi direkt ablesen kann.

2016 Heilbronner Wartberg Riesling „Sonnenstrahl" GG
24€ · 13%
Wunderbar angereift präsentiert sich dieser Riesling aus 2016, mit viel Saft vorne und Kargheit hinten.

Rebfläche 12 ha
Produktion 75.000 Flaschen
Verkaufszeiten
Mo–Fr 16–18.30 Uhr
Sa 9.30–11 Uhr und 13–16 Uhr
und nach Vereinbarung

2017 Heilbronner Stiftsberg Grauburgunder „VI" 1. Lage
18,90€ · 13%
Top-Grauburgunder mit viel Würze und feinem Schmelz

2018 Heilbronner Stiftsberg Riesling „VI" 1. Lage
15,90€ · 13,5%
Ein wuchtiger, geradezu brachialer Riesling mit viel Power. Darf kräftig begleitet werden.

2015 Heilbronner Stiftsberg Spätburgunder „Junges Schwaben" 1. Lage
24€ · 13,5%
Eleganter Spätburgunder mit reifer Aromatik, allerdings auch noch mit gutem Potenzial, Rehnüsschen mit Pfifferlingen dazu, ganz wunderbar!

2015 Heilbronner Wartberg Lemberger „Sonnenstrahl" GG
33€ · 13,5%
Was für ein Gaumenschmeichler. Die eleganten, runden Tannine machen Lust auf ein zweites Glas.

2016 „Cuvée Maximilian"
14,90€ · 13,5%
Eine richtig kräftige Säure begleitet die Frucht dieser Bordeaux-Cuvée aus Württemberg.

Weingut Anita Landesvatter

Neueinsteiger

Schloßstraße 15,
74336 Brackenheim
T +49 (0) 7135 9318 781
www.weingut-landesvatter.de

Nach ihrer Winzerlehre, einem einjährigen Berufsaufenthalt in Kalifornien und der Ausbildung zur Technikerin für Weinbau und Kellerwirtschaft war Anita Landesvatter fit für das eigene Weingut. 2000 ging es in Brackenheim los, über die Jahre wuchs die Rebfläche auf sechs Hektar. Neben Württemberger Klassikern wie Trollinger, Lemberger, Riesling und Kerner stehen hier auch Muskateller, Chardonnay, Muskat-Trollinger, Weißburgunder sowie Cabernet Mitos. „Diese Sortenvielfalt und das Ziel, beste Weine und Sekte zu produzieren, motivieren mich jeden Tag", sagt die Winzerin. „Wein ist für mich Leidenschaft und Ansporn, jedes Jahr das Beste aus den Trauben zu vinifizieren."

Verbände Württemberger Weingüter e.V., Weinbauverband Württemberg e.V.
Rebfläche 6 ha
Produktion 40.000 Flaschen
Gründung 2000
Verkaufszeiten
Fr 14–18 Uhr
Sa 11–16 Uhr

2017 Haberschlachter Dachsberg Riesling „***" trocken
17,90€ · 12,8%
Sehr gut entwickelter Riesling mit selbstbewusst aufrechter Statur.

2019 Diefenbacher König Chardonnay trocken
6€ · 12,9%

♥ **2014** Diefenbacher König Cabernet Mitos
9,90€ · 12,7%

2015 Brackenheimer Zweifelberg Trollinger „***" Kabinett trocken

17,90€ · 11,7%

Trotz deutlicher Toastwürze zieht er mit feinem Schliff, fester Struktur und einer für den Trollinger ungewöhnlichen Fülle über den Gaumen.

2018 Diefenbacher König Rotwein-Cuvée „44er"

10€ · 13,1%

Im Vordergrund steht klar die Frucht. Die Jury machte Kirschen und Zwetschgen im Bukett aus. Am Gaumen spiegeln die sich dann auch saftig wider.

Weingut Gerhard Leiss

Lennacher Straße 7,
74189 Gellmersbach
T +49 (0) 7134 14389
www.weingut-leiss.de

Inhaber Wolf-Peter Leiss
Betriebsleiter Wolf-Peter Leiss & Gerhard Leiss
Kellermeister Wolf-Peter Leiss & Gerhard Leiss & Matthias Hechler
Rebfläche 18 ha
Produktion 130.000 Flaschen

Wolf-Peter Leiss und sein Sohn Gerhard (benannt nach seinem Großvater, dem Gründer des Weinguts) leiten das Weingut inzwischen gemeinsam und werden im Keller von Weinbautechniker Matthias Hechler unterstützt. Ebenfalls Teil des Betriebs sind Tochter Stefanie, Weinbetriebswirtin, Ehefrau Christa und Schwester Heidi. Zurecht kann man hier wohl von einem Vorzeige-Familienbetrieb sprechen. Das architektonisch atemberaubende (und 2013 mit dem Architekturpreis „Wein" ausgezeichnete) Weingut wurde inzwischen um einen neu gebauten Barrique- und Raritätenkeller erweitert. Auch kulinarisch lohnt der Besuch bei Familie Leiss: Im „Leissium" werden nicht nur die hauseigenen Weine ausgeschenkt, sondern auch schwäbische Spezialitäten angeboten. Und wer es ruhiger mag, der bucht das „Weinbergshäuschen" inmitten der Reben und verkostet die Weine dort.

2018 Gellmersbacher Hägenkorb Sauvignon Blanc trocken

17€ · 13,5%

Kraftvoller Sauvignon mit feinem Säurespiel sucht eine ebenso kraftvolle Vorspeise, vielleicht ein Spargel-Ragout mit Morcheln.

Verkaufszeiten
Mo–Fr 10.30–12 Uhr und 17.30–19 Uhr
Sa 9–12 Uhr und 13–16 Uhr

2018 Gellmersbacher Kelterweinberg Chardonnay trocken
18€ · 13,5%
Eleganter Chardonnay mit gekonntem Holzeinsatz als perfekter Begleiter von gegrilltem Seefisch.

2019 Weißburgunder „Junge Reben" trocken
11€ · 13,5%
Ein straffes Vergnügen mit viel Trinkfluss.

2017 Erlenbacher Kayberg Lemberger
19,50€ · 13,5%
Da gibt's eine schöne Besenwirtschaft. Ach ja, der Wein. Genau dort trinken.

2017 Rotwein-Cuvée „Leitwolf Réserve"
19,50€ · 13,5%
Gut gebaut, nicht zu mächtig. Weiche Gerbstoffe.

Weingut Graf Neipperg

Schloßstraße 12,
74193 Schwaigern
T +49 (0) 7138 9414 00
www.graf-neipperg.de

Inhaber Karl Eugen Erbgraf zu Neipperg
Kellermeister Bernd Supp
Verbände VDP, Deutsches Barrique Forum
Rebfläche 32 ha
Produktion 180.000 Flaschen
Verkaufszeiten
Mo–Fr 8–12 Uhr und 13–16 Uhr und nach Vereinbarung

Die (Wein-)Geschichte des Hauses Graf Neipperg könnte Bücher füllen. Teilweise sind die noch heute bewirtschafteten Weinberge seit 1248 im Besitz der Familie. Außerdem sollen die Neippergs den Lemberger im 18. Jahrhundert nach Deutschland gebracht haben – das ist nicht nur Historie, sondern auch ein wenig Verpflichtung. Lemberger ist mit einem Drittel der Rebfläche die Nummer 1 im Weingut, gefolgt von Riesling und Spätburgunder. Aber auch der Muskateller spielt eine besondere Rolle im Haus Neipperg, seit 1658 wird er nachweislich im Gut an- und ausgebaut, inzwischen von Kellermeister Bernd Supp. Ein Zitat von Inhaber Karl-Eugen Erbgraf von Neipperg sei noch angefügt, Weinmachen vergleicht er lachend mit Kindererziehung: „Auch das kann danebengehen."

2018 Neipperger Schlossberg Riesling GG
21,50€ · 12%
Hochklassiger, dichter, aber eher schlank gebauter Riesling mit schönem Reifepotenzial.

2019 Muskateller trocken
8,90€ · 11,5%

2019 Sauvignon Blanc trocken
9,50€ · 12,5%

2015 Neipperger Schlossberg Spätburgunder GG
34,50€ · 13,5%
Eleganter Schwabe mit gutem Körper.

2015 Schwaigerner Ruthe Lemberger GG
34,50€ · 13,5%
Zuweilen kann ein Lemberger an einen Syrah erinnern. Dieser hier tut es: pfeffrig-frischer Geschmack mit markanten Gerbstoffen und guter Länge.

2016 Cabernet Sauvignon „S.E."
47€ · 13%
Weicher Vertreter seiner Zunft.

2017 Neipperger Schlossberg Lemberger GG
30€ · 13,3%
Salz-Karamell auf der Zunge, das ist reizvoll.

♥ **2018** Muskateller „S.E."
30€ · 10%
Ein prächtiger Obstgarten mit geschmacklicher Tiefe offenbart sich hier dem Freund von elegantem Süßwein.

Ökologisches Weingut Schäfer-Heinrich

Letten 3, 74074 Heilbronn
T +49 (0) 7131 1624 54
www.schaefer-heinrich.de

Inhaber Elke & Andreas Hieber
Betriebsleiter Andreas & Lars Hieber
Kellermeister Lars & Andreas Hieber
Verbände Ecovin
Rebfläche 19 ha
Produktion 120.000 Flaschen
Gründung 19
Verkaufszeiten
Mo–Do 17–19.30 Uhr
Fr 13–19.30 Uhr
Sa 9–18 Uhr
und nach Vereinbarung

30 Jahre ökologischen Weinbau dürfen die Hiebers feiern. Sie stellten ihren Betrieb um, als Bio-Winzer noch belächelt und manchmal auch angefeindet wurden. „Der Umweltschutz und die Arbeit im Einklang mit der Natur sind wesentliche Gesichtspunkte unserer Arbeit. Entscheidend für die Weinqualität ist ein lebendiger, intakter Weinberg", sagen sie voller Überzeugung, „deshalb richten wir besonderes Augenmerk auf den Boden und unsere Reben."

2018 Heilbronner Stiftsberg Grauburgunder „***" trocken
18,70€ · 13,5%
Was zu Beginn vielleicht etwas leise daherkommt, entwickelt sich am Gaumen zu saftiger Frucht, der eine frische Säure zusätzliche Spannung verleiht.

2019 Sauvignon Blanc „**" trocken
12,50€ · 12,5%
Sehr gelungener Sauvignon mit würziger Aromatik und schlanker Kontur.

2017 Heilbronner Stiftsberg Lemberger „**"
10,80€ · 13,5%
Die Tropenfrucht in der Nase würde man nicht erwarten; frischer und eigenständiger Wein.

2017 Heilbronner Stiftsberg Spätburgunder „***"
21€ · 13%
Das ist geradlinig, das ist öko, das ist gut.

2017 Merlot „***"
21€ · 14%
Dichter, breitschultriger Merlot, am besten zur Lammkeule mit Rosmarin.

2019 Heilbronner Stiftsberg Trollinger „*"
6,70€ · 12,5%

Weingärtner Stromberg-Zabergäu

Neipperger Straße 60,
74336 Brackenheim
T +49 (0) 7135 98550
www.wg-sz.de

Inhaber Weingärtner Stromberg-Zabergäu
Betriebsleiter Thomas Eberbach
Kellermeister Thomas Eberbach
Rebfläche 750 ha
Produktion 5.000.000 Flaschen
Verkaufszeiten
Weinkeller Brackenheim (Neipperger Straße 60, 74336 Brackenheim)
Mo–Fr 10–18 Uhr
Sa 10–15 Uhr
Strombergkeller Bönnigheim (Cleebronner Straße 70, 74357 Bönnigheim)
Mo–Fr 10–18 Uhr
Sa 9–13 Uhr

Die Genossenschaft der Weingärtner Stromberg-Zabergäu entstand 2012 durch die Fusion der Weingärtner Brackenheim und der Strombergkellerei. Die Kellerei gehört nun zu den großen im Ländle, genau gesagt als Nummer drei, was der Qualität keinen Abbruch tut, im Gegenteil: Hier wurden tatsächlich Kräfte gebündelt. 1050 Winzer pflegen rund 750 Hektar Reben; davon sind etwa 70 Prozent rot. Die erste Geige spielt klar der Lemberger, aus dem auch die Aushängeschilder gekeltert werden: die Weine der Edition Signum.

2019 Bönnigheimer Sonnenberg Riesling trocken
5€ · 12,1%

2019 Chardonnay „Excellent" trocken
7,50€ · 12,6%

2019 Grauburgunder „Epos" trocken
9,50€ · 12,8%

2019 Riesling „Octavio" trocken
20€ · 12,5%

2019 Sauvignon Blanc „Epos" trocken
12€ · 12,5%

2019 Weißburgunder „Mann im Fass" trocken
6,50€ · 12,4%

2017 Lemberger „Signum I"
23€ · 13,5%
Da gehen die Genossen in die Vollen – mit reifer Frucht und poliertem Tannin.

2017 Lemberger „Signum II"
15€ · 13,5%
Reduzierte Erträge von alten Reben sorgen für Power.

2018 Spätburgunder „Excellent Rother"
6€ · 13%

2018 Zweigelt „Epos"
11€ · 13,4%

2019 Rotwein-Cuvée halbtrocken
5€ · 11,5%

2016 Riesling Eiswein
25€ · 7,9%
Feiner Eiswein, ein tiefer Quell von vielschichtigster Riesling-Aromatik

Weingut Supp

Weinsberger Straße 16,
74189 Weinsberg-Gellmersbach
T +49 (0) 7134 14360
www.supp-weingut.de

Inhaber Benjamin & Martin Supp
Rebfläche 7,5 ha
Produktion 65.000 Flaschen
Verkaufszeiten
Mi–Do 17–19 Uhr
Fr 14–19 Uhr
Sa 9–14 Uhr
und nach Vereinbarung

BADEN & WÜRTTEMBERG 2021

Bereits seit 1955 existiert das Familienweingut Supp – seit 1982 als reines Weingut in der Selbstvermarktung. Und nun ist mit Benjamin bereits die dritte Generation am Werk. Die breite Sortenvielfalt des Weinguts von Trollinger über Lemberger bis hin zu Samtrot und Muskateller wird inzwischen teilweise maischevergoren angeboten, auch Experimente mit Weißweinen aus dem Holz traut man sich inzwischen. Bei der Vermarktung der Weine wird wieder mehr auf Lagennamen geachtet, so zum Beispiel bei der Einzellage Dezberg in Gellmersbach. Zum Weingut gehören die „Dezberg-Stube" unter der gastronomischen Leitung von Alexander Supp sowie vier Pensionszimmer.

2019 Gellmersbacher Blumental Riesling „***" trocken
8,20€ · 12,5%

2019 Gellmersbacher Dezberg Grauburgunder „***" trocken
7,70€ · 13%

2017 Gellmersbacher Dezberg Lemberger „*****"
14,80€ · 14%
Wacholder und Kräuternoten drücken diesem Wein ihren Stempel auf.

2017 Gellmersbacher Dezberg Rotwein-Cuvée „NO I *****"
15,80€ · 13,5%
Fein eingesetztes Holz, elegant abgestimmte Cuvée aus Cabernet Mitos und Lemberger.

♥ **2017** Gellmersbacher Dezberg Syrah „***"
9,80€ · 13,5%
Zurückhaltende Frucht und klare Ansprache, nicht zu schwer.

BioWeingut Weinreuter
Neueinsteiger
Riedhöfe 2, 74211 Leingarten
T +49 (0) 7131 4025 40
www.bioweingut-weinreuter.de

2018 Talheimer Schlossberg Sauvignon Blanc „F" trocken
12,50€ · 12,5%

Weingut Wachtstetter

Michelbacher Straße 8,
74397 Pfaffenhofen
T +49 (0) 7046 329
www.wachtstetter.de

Inhaber Rainer Wachtstetter
Betriebsleiter
Rainer Wachtstetter
Kellermeister
Rainer Wachtstetter
Verbände VDP,
Junges Schwaben
Rebfläche 21 ha
Produktion 130.000 Flaschen
Gründung 1985
Verkaufszeiten
Do–Fr 9–12 Uhr
und 13.30–18 Uhr
Sa 9–16 Uhr
und nach Vereinbarung

Auf vier Generationen Weinbau blickt das Weingut zurück. Rainer Wachtstetter stieg 1987 als 19-Jähriger in den Betrieb ein. Das Weingut wuchs auf heute 17 Hektar. 2009 wurde das Gut in den VDP aufgenommen. Wachstetters Credo: „In einem guten Tropfen muss man das Herzblut des Winzers schmecken, seinen Charakter – und ob er sich was gedacht hat bei der Arbeit." Der Hausberg des Guts ist der Pfaffenhofener Hohenberg, eine als Erste Lage klassifizierte Einzellage am Südhang des Heuchelbergs. Der Boden wird im oberen Teil von Schilfsandstein dominiert, im unteren Teil herrscht Gipskeuper vor. „Der mineralreiche, aber gut durchwurzelbare und nicht zu schwere Boden bietet ideale Bedingungen für das Wachstum der Reben", erklärt Rainer Wachstetter. Der Löwenanteil der Reben ist rot, die Spitzengewächse sind nach Ernst Combé, einem Vorfahren, benannt.

2018 Pfaffenhofener Mühlberg Riesling GG
23€ · 13,5%
Saftiger, konsequent trocken ausgebauter Riesling mit erhabener Statur, sehr eindrucksvoll!

2017 Lemberger „Junges Schwaben" 1. Lage
28€ · 13,5%
Großer, vielschichtiger und auf Zukunft angelegter Lemberger, hier paart sich Tiefgang mit Würze zu großer Klasse!

2017 Pfaffenhofener Spitzenberg Lemberger GG
28€ · 13,5%
Dieses Lemberger GG wächst Seite an Seite mit seinem „Jungen Schwaben"-Bruder, macht es sich nebenan in der warmen Mulde gemütlich. Er kommt tiefgründiger und dichter daher als der frischaromatische Bruder von der gut belüfteten Kuppe.

2017 Rotwein-Cuvée „Ernst Combé"
18€ · 13,5%
Vielschichtig im Duft wie im Geschmack, lang und anhaltend.

2018 Lemberger „Felix"
10,50€ · 13,5%
Dieser Einstiegs-Lemberger trägt den Namen Felix zu recht, ein echter Glücksfall für uns Weinfreunde.

2018 Trollinger „Alte Reben"
9,80€ · 13,5%

Staatsweingut Weinsberg

Traubenplatz 5,
74189 Weinsberg
T +49 (0) 7134 5041 67
www.staatsweingut-weinsberg.de

Inhaber Land Baden-Württemberg
Betriebsleiter Dr. Dieter Blankenhorn
Kellermeister Florian Solymari
Verbände VDP, HADES, Deutsches Barrique Forum
Rebfläche 40 ha
Produktion 200.000 Flaschen
Verkaufszeiten Mo–Fr 10–18 Uhr
Sa 10–16 Uhr

Das Staatsweingut Weinsberg kann als Lehr- und Forschungsanstalt mit einigen Spezialitäten aufwarten: So gibt es hier nicht nur die Klassiker aus Württemberg wie Lemberger, Schwarzriesling und Riesling, sondern auch Malbec, Tempranillo und Pinotage zu entdecken – nicht gerade das, was man im Ländle erwarten würde. Aber schließlich handelt es sich hier nicht unbedingt um ein „normales" Weingut. In Weinsberg wird geforscht, experimentiert und neu gezüchtet – immer mit Rücksicht auf sich verändernde klimatische Bedingungen und im Hinblick auf die internationale Weinwelt. Das Team um Betriebsleiter Dr. Dieter Blankenhorn und Kellermeister Florian Solymari kann seiner Innovationsfreudigkeit freien Lauf lassen – und das auch noch in außergewöhnlich schöner und moderner Atmosphäre. Ein Besuch lohnt sich auf jeden Fall!

2018 Burg Wildeck Chardonnay „HADES" trocken
24€ · 14%
Mächtiger Chardonnay mit viel Würze und Druck am Gaumen, ideal in Kombination mit Krustentieren.

2018 Burg Wildecker Herrschaftsberg Grauburgunder GG
24€ · 14%
A rechte Gosch voll großem Wein, zum darin Baden!

2018 Burg Wildecker Herrschaftsberg Riesling GG
19,90€ · 12,5%
Sehr feiner, fast linearer Riesling mit dezentem Säurespiel.

2019 Sauvignon Blanc „HADES" trocken
24€ · 13%
Herausragender, gehaltvoller Sauvignon aus neuem 500-Liter-Tonneau, eine Wucht mit viel Perspektive.

2019 Sauvignon Blanc trocken
8,50€ · 12,5%

2017 Gundelsheimer Himmelreich Spätburgunder GG
25,80€ · 12,5%
Aristokratischer Spätburgunder mit straffer Kontur, eine rosa gebratene Rehkeule mit Steinpilzen dazu, wunderbar!

2017 Weinsberger Schemelsberg Lemberger GG
28,90€ · 13%
Fleischig und saftig ist dieser Parade-Lemberger.

2017 Weinsberger Schemelsberg Rotwein-Cuvée „Grand Réserve HADES"
32€ · 13%
Dunkle, süße Frucht verbindet sich mit Kräuterwürze und geschliffenen Gerbstoffen.

Weingut Zipf

Vorhofer Straße 4,
74245 Löwenstein
T +49 (0) 7130 6165
www.zipf.com

Inhaber Jürgen Zipf
Betriebsleiter Jürgen & Tanja Zipf
Verbände Junges Schwaben
Rebfläche 12,5 ha
Produktion 80.000 Flaschen
Verkaufszeiten
Mo–Fr 13–18.30 Uhr
Sa 9–15.30 Uhr
und nach Vereinbarung

Zusammen mit seiner Frau Tanja führt Jürgen Zipf das großelterliche Weingut bereits in der dritten Generation. Naturschonendes Arbeiten im Weinberg sowie im Keller, wo auf Filtrierung und Schönung verzichtet wird, ist den Zipfs besonders wichtig. Die zum Großteil spontan vergorenen Weine werden seit 2019 um eine Besonderheit erweitert: Mit dem Jahrgang 2019 gab es zum ersten Mal einen Riesling aus dem Betonei. Neben dem Weingut setzen die Zipfs auf Grill- und Weinevents und wollen eine Eventlocation aufbauen, um dem Thema Weintourismus noch mehr Aufmerksamkeit zu widmen.

2018 Löwensteiner Wohlfahrtsberg Riesling „****" trocken
16,50€ · 13%
Sehr schöner Riesling mit feinem Säure-Süße-Spiel.

♥ **2019** Löwensteiner Wohlfahrtsberg Silvaner „Alte Reben ***" trocken
9,50€ · 12,5%
Fruchtig, frisch mit grasigen Noten und gutem Trinkfluss.

2016 Löwensteiner Wohlfahrtsberg Lemberger „***"
18€ · 13,5%
Dieser Wein schmeißt sich nicht ran. Der will erobert werden, jawoll.

Essen

BEICHTSTUHL

Fischergasse 9, 74072 Heilbronn
T +49 (0) 7131 2758 985
www.beichtstuhl-hn.de

Locker soll es zugehen in diesem modernen Restaurant. „Regionale Zutaten treffen auf kreative Kochkunst", beschreibt Fabian Lidak seine Küchen-Philosophie. Bei der „Kleinen Weinprobe" werden vier Weine aus der Region verkostet.

Empfohlen von
Golter – Weingut im Klee

LANDHAUS NOLLER

Marhördt 18,
74420 Oberrot-Marhördt
T +49 (0) 7977 9119 970

Der Ausblick in den schwäbisch-fränkischen Wald ist aus diesem Haus garantiert. Im Restaurant gibt es unterschiedliche Locations wie ein Stüberl, den Wintergarten oder einen Gewölbekeller. Zum Landhaus gehört auch ein kleines Hotel mit sechs Zimmern, in der Nähe kann außerdem Golf gespielt werden.

Empfohlen von
Weingut Dr. Baumann

RATSKELLER

Am Marktplatz 7, 7
4072 Heilbronn
T +49 (0) 7131 84628
www.ratskeller-heilbronn.eu

Regional-traditionell, mediterran leicht, jahreszeitliche Genüsse im schwäbischen Stil: So wird die Küche in diesem gemütlichen Restaurant beschrieben, zu dem auch ein 700 Jahre alter Gewölbekeller gehört.

Empfohlen von
Weingut G. A. Heinrich

LANDGASTHOF HAIGERN

Haigern 3,
74388 Heilbronn-Talheim
T +49 (0) 7133 9612 48
www.landgasthof-haigern.de

Stilvoll speisen inmitten der Natur: Das ist das Motto in diesem Gasthof mit seiner wunderbaren Aussichtslage.

Empfohlen von
Weingut G. A. Heinrich

LANDTURM

Landturm 1,
74348 Lauffen am Neckar
T +49 (0) 7133 2044 464
www.uwe-straub.de

Feinschmeckermenüs mit Hummer, exklusive Trüffelabende, Gänse-Essen und sonntags den Braten wie bei Oma Frida: So kocht Uwe Straub auf hohem Niveau im Landturm an der Grenze zu Heilbronn. Motto seiner Küche: kreativ, mutig und regional.

Empfohlen von
Weingut G. A. Heinrich

Schlafen

ZUM ALTEN RENTAMT

Schloßstraße 6-8,
74193 Schwaigern
T +49 (0) 7138 5258
www.altesrentamt.de

13 gemütliche, zum Teil mit Antiquitäten eingerichtete Zimmer warten auf die Gäste, die hier nicht nur mit einem Glas Wein begrüßt werden, sondern auch an einer literarischen Weinwanderung teilnehmen können. Zum Hotel gehört zudem ein Restaurant, das als Haus der Baden-Württemberger Weine ausgezeichnet ist.

Empfohlen von
Weingut Graf Neipperg

GASTHAUS ADLER

Hindenburgstraße 4,
74336 Brackenheim-Botenheim
T +49 (0) 7135 98110
www.adlerbotenheim.de

15 individuell eingerichtete Zimmer stehen in diesem kleinen Hotel, ausgezeichnet als „Weinsüden Weinhotel" zur Verfügung. Im Gasthaus wird mediterran-schwäbisch gekocht.

Empfohlen von
Weingut Graf Neipperg

HOTEL WILDECK

Heilbronner Straße 16,
74232 Abstatt
T +49 (0) 7062 9780
www.das-wildeck.de

Die Burg Wildeck ist Namensgeber für dieses moderne Vier-Sterne-Haus, das am Fuße der Löwensteiner Berge zwischen Weinreben und Wäldern liegt. Im Restaurant wird bodenständig-regional gekocht.

Empfohlen von
Weingut Zipf

RAPPENHOF

Rappenhofweg 1,
74189 Weinsberg
T +49 (0) 7134 5190
www.rappenhof.de

Die Aussicht in das Weinsberger Tal mit seinen Weinbergen und Wiesen ist aus diesem mehrfach ausgezeichneten Drei-Sterne-Haus, zehn Kilometer von Heilbronn entfernt, garantiert. Das Restaurant ist biozertifiziert.

Empfohlen von
Weingut Schäfer-Heinrich

SONNE

Sonnenstraße 44,
74388 Heilbronn-Talheim
T +49 (0) 7133 98510
www.hotel-sonne-talheim.de

Seit 1865 werden hier schon Gäste beherbergt. 17 Zimmer stehen zur Verfügung. Das Restaurant, auch ein Haus der Baden-Württemberger Weine, lädt zu traditioneller Küche ein.

Empfohlen von
Wein- & Sektgut Hirschmüller

NEUES TOR

Alte Heilbronner Straße 2,
74206 Bad Wimpfen
T +49 (0) 7063 93000
www.neuestor.de

Das malerische Neckartal, aber auch die Altstadt von Wimpfen lassen sich aus diesem neuen Haus mit seinen 50 Zimmern in tollem Ambiente gut entdecken. Dazu gehören ein Restaurant mit moderner Küche, aber auch die Schlotzerstube mit schwäbisch-rustikalen Gerichten, die einer Besenwirtschaft nachempfunden ist. In der Brunnenstube wird zu Weinverkostungen eingeladen.

Empfohlen von
G. A. Heinrich

INSEL HOTEL

Willy-Mayer-Brücke,
74072 Heilbronn
T +49 (0) 7131 6300
www.insel-hotel.de

Mit Blick auf den Neckar lässt es sich in diesem Vier-Sterne-Haus auf der geschichtsträchtigen Neckarinsel Hefenweiler zentral gelegen übernachten. Im Restaurant „Zum Willys" stehen nicht nur Maultauschen und Spätzle auf der Karte.

Empfohlen von
G. A. Heinrich

MÜLLERS WEINGUT IM AUERBERG

Im Auerberg 3, 74226 Nordheim
T +49 (0) 7133 9293 640
www.weingut-im-auerberg.de

Hier kann man in ganz normalen Zimmern, aber vor allem in Weinfässern direkt im Weinberg übernachten. Der Betrieb hat eine Zertifizierung für „Urlaub auf dem Winzerhof", es werden regelmäßig Weinwanderungen angeboten.

Empfohlen von
der Redaktion

Einkaufen

LEBENSMITTEL PFEFFER
Kramstraße 1, 74072 Heilbronn
T +49 (0) 7131 3900 997
www.pfeffer-lebensmittel.de
Der Kaffee kommt aus Florenz, das Gemüse vom Markt, Pasta, Käse, Essig oder Schinken kann man auch für zu Hause mitnehmen – das kulinarische Angebot in dieser Mischung aus Bistro – „Tagbar" genannt – und Feinkostgeschäft ist enorm.
Empfohlen von
G. A. Heinrich

BÄCKEREI EITEL
Kirchbrunnenstraße 37,
74072 Heilbronn
T +49 (0) 7131 8993 962
www.baeckerei-eitel.de
Hier soll es mit das beste Brot in ganz Heilbronn geben, sagen Stammkunden. Spannend ist auch die „gläserne Bäckerei", in die man durch ein Fenster in der Fußgängerzone gucken kann.
Empfohlen von
der Redaktion

Vinothek

WEINSTUBE FEYERABEND
Hauptstraße 74,
74206 Bad Wimpfen
T +49 (0) 7063 9505 66
www.friedrich-feyerabend.de
Weine aus der Region, aber auch kleine Vespergerichte werden hier mitten in der historischen Altstadt von Wimpfen serviert. Im Erdgeschoss wird Wein serviert, im ersten Stock gehobene regionale Küche im Restaurant Friedrich.
Empfohlen von
Weingut Schäfer-Heinrich

WEINVILLA
Cäcilienstraße 66,
74072 Heilbronn
T +49 (0) 7131 6767 12
www.wein-villa.de
Die WeinVilla, ein Haus der Baden-Württemberger Weine am Rande der Heilbronner Innenstadt, ist eine Kooperation von 16 Weingütern Heilbronns und der Genossenschaftskellerei Heilbronn-Erlenbach-Weinsberg. Auf der Speisekarte stehen saisonal-regionale Spezialitäten. Eine Dependance der WeinVilla ist der Weinpavillon an der Neckarbühne.
Empfohlen von
G. A. Heinrich

13

HOHENLOHE
KOCHER-JAGST-TAUBER

Zwischen dem schwäbisch-fränkischen Wald
und dem Taubertal

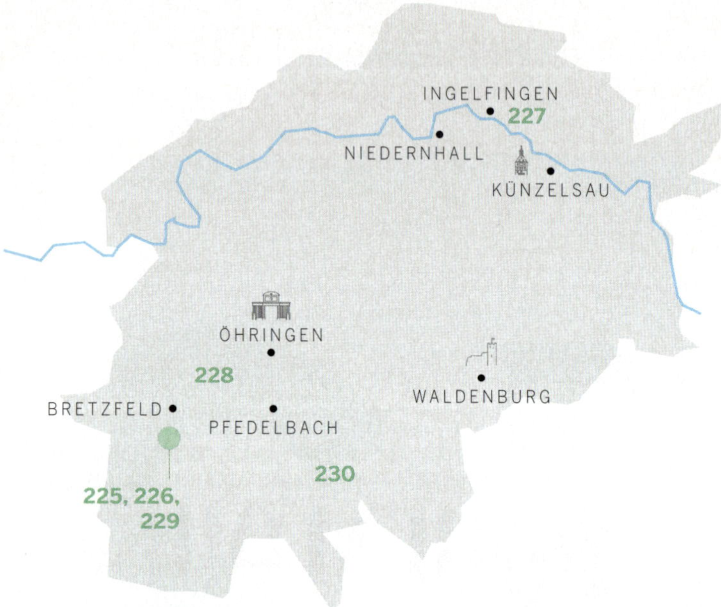

Wird in Württemberg hauptsächlich Rotwein produziert, wird in den oft steilen Weinbergen in Hohenlohe bzw. Kocher-Jagst-Tauber überwiegend (75 Prozent) Weißwein erzeugt, davon 30 Prozent Müller-Thurgau und 24 Prozent Silvaner. Auffallend in der Landschaft sind die Lesesteinhaufen und Steinriegel am Rand der Weinberge.

Geographische Lage Der nördlichste Bereich des Anbaugebietes Württemberg grenzt im Norden an das badische Gebiet Tauberfranken, im Süden an das Württemberger Unterland.

Klima Hier herrscht ein kontinentales Klima – mit heißem Sommer und oft sehr kaltem Winter.

Böden Muschelkalk

Rebfläche 396 ha, 189 ha Weißwein, 207 ha Rotwein

Rebsorten Schwarzriesling, Müller-Thurgau, Riesling, Silvaner, Spätburgunder

Geschichte Der Beginn des Weinbaus wird auf das 11. Jahrhundert geschätzt – vor allem in Weikersheim und Bad Mergentheim. Um das Jahr 1800 erlebte das Taubertal – unter anderem mit Hilfe der Brüder im Kloster Bronnbach, die sich stark im Weinbau engagierten – seine Blütezeit.

Besonderheit In der Region Hohenlohe geht es vor allem um Genuss. Ob Schwäbisch-Hällisches Landschwein, Bœuf de Hohenlohe, Hohenloher Lamm oder Limpurger Weideochse, handwerklich erzeugter Käse, Schinken, Würste oder Brände – all das sind nur einige Beispiele für regionale Produkte.

WEINGÜTER

225
WEINGUT BIRKERT
Unterheimbacher Straße 28
74626 Bretzfeld-Adolzfurt

226
WEINGUT BORTH
Unterheimbacherstraße 35
74626 Bretzfeld

227
WEINGUT GAUFER
Mariannenstraße 24
74653 Ingelfingen

228
WEINGUT FÜRST HOHENLOHE OEHRINGEN
Wiesenkelter
74613 Verrenberg

229
WEINGUT HEINZ J. SCHWAB
Wassergasse 4
74626 Bretzfeld

230
WEINGUT UNGERER
Harsberger Straße 15
74629 Pfedelbach-Renzen

Weingut Birkert

Unterheimbacher Straße 28,
74626 Bretzfeld-Adolzfurt
T +49 (0) 7946 484
www.weingut-birkert.com

Inhaber Boris & Regina Birkert
Betriebsleiter Boris Birkert
Kellermeister Boris Birkert
Verbände FAIR´N GREEN, Württemberger Weingüter e.V., Vinissima Frauen und Wein e.V.
Rebfläche 15 ha
Produktion 100.000 Flaschen
Gründung 1986
Verkaufszeiten
Mo–Sa 8–18 Uhr

Boris Birkert bezeichnet sich selbst als „Kellermeister aus Leidenschaft" und kann mit internationaler Erfahrung aufwarten. Die Stationen in Südafrika, im Burgund und in Kalifornien können vielleicht erklären, woher seine Affinität zu „internationalen" Rebsorten kommt. So gibt es im Sortiment der Birchers neben Lemberger und Muskateller auch Sauvignon Blanc, Chardonnay und kräftige Rotweine aus Syrah und Merlot zu entdecken. Beim Weingut können auch Honig aus der eigenen Imkerei und Obstbrände aus eigener Herstellung gekauft werden. Außerdem betreiben die Birkerts eine Weinstube – und ab 2021 können sich die Besucher über eine neue Vinothek freuen.

2018 Adolzfurt Schneckenhof Weißwein-Cuvée „S" trocken
10,50€ · 14,5%
Noch sehr verschlossen, aber der Lichtstrahl fällt schon durch die Tür.

2018 Adolzfurter Schneckenhof Riesling „S" trocken
8,50€ · 13,5%

2018 Adolzfurter Schneckenhof Sauvignon Blanc „S" trocken
11,50€ · 14%

2019 Adozfurter Lindelberg Sauvignon Blanc trocken
8,50€ · 12,5%

2019 Bretzfelder Goldberg Weißburgunder trocken
7€ · 13%

2019 Michelbacher Margarethe Riesling trocken
6,50€ · 13%

2015 Adolzfurter Schneckenhof Merlot „Roburis M"
15€ · 14,7%
Bestens strukturierter Merlot mit Tiefgang und schön gereiften Würznoten, der auch mit weiterem Entwicklungspotenzial ausgestattet ist.

2015 Adolzfurter Schneckenhof Rotwein-Cuvée „CM"
20€ · 14,5%
Kräftige Komposition aus Cabernet Cubin und Merlot, die förmlich nach einem ebenso kräftigen kulinarischen Begleiter ruft.

2018 Adolzfurter Schneckenhof Merlot „S"
9,50€ · 14,5%

2018 Adolzfurter Schneckenhof Trollinger „Alte Reben"
5,50€ · 12,5%

Weingut Borth

Neueinsteiger

Unterheimbacherstraße 35,
74626 Bretzfeld
T +49 (0) 7946 2139
www.weingut-borth.de

Inhaber Michael Borth
Betriebsleiter Michael Borth
Kellermeister Michael Borth
Verbände Württemberger Weingüter, Vinissima, WeinImpulse
Rebfläche 6,5 ha
Produktion 40.000 Flaschen
Gründung 1977
Verkaufszeiten
Mo–Fr 8–18 Uhr
Sa 8–14 Uhr
und nach Vereinbarung

Die Familie Borth betreibt seit 1977 sowohl Weingut als auch eine Besenwirtschaft. Passend zur herzhaften Küche setzt das Weingut auf Viertelesweine wie Trollinger mit Lemberger und auf samtige Weine mit Restsüße. Aber auch im Barrique gereifter Lemberger oder Merlot mit niedrigem Gehalt an Restzucker stehen im Programm.

2018 Grauburgunder Spätlese trocken
6,80€ · 12%

2018 Riesling „MG" trocken
12€ · 12,5%

2019 Adolzfurter Schneckenhof Weißburgunder Spätlese trocken
6,30€ · 12%

2018 Lemberger
7,30€ · 13,5%

2018 Muskat-Trollinger
6,50€ · 12,5%

2018 Rotwein-Cuvée „07"
9,10€ · 14%

Weingut Gaufer

Neueinsteiger

Mariannenstraße 24,
74653 Ingelfingen
T +49 (0) 7940 57373
www.weingut-gaufer.de

Inhaber Susanne Schmezer
Betriebsleiter
Susanne Schmezer
Kellermeister Gerrit Schmezer
Rebfläche 11 ha
Produktion 50 Flaschen
Gründung 1991
Verkaufszeiten
Mi–Fr 14–19 Uhr
Sa 9–13 Uhr
und nach Vereinbarung

„Ein junges Weingut mit langer Tradition" – so die kurze Selbstbeschreibung des Weinguts Gaufer. Genau genommen wird das Weingut seit 1991 vom Ehepaar Gerrit und Susanne Schmezer (geb. Gaufer) geleitet. Sie Winzerin, er Önologe – ein Dreamteam. Die gesamte Familien-Weingeschichte der Gaufers reicht sogar bis ins Jahr 1632 zurück. Insgesamt werden elf Hektar Rebfläche zwischen Künzelsau und Weißbach im Kochertal bewirtschaftet. Die breite Rebsortenpalette reicht von Riesling über Grauburgunder bis zu Trollinger und Spätburgunder und wird in drei Qualitätsstufen angeboten.

♥ **2017** Ingelfinger Hoher Berg Silvaner „Erlesenes" trocken
12,20€ · 13,1%

2017 Ingelfinger Hoher Berg Weißburgunder „Erlesenes" trocken
13,50€ · 13%

2018 Ingelfinger Hoher Berg Riesling „Erlesenes" trocken
13,50€ · 13,4%
Gut strukturierter Riesling mit verspielter Säure und schönem Schmelz.

2016 Ingelfinger Hoher Berg Spätburgunder „Erlesenes"
12,90€ · 13%
Feiner Spätburgunder aus einem denkwürdigen Jahr mit einem Traum-Herbst, der für die reife Aromatik verantwortlich zeichnet.

2018 Ingelfinger Hoher Berg Lemberger „Erlesenes"
13,90€ · 14,3%
Süß würzig und dunkelfruchtig im Bukett lässt er auch am Gaumen nichts anbrennen: saftige Struktur bei harmonischen Gerbstoffen und guter Länge.

2018 Niedernhaller Burgstall Pinot Meunier „Geschmackvolles"
7,20€ · 13,5%

Weingut Fürst Hohenlohe Oehringen

Wiesenkelter, 74613 Verrenberg
T +49 (0) 7941 94910
www.verrenberg.de

Das Weingut Fürst Hohenlohe Oehringen befindet sich bereits in 27. Generation in Familienbesitz und gehört damit zu den ältesten Familienbetrieben Deutschlands. Am Fuß der 17 Hektar großen Monopollage Verrenberg liegen Gut und Keller, aus dem Betriebsleiter und Önologe Joachim Brand unter anderem die inzwischen mit Kultstatus belegte roten Cuveé „Ex flammis orior" hervorbringt. Als Gründungsmitglied der HADES-Gruppe hat das Weingut genug Erfahrung mit dem Rotwein-Ausbau im Barrique. Tradition wird großgeschrieben, ohne sich Neuerungen zu verweigern.

Inhaber Kraft Fürst zu Hohenlohe Oehringen
Betriebsleiter Joachim Brand
Kellermeister Joachim Brand
Verbände VDP, H.A.D.E.S.
Rebfläche 30 ha
Produktion 180.000 Flaschen
Gründung 1256
Verkaufszeiten
Mo–Fr 9–18 Uhr
Sa 10–14 Uhr
und nach Vereinbarung

2018 Chardonnay „HADES" trocken ♣♣♣
30€ · 13,5%
Mächtiger HADES-Chardonnay aus dem Barrique, ein idealer Begleiter zu gebratenem Fisch mit klassischer Beurre blanc.

2018 Untersteinbacher Weißburgunder trocken ♣♣
14€ · 13,5%
Faszinierende Nase auch nach Grüntee. Feine Würze, leichtfüßig mit guter Struktur. Macht in jeder Situation eine tolle Figur.

2018 Verrenberger Verrenberg Riesling GG ♣♣♣
26€ · 12,5%
Kraftvolles Großes Gewächs mit zurückhaltendem Alkohol, sehr guter Balance und ganz eigenem Charakter.

2019 Riesling trocken ♣♣
8€ · 12,5%

2019 Verrenberger Riesling trocken ♣♣
14€ · 13%
Feinnerviger Riesling mit Zitrusnoten und angenehmer Herbe, ein perfekter Essensbegleiter.

2015 Rotwein-Cuvée „Ex flammis orior HADES" ♣♣♣
38€ · 13,5%
Eine bestens strukturierte Rotwein-Cuvée aus Cabernet Franc und Merlot mit Blick nach St. Emilion, allerdings mit Lemberger als württembergischem Herz. Ein großer Wein für die festliche Tafel.

2015 Rotwein-Cuvée „HADES" ♣♣♣
40€ · 14%
Zwei Jahre im Barrique gereifte Cuvée aus Cabernet Franc, Cabernet Sauvignon, Merlot und Malbec mit einzigartiger Würze und bestem Reifepotenzial, ein Festtagswein!

2015 Verrenberger Verrenberg Lemberger GG ♣♣♣
30€ · 14%
Wildes Aromaspiel aus Kräutern, herben und angetrockneten Früchten. Zupackend und säurefrisch, körniges Tannin, feine Konzentration und Länge.

♥ **2018** Verrenberger Lemberger ♣♣
16€ · 13%
Ungestümer Duft aus wilden Kräutern und herben Früchten. Köstliches Gaumenspiel aus Frucht, Säure und Gerbstoff, macht Lust auf den nächsten Schluck.

2018 Verrenberger Zweigelt ♣♣♣
19€ · 13,5%
Was anfangs wild würzig in der Nase daherkommt, entpuppt sich am Gaumen mit üppiger Struktur, geschliffenem Tannin, frischer Säure und saftiger Länge.

Weingut Heinz J. Schwab

Wassergasse 4, 74626 Bretzfeld
T +49 (0) 7946 1418
www.schwab-wein.de

Inhaber Heinz J. Schwab & Lucas Schwab
Betriebsleiter Heinz J. Schwab & Lucas Schwab
Kellermeister Heinz J. Schwab & Lucas Schwab
Verbände Weinbauverband Württemberg, Württemberger Weingüter, Vinissima
Rebfläche 7,5 ha
Produktion 45.000 Flaschen
Verkaufszeiten:
Mo–Fr 8–11.30 Uhr und 13.30–18 Uhr
und nach Vereinbarung

Seit 1991 bewirtschaften Heinz und Karin Schwab ihre eigenen Weinberge in Hohenlohe – seit 2017 mit der Unterstützung von Sohn Lucas, der selbst ausgebildeter Winzer und Weinbautechniker ist. Doch nicht nur Wein gibt es bei den Schwabs zu entdecken: Zum Weingut gehören ein „Vinotel" mit acht Zimmern und eine Weinstube. Außerdem kann man hier noch etwas Besonderes erleben: Wein-Geocaching. „Bewaffnet" mit Weinglas und GPS kann man in den Dimbacher Weinbergen auf „Wein-Schatzsuche" gehen.

2018 Chardonnay „***" trocken
8€ · 13,5%

2019 Grauburgunder „**" trocken
6,90€ · 13%

2014 Spätburgunder „****"
18€ · 14%
Ein fester Wein, der ganz klar auf der fruchtigen Seite steht.

♥ **2018** Lemberger „***"
8€ · 13,5%

2018 Merlot „****"
18€ · 13%
Reife Beerenfrucht, Schoko, sehr vollmundig.

Rotwein-Cuvée „9091"
18€ · 14%

Weingut Ungerer

Harsberger Straße 15,
74629 Pfedelbach-Renzen
T +49 (0) 7949 9406 90
www.weingut-ungerer.de

Inhaber Familie Ungerer
Rebfläche 9 ha
Produktion 75.000 Flaschen
Verkaufszeiten
Mo–Do 17.30–19 Uhr
Fr 14–19 Uhr
Sa 8–13 Uhr
und nach Vereinbarung

Vor bald 30 Jahren gründete Karlheinz Ungerer sein Weingut; mit einem kleinen Trollinger-Weinberg. Sein Vater Karl hatte die Trauben noch an die Genossenschaft geliefert. Über die Jahrzehnte ist die Fläche auf neun Hektar gewachsen, die Zahl der Rebsorten auf 20. Diese werden in verschiedenen Qualitätsstufen sortenrein und als Cuvées ausgebaut – so kommen knapp 70 Etiketten zusammen, angefangen vom Rivaner Kabinett in der Literflasche bis zur kraftvollen wie finessenreichen Rotwein-Cuvée aus dem Barrique. Erwähnenswert sind auch die Edelspirituosen, die aus Wein (Bacchus, Traminer, Chardonnay, Riesling) sowie Obst gebrannt werden.

2018 Heuholzer Dachsteiger Chardonnay trocken
19,60€ · 13,5%
Untypisch aromatischer Chardonnay mit markantem Holzeinsatz.

2019 Riesling „Große Tradition" trocken
15€ · 13,5%
Kräftiger Riesling mit stattlicher Statur und feinem Säurespiel, kernig, saftig.

2019 Sauvignon Blanc „Sehnsucht“ trocken
10,95€ · 13%

2017 Cabernet Franc
12,10€ · 13,5%

2017 Rotwein-Cuvée „Satatium Virium“
21,45€ · 13,5%
Fruchtig, rauchig, stoffig, und das alles auf die elegante Art.

2018 Heuholzer Dachsteiger Samtrot Spätlese trocken
8,95€ · 14%

2018 Heuholzer Dachsteiger Trollinger
6,45€ · 12,5%

Essen

SUDHAUS AN DER KUNSTHALLE WÜRTH

Lange Straße 35/1,
74523 Schwäbisch Hall
T +49 (0) 791 9467 270
www.sudhaus-sha.de

Die Frühstücksangebote heißen „Morgentau" oder „Sonnenschein", mittags gibt es den Salat „Hohenloher Nizza" (mit falschem Thunfisch vom Schwein) und abends die „Sudhaus Brauerpfanne" mit Schweinefilet und Rinderrücken in Biersauce: In diesem zentral gelegen Restaurant lässt es sich schwäbisch-regional und gemütlich in der Brasserie, im Biergarten oder auf der Dachterrasse speisen. Dazu wird ein hausgebrautes Bier serviert.

Empfohlen von
der Redaktion

SCHUHBÄCK

Untere Herrngasse 1,
74523 Schwäbisch Hall
T +49 (0) 791 85470
www.schuhbaeck.de

Schwäbische Klassiker von Maultaschen über Käsespätzle bis zu Spinatknödeln und Zwiebelrostbraten, aber auch die eine oder andere indische Interpretation stehen auf der Karte in diesem Altstadt-Restaurant.

Empfohlen von
der Redaktion

ANNE-SOPHIE + HANDICAP

Hauptstraße 22-28 /
Am Schlossplatz 9,
74653 Künzelsau
T +49 (0) 7940 93460
www.hotel-anne-sophie.de

Vier unter einer Regie: Das Restaurant Anne-Sophie am Schlossplatz, das Hotel Anne-Sophie, das Café Auszeit und das Gourmet-Restaurant Handicap gehören allesamt zur Würth-Gruppe. Das Besondere: In den Häusern wird Inklusion gelebt, es arbeiten Behinderte und Nicht-Behinderte gemeinsam für den Gast.

Empfohlen von
der Redaktion

Schlafen

GOLDENER ADLER

Am Markt 11,
74523 Schwäbisch-Hall
T + 49 (0) 791 9466 4680
www.hotelgoldeneradler.de

Hier schläft es sich in einem der ältesten Fachwerkhäuser der Stadt, einige Mauern stammen noch aus dem 15. Jahrhundert. Den Gästen stehen 27 Zimmer zur Verfügung. Zum Haus gehört auch ein Restaurant, in dem schwäbisch-hällisch-fränkisch gekocht wird.

Empfohlen von
der Redaktion

JAGSTMÜHLE

Jagstmühlenweg 10,
74673 Heimhausen
T +49 (0) 7938 90300
www.jagstmuehle.de

Ein romantischer Landgasthof mit angeschlossenem Restaurant, über das die FAZ schreibt: „Es geht nicht besser – ein Menü, das Maßstäbe setzt." Sie bescheinigte dem Küchenchef, sich „um eine neue Regionalküche verdient" zu machen. Mit mehreren Gebäuden in einer alten Mühle, zu der sogar eine eigene Insel gehört, präsentiert sich das Haus mit Jagstblick, das Zimmer unter anderem in der Mühlenscheune und der Jagsthütte anbietet.

Empfohlen von
der Redaktion

SCHLOSSHOTEL INGELFINGEN
Schlossstraße 14,
74653 Ingelfingen
T + 49 (0) 7940 91650
www.schloss-hotel-ingelfingen.de
Historisches Ambiente erwartet den Gast, der in einem der 38 Zimmer oder zwei Suiten übernachten kann. Das Schloss liegt im Kochertal, inmitten der Weinberge. Zum Haus gehört nicht nur ein Restaurant, sondern auch das Ingelfinger Fass: ein großes Holzfass, in dem es sich feiern, aber auch viel über den Weinbau erfahren lässt.
Empfohlen von
der Redaktion

WALD- UND SCHLOSSHOTEL FRIEDRICHSRUHE
Kärcherstraße 11,
74639 Zweiflingen-Friedrichsruhe
T +49 (0) 7941 60870
www.schlosshotel-friedrichsruhe.de
Früher war das Gebäude inmitten des Hohenloher Landes ein historisches Jagdschloss, heute ist es ein Gourmetrestaurant und Wellnesshotel, das zu den schönsten Häusern in Europa gezählt wird.
Empfohlen von
Wein- & Sektgut Hirschmüller

HOTEL HOHENLOHE
Weilertor 14,
74523 Schwäbisch Hall
T +49 (0) 791 75870
www.hotel-hohenlohe.de
Inmitten der Landschaft zwischen Kocher, Jagst und Tauber heißt Familie Dürr ihre Gäste willkommen. Im Aussichtsrestaurant wird regionaltypisch gekocht.
Empfohlen von
Weingut Zipf

REBERS PFLUG
Weckriedener Str. 2,
74523 Schwäbisch Hall
T +49 (0) 791 9312 30
www.rebers-pflug.de
Design im Grünen bietet dieses familiengeführte Haus, von dem aus man schnell in den Hohenloher Feldern ist. Regionale Landhausküche wird im dazugehörigen Restaurant serviert, in der Weinbar werden vor allem Tropfen aus der Region ausgeschenkt.
Empfohlen von
G.A. Heinrich

Einkaufen

Das Hohenloher Land – auch Genießerregion genannt – ist bekannt für seine Hofläden und Direktvermarkter.

Egal, ob man Fisch, Fleisch, Käse, Molkereiprodukte oder Brände sucht:
Auf der Internetseite *www.hohenlohe-schwaebischhall.de/kulinarik/* sind alle Einkaufsadressen aufgelistet.

Vinothek

Die Alte Goldschmiede in Schwäbisch Hall, die Vinothek Sonne in Pfedelbach oder das Weingut Weihbrecht in Bretzfeld-Schwabbach:

Überall lässt es sich guten regionalen Wein probieren. Viele Winzer laden in den zahlreichen Weinorten zudem auf ihre Weingüter ein, um den eigenen Wein verkosten zu lassen.

Index

Weingüter

Tipps

Leitung der Verkostungen sowie des Expertenrats Otto Geisel
Executive Publisher Ursula Haslauer
Geschäftsführung Hans Fink (v.i.S.d.P.)
Projektleitung Jana Scheidmantel

Anzeigenvermarktung Burda Community Network GmbH, Geschäftsführer Burkhard Graßmann (Sprecher), Michael Samak
Verantwortlich für den Anzeigenteil Tanja Kautz
AdTech Factory GmbH & Co. KG, Hauptstraße 127, 77652 Offenburg
Es gilt die aktuelle Preisliste, bcn.burda.de

Vertrieb
MZV GmbH & Co. KG, 85716 Unterschleißheim, www.mzv.de
Münchner Verlagsgruppe GmbH, Nymphenburger Straße 86, 80636 München

Verkostungsteam der vorliegenden Ausgabe Eva Adler, Jochen Benz, Axel Biesler, Gerhild Burkard, Thorsten Firlus, Stephan Geisel, Frank Glüer, Thomas Hausmann, Peter Jakob, Daniel Kiowski, Jochen Kreppel, Jossi Loibl, Astrid Löwenberg, Natalie Lumpp, Andreas Lutz, Nina Mann, Thomas Sommer, Herbert Stiglmaier, Raphael Tanner, Melanie Wagner, Klaus Wählen, Ronny Weber, Andreas Winkelmann

Redaktion Anke Kronemeyer, Ursula Haslauer
Autoren Anke Kronemeyer, Dr. Christoph Wirtz, Andreas Braun, Eva Adler, Axel Biesler, Thorsten Firlus, Thomas Hausmann, Jossi Loibl, Herbert Stiglmaier, Raphael Tanner
Fotoredaktion Stephanie Patalas
Fotocredits Chris Keller/Schwarzwald Tourismus; Jens Großkreuz/Schwarzwald Tourismus; Thomas Hartmann/Deutsches Weininstitut; Deutsches Weininstitut; Felix Adelmann/Weingut Graf Adelmann; Deutsches Weininstitut

Gestaltungskonzept Daniel Pietsch
Icons Illustration Ludwig Haslberger
Layout und Satz brand unit GmbH, Lehargasse 7, A-1060 Wien
Kartografie brand unit GmbH, Lehargasse 7, A-1060 Wien
Lithografie Mario Rott, brand unit GmbH, Lehargasse 7, A-1060 Wien
Lektorat Print Company Verlagsgesellschaft m.b.H., Gumpendorfer Str. 41/6, A-1060 Wien

Datenmanagement Sebastian Schäfer, Katharina Weber, Thorben Schwake

Printed in Germany by Parzeller print & media GmbH
Verlag Burda Studios Pictures GmbH, Arabellastraße 23, 81925 München, www.burda.com

Hinweise und Anregungen gerne an: gaultmillau@burdastudios.com

28. Jahrgang

ISBN: 9-783742-317322
GTIN: 4193225116901 01

Die Genusswelt der Weine und Restaurants finden Sie auch auf Facebook www.facebook.com/gaultmillaudeutschland und Instagram www.instagram.com/gaultmillau_deutschland

Jetzt zu unserem Newsletter anmelden und immer auf dem Laufenden bleiben **www.gaultmillau.de**